Fricke/Grimberg/Wolter

Betriebsverfassungsgesetz
Kurzkommentar für Betriebsräte

Fricke/Grimberg/Wolter

Betriebsverfassungsgesetz Kurzkommentar für Betriebsräte

4., überarbeitete und aktualisierte Auflage

BUND
VERLAG

Bibliographische Information Der Deutschen Nationalbibliothek
Die deutsche Nationalbibliothek verzeichnet diese Publikation in der Deutschen Nationalbibliografie; detaillierte Daten sind im Internet über http://dnb.d-nb.de abrufbar.

4., überarbeitete und aktualisierte Auflage 2014

Herstellung: Madlen Richter
Umschlag: Neil McBeath, Stuttgart
Satz: Dörlemann Satz, Lemförde
Druck: Freiburger Graphische Betriebe, Freiburg
Printed in Germany 2014
ISBN 978-3-7663-6294-0

www.bund-verlag.de

Vorwort

Wer sich als juristischer Laie – und Betriebsratsmitglieder sind das nun einmal so gut wie immer – mit Gesetzestexten zu befassen hat, steckt in einer Zwickmühle: Die Gesetzestexte selbst sind oft schwer verständlich und wenig »gebrauchsfreundlich«, vor allem aber kann man aus ihnen nicht all das herauslesen, was man in der täglichen Praxis wissen sollte. Denn meist haben sich schon Generationen von Juristen darum bemüht, jedes einzelne Wort eines Paragrafen hin und her zu wenden, Verbindungen zu anderen Gesetzen zu suchen und dazu noch eine Unzahl von Gerichtsentscheidungen zu fällen und auszulegen. Und erst all das zusammen macht ein Gesetz aus.

Deshalb braucht man unbedingt einen Gesetzeskommentar. Andererseits bietet so ein »richtiger« juristischer – also von Juristen für Juristen geschriebener – Kommentar für den Alltag einfach *zu viele* Informationen. Das gilt jedenfalls für den Fall, dass man sich nur mal eben einen Überblick verschaffen, rasch das Wichtigste erfahren möchte.

Und gerade ein Betriebsratsmitglied kommt sehr oft in Situationen, in denen es so eine schnelle, rasch verständliche Information braucht: beim Gang durch den Betrieb, während einer Diskussion im Betriebsrat, bei einer Betriebsratsschulung und natürlich in einer Verhandlung mit dem Arbeitgeber. Da ist schnelle Orientierung gefragt: In welchem Paragrafen kann ich »fündig« werden? Was ist die zentrale Aussage? Wo sind die Haken und Ösen? Worauf muss ich in der Praxis achten?

Dieses Buch will eine solche schnelle Orientierung für das Betriebsverfassungsgesetz, also das »Grundgesetz« der Betriebsratsarbeit, geben – knapp, übersichtlich und vor allem verständlich. Es kann einen ausführlichen Kommentar nicht ersetzen und will es auch nicht. Wenn man »in die Tiefe« gehen muss, wenn es juristisch kompliziert wird, wenn eine nicht so alltägliche Frage zu klären ist, dann hilft es alles nichts, dann muss im »großen« Kommentar gesucht und geblättert werden. Auf die meisten Alltagsfragen wird aber dieser Kurzkommentar eine knappe, kompetente Antwort geben.

Besonders nützlich ist dieser Kurzkommentar natürlich für diejenigen, die neu in den Betriebsrat gewählt wurden und sich für den Einstieg einen Überblick über ihre Rechte und Pflichten verschaffen wollen und einen Begleiter für die ersten Schritte brauchen. Aber auch als langjähriger Praktiker wird man den unkomplizierten Zugang zum Gesetz, den dieses Buch bietet, schnell schätzen lernen.

Das ist es jedenfalls, was wir – selbst Praktiker in mittlerweile recht verschiedenen Arbeitsbereichen – mit diesem Kurzkommentar erreichen wollen.

Wolfgang Fricke, Herbert Grimberg, Wolfgang Wolter

Inhaltsverzeichnis

Sechster Teil
Straf- und Bußgeldvorschriften

Siebter und achter Teil
Änderung von Gesetzen, Übergangs- und Schlussvorschriften

Abkürzungsverzeichnis

Abs.	Absatz
AG	Aktiengesellschaft
ArbZG	Arbeitszeitgesetz
Art.	Artikel
BA	Betriebsausschuss
BetrVG	Betriebsverfassungsgesetz
BetrVG WO	Betriebsverfassungsgesetz Wahlordnung
BildscharbV	Bildschirmarbeitsverordnung
BR	Betriebsrat/Betriebsräte
bzw.	beziehungsweise
d. h.	das heißt
evtl.	eventuell
f.	folgende
GBA	Gesamtbetriebsausschuss
GBR	Gesamtbetriebsrat
GG	Grundgesetz
GJAV	Gesamt-Jugend- und Auszubildendenvertretung
GmbH	Gesellschaft mit beschränkter Haftung
IT	Informationstechnik
JAV	Jugend- und Auszubildendenvertretung
KBR	Konzernbetriebsrat
KJAV	Konzern-Jugend- und Auszubildendenvertretung
KSchG	Kündigungsschutzgesetz
Nr.	Nummer
PC	Personal Computer
Sozialgesetzbuch III	Drittes Buch des Sozialgesetzbuchs – Arbeitsförderung
Sozialgesetzbuch VII	Siebtes Buch des Sozialgesetzbuchs – Gesetzliche Unfallversicherung
Sozialgesetzbuch IX	Neuntes Buch des Sozialgesetzbuchs – Rehabilitation und Teilhabe behinderter Menschen
u. U.	unter Umständen

usw.	und so weiter
WA	Wirtschaftsausschuss
z. B.	zum Beispiel

Betriebsverfassungsgesetz

Erster Teil
Allgemeine Vorschriften

§ 1 – Errichtung von Betriebsräten	Wo werden Betriebsräte gewählt?
(1) In Betrieben mit mindestens fünf ständig wahlberechtigten Arbeitnehmern, von denen drei wählbar sind, werden Betriebsräte gewählt. Dies gilt auch für gemeinsame Betriebe mehrerer Unternehmen.	**Betriebsgröße und BR-Wahl** In jedem privatwirtschaftlichen Betrieb, der ständig fünf oder mehr volljährige, also wahlberechtigte Arbeitnehmer (§ 5, § 7) beschäftigt, von denen mindestens drei wählbar (§ 8) sind, haben diese das Recht, jedoch nicht die Pflicht, einen Betriebsrat (BR) zu wählen. »Ständig« bedeutet dabei: in der Regel, im Normalfall. Wird diese Grenze also nur **vorübergehend unterschritten**, ändert das nichts daran, dass ein BR gewählt werden soll und kann. Beispiele: Ein Arbeitnehmer hat den Betrieb verlassen, ein neuer ist noch nicht eingestellt. Oder: Ein neu eingestellter Arbeitnehmer hat das 18. Lebensjahr noch nicht vollendet. **Zuständigkeitsbereich festlegen** Ansonsten spielt dieser Paragraf vor allem dann eine Rolle, wenn festgelegt werden soll oder muss, für welchen Zuständigkeitsbereich (= Betrieb) jeweils ein BR zu wählen ist. Darüber muss z. B. dann nachgedacht werden, wenn zum **ersten Mal ein BR** installiert werden soll oder wenn sich am Zuschnitt eines Betriebs (und damit am Zuständigkeitsbereich des BR) etwas geändert hat – wenn also z. B. aus einem Betrieb mehrere Betriebe geworden sind oder umgekehrt.
(2) Ein gemeinsamer Betrieb mehrerer Unternehmen wird vermutet, wenn 1. zur Verfolgung arbeitstechnischer Zwecke die Betriebsmittel sowie die Arbeitnehmer von den Unternehmen gemeinsam eingesetzt werden oder 2. die Spaltung eines Unternehmens zur Folge hat, dass von einem Betrieb ein	

Betriebsteile einem an der Spaltung beteiligten anderen Unternehmen zugeordnet werden, ohne dass sich dabei die Organisation des betroffenen Betriebs wesentlich ändert.	Beispiel: Ein Arbeitgeber behauptet, dass sein Unternehmen aus mehreren kleinen Betrieben (Filialen) besteht, die jeder für sich genommen weniger als fünf wahlberechtigte Arbeitnehmer beschäftigen. **Gemeinsamer Betrieb** Dabei sind Betrieb und Unternehmen manchmal, aber durchaus nicht immer, dasselbe. So kann ein Unternehmen mehrere Betriebe besitzen oder betreiben, wie auch ein Betrieb aus mehreren Unternehmen bestehen kann (Letzteres wäre dann ein »gemeinsamer Betrieb«, für den ein gemeinsamer BR gewählt wird). Beispiel: Ein Teil eines Betriebs (z. B. die IT-Abteilung oder der Fuhrpark) wird als ein eigenständiges Unternehmen ausgegliedert, bleibt aber mit dem Ursprungsbetrieb weitgehend verbunden (durch einheitliche Leitung, gemeinsame Kantine usw.). Ein solcher »Gemeinschaftsbetrieb« wird zusammen einen BR wählen. **Empfehlung für unklare Fälle** Sollte es (z. B. im Vorfeld einer BR-Wahl) Uneinigkeit zur Festlegung von Betriebsgrenzen und BR-Zuständigkeitsbereichen geben – nicht lange herumstreiten, sondern gleich die zuständige **Gewerkschaft einschalten**. Die mit diesem Thema zusammenhängenden und zu klärenden Fachfragen sind selbst für Experten kompliziert.
§ 2 – Stellung der Gewerkschaften und Vereinigungen der Arbeitgeber	**Wie gestaltet sich die Zusammenarbeit mit dem Arbeitgeber und den Gewerkschaften?**
(1) Arbeitgeber und Betriebsrat arbeiten unter Beachtung der geltenden Tarifverträge vertrauensvoll und im Zusammenwirken mit den im Betrieb vertretenen Gewerkschaften	**Vertrauensvolle Zusammenarbeit** Betriebsrat und Arbeitgeber sollen – so der Gesetzestext – »vertrauensvoll« zusammenarbeiten. Das irritiert zunächst, denn Vertrauen (auch und gerade zwischen BR und Arbeitgeber) lässt sich nicht gesetzlich verordnen. So wie es Situationen gibt, in denen der BR (aufgrund positiver Erfahrungen) Aussagen des Arbeitgebers vertrauen kann, wird es

und Arbeitgebervereinigungen zum Wohl der Arbeitnehmer und des Betriebs zusammen.

Situationen geben, in denen er dies besser nicht tut. Immer aber gilt:

Der BR ist klar und eindeutig eine Interessenvertretung allein der Arbeitnehmer!

Zugleich hängen das Wohl der Arbeitnehmer und das des Betriebs voneinander ab – ein unwirtschaftlich arbeitender Betrieb ist ebenso wenig erstrebenswert wie ein Betrieb, in dem die Bedürfnisse der Arbeitnehmer konsequent missachtet werden.

Vertrauensvolle Zusammenarbeit heißt konkret:

Sowohl BR als auch Arbeitgeber sollen darauf vertrauen können, dass die jeweils »andere Seite« unumgängliche Konflikte immer im Rahmen der betriebsverfassungsrechtlich vorgegebenen Regeln austrägt, also beispielsweise keine Mittel des Arbeitskampfs einsetzt (§ 74). Beide Seiten beschränken sich auf Verhandlungen und schalten notfalls die Einigungsstelle ein (§ 76) oder das Arbeitsgericht (Beschlussverfahren).

Zusammenarbeit mit Gewerkschaft und Arbeitgebervereinigungen

Der Betriebsrat muss mit jeder Gewerkschaft, von der mindestens ein Mitglied im Betrieb beschäftigt ist, zusammenarbeiten. Das bezieht sich vor allem auf die Gewerkschaftsrechte in Bezug auf Betriebsratswahlen, Betriebsratssitzungen, Betriebs- und Abteilungsversammlungen.

Ist der Arbeitgeber Mitglied einer Arbeitgebervereinigung, darf der Betriebsrat eine Zusammenarbeit (z. B. ein Gespräch) mit einem Vertreter dieses Verbands nicht verweigern.

Einhaltung von Tarifverträgen

Dass immer und in jedem Fall die geltenden Tarifverträge zu beachten sind, versteht sich von selbst.

(2) Zur Wahrnehmung der in diesem Gesetz genannten Aufgaben und Befugnisse der im Betrieb vertretenen Gewerkschaften ist deren Beauftragten nach Unterrichtung des Arbeitgebers oder seines Vertreters Zugang zum Betrieb zu gewähren, soweit dem nicht unumgängliche Notwendigkeiten des Betriebsablaufs, zwingende Sicherheitsvorschriften oder Schutz von Betriebsgeheimnissen entgegenstehen.	**Zugang für den Gewerkschaftssekretär** Jede Gewerkschaft, die in einem Betrieb mindestens ein Mitglied hat, hat das Recht, diesen Betrieb durch einen Beauftragten (Gewerkschaftssekretär) besuchen zu lassen. Dabei kann es beispielsweise um die Vorbereitung und Durchführung einer BR-Wahl (§ 14 usw.) gehen oder um die Teilnahme an BR-Sitzungen (§ 31) und an Betriebs-/Abteilungsversammlungen (§ 46). Eine ausdrückliche **Genehmigung** des Arbeitgebers ist nicht nötig, es genügt eine Information an ihn (z. B. telefonisch oder auch durch E-Mail). Welche **Person** die Gewerkschaft als Beauftragten schickt, ist allein ihre Sache. Sie kann beispielsweise auch ein gewerkschaftlich organisiertes BR-Mitglied aus einem anderen Betrieb entsenden. Der genaue **Zweck eines Besuchs** muss dem Arbeitgeber nicht mitgeteilt werden, allerdings muss er 24 Stunden vorher informiert werden.
(3) Die Aufgaben der Gewerkschaften und der Vereinigungen der Arbeitgeber, insbesondere die Wahrnehmung der Interessen ihrer Mitglieder, werden durch dieses Gesetz nicht berührt.	**Gewerkschaftsrechte** Die im Grundgesetz (Art. 9 Abs. 3 GG) festgelegten allgemeinen Rechte einer Gewerkschaft gelten auch im Betrieb. Das umfasst beispielsweise das Recht auf Mitgliederwerbung, auf (auch allgemeinpolitische) Information der Arbeitnehmer und auf das Führen von Arbeitskämpfen (wobei sich der Betriebsrat in seiner Rolle **als Betriebsrat** aus den Aktivitäten eines **Arbeitskampfs** heraushalten muss). Diese Rechte stehen auch den im Betrieb beschäftigten **Gewerkschaftsmitgliedern** (z. B. gewerkschaftlichen Vertrauensleuten) zu.
§ 3 – Abweichende Regelungen	**Kann von der gesetzlich festgelegten Struktur der Arbeitnehmervertretung abgewichen werden?**
(1) Durch Tarifvertrag können bestimmt werden:	**Andere Struktur der Arbeitnehmervertretung durch Tarifvertrag** Welche Art von BR (BR, GBR, KBR) für welchen **Zuständigkeitsbereich** (Betrieb, Unternehmen, Kon-

zern) gebildet werden muss, ist in § 1, § 47 und § 54 festgelegt.

Aber: Von dieser gesetzlich vorgegebenen Struktur der Arbeitnehmervertretung kann abgewichen werden, wenn Arbeitgeber und die zuständige Gewerkschaft dies in einem Tarifvertrag vereinbaren.

Wenn sich der Arbeitgeber allerdings weigert, mit der Gewerkschaft über einen solchen Tarifvertrag zu verhandeln, können Gewerkschaft/BR eine solche abweichende Struktur nicht durchsetzen.

Durch Tarifvertrag könnten sich die folgenden Möglichkeiten realisieren lassen:

1. für Unternehmen mit mehreren Betrieben

   a) die Bildung eines unternehmenseinheitlichen Betriebsrats oder

   b) die Zusammenfassung von Betrieben, wenn dies die Bildung von Betriebsräten erleichtert oder einer sachgerechten Wahrnehmung der Interessen der Arbeitnehmer dient;

Gemeinsamer BR für mehrere Betriebe

Für mehrere zu einem Unternehmen gehörende Betriebe kann ein gemeinsamer BR gewählt werden. Möglich ist ein solcher gemeinsamer BR zusammenfassend für alle zu einem Unternehmen gehörenden Betriebe oder für eine Auswahl von Betrieben.

Beispiel: Ein Unternehmen hat einen größeren Betrieb und dazu noch etliche kleine Filialbetriebe. In diesem Fall könnte zusätzlich zum BR des Hauptbetriebs ein gemeinsamer BR für die Filialen gewählt werden (oder auch jeweils ein BR für die Filialen einer Region). In diesem Fall gäbe es auch noch einen GBR. Bei einem gemeinsamen BR für alle Betriebe eines Unternehmens wäre das natürlich nicht der Fall.

2. für Unternehmen und Konzerne, soweit sie nach produkt- oder projektbezogenen Geschäftsbereichen (Sparten) organisiert sind und die Leitung der Sparte auch Entscheidungen in beteiligungspflichtigen Angelegenheiten trifft, die Bildung von

Gemeinsamer BR für Sparten

Unternehmen oder Konzerne bestehen oft aus verschiedenen Sparten oder »Divisionen« (z. B. Nahrungsmittel, Kosmetik, Waschmittel).

Die Betriebe jeder Sparte (einschließlich der dazu gehörenden Verwaltungseinheiten) könnten je einen gemeinsamen BR wählen (für das Gesamtunternehmen käme dann z. B. noch ein **GBR** hinzu).

Betriebsräten in den Sparten (Spartenbetriebsräte), wenn dies der sachgerechten Wahrnehmung der Aufgaben des Betriebsrats dient;	
3. andere Arbeitnehmervertretungsstrukturen, soweit dies insbesondere aufgrund der Betriebs-, Unternehmens- oder Konzernorganisation oder aufgrund anderer Formen der Zusammenarbeit von Unternehmen einer wirksamen und zweckmäßigen Interessenvertretung der Arbeitnehmer dient;	**Freie Festlegung einer Arbeitnehmervertretungsstruktur** Beim Aufbau einer Arbeitnehmervertretung kann von den gesetzlich vorgegebenen Möglichkeiten abgewichen werden – wenn und soweit Gewerkschaft, vorhandene Betriebsräte und Arbeitgeber dies für vernünftig halten. Das kann dann z.B. eine Kombination aus den Punkten 1 und 2 sein, theoretisch aber auch ein gemeinsamer BR für alle Betriebe eines Konzerns.
4. zusätzliche betriebsverfassungsrechtliche Gremien (Arbeitsgemeinschaften), die der unternehmensübergreifenden Zusammenarbeit von Arbeitnehmervertretungen dienen;	**Zusätzlicher Branchen-/Regional-BR** Mehrere Unternehmen einer Branche oder einer Region können zusätzlich zu den vorhandenen BR-Gremien eine Art Branchen- oder Regional-BR bilden. Dass es dazu kommt, ist wegen der üblicherweise vorhandenen Konkurrenzsituation allerdings unwahrscheinlich. Außerdem gäbe es trotz dieses Gremiums in den einzelnen Unternehmen noch die »normalen« BR-Gremien. Aus diesem Grund hätte der Branchen-/Regional-BR auch keine Mitbestimmungsrechte (siehe § 3 Abs. 5).
5. zusätzliche betriebsverfassungsrechtliche Vertretungen der Arbeitnehmer, die die Zusammenarbeit zwi-	**Arbeitsgruppensprecher und weitere Arbeitnehmervertretungen** Ebenfalls zusätzlich zu vorhandenen BR-Gremien können in der Arbeitnehmerschaft »Basisvertreter« (z.B. Arbeitsgruppensprecher) gewählt werden,

schen Betriebsrat undArbeitnehmern erleichtern.	die – ähnlich wie gewerkschaftliche Vertrauensleute – Ansprechpartner vor Ort wären und mit dem BR zusammenarbeiten würden.
(2) Besteht in den Fällen des Absatzes 1 Nr. 1, 2, 4 oder 5 keine tarifliche Regelung und gilt auch kein anderer Tarifvertrag, kann die Regelung durch Betriebsvereinbarung getroffen werden.	**Ausnahme: Regelung durch Betriebsvereinbarung ...** Grundsätzlich ist es so (siehe § 3 Abs. 1), dass Veränderungen an der gesetzlich vorgegebenen Struktur der BR-Gremien nur im Rahmen eines **Tarifvertrags** möglich sind, also nur dann, wenn Arbeitgeber und Gewerkschaft dies für sinnvoll oder nötig halten. Das ist deshalb so, weil der Gesetzgeber durch die zwingende Beteiligung einer starken unternehmensunabhängigen Arbeitnehmerorganisation verhindern wollte, dass die vorhandenen Betriebsräte vom Arbeitgeber vielleicht erpresst oder »über den Tisch gezogen« werden, mit dem Ziel, eine dem Arbeitgeber genehme Struktur der Arbeitnehmervertretung durchzusetzen. **... aber nur für nicht tarifgebundene Unternehmen** Wenn für ein Unternehmen kein einziger Tarifvertrag gilt (weder zu Entgelt- noch zu anderen Fragen), wenn es also in keiner Weise tarifgebunden ist, dann (und nur dann) ist es möglich, dass vorhandene BR-Gremien zusammen mit dem Arbeitgeber eine neue BR-Struktur in einer Betriebsvereinbarung festlegen. Das gilt **nicht** für die besonders weitgehenden Möglichkeiten des § 3 Abs. 1 Nr. 3 – diese lassen sich nur durch Tarifvertrag regeln.
(3) Besteht im Fall des Absatzes 1 Nr. 1 Buchstabe a keine tarifliche Regelung und besteht in dem Unternehmen kein Betriebsrat, können die Arbeitnehmer mit Stim-	**Ausnahme für Unternehmen ohne BR/GBR/KBR und ohne Tarifbindung** Gibt es in einem Unternehmen ohne jeden Tarifvertrag auch kein einziges BR-Gremium, können **die Arbeitnehmer** des Unternehmens beschließen, (zunächst) für alle Betriebe des Unternehmens einen gemeinsamen BR zu wählen.

menmehrheit die Wahl eines unternehmenseinheitlichen Betriebsrats beschließen. Die Abstimmung kann von mindestens drei wahlberechtigten Arbeitnehmern des Unternehmens oder einer im Unternehmen vertretenen Gewerkschaft veranlasst werden.	Eine bestimmte **Form** ist für diese **Abstimmung** nicht vorgeschrieben. Sie muss nicht einmal zwingend als geheime Wahl stattfinden. Diese Abstimmung kann durch drei wahlberechtigte Arbeitnehmer oder durch eine im Betrieb vertretene Gewerkschaft eingeleitet werden. Dieses Verfahren könnte infrage kommen, wenn es darum geht, in einem bisher **betriebsratslosen** und **nicht tarifgebundenen Unternehmen** als ersten Schritt einen gemeinsamen Betriebsrat zu wählen, mit dem Ziel, danach dann die Voraussetzungen für reguläre Betriebsratswahlen in allen Betrieben des Unternehmens zu schaffen. Eine (manchmal sinnvollere) **Alternative** dazu wäre es, zunächst nur in einem Betrieb eine Betriebsratswahl durchzusetzen und von dort ausgehend dann an der Wahl weiterer Betriebsräte in den anderen Betrieben des Unternehmens zu arbeiten.
(4) Sofern der Tarifvertrag oder die Betriebsvereinbarung nichts anderes bestimmt, sind Regelungen nach Absatz 1 Nr. 1 bis 3 erstmals bei der nächsten regelmäßigen Betriebsratswahl anzuwenden, es sei denn, es besteht kein Betriebsrat oder es ist aus anderen Gründen eine Neuwahl des Betriebsrats erforderlich. Sieht der Tarifvertrag oder die Betriebsvereinbarung einen anderen Wahlzeitpunkt vor, endet die Amtszeit bestehender Betriebsräte, die durch die Regelungen	**Umsetzung einer neuen Arbeitnehmervertretungsstruktur** Der Zeitpunkt, zu dem die im Tarifvertrag (oder ausnahmsweise in einer Betriebsvereinbarung – siehe § 3 Abs. 2) festgelegte neue Struktur der Arbeitnehmervertretung durch eine entsprechende **BR-Wahl** umgesetzt werden soll, kann dort gleich mitgeregelt werden. Ist dies nicht geschehen, wird erst zum nächsten regulären BR-Wahltermin nach der neuen BR-Struktur gewählt (siehe § 13).

nach Absatz 1 Nr. 1 bis 3 entfallen, mit Bekanntgabe des Wahlergebnisses.	
(5) Die aufgrund eines Tarifvertrages oder einer Betriebsvereinbarung nach Absatz 1 Nr. 1 bis 3 gebildeten betriebsverfassungsrechtlichen Organisationseinheiten gelten als Betriebe im Sinne dieses Gesetzes. Auf die in ihnen gebildeten Arbeitnehmervertretungen finden die Vorschriften über die Rechte und Pflichten des Betriebsrats und die Rechtsstellung seiner Mitglieder Anwendung.	**Größe der nach § 3 gewählten BR-Gremien und ihre Rechte** Die nach der neu festgelegten Struktur gewählten Arbeitnehmervertretungen sind **vollwertige BR-Gremien** mit allen Rechten und Pflichten. Das wiederum heißt, dass die neu gewählten BR-Gremien den gesetzlichen **Mindeststandards** genügen müssen, vor allem was die Größe und Zusammensetzung des BR betrifft. Soll also z. B. für ein Unternehmen mit mehreren Betrieben ein gemeinsamer BR gewählt werden, bestimmt die Gesamtzahl der Arbeitnehmer des Unternehmens, wie viele BR-Mitglieder zu wählen sind (§ 9), ebenso wie über die Zahl der von der Arbeit freizustellenden BR-Mitglieder (§ 38) oder auch die Verteilung der BR-Sitze auf die beiden Geschlechter (§ 15).
§ 4 – Betriebsteile, Kleinstbetriebe	**Welche Betriebsteile oder besonders kleinen Betriebe gehören zum Hauptbetrieb und wählen dessen Betriebsrat mit?**
(1) Betriebsteile gelten als selbständige Betriebe, wenn sie die Voraussetzungen des § 1 Abs. 1 Satz 1 erfüllen und 1. räumlich weit vom Hauptbetrieb entfernt oder 2. durch Aufgabenbereich und Organisation eigenständig sind.	**Selbstständige Betriebsteile/Betriebe mit eigenem BR** In jedem Betrieb kann und soll ein BR gewählt werden (§ 1 Abs. 1). Nicht immer ist aber klar, ob ein aus mehreren Teilen bestehender Betrieb wirklich noch ein Betrieb ist oder ob nicht die einzelnen Betriebsteile so selbstständig sind, dass für sie ein eigener BR gewählt werden muss. Das kann vor allem dann vorkommen, wenn es sich um einen Hauptbetrieb handelt, der in der gleichen Region noch eine oder mehrere Filialen betreibt (die jede für sich groß genug für einen eigenen BR wären).

Die Arbeitnehmer eines Betriebsteils, in dem kein eigener Betriebsrat besteht, können mit Stimmenmehrheit formlos beschließen, an der Wahl des Betriebsrats im Hauptbetrieb teilzunehmen; § 3 Abs. 3 Satz 2 gilt entsprechend. Die Abstimmung kann auch vom Betriebsrat des Hauptbetriebs veranlasst werden. Der Beschluss ist dem Betriebsrat des Hauptbetriebs spätestens zehn Wochen vor Ablauf seiner Amtszeit mitzuteilen. Für den Widerruf des Beschlusses gelten die Sätze 2 bis 4 entsprechend.

Kriterien für die Selbstständigkeit von Betriebsteilen/Betrieben

Hier stellt sich die Frage, unter welchen Umständen ein Betriebsteil (z. B. eine Filiale) nicht mehr zum Hauptbetrieb zählt und damit nicht mehr zum Zuständigkeitsbereich des dort gewählten BR gehört. Das ist dann der Fall,

1. wenn der **Weg** vom Sitz des BR zum Betriebsteil so weit ist, dass eine ordnungsgemäße Betreuung durch den BR nicht mehr möglich ist (Faustregel: wenn die Wegezeit mehr als 20 Minuten beträgt) oder
2. wenn der Betriebsteil einen **eigenen Aufgabenbereich** erfüllt (z. B. Auslieferung oder Verkauf für einen Produktionsbetrieb) und eine eigene **Leitung** hat, die auch selbstständig Entscheidungen fällen kann, zu denen ein BR ein Mitbestimmungsrecht hätte (z. B. Entlassungs-/Einstellungsbefugnis).

Wer entscheidet über die Selbstständigkeit?

Da Arbeitgeber in der Regel kein Interesse an zusätzlichen BR-Gremien haben, wird der BR die Frage, ob er sich dafür einsetzt, dass in einem Betriebsteil ein eigener BR gewählt werden soll, allein danach entscheiden, was die für eine gute Betreuung der Arbeitnehmer günstigste Lösung wäre.

Kommt es zum Streit darüber, ob ein Betriebsteil einen eigenen BR wählen darf oder nicht, entscheidet das zuständige **Arbeitsgericht** (§ 18) – dafür wird der BR allerdings zwingend juristische Unterstützung brauchen.

Entscheidung durch Abstimmung der Arbeitnehmer

Sollte es einen Betriebsteil geben, der bisher an der BR-Wahl für den Hauptbetrieb nicht beteiligt war, dann können die Arbeitnehmer dieses Betriebsteils beschließen, dass sie zukünftig an der BR-Wahl des Hauptbetriebs teilnehmen wollen (die Frage der

	Entfernung und der Eigenständigkeit spielt in diesem Fall keine Rolle) – zum Verfahren: § 3 Abs. 3 Satz 2.
(2) Betriebe, die die Voraussetzungen des § 1 Abs. 1 Satz 1 nicht erfüllen, sind dem Hauptbetrieb zuzuordnen.	**Betriebsteile/Filialen mit weniger als fünf Arbeitnehmern** Alles, was zu § 4 Abs. 1 gesagt wurde, gilt nur für Betriebsteile, die für sich genommen die Anforderungen des § 1 Abs. 1 erfüllen würden, also groß genug sind, einen BR wählen zu können (mindestens fünf ständig beschäftigte, wahlberechtigte Arbeitnehmer, davon drei wählbar); kleinere Betriebsteile/Filialen sind in jedem Fall an der BR-Wahl des Hauptbetriebs zu beteiligen.
§ 5 – Arbeitnehmer	**Wer gehört zu den Arbeitnehmern eines Betriebs (und fällt unter die Zuständigkeit des Betriebsrats)?**
(1) Arbeitnehmer (Arbeitnehmerinnen und Arbeitnehmer) im Sinne dieses Gesetzes sind Arbeiter und Angestellte einschließlich der zu ihrer Berufsausbildung Beschäftigten, unabhängig davon, ob sie im Betrieb, im Außendienst oder mit Telearbeit beschäftigt werden. Als Arbeitnehmer gelten auch die in Heimarbeit Beschäftigten, die in der Hauptsache für den Betrieb arbeiten. Als Arbeitnehmer gelten ferner Beamte (Beamtinnen und Beamte), Soldaten (Soldatinnen und Soldaten) sowie Arbeitnehmer des öf-	**Arbeitnehmer des Betriebs** Meistens dürfte klar sein, wer zu den Arbeitnehmern eines Betriebs gehört und vom BR vertreten wird. Dazu gehören neben »normalen« Arbeitnehmern auch: **Auszubildende** und **Praktikanten**, Beschäftigte in **Altersteilzeit** oder **Elternzeit**, **Teilzeitbeschäftigte** (auch geringfügig Beschäftigte) und unter Umständen **Leiharbeitnehmer** (z. B. bei Fragen der Einstellung, § 99, und bei sozialen Angelegenheiten, § 87) – näheres ist in § 14 Arbeitnehmerüberlassungsgesetz festgelegt. Auch **Beamte, Soldaten** und **Beschäftigte des öffentlichen Dienstes** gehören zu den Arbeitnehmern eines Betriebs, wenn sie zur Beschäftigung in ein Privatunternehmen »abgeordnet« werden (was z. B. im Bereich der Flugsicherung oder der Privatisierung öffentlicher Dienstleistungen der Fall sein kann). Sie sind mit allen Rechten an der BR-Wahl zu beteiligen, müssen bei der Feststellung der Betriebsratsgröße (§ 9) mitgezählt und bei der Aufstellung der Wählerliste (§ 2 BetrVG WO) berücksichtigt werden. Sie dürfen auch für den BR kandidieren.

fentlichen Dienstes einschließlich der zu ihrer Berufsausbildung Beschäftigten, die in Betrieben privatrechtlich organisierter Unternehmen tätig sind.	**Freie Mitarbeiter/Langzeitpraktikanten** Besonders bei »freien« Mitarbeitern und bei längerfristig beschäftigten Praktikanten wird der BR sorgfältig prüfen, ob es sich nicht rechtlich gesehen um Arbeitnehmer des Betriebs handelt, für die er dann zuständig wäre. Da die Rechtsauffassungen zu diesem Thema auseindergehen, ist diese Frage nicht einfach zu beantworten. Es lohnt sich aber in jedem Fall, die **folgenden Kriterien** zu überprüfen und sich in Zweifelsfällen **juristisch beraten** zu lassen: • Gibt es eine **vertragliche Grundlage** für die Beschäftigung? • Stimmen diese Vertragsgrundlage und die **tatsächlichen Umstände** der Tätigkeit überein? • Wie **eigenständig** kann der Betroffene seine **Arbeitszeit** festlegen? • Werden dabei **»Betriebsmittel«** benutzt? • Handelt es sich um eine Tätigkeit im Rahmen des **Betriebszwecks** (§ 111 Nr. 4)? • Ist eine **Zusammenarbeit** mit den anderen Beschäftigten des Betriebs zu erkennen? • Wie **selbstständig** oder **weisungsgebunden** ist die Tätigkeit?
(2) Als Arbeitnehmer im Sinne dieses Gesetzes gelten nicht	**Wer ist nicht Arbeitnehmer?** Die Frage, wer Arbeitnehmer des Betriebs (»im Sinne dieses Gesetzes«) ist, ist einfacher zu beantworten, wenn man sie umdreht: Wer ist nicht Arbeitnehmer des Betriebs? Also: **Keine Arbeitnehmer sind …**
1. in Betrieben einer juristischen Person die Mitglieder des Organs, das zur gesetzlichen Vertretung der juristischen Person berufen ist;	**… Vertretung nach außen** Menschen, die den Besitzer des Betriebs nach außen hin vertreten (z. B. als **Vorstandsmitglied** oder **Geschäftsführer**). Das kommt immer dann vor, wenn der Besitzer eines Betriebs eine »juristische Person« ist (z. B. ein Unternehmen, eine Stiftung oder sonst eine Organisation).

2. die Gesellschafter einer offenen Handelsgesellschaft oder die Mitglieder einer anderen Personengesamtheit, soweit sie durch Gesetz, Satzung oder Gesellschaftsvertrag zur Vertretung der Personengesamtheit oder zur Geschäftsführung berufen sind, in deren Betrieben;	**... Besitzer des Betriebs** Das Gleiche gilt für Betriebe, die einer natürlichen Person, also einem einzelnen Menschen oder einer Gruppe von Menschen gehören. Auch hier können die »zur Vertretung Berufenen« zwar Angestellte, nicht aber Arbeitnehmer im Sinne des BetrVG sein.
3. Personen, deren Beschäftigung nicht in erster Linie ihrem Erwerb dient, sondern vorwiegend durch Beweggründe karitativer oder religiöser Art bestimmt ist;	**... nicht wegen des Verdienstes Arbeitende** Menschen, die nicht in erster Linie wegen des Verdienstes, sondern aus karitativen oder religiösen Gründen arbeiten. Dazu zählen z. B. Mönche und Ordensschwestern, wenn sie innerhalb ihrer Organisation tätig sind.
4. Personen, deren Beschäftigung nicht in erster Linie ihrem Erwerb dient und die vorwiegend zu ihrer Heilung, Wiedereingewöhnung, sittlichen Besserung oder Erziehung beschäftigt werden;	**... aus therapeutischen Gründen Arbeitende** Menschen, die vor allem deshalb in einem Betrieb arbeiten, weil dies dazu dienen soll, sie von einer Krankheit zu heilen (z. B. Arbeitstherapie für psychisch Kranke) oder ihnen bei der Wiedereingliederung oder Erziehung zu helfen (z. B. Ausbildung und Arbeit für Strafgefangene).
5. der Ehegatte, der Lebenspartner, Verwandte und Verschwägerte ersten Grades, die in häuslicher Gemeinschaft mit dem Arbeitgeber leben.	**... Ehepartner, enge Verwandte** Ehegatten des Arbeitgebers (auch im Fall eingetragener gleichgeschlechtlicher Lebenspartnerschaften) und enge Verwandte, soweit sie im Haushalt des Arbeitgebers wohnen. Enkel, Geschwister, Schwager usw. gehören aber schon nicht mehr dazu.

(3) Dieses Gesetz findet, soweit in ihm nicht ausdrücklich etwas anderes bestimmt ist, keine Anwendung auf leitende Angestellte. Leitender Angestellter ist, wer nach Arbeitsvertrag und Stellung im Unternehmen oder im Betrieb	**Leitende Angestellte = keine Arbeitnehmer** Auch leitende Angestellte gehören nicht zu den Arbeitnehmern des Betriebs – eine Festlegung, über die es in der Praxis am ehesten einmal Auseinandersetzungen gibt. Im Zweifelsfall werden die folgenden Punkte geprüft:
1. zur selbständigen Einstellung und Entlassung von im Betrieb oder in der Betriebsabteilung beschäftigten Arbeitnehmern berechtigt ist oder	**Kriterium: Entlassungsbefugnis** Leitender Angestellter ist nicht jeder, der einen Arbeitnehmer entlassen oder einstellen kann (darunter fiele sonst schon mancher Baustellenpolier oder Oberkellner), sondern nur, wer die Befugnis hat, **Stellen** zu schaffen oder abzubauen, also Entscheidungen zu treffen, die den Bestand des Unternehmens beeinflussen.
2. Generalvollmacht oder Prokura hat und die Prokura auch im Verhältnis zum Arbeitgeber nicht unbedeutend ist oder	**Kriterium: Prokura, Generalvollmacht** Leitender Angestellter ist nicht jeder, der sich »Prokurist« nennen darf; denn mit »Generalvollmacht und Prokura« sind nur echte Vollmachten zur Unternehmensleitung gemeint, nicht etwa eine Titelprokura (die nur »ehrenhalber« verliehen wird).
3. regelmäßig sonstige Aufgaben wahrnimmt, die für den Bestand und die Entwicklung des Unternehmens oder eines Betriebs von Bedeutung sind und deren Erfüllung besondere Erfahrungen und Kenntnisse voraussetzt, wenn er dabei entweder die Entscheidungen im	**Kriterium: Unternehmeraufgaben** Leitender Angestellter ist nicht jeder, der »irgendetwas« (Abteilung, Arbeitsgruppe) leitet, er muss unternehmerische Tätigkeiten ausüben, also als Unternehmer tätig sein! Das erfordert, dass er die Interessen derjenigen vertritt, die den Betrieb besitzen. Man kann es auch anders sagen: Leitender Angestellter ist nur der, der sich aufgrund seiner Leitungsaufgabe in einer »gegnerischen« Position zum BR befindet (der ja die Interessen der Arbeitnehmer zu vertreten hat).

Wesentlichen frei von Weisungen trifft oder sie maßgeblich beeinflusst; dies kann auch bei Vorgaben insbesondere aufgrund von Rechtsvorschriften, Plänen oder Richtlinien sowie bei Zusammenarbeit mit anderen leitenden Angestellten gegeben sein.	
Für die in Absatz 1 Satz 3 genannten Beamten und Soldaten gelten die Sätze 1 und 2 entsprechend.	**Beamte/Soldaten als Leitende** Wenn Angehörige dieses Personenkreises zur Beschäftigung in ein Privatunternehmen »abgeordnet« werden, sind sie im Prinzip zwar Arbeitnehmer im Sinne des BetrVG (§ 5 Abs. 1 Satz 3), verlieren diese Eigenschaft aber wieder, wenn sie in leitender Funktion (im Sinne des § 5 Abs. 3) tätig sind.
(4) Leitender Angestellter nach Absatz 3 Nr. 3 ist im Zweifel, wer 1. aus Anlass der letzten Wahl des Betriebsrats, des Sprecherausschusses oder von Aufsichtsratsmitgliedern der Arbeitnehmer oder durch rechtskräftige gerichtliche Entscheidung den leitenden Angestellten zugeordnet worden ist oder 2. einer Leitungsebene angehört, auf der in dem Unternehmen	**Prüfung in Zweifelsfällen** Nur wenn nach § 5 Abs. 3 Nr. 3 nicht geklärt werden konnte, ob ein Angestellter leitend ist oder nicht, sind die Bestimmungen dieses Absatzes heranzuziehen. Was als Klarstellung gedacht war, ist tatsächlich aber besonders unklar und schwer verständlich, wie man beim Lesen des Gesetzestextes schnell feststellt. Und weil die Entscheidung darüber, wer zu den »Leitenden« gehört, vor allem dann eine Rolle spielt, wenn es um die Frage geht, wer an der **BR-Wahl** teilnehmen darf (sei es als Wähler, sei es als Kandidat), lohnt es einfach nicht, sich ohne konkreten Anlass mit den Einzelheiten dieses Absatzes zu beschäftigen.

überwiegend leitende Angestellte vertreten sind, oder 3. ein regelmäßiges Jahresarbeitsentgelt erhält, das für leitende Angestellte in dem Unternehmen üblich ist, oder, 4. falls auch bei der Anwendung der Nummer 3 noch Zweifel bleiben, ein regelmäßiges Jahresarbeitsentgelt erhält, das das Dreifache der Bezugsgröße nach § 18 des Vierten Buches Sozialgesetzbuch überschreitet.	**Empfehlung für Zweifelsfälle** Bei der Vorbereitung der BR-Wahl prüft der Wahlvorstand, wer nach § 5 Abs. 3 wirklich leitend, also unternehmerisch tätig ist. Und nur wenn der Wahlvorstand selber dabei Zweifel hat, könnten die Bestimmungen dieses Absatzes herangezogen werden. Das sollten dann aber weder der BR noch der Wahlvorstand allein tun – hier wird unbedingt sachkundige, also **juristische Beratung** gebraucht.
§ 6 – Arbeiter und Angestellte	**Dieser Paragraf ist aufgehoben!**

Zweiter Teil
Betriebsrat, Betriebsversammlung, Gesamt- und Konzernbetriebsrat

Erster Abschnitt
Zusammensetzung und Wahl des Betriebsrats

§ 7 – Wahlberechtigung	**Wer darf den Betriebsrat wählen?**
Wahlberechtigt sind alle Arbeitnehmer des Betriebs, die das 18. Lebensjahr vollendet haben. Werden Arbeitnehmer eines anderen Ar-	**Wahlberechtigte Arbeitnehmer** Alle volljährigen Arbeitnehmer (§ 5 Abs. 1) sind generell wahlberechtigt und dürfen den BR mitwählen. **Leiharbeitnehmer** sind wahlberechtigt, wenn sie für mehr als drei Monate eingesetzt sind oder eingesetzt werden sollen. Sie dürfen in diesem Fall

beit gebers zur Arbeitsleistung überlassen, so sind diese wahlberechtigt, wenn sie länger als drei Monate im Betrieb eingesetzt werden.	ab dem ersten Arbeitstag im Einsatzbetrieb an einer dort stattfindenden BR-Wahl teilnehmen (das Wahlrecht im Stammbetrieb bleibt unberührt).
§ 8 – Wählbarkeit	**Wer darf sich als Kandidat für die Betriebsratswahl aufstellen lassen?**
(1) Wählbar sind alle Wahlberechtigten, die sechs Monate dem Betrieb angehören oder als in Heimarbeit Beschäftigte in der Hauptsache für den Betrieb gearbeitet haben. Auf diese sechsmonatige Betriebszugehörigkeit werden Zeiten angerechnet, in denen der Arbeitnehmer unmittelbar vorher einem anderen Betrieb desselben Unternehmens oder Konzerns (§ 18 Abs. 1 des Aktiengesetzes) angehört hat. Nicht wählbar ist, wer infolge strafgerichtlicher Verurteilung die Fähigkeit, Rechte aus öffentlichen Wahlen zu erlangen, nicht besitzt.	**BR-Kandidaten** Für den BR kandidieren können nur • Arbeitnehmer des Betriebs (§ 5), die • volljährig sind (also ihren 18. Geburtstag gehabt haben) und die • am Tag der BR-Wahl dem Betrieb seit mindestens sechs Monaten angehören. Das gilt genauso für Arbeitnehmer, die nicht die deutsche Staatsangehörigkeit besitzen. Wenn ein Betrieb zu einem Unternehmen oder Konzern mit **mehreren Betrieben** gehört (siehe § 1), werden die Zeiten, die ein Betriebsratskandidat in einem anderen Betrieb des Unternehmens oder Konzerns beschäftigt war, auf seine Betriebszugehörigkeit angerechnet. Ausgenommen sind lediglich Arbeitnehmer, die wegen eines Verbrechens zu (mindestens) einem Jahr Freiheitsstrafe verurteilt worden sind und deshalb zeitweilig die Berechtigung verloren haben, sich in öffentlichen Wahlen wählen zu lassen.
(2) Besteht der Betrieb weniger als sechs Monate, so sind abweichend von der Vorschrift in Absatz 1 über die sechsmonatige Betriebszugehörigkeit die	**BR-Wahl in neu gegründetem Betrieb** Wenn ein Betrieb am Tag der BR-Wahl noch keine sechs Monate besteht, kann es auch keine Kandidaten geben, die dem Betrieb seit mindestens sechs Monaten angehören. Deshalb gilt die Grenze der 6-monatigen Betriebszugehörigkeit für BR-Kandidaten in diesen Fällen nicht.

jenigen Arbeitnehmer wählbar, die bei der Einleitung der Betriebsratswahl im Betrieb beschäftigt sind und die übrigen Voraussetzungen für die Wählbarkeit erfüllen.	
§ 9 – Zahl der Betriebsratsmitglieder	**Wie groß kann der Betriebsrat sein?**
Der Betriebsrat besteht in Betrieben mit in der Regel 5 bis 20 wahlberechtigten Arbeitnehmern aus einer Person, 21 bis 50 wahlberechtigten Arbeitnehmern aus 3 Mitgliedern, 51 wahlberechtigten Arbeitnehmern bis 100 Arbeitnehmern aus 5 Mitgliedern, 101 bis 200 Arbeitnehmern aus 7 Mitgliedern, 201 bis 400 Arbeitnehmern aus 9 Mitgliedern, 401 bis 700 Arbeitnehmern aus 11 Mitgliedern, 701 bis 1000 Arbeitnehmern aus 13 Mitgliedern, 1001 bis 1500 Arbeitnehmern aus 15 Mitgliedern, 1501 bis 2000 Arbeitnehmern aus 17 Mitgliedern, 2001 bis 2500 Arbeitnehmern aus 19 Mitgliedern,	**Betriebsgröße bestimmt Betriebsratsgröße** Die Zahlen im Gesetzestext sind wohl klar. Nur an zwei Stellen kann es Fragen geben: **1. Was bedeutet »in der Regel«?** Die Formulierung: »... in Betrieben mit in der Regel ...« bedeutet, dass die zum Zeitpunkt der BR-Wahl aktuell vorhandene Belegschaftsgröße (etwa bei Saisonbetrieben) eine andere sein kann als dies normalerweise der Fall ist. Meistens spielt das nur dann eine Rolle, wenn die aktuelle Belegschaftsgröße eines Betriebs an einer der Grenzen zwischen den vorgesehenen BR-Größen liegt – also bei etwa 20, 50, 100, 200, 400 usw. Beispiel 1: Ein Betrieb hat seit längerem eine Belegschaft von 104 Beschäftigten. Jetzt sind drei Arbeitnehmer in Rente gegangen, zwei weitere haben gekündigt. Trotzdem muss ein 7-köpfiger BR gewählt werden, denn das Absinken der Belegschaftsgröße ist wohl nur vorübergehend. Beispiel 2: In einem Saisonbetrieb ist zu prüfen, welche Belegschaftsgröße bisher für den größeren Teil des Jahres die übliche war. So hat beispielsweise ein Hotel zum Zeitpunkt der BR-Wahl eine Sommerbelegschaft von 92 Beschäftigten. In der Saison vom 15. Oktober bis zum 31. April (also den größeren Teil des Jahres) waren bisher immer etwa 150 Arbeitnehmer beschäftigt. Gewählt werden muss deshalb ein 7-köpfiger BR.

2501 bis 3000 Arbeitnehmern aus 21 Mitgliedern,

3001 bis 3500 Arbeitnehmern aus 23 Mitgliedern,

3501 bis 4000 Arbeitnehmern aus 25 Mitgliedern,

4001 bis 4500 Arbeitnehmern aus 27 Mitgliedern,

4501 bis 5000 Arbeitnehmern aus 29 Mitgliedern,

5001 bis 6000 Arbeitnehmern aus 31 Mitgliedern,

6001 bis 7000 Arbeitnehmern aus 33 Mitgliedern,

7001 bis 9000 Arbeitnehmern aus 35 Mitgliedern.

In Betrieben mit mehr als 9000 Arbeitnehmern erhöht sich die Zahl der Mitglieder des Betriebsrats für je angefangene weitere 3000 Arbeitnehmer um 2 Mitglieder.

2. Was bedeutet hier »wahlberechtigt«?

Bis zu einer Belegschaftsgröße von 51 Beschäftigten ist in den Zahlen des Gesetzestextes von »wahlberechtigten Arbeitnehmern« (siehe § 7) die Rede, danach nur noch von »Arbeitnehmern« (ohne Berücksichtigung der Wahlberechtigung) – was bedeutet das?

Im Grunde ist es ganz einfach: Um einen 5-köpfigen BR zu bekommen, muss ein Betrieb mindestens 51 **wahlberechtigte** Arbeitnehmer haben!

Die Frage, ob Arbeitnehmer »wahlberechtigt« sind oder nicht, spielt also lediglich eine Rolle für Betriebe mit einer Belegschaftsgröße um die 50 – und auch das nur dann, wenn sich darunter noch einige nicht-wahlberechtigte Arbeitnehmer befinden (= Arbeitnehmer, die noch nicht 18 Jahre alt sind).

Beispiel: In einem Betrieb sind von 53 Arbeitnehmern vier minderjährige Auszubildende. Es gibt also lediglich 49 Wahlberechtigte und damit nur Anspruch auf einen 3-köpfigen BR.

Aber selbst in diesem Fall müsste es der **Regelfall** sein, dass von den Auszubildenden immer mindestens vier minderjährig sind – wovon heutzutage wohl kaum auszugehen ist.

Sonderfall Leiharbeitnehmer

Wahlberechtigt sind auch Leiharbeitnehmer, die für mehr als drei Monate im Betrieb eingesetzt werden sollen (siehe § 7). Wenn Leiharbeitnehmer »ständig« beschäftigt sind, werden sie mitgezählt, wenn es darum geht, die Größe des BR-Gremiums zu bestimmen. »Ständig« bedeutet dabei: in der Regel, im Normalfall (siehe § 1). Dass es sich lohnen kann, hier genau hinzuschauen, zeigt das folgende Beispiel.

Beispiel: In einem Betrieb besteht die Stammbelegschaft aus 879 Arbeitnehmern und 292 Leiharbeitnehmern. Ohne die Leiharbeitnehmer wäre ein 13-köpfiger, mit Leiharbeitnehmern ein 15-köpfiger BR zu wählen.

	Wahlvorstand entscheidet allein Allein der Wahlvorstand entscheidet die Frage, wie viele Arbeitnehmer in der Regel im Betrieb beschäftigt sind und wie groß demzufolge der BR zu sein hat.
§ 10 – Vertretung der Minderheitsgruppen	**Dieser Paragraf ist aufgehoben!**
§ 11 – Ermäßigte Zahl der Betriebsratsmitglieder	**Was tun, wenn es nicht ausreichend viele wählbare Arbeitnehmer gibt?**
Hat ein Betrieb nicht die ausreichende Zahl von wählbaren Arbeitnehmern, so ist die Zahl der Betriebsratsmitglieder der nächstniedrigeren Betriebsgröße zugrunde zu legen.	**Zu wenige BRT-Kandidaten (reduzierte Betriebsratsgröße)** Dass es in einem Betrieb nicht ausreichend viele Arbeitnehmer gibt, die wählbar sind (§ 8), dürfte in der Praxis so gut wie nie vorkommen (von einer Belegschaft mit beispielsweise 21 Arbeitnehmern müssten dann nämlich 19 Arbeitnehmer nicht wählbar sein!). Bedeutung hat diese Bestimmung deshalb vor allem, weil sie immer dann angewendet wird, wenn sich nicht genügend Arbeitnehmer finden, die bereit sind, für den BR zu kandidieren. Auch dann kann und muss die BR-Größe um eine Stufe (§ 9) zurückgesetzt werden – bei einer Belegschaftsgröße von z. B. 150 Arbeitnehmern und nur sechs Kandidaten also auf fünf BR-Mitglieder. Diese »Herunterstufung« kann mehrmals erfolgen (wären also nur zwei Arbeitnehmer zur Kandidatur bereit, würde ein 1-köpfiger BR gewählt).
§ 12 – Abweichende Verteilung der Betriebsratssitze	**Dieser Paragraf ist aufgehoben!**
§ 13 – Zeitpunkt der Betriebsratswahlen	**Wann kann oder muss die Betriebsratswahl stattfinden?**
(1) Die regelmäßigen Betriebsratswahlen finden alle vier Jahre in der Zeit vom 1. März bis	**BR-Wahlen alle vier Jahre von März bis Mai** Die BR-Wahlen sollen in allen Betrieben alle vier Jahre immer zur etwa gleichen Zeit stattfinden – an welchem Tag innerhalb des vorgegebenen Zeit-

31. Mai statt. Sie sind zeitgleich mit den regelmäßigen Wahlen nach Paragraf 5 Absatz 1 des Sprecherausschussgesetzes einzuleiten.	raums (1. März bis 31. Mai) genau, muss im Zusammenhang mit der **Amtszeit** des vorhandenen BR (§ 21) geklärt werden. Die nächsten »regulären« BR-Wahl-Jahre sind die Jahre 2014, 2018, 2022 usw.
(2) Außerhalb dieser Zeit ist der Betriebsrat zu wählen, wenn	**BR-Wahl »außer der Reihe«** Manchmal kann oder muss der BR aber auch außerhalb des vorgesehenen Zeitraums gewählt werden:
1. mit Ablauf von 24 Monaten, vom Tage der Wahl an gerechnet, die Zahl der regelmäßig beschäftigten Arbeitnehmer um die Hälfte, mindestens aber um fünfzig, gestiegen oder gesunken ist,	**Belegschaftsgröße »zur Halbzeit«** Gewählt wird außer der Reihe, wenn die Belegschaft zur »Halbzeit«, also nach zwei Jahren, »um die Hälfte« geschrumpft oder gewachsen ist **und** wenn diese Hälfte aus mindestens 50 Arbeitnehmern besteht. Dabei bedeutet »mit Ablauf von 24 Monaten«: am Tag der letzten BR-Wahl genau zwei Jahre später. Konsequenz: Der BR schaut ein paar Tage vor Ablauf dieser Frist, ob wegen Verkleinerung/Vergrößerung der Belegschaft neu gewählt werden muss, fasst einen entsprechenden Beschluss und setzt einen Wahlvorstand ein. Praktisch wird dies nur bei sehr drastischen Veränderungen der Belegschaftsgröße der Fall sein: Denn bei Betrieben mit bis zu **100 Arbeitnehmern** müsste die Belegschaft um mindestens **50 Arbeitnehmer** schrumpfen oder wachsen, bei größeren Betrieben müsste die Belegschaftsgröße **um die Hälfte** zu- oder abnehmen, ehe eine Neuwahl eingeleitet werden muss. Grundlage der Berechnung sind in jedem Fall nur die »regelmäßig« Beschäftigten (siehe § 9). Beispiel 1: In einem Betrieb mit 90 Beschäftigten werden 45 Arbeitsplätze abgebaut. Eine Neuwahl »außer der Reihe« ist nicht erforderlich, weil die Belegschaft zwar um die Hälfte reduziert wird, diese Hälfte aber nicht »mindestens 50 Arbeitnehmer« groß ist. Genauso wäre es, wenn dieser Betrieb um 45 Arbeitnehmer wachsen würde.

	Beispiel 2: Ein Betrieb mit 150 Arbeitnehmern stellt 60 Arbeitnehmer neu ein. Eine Neuwahl kommt nicht in Frage, da die Belegschaft um mindestens die Hälfte (also um 75 Arbeitnehmer) wachsen oder abnehmen muss, ehe eine Neuwahl »außer der Reihe« erforderlich wird.
2. die Gesamtzahl der Betriebsratsmitglieder nach Eintreten sämtlicher Ersatzmitglieder unter die vorgeschriebene Zahl der Betriebsratsmitglieder gesunken ist,	**BR-Gremium wird zu klein** Gewählt wird außer der Reihe, wenn die vorgeschriebene Größe des BR (§ 9) durch **Ausscheiden** eines BR-Mitglieds unterschritten wird. Das zeigt die große Bedeutung der Ersatzmitglieder. Denn solange es noch Ersatzmitglieder gibt (»überzählige« Kandidaten, die nicht gewählt wurden), treten diese selbstverständlich an die Stelle ausscheidender BR-Mitglieder. Gibt es **keine Ersatzmitglieder** mehr und scheidet noch ein BR-Mitglied aus, muss neu gewählt werden. Der geschrumpfte BR muss unverzüglich einen Wahlvorstand ernennen (§ 16), bleibt bis zum Abschluss der Neuwahl aber im Amt.
3. der Betriebsrat mit der Mehrheit seiner Mitglieder seinen Rücktritt beschlossen hat,	**BR beschließt Neuwahl** Gewählt wird außer der Reihe, wenn der BR mit Mehrheit aller seiner Mitglieder seinen Rücktritt beschlossen hat.
4. die Betriebsratswahl mit Erfolg angefochten worden ist,	**BR-Wahl erfolgreich angefochten** Gewählt wird außer der Reihe, wenn eine BR-Wahl erfolgreich durch Urteil eines Arbeitsgerichts angefochten (§ 19) wurde. Solange das Urteil nicht rechtskräftig ist, kann der »alte« BR noch den Wahlvorstand für die Neuwahl benennen. Ist das Urteil erst einmal rechtskräftig, muss das auf einer Betriebsversammlung geschehen (§ 17).
5. der Betriebsrat durch eine gerichtliche Entscheidung aufgelöst ist oder	**BR durch Arbeitsgericht aufgelöst** Gewählt wird außer der Reihe, wenn der komplette BR durch Entscheidung eines Arbeitsgerichts aufgelöst wurde (§ 23 Abs. 1). Der dann nötige Wahlvorstand wird vom Arbeitsgericht gleich mit benannt.

6. im Betrieb ein Betriebsrat nicht besteht.	**Erstmalige BR-Wahl** Gewählt wird außer der Reihe, wenn in einem betriebsratslosen Betrieb Arbeitnehmer einen BR (neu) wählen wollen. Denn in diesem Fall müssen sie selbstverständlich nicht auf den nächsten regulären Wahltermin warten. Das dürfte der häufigste Grund für eine BR-Wahl »außer der Reihe« sein.
(3) Hat außerhalb des für die regelmäßigen Betriebsratswahlen festgelegten Zeitraums eine Betriebsratswahl stattgefunden, so ist der Betriebsrat in dem auf die Wahl folgenden nächsten Zeitraum der regelmäßigen Betriebsratswahlen neu zu wählen. Hat die Amtszeit des Betriebsrats zu Beginn des für die regelmäßigen Betriebsratswahlen festgelegten Zeitraums noch nicht ein Jahr betragen, so ist der Betriebsrat in dem übernächsten Zeitraum der regelmäßigen Betriebsratswahlen neu zu wählen.	**BR-Wahl nach einer Wahl »außer der Reihe«** Nach einer BR-Wahl außerhalb des regulären Wahlzeitraums (§ 13 Abs. 1) soll die dann nächste Wahl möglichst wieder zusammen mit allen anderen BR-Wahlen stattfinden. Wird z. B. ein BR erstmalig am 15. Dezember 2015 gewählt, wird er sich schon nach knapp drei Jahren – zwischen dem 1. März und (spätestens) dem 31. Mai 2018 wieder zur Wahl stellen müssen. **Ausnahme: Amtszeit kürzer als ein Jahr** Ist der neu gewählte BR zu Beginn des nächsten BR-Wahlzeitraums, also am 1. März 2018, 2022 usw., noch kein ganzes Jahr im Amt, verlängert sich seine Amtszeit bis zum nächsten BR-Wahltermin. Das ist auch sinnvoll, denn ohne diese Regelung könnte es sein, dass ein BR nach wenigen Wochen oder vielleicht sogar Tagen wieder neu gewählt werden müsste.
§ 14 – Wahlvorschriften	**Wie soll die Betriebsratswahl ablaufen?**
(1) Der Betriebsrat wird in geheimer und unmittelbarer Wahl gewählt.	**Unbeobachtete Wahl** Die BR-Wahl muss so organisiert sein, dass jeder wahlberechtigte Arbeitnehmer seinen Stimmzettel unbeobachtet ausfüllen kann (**Wahlurne, Wahlkabine**). Eine Wahl durch Abstimmen auf einer Betriebsversammlung wäre also unzulässig. Aus dem gleichen Grund ist auch eine **Wahl am Bildschirm** des Arbeitsplatzcomputers zurzeit nicht erlaubt.

	Persönliche Stimmabgabe Jeder Wählende muss seine Stimme persönlich abgeben. Das muss durch den Wahlvorstand sorgfältig kontrolliert werden. Die Wahlordnung des BetrVG sieht zwar die Möglichkeit der **Briefwahl** vor, aber auch da muss eine persönlich unterschriebene Erklärung beigefügt werden, die bestätigt, von wem der (in einem geschlossenen Umschlag befindliche) Wahlzettel kommt.
(2) Die Wahl erfolgt nach den Grundsätzen der Verhältniswahl. Sie erfolgt nach den Grundsätzen der Mehrheitswahl, wenn nur ein Wahlvorschlag eingereicht wird oder wenn der Betriebsrat im vereinfachten Wahlverfahren nach § 14a zu wählen ist.	**BR-Wahl als Persönlichkeitswahl** So lange es nur einen Wahlvorschlag (eine Kandidatenliste) für die BR-Wahl gibt, findet die BR-Wahl als sogenannte **Mehrheitswahl** statt. Das heißt: Welche der zur Wahl stehenden Personen in den BR gewählt werden, entscheidet die Mehrheit der Stimmen. Dafür müssen die Wählenden die Möglichkeit haben, die von ihnen gewünschten Kandidaten einzeln anzukreuzen, sie also persönlich auszuwählen (deshalb sagt man zu diesem Verfahren auch Persönlichkeitswahl). Es dürfen höchstens so viele Kandidaten angekreuzt werden, wie der zu wählende BR Mitglieder haben muss (§ 9). **BR-Wahl als Listenwahl** Gehen mehrere Wahlvorschläge (Kandidatenlisten) beim Wahlvorstand ein, muss die BR-Wahl als so genannte **Verhältniswahl** durchgeführt werden. Das heißt: Die Wählenden können sich nicht mehr gezielt die Menschen aussuchen, die sie gerne im BR hätten, sondern sie müssen sich für eine der Kandidatenlisten entscheiden (deshalb sagt man zu diesem Verfahren auch Listenwahl). Jede Liste schickt dann so viele Kandidaten in den BR, wie es dem Anteil der Stimmen entspricht, den die einzelne Liste bekommen hat – und zwar genau in der Reihenfolge, in der die Kandidaten auf der Liste gestanden haben.

Ermittelt wird dies nach einem speziellen mathematischen Verfahren:

Das d'Hondtsche Höchstzahlensystem

Es wird eine Tabelle erstellt, in deren Kopf jeweils die Stimmenzahl eingetragen wird, die die einzelnen Listen bekommen haben; danach werden diese Zahlen nacheinander durch 1, 2 usw. geteilt.

	Liste A	Liste B	Liste C
	55 Stimmen	120 Stimmen	45 Stimmen
: 1	55,0	120,0	45,0
: 2	27,5	60,0	22,5
: 3	18,3	40,0	15,0
: 4	13,8	30,0	11,3
: 5	11,0	24,0	9,0

Zu wählen sind in diesem Beispiel neun BR-Mitglieder (siehe § 9). Herauszusuchen sind also die neun höchsten Zahlen in der Tabelle. Damit ist klar, dass Liste B mit fünf Mitgliedern und die Listen A und C mit jeweils zwei Mitgliedern im BR vertreten sein werden.

Persönlichkeitswahl – ja, aber ...

Im Grundsatz ist die Persönlichkeitswahl die einfachere und demokratischere Alternative und deshalb zu bevorzugen. Aber: Auch wenn im Betrieb eigentlich die Persönlichkeitswahl beabsichtigt ist, muss immer damit gerechnet werden, dass (vielleicht nur eine Minute vor Ablauf der Einreichungsfrist) ein zweiter Wahlvorschlag eingereicht wird und dann doch eine **Listenwahl** nötig wird. Deshalb sollte immer auf eine durchdachte Reihenfolge der Kandidaten bei jedem Wahlvorschlag geachtet werden.

(3) Zur Wahl des Betriebsrats können die wahlberechtigten Arbeitnehmer und die im Betrieb vertretenen

Wer darf Wahlvorschläge (Kandidatenlisten) einreichen?

Jeder wahlberechtigte Arbeitnehmer kann Wahlvorschläge (Kandidatenlisten) einreichen und zwar innerhalb von zwei Wochen nach Aushang des

Gewerkschaften Wahlvorschläge machen.	Wahlausschreibens. Dafür sollte der Wahlvorstand (§ 16 usw.) **Vordrucke** bereithalten, die sicherstellen, dass die formalen Vorschriften (erkennbare Reihenfolge, laufende Nummer, vollständige Angaben) eingehalten werden. **Anzahl der Kandidaten, Ersatzmitglieder** Eine solche Liste sollte möglichst doppelt so viele Kandidaten enthalten wie BR-Mitglieder zu wählen sind (§ 9). Das ist nicht zwingend (es könnte auch nur ein einziger Kandidat auf der Liste stehen). Es ist aber dringend zu empfehlen, möglichst viele »überzählige« Kandidaten aufzustellen, um später ausreichend viele Ersatzmitglieder zur Verfügung zu haben, für den Fall, dass BR-Mitglieder zeitweilig oder dauerhaft ausfallen (§ 25). **Wahlvorschläge durch die Gewerkschaft** Gewerkschaften, die mindestens ein Mitglied im Betrieb haben, können einen Wahlvorschlag einreichen (was z. B. dann gemacht werden kann, wenn in einem Betrieb unter besonders schwierigen Umständen erstmals ein BR gewählt werden soll).
(4) Jeder Wahlvorschlag der Arbeitnehmer muss von mindestens einem Zwanzigstel der wahlberechtigten Arbeitnehmer, mindestens jedoch von drei Wahlberechtigten unterzeichnet sein; in Betrieben mit in der Regel bis zu zwanzig wahlberechtigten Arbeitnehmern genügt die Unterzeichnung durch zwei Wahlberechtigte. In jedem Fall genügt die Unterzeichnung durch fünfzig wahlberechtigte Arbeitnehmer.	**Wahlvorschlag mit »Stützunterschriften«** Ein Wahlvorschlag (Kandidatenliste) ist nur dann gültig, wenn er von einer festgelegten Anzahl wahlberechtigter Arbeitnehmer unterschrieben wird (dafür gibt es Vordrucke).

Betriebsgröße	Mindestanzahl der Unterschriften
bis 20	2 Wahlberechtigte
21 bis 59	3 Wahlberechtigte
60 bis 999	5 % der Wahlberechtigten
größer	immer 50 Wahlberechtigte

Jeder Wahlberechtigte darf nur auf einer Kandidatenliste unterschreiben. Auch **Kandidaten** selber können »ihre« Liste durch Unterschrift unterstützen.

(5) Jeder Wahlvorschlag einer Gewerkschaft muss von zwei Beauftragten unterzeichnet sein.	**Wahlvorschlag der Gewerkschaft** Reicht eine Gewerkschaft einen Wahlvorschlag ein, müssen die beiden Vertreter der Gewerkschaft, die diesen Wahlvorschlag unterschreiben, keine Arbeitnehmer des Betriebs sein.
§ 14a – Vereinfachtes Wahlverfahren für Kleinbetriebe	**Wann kann oder muss das so genannte vereinfachte Wahlverfahren angewendet werden?**
(1) In Betrieben mit in der Regel fünf bis fünfzig wahlberechtigten Arbeitnehmern wird der Betriebsrat in einem zweistufigen Verfahren gewählt. Auf einer ersten Wahlversammlung wird der Wahlvorstand nach § 17a Nr. 3 gewählt. Auf einer zweiten Wahlversammlung wird der Betriebsrat in geheimer und unmittelbarer Wahl gewählt. Diese Wahlversammlung findet eine Woche nach der Wahlversammlung zur Wahl des Wahlvorstands statt.	**Die vereinfachte Wahl muss ...** ... angewendet werden in Betrieben mit fünf bis 50 wahlberechtigten Arbeitnehmern. **Die vereinfachte Wahl kann ...** ... angewendet werden in Betrieben mit 51 bis 100 Wahlberechtigten und zwar dann, wenn Wahlvorstand und Arbeitgeber sich darauf einigen (siehe Gesetzestext § 14a Abs. 5). **Vereinfachte Wahl immer als Persönlichkeitswahl** Das vereinfachte Wahlverfahren bringt zwar Termindruck mit sich, hat aber den großen Vorteil, dass sie immer als Persönlichkeitswahl/Mehrheitswahl (§ 14) durchgeführt wird. **Erstmalige BR-Wahl: zwei Wahlversammlungen** Wird in einem Betrieb das erste Mal ein BR gewählt und muss oder soll diese Wahl vereinfacht durchgeführt werden, dann findet diese vereinfachte BR-Wahl auf zwei Wahlversammlungen (Betriebsversammlungen) statt. Auf der ersten Versammlung wird der Wahlvorstand gewählt (Verfahren: § 17a Nr. 3). Die eigentliche BR-Wahl findet eine Woche später auf einer zweiten Versammlung statt. **Auch auf der Versammlung: geheime Wahl** Obwohl beim vereinfachten Wahlverfahren die Wahl des BR im Rahmen einer Versammlung abläuft, muss sie geheim (einzelne, unbeobachtete Stimmabgabe hinter Sichtschutz) und unmittelbar (persönliche Stimmabgabe) ablaufen. Die Wahl

	selber läuft also ganz ähnlich ab, wie bei der »normalen« BR-Wahl, nur dass hier alle Wahlberechtigten in einem Raum zusammen sind und direkt nacheinander den Wahlakt vornehmen. **Briefwahl** Hat es keine Briefwahl gegeben oder sind alle Briefwahlzettel rechtzeitig vor der Versammlung beim Wahlvorstand eingegangen (§ 14a Abs. 4), erfolgt die **Auszählung der Stimmen** und die Bekanntgabe des Ergebnisses sofort am Ende der Wahlversammlung.
(2) Wahlvorschläge können bis zum Ende der Wahlversammlung zur Wahl des Wahlvorstands nach § 17a Nr. 3 gemacht werden; für Wahlvorschläge der Arbeitnehmer gilt § 14 Abs. 4 mit der Maßgabe, dass für Wahlvorschläge, die erst auf dieser Wahlversammlung gemacht werden, keine Schriftform erforderlich ist.	**Wahlvorschläge bei erstmaliger BR-Wahl** Geht es um eine erstmalige BR-Wahl mit zwei Wahlversammlungen, müssen alle Wahlvorschläge bis zum Ende der ersten Wahlversammlung, also gleich nach der Wahl des Wahlvorstands, bei diesem eingereicht werden (prinzipiell **schriftlich** und mit Stützunterschriften – § 14 Abs. 4). Es empfiehlt sich deshalb, dies rechtzeitig vor der ersten Wahlversammlung vorzubereiten. Es können aber auch noch auf der Versammlung selbst und dann **mündlich** Wahlvorschläge gemacht werden (nur bei erstmaliger BR-Wahl). Die nötige Unterstützung der Wahlvorschläge kann z. B. durch Handaufheben geäußert und vom Wahlvorstand dann protokolliert werden. **Kandidatenliste** Der Wahlvorstand sammelt alle Wahlvorschläge und stellt nach der Versammlung daraus eine Liste als Grundlage für den späteren Stimmzettel zusammen. Da die vereinfachte BR-Wahl immer als **Persönlichkeitswahl** ausgeführt werden muss, kann und darf es nur eine Kandidatenliste geben. **Wahlausschreiben** Ebenfalls unmittelbar nach der ersten Wahlversammlung muss der Wahlvorstand das Wahlausschreiben (§ 18) erstellen und aushängen und auch

	die Wahlvorschläge bekanntgeben – für beides gibt es Formblätter.
(3) Ist der Wahlvorstand in Betrieben mit in der Regel fünf bis fünfzig wahlberechtigten Arbeitnehmern nach § 17a Nr. 1 in Verbindung mit § 16 vom Betriebsrat, Gesamtbetriebsrat oder Konzernbetriebsrat oder nach § 17a Nr. 4 vom Arbeitsgericht bestellt, wird der Betriebsrat abweichend von Absatz 1 Satz 1 und 2 auf nur einer Wahlversammlung in geheimer und unmittelbarer Wahl gewählt. Wahlvorschläge können bis eine Woche vor der Wahlversammlung zur Wahl des Betriebsrats gemacht werden; § 14 Abs. 4 gilt unverändert.	**Vereinfachte Wahl bei vorhandenem BR** Wenn die Bedingungen für die vereinfachte Wahl erfüllt sind (§ 14a Abs. 1) und wenn es bereits einen BR gibt, entfällt die erste Wahlversammlung (§ 14a Abs. 1 und 2), weil der amtierende BR den **Wahlvorstand** benennen kann und muss – und zwar mindestens vier Wochen vor dem vorgesehenen Wahltag (§ 21). Das Gleiche gilt, wenn es im Betrieb zwar keinen BR, aber für das Unternehmen einen **GBR** oder **KBR** gibt, und wenn dieser den Wahlvorstand benennt. **Einleitung der BR-Wahl** Der (immer 3-köpfige) Wahlvorstand hat die Wahl unverzüglich (also gleich am Tag nach seiner Benennung bzw. am Tag nach seiner Wahl) einzuleiten (**Wahlausschreiben** aushängen, **Wahlvorschläge** annehmen usw.). **Wahlvorschläge einreichen/bekanntgeben** Wahlvorschläge (schriftlich, mit Stützunterschriften – § 14 Abs. 4) können bis eine Woche vor der eigentlichen Wahlversammlung eingereicht werden. Die Bekanntgabe der Wahlvorschläge (Kandidaten) muss ebenfalls an diesem Tag erfolgen. **Achtung:** Das ist eigentlich gar nicht zu schaffen, denn Wahlvorschläge können theoretisch noch am Tag eine Woche vor der eigentlichen Wahlversammlung bis kurz vor Feierabend eingehen, müssen aber bis zu genau dem gleichen Zeitpunkt vom Wahlvorstand geprüft und ausgehängt worden sein. Der Wahlvorstand muss also versuchen, durch entsprechende Vorbereitung eine solche Situation zu vermeiden.

	Wahlversammlung Eine Woche nach Bekanntgabe der Wahlvorschläge muss die Wahlversammlung stattfinden, auf der der BR gewählt wird (zum Ablauf siehe § 14 Abs. 1). **Bestellung des Wahlvorstands durch das Arbeitsgericht** Wenn der Wahlvorstand durch das Arbeitsgericht bestellt wurde (§ 17a Nr. 4), gilt das hier beschriebene Verfahren ebenfalls. Es gibt also nur eine Wahlversammlung.
(4) Wahlberechtigten Arbeitnehmern, die an der Wahlversammlung zur Wahl des Betriebsrats nicht teilnehmen können, ist Gelegenheit zur schriftlichen Stimmabgabe zu geben.	**Briefwahl** Auch beim vereinfachten Wahlverfahren muss die Möglichkeit der schriftlichen Stimmabgabe (Briefwahl) angeboten werden. Anträge dafür müssen bis spätestens drei Tage vor dem Tag der BR-Wahl (Wahlversammlung) beim Wahlvorstand eingegangen sein. **Achtung:** Da bei einem so engen Zeitplan das Zusenden der Briefwahlunterlagen (§ 24 BetrVG WO) und das Zurücksenden der ausgefüllten Stimmzettel bis zur Wahlversammlung praktisch unmöglich ist, kann es sein, dass die öffentliche Stimmauszählung und Bekanntgabe des Wahlergebnisses nicht am Ende der Wahlversammlung erfolgen kann. Deswegen heißt die Briefwahl im vereinfachten Wahlverfahren auch vorsichtshalber **nachträgliche schriftliche Stimmabgabe** (§ 35 BetrVG WO). **Verschobene Bekanntgabe des Wahlergebnisses** Hat jemand Briefwahl beantragt, muss der Wahlvorstand öffentlich (wie beim Wahlausschreiben) bekanntgeben, dass es zu einer nachträglichen schriftlichen Stimmabgabe kommt und dass sich deshalb die eigentlich am Ende der BR-Wahlversammlung vorgesehene Stimmauszählung und Bekanntgabe des Ergebnisses verschieben könnte. Sind am Ende der Wahlversammlung dann aber doch die Stimmzettel aller registrierten Briefwähler

	eingegangen, müssen Auszählung und Bekanntgabe trotzdem sofort stattfinden. Sind jedoch nicht alle Stimmzettel eingegangen, muss der Wahlvorstand die Wahlurne versiegeln und eine realistische **Frist für den Eingang der letzten Briefwahl-Stimmzettel** festlegen (z. B. drei Tage). Nach Ablauf dieser Frist werden alle Stimmen öffentlich ausgezählt und das Ergebnis der BR-Wahl wird bekanntgegeben.
(5) In Betrieben mit in der Regel 51 bis 100 wahlberechtigten Arbeitnehmern können der Wahlvorstand und der Arbeitgeber die Anwendung des vereinfachten Wahlverfahrens vereinbaren.	Siehe die Erläuterungen zu § 14a Abs. 1.
§ 15 – Zusammensetzung nach Beschäftigungsarten und Geschlechtern	**Wer soll oder muss in den Betriebsrat kommen?**
(1) Der Betriebsrat soll sich möglichst aus Arbeitnehmern der einzelnen Organisationsbereiche und der verschiedenen Beschäftigungsarten der im Betrieb tätigen Arbeitnehmer zusammensetzen.	**Zusammensetzung der BR-Kandidaten** Unabhängig vom Wahlverfahren (§ 14 und § 14a) sollten die Wahlvorschläge (Kandidatenlisten) Menschen aus den wichtigsten Betriebsbereichen (Produktion, Handwerker, Verwaltung, IT, aber z. B. auch mobil Beschäftigte oder Telearbeitende) enthalten. Diese Bestimmung ist ein Appell, keine Vorschrift, und richtet sich an diejenigen, die eine Liste mit BR-Kandidaten (Wahlvorschlag) aufstellen. Ebenfalls sollte berücksichtigt werden, dass der spätere BR möglichst viele Ersatzmitglieder braucht (§ 25).
(2) Das Geschlecht, das in der Belegschaft in der Minderheit ist, muss mindestens entspre-	**Zusammensetzung des BR** In fast allen Betrieben dürften sowohl Frauen wie Männer beschäftigt sein, wobei sich in der Regel eines der beiden Geschlechter in der Minderheit be-

chend seinem zahlenmäßigen Verhältnis im Betriebsrat vertreten sein, wenn dieser aus mindestens drei Mitgliedern besteht.

findet. Dann besteht die zwingende Verpflichtung, dass dieses **Minderheitsgeschlecht** entsprechend seinem Anteil in der Belegschaft auch im BR vertreten sein muss.

Dies ist schon bei der Aufstellung der BR-Kandidatenliste/n zu berücksichtigen. Denn wenn es nicht ausreichend viele weibliche und männliche Kandidaten gibt, kann die für das »Minderheitsgeschlecht« vorgeschriebene Mindestzahl von BR-Mitgliedern nicht erreicht werden.

Errechnung des Geschlechteranteils

Welche Zahl von BR-Mitgliedern dem Anteil beider Geschlechter an der Belegschaft entspricht, wird nach dem schon aus § 14 Abs. 2 bekannten **d'Hondtschen Höchstzahlensystem** ermittelt, nur dass hier im Kopf der Tabelle die Anzahl weiblicher und männlicher Beschäftigter eingetragen wird

Beispiel:

	67 Frauen	33 Männer
: 1	67,0	33,0
: 2	33,5	16,5
: 3	22,3	11,0
: 4	16,8	8,3

Bei einer Belegschaftsgröße von 67 + 33 = 100 sind fünf BR-Mitglieder zu wählen (§ 9). Sucht man nun die fünf höchsten Zahlen in der Tabelle heraus, entfallen davon vier auf die Frauen und nur eine auf das Minderheitsgeschlecht, in diesem Fall die Männer. Das heißt: Von den männlichen Kandidaten wird und muss mindestens einer in den BR kommen.

Das erscheint angesichts von fast einem Drittel männlicher Arbeitnehmer ziemlich wenig – aber schon bei 34 Männern und 66 Frauen würden zwei Plätze auf das Minderheitsgeschlecht entfallen (also mehr als ein Drittel). Außerdem können Angehörige des Minderheitsgeschlechts auch zusätzlich noch über die »normalen« Plätze in den BR kommen.

	Nicht zulässig ist jedenfalls eine **prozentuale Berechnung** – immer und in jedem Fall muss das d'Hondtsche Höchstzahlensystem angewendet werden.
§ 16 – Bestellung des Wahlvorstands	**Wie wird der Wahlvorstand in Betrieben gebildet, die bereits einen Betriebsrat haben?**
(1) Spätestens zehn Wochen vor Ablauf seiner Amtszeit bestellt der Betriebsrat einen aus drei Wahlberechtigten bestehenden Wahlvorstand und einen von ihnen als Vorsitzenden. Der Betriebsrat kann die Zahl der Wahlvorstandsmitglieder erhöhen, wenn dies zur ordnungsgemäßen Durchführung der Wahl erforderlich ist. Der Wahlvorstand muss in jedem Fall aus einer ungeraden Zahl von Mitgliedern bestehen. Für jedes Mitglied des Wahlvorstands kann für den Fall seiner Verhinderung ein Ersatzmitglied bestellt werden. In Betrieben mit weiblichen und männlichen Arbeitnehmern sollen dem Wahlvorstand Frauen und Männer angehören. Jede im Betrieb vertretene Gewerkschaft kann zusätzlich einen dem Betrieb angehörenden Beauftragten als nicht stimmberechtigtes Mit-	**Bestellung des Wahlvorstands** Im Normalfall, also dann, wenn es schon einen BR im Betrieb gibt und wenn auch nicht »vereinfacht« gewählt wird (§ 14a), bestellt der amtierende BR den Wahlvorstand. Das muss rechtzeitig vor dem **Ende seiner Amtszeit** (zum Ende der Amtszeit mehr in § 21), also mindestens zehn Wochen vorher geschehen. Diese zehn Wochen werden dringend gebraucht, eine frühere Bestellung ist aber möglich und auch zu empfehlen. **Größe und Zusammensetzung des Wahlvorstands** Der durch Beschluss des BR bestellte Wahlvorstand muss aus drei wahlberechtigten Arbeitnehmern des Betriebs bestehen, einer davon wird als Vorsitzender benannt. In größeren Betrieben, in denen vielleicht mehrere Wahlräume betreut werden müssen, können auch mehr Wahlvorstandsmitglieder bestellt werden. Immer aber muss es eine ungerade Mitgliederzahl sein (5, 7, 9 usw.). Für den Fall, dass ein oder mehrere Wahlvorstandsmitglieder ausfallen, können und sollten mehrere **Ersatzmitglieder** bestellt werden (was aber auch nachgeholt werden kann). Wenn es im Betrieb Männer und Frauen gibt, sollten beide Geschlechter im Wahlvorstand vertreten sein. Das ist eine Soll-, keine Muss-Vorschrift. **Zusätzliches Wahlvorstandsmitglied einer Gewerkschaft** Wenn von einer im Betrieb vertretenen Gewerkschaft kein Mitglied für den Wahlvorstand benannt

glied in den Wahlvorstand entsenden, sofern ihr nicht ein stimmberechtigtes Wahlvorstandsmitglied angehört.	wurde, hat diese das Recht, eines ihrer Mitglieder in den Wahlvorstand zu schicken – allerdings ohne Stimmrecht.
(2) Besteht acht Wochen vor Ablauf der Amtszeit des Betriebsrats kein Wahlvorstand, so bestellt ihn das Arbeitsgericht auf Antrag von mindestens drei Wahlberechtigten oder einer im Betrieb vertretenen Gewerkschaft; Absatz 1 gilt entsprechend. In dem Antrag können Vorschläge für die Zusammensetzung des Wahlvorstands gemacht werden. Das Arbeitsgericht kann für Betriebe mit in der Regel mehr als zwanzig wahlberechtigten Arbeitnehmern auch Mitglieder einer im Betrieb vertretenen Gewerkschaft, die nicht Arbeitnehmer des Betriebs sind, zu Mitgliedern des Wahlvorstands bestellen, wenn dies zur ordnungsgemäßen Durchführung der Wahl erforderlich ist.	**Nicht rechtzeitige Bestellung des Wahlvorstands** Wenn der BR – aus welchen Gründen auch immer – acht Wochen vor dem Ende seiner Amtszeit (§ 21) noch keinen Wahlvorstand bestellt hat, können auch andere als der BR die Initiative dazu ergreifen. Dies können entweder drei wahlberechtigte Arbeitnehmer des Betriebs sein oder eine im Betrieb (mit mindestens einem Mitglied) vertretene **Gewerkschaft**. In diesem Fall muss dann ein entsprechender Antrag an das zuständige **Arbeitsgericht** gestellt werden. **Bestellung durch das Arbeitsgericht** Das Arbeitsgericht bestellt auf diesen Antrag hin den 3-köpfigen (oder wenn nötig auch größeren) Wahlvorstand. Das Arbeitsgericht ist in seiner Entscheidung für bestimmte Personen frei. Vom Antragsteller können Vorschläge gemacht werden, wer in den Wahlvorstand kommen sollte. Auch kann das Arbeitsgericht Gewerkschaftsmitglieder bestellen, die **nicht** Arbeitnehmer des Betriebs sind (z. B. auch einen Gewerkschaftssekretär). Das wird beispielsweise dann geschehen, wenn die BR-Wahl **gegen den Willen des Arbeitgebers** eingeleitet werden muss.
(3) Besteht acht Wochen vor Ablauf der Amtszeit des Betriebsrats kein Wahlvorstand, kann	**Bestellung des Wahlvorstands durch GBR/KBR** Wenn der BR acht Wochen vor Ende seiner Amtszeit noch keinen Wahlvorstand bestellt hat und wenn es im Unternehmen einen GBR gibt, kann

auch der Gesamtbetriebsrat oder, falls ein solcher nicht besteht, der Konzernbetriebsrat den Wahlvorstand bestellen. Absatz 1 gilt entsprechend.	auch dieser nach den Vorschriften des § 16 Abs. 1 einen Wahlvorstand bestellen (der aber – anders als bei der Bestellung durch das Arbeitsgericht – nur aus Arbeitnehmern des Betriebs bestehen darf). Für den Fall, dass es keinen GBR aber einen KBR gibt, kann auch dieser die Bestellung des Wahlvorstands vornehmen. Das könnte z. B. so sein, wenn ein zu einem Konzern gehörendes Unternehmen nur aus einem Betrieb besteht und wenn es für dieses Unternehmen deshalb nur einen BR aber keinen GBR geben kann.
§ 17 – Bestellung des Wahlvorstands in Betrieben ohne Betriebsrat	**Wie wird der Wahlvorstand in Betrieben gebildet, die (noch) keinen Betriebsrat haben?**
(1) Besteht in einem Betrieb, der die Voraussetzungen des § 1 Abs. 1 Satz 1 erfüllt, kein Betriebsrat, so bestellt der Gesamtbetriebsrat oder, falls ein solcher nicht besteht, der Konzernbetriebsrat einen Wahlvorstand. § 16 Abs. 1 gilt entsprechend.	**Bestellung des Wahlvorstands durch GBR/KBR** Falls ein betriebsratsloser Betrieb einem Unternehmen mit mehreren Betrieben angehört, für das es auch einen GBR gibt, ist dieser verpflichtet, die BR-Wahl durch die Bestellung eines Wahlvorstands (§ 16 Abs. 1) einzuleiten. Gibt es keinen GBR, aber einen KBR, übernimmt der KBR diese Verpflichtung. In jedem Fall müssen die Wahlvorstandsmitglieder wahlberechtigte Arbeitnehmer des betriebsratslosen Betriebs sein.
(2) Besteht weder ein Gesamtbetriebsrat noch ein Konzernbetriebsrat, so wird in einer Betriebsversammlung von der Mehrheit der anwesenden Arbeitnehmer ein Wahlvorstand gewählt; § 16 Abs. 1 gilt entsprechend. Gleiches gilt, wenn der Gesamtbetriebsrat oder Konzernbetriebsrat die Bestellung des Wahlvor-	**Bestellung des Wahlvorstands auf Arbeitnehmerinitiative** Gibt es keinen BR und auch keinen GBR oder KBR, ist es zunächst den Arbeitnehmern des Betriebs überlassen, die Initiative zur Einleitung der BR-Wahl zu ergreifen. Das bedeutet, dass sich mindestens drei Arbeitnehmer finden müssen, die (z. B. durch einen Aushang) alle anderen Arbeitnehmer zu einer Betriebsversammlung einladen. **Betriebs(wahl)versammlung** Diese Betriebsversammlung dient dann allein der Wahl des Wahlvorstands. Die Einladenden leiten

stands nach Absatz 1 unterlässt.	
(3) Zu dieser Betriebsversammlung können drei wahlberechtigte Arbeitnehmer des Betriebs oder eine im Betrieb vertretene Gewerkschaft einladen und Vorschläge für die Zusammensetzung des Wahlvorstands machen.	diese Versammlung und machen einen Vorschlag, welche Arbeitnehmer Mitglieder des Wahlvorstands werden sollen. Weitere Vorschläge können aus der Belegschaft kommen. Die Einladenden können sich selber vorschlagen und später auch für den BR kandidieren. **Kündigungsschutz** Da Wahlvorstandsmitglieder sofort nach ihrer Bestellung unter Kündigungsschutz stehen, kann auf diese Weise für die Initiatoren einer BR-Wahl ein durchgehender Kündigungsschutz bis zur Wahl als BR-Mitglied erreicht werden. Dies kann dann nötig sein, wenn zu befürchten ist, dass ein Arbeitgeber versuchen könnte, die BR-Wahl durch Kündigungen zu verhindern. **Einladung durch Gewerkschaft** Eine weitere Möglichkeit wäre, dass eine im Betrieb vertretene Gewerkschaft zu dieser Betriebsversammlung einlädt und die Wahlvorstandsmitglieder vorschlägt, die dann auch nicht unbedingt Arbeitnehmer des Betriebs sein müssten. **Wahlverfahren** Für die Wahl selber gibt es keine Vorschriften. Eine geheime (schriftliche) Wahl ist nicht vorgeschrieben, meist aber sinnvoll.
(4) Findet trotz Einladung keine Betriebsversammlung statt oder wählt die Betriebsversammlung keinen Wahlvorstand, so bestellt ihn das Arbeitsgericht auf Antrag von mindestens drei wahlberechtigten Arbeitnehmern oder einer im Betrieb vertretenen Gewerkschaft. § 16 Abs. 2 gilt entsprechend.	**Wahl des Wahlvorstands gescheitert** Das BetrVG geht davon aus, dass es möglichst in jedem Betrieb einen BR geben sollte. Deshalb gibt es selbst dann, wenn eine Betriebsversammlung (egal aus welchen Gründen) keinen Wahlvorstand gewählt hat, immer noch die letzte Möglichkeit, das Arbeitsgericht den Wahlvorstand bestellen zu lassen. Das wird wohl vor allem dann geschehen, wenn der Arbeitgeber versucht, die BR-Wahl zu verhindern, wenn die möglichen Wahlvorstandskandidaten es mit der Angst zu tun bekommen oder wenn sie sonstwie »abhanden« gekommen sind.

	Antrag an das Arbeitsgericht Den dafür nötigen Antrag an das Arbeitsgericht können drei wahlberechtigte Arbeitnehmer des Betriebs stellen, meist wird das in einer solchen Situation aber die Gewerkschaft übernehmen. Das Arbeitsgericht bestellt dann einen 3-köpfigen (oder wenn nötig auch größeren) Wahlvorstand (§ 16 Abs. 2).
§ 17a – Bestellung des Wahlvorstands im vereinfachten Wahlverfahren	**Wie wird der Wahlvorstand gebildet, wenn in kleineren Betrieben das vereinfachte Wahlverfahren angewendet wird?**
Im Fall des § 14a finden die §§ 16 und 17 mit folgender Maßgabe Anwendung:	**Wahlvorstand im »vereinfachten Wahlverfahren«** In Betrieben mit fünf bis 50 wahlberechtigten Arbeitnehmern findet das vereinfachte BR-Wahlverfahren statt. Ebenso ist es, wenn sich in Betrieben mit 51 bis 100 wahlberechtigten Arbeitnehmern Wahlvorstand und Arbeitgeber darauf geeinigt haben, die BR-Wahl vereinfacht durchzuführen (§ 14a). Muss oder soll vereinfacht gewählt werden, wird der Wahlvorstand nach folgenden Regeln benannt:
1. Die Frist des § 16 Abs. 1 Satz 1 wird auf vier Wochen und die des § 16 Abs. 2 Satz 1, Abs. 3 Satz 1 auf drei Wochen verkürzt.	**Bestellung des Wahlvorstands** In Betrieben mit BR muss der BR spätestens vier Wochen vor Ende seiner Amtszeit (zum Ende der Amtszeit siehe § 21) den Wahlvorstand bestellen (§ 16 Abs. 1). Ist das drei Wochen vor Ende der Amtszeit noch nicht geschehen, kann die Bestellung durch das **Arbeitsgericht** eingeleitet werden (§ 16 Abs. 2) oder – wenn vorhanden – alternativ auch durch den **GBR** oder durch den **KBR** (durch den KBR nur, wenn es einen GBR nicht gibt – § 16 Abs. 3).
2. § 16 Abs. 1 Satz 2 und 3 findet keine Anwendung.	**Größe und Zusammensetzung** Wird das vereinfachte Wahlverfahren angewendet, besteht der Wahlvorstand immer aus drei Personen (darf also nicht größer sein). **Ersatzmitglieder** können und sollen benannt werden. Auch sollen mög-

	lichst **Männer und Frauen** im Wahlvorstand vertreten sein.
3. In den Fällen des § 17 Abs. 2 wird der Wahlvorstand in einer Wahlversammlung von der Mehrheit der anwesenden Arbeitnehmer gewählt. Für die Einladung zu der Wahlversammlung gilt § 17 Abs. 3 entsprechend.	**Wahl des Wahlvorstands auf Wahlversammlung** In Betrieben ohne BR findet die vereinfachte Wahl in Form von zwei Wahlversammlungen statt. Die erste dient der Wahl des Wahlvorstands, auf der zweiten findet die eigentliche BR-Wahl statt (§ 14a Abs. 1). Zwischen der ersten und der zweiten Wahlversammlung liegt eine Woche (§ 14a Abs. 1). Die Einladung zur ersten Wahlversammlung kann von drei wahlberechtigten Arbeitnehmern kommen oder von der Gewerkschaft (§ 17 Abs. 2). Die Wahl des Wahlvorstands kann durch Handaufheben erfolgen, Mehrheit der Anwesenden genügt (§ 17 Abs. 3).
4. § 17 Abs. 4 gilt entsprechend, wenn trotz Einladung keine Wahlversammlung stattfindet oder auf der Wahlversammlung kein Wahlvorstand gewählt wird.	**Wahl des Wahlvorstands gescheitert** Findet die Wahlversammlung trotz Einladung nicht statt, können drei wahlberechtigte Arbeitnehmer des Betriebs oder die Gewerkschaft beim **Arbeitsgericht** den Antrag auf Bestellung eines Wahlvorstands stellen (§ 17 Abs. 4).
§ 18 – Vorbereitung und Durchführung der Wahl	**Wie hat der Wahlvorstand die Betriebsratswahl einzuleiten und durchzuführen? Was passiert in Zweifelsfällen?**
(1) Der Wahlvorstand hat die Wahl unverzüglich einzuleiten, sie durchzuführen und das Wahlergebnis festzustellen. Kommt der Wahlvorstand dieser Verpflichtung nicht nach, so ersetzt ihn das Arbeitsgericht auf Antrag des Betriebsrats, von mindestens	**Einleitung der BR-Wahl** Der Wahlvorstand hat die Wahl unverzüglich einzuleiten. Das heißt: Er muss dies »ohne schuldhaftes Zögern« tun, also so schnell wie es ihm möglich ist. Anders ausgedrückt: Er muss nicht sofort nach seiner Bestellung damit beginnen, sondern er kann sich etwas Zeit lassen, wenn er dafür gute Gründe hat (z. B. zunächst eine **Schulung** besuchen oder gemeinsam ein Buch durcharbeiten muss). Dies spricht dafür, möglichst bereits erfahrene Wahlvorstandsmitglieder zu benennen.

drei wahlberechtigten Arbeitnehmern oder einer im Betrieb vertretenen Gewerkschaft. § 16 Abs. 2 gilt entsprechend.	Sollte der Wahlvorstand »schuldhaft« (also ohne guten Grund) zögern, kann beim **Arbeitsgericht** beantragt werden, einen anderen Wahlvorstand zu bestellen (§ 16 Abs. 2) – antragsberechtigt sind der amtierende BR, drei wahlberechtigte Arbeitnehmer oder eine im Betrieb vertretene Gewerkschaft. Nicht möglich ist, dass der **amtierende BR** einfach einen neuen Wahlvorstand bestellt. **Grundlage: Wahlordnung** Wichtige Einzelheiten der BR-Wahl (z. B. Wahlausschreiben, Wählerliste, Stimmzettel usw.) sind in der Wahlordnung des BetrVG geregelt.
(2) Ist zweifelhaft, ob eine betriebsratsfähige Organisationseinheit vorliegt, so können der Arbeitgeber, jeder beteiligte Betriebsrat, jeder beteiligte Wahlvorstand oder eine im Betrieb vertretene Gewerkschaft eine Entscheidung des Arbeitsgerichts beantragen.	**Zulässigkeit der BR-Wahl** Über die Frage, ob ein Betrieb eigentlich doch aus mehreren Betrieben besteht, die jeder für sich einen BR wählen könnten und müssten, oder wann ein Betriebsteil selbstständig genug ist, um Anspruch auf einen eigenen BR zu haben, kann man sehr schnell ins Streiten kommen, ob dort eine eigene BR-Wahl zulässig ist oder nicht (§ 1, § 3 und § 4). Andererseits ist es durchaus möglich und manchmal auch sinnvoll, eine langjährige Praxis in Frage zu stellen und eine neue Lösung anzustreben. Wenn es Zweifel gibt, für welche Bereiche jeweils ein eigener BR zu wählen ist, kann das **Arbeitsgericht** angerufen werden, das diese Frage entscheidet. Antragsberechtigt sind der Arbeitgeber, alle beteiligten Betriebsräte (einschließlich GBR und KBR), die vielleicht schon bestellten Wahlvorstände oder eine im Betrieb vertretene Gewerkschaft. Ein solcher Antrag kann jederzeit und unabhängig von einer anstehenden BR-Wahl gestellt werden.
(3) Unverzüglich nach Abschluss der Wahl nimmt der Wahlvorstand öffentlich die	**Auszählung und Bekanntgabe des Wahlergebnisses** Zur Frage des öffentlichen Auszählens der Stimmen und der Bekanntgabe des Wahlergebnisses

Auszählung der Stimmen vor, stellt deren Ergebnis in einer Niederschrift fest und gibt es den Arbeitnehmern des Betriebs bekannt. Dem Arbeitgeber und den im Betrieb vertretenen Gewerkschaften ist eine Abschrift der Wahlniederschrift zu übersenden.	sind viele Einzelheiten in der **Wahlordnung** des BetrVG geregelt. Für das **vereinfachte Wahlverfahren** gelten noch einmal besondere Regelungen, vor allem, wenn es zur nachträglichen schriftlichen Stimmabgabe (§ 14 Abs. 4) gekommen ist.
§ 18a – Zuordnung der leitenden Angestellten bei Wahlen	**Wann und unter welchen Umständen spielen die leitenden Angestellten bei der Betriebsratswahl eine Rolle?**
(1) Sind die Wahlen nach § 13 Abs. 1 und nach § 5 Abs. 1 des Sprecherausschussgesetzes zeitgleich einzuleiten, so haben sich die Wahlvorstände unverzüglich nach Aufstellung der Wählerlisten, spätestens jedoch zwei Wochen vor Einleitung der Wahlen, gegenseitig darüber zu unterrichten, welche Angestellten sie den leitenden Angestellten zugeordnet haben; dies gilt auch, wenn die Wahlen ohne Bestehen einer gesetzlichen Verpflichtung zeitgleich eingeleitet werden. Soweit zwischen den Wahlvorständen kein Einvernehmen über die Zuordnung besteht,	**Sprecherausschuss der »Leitenden«** Aufgrund des Sprecherausschussgesetzes können alle leitenden Angestellten eines Unternehmens eine eigene Interessenvertretung wählen, den Sprecherausschuss. Das ist immer dann möglich, wenn ein Unternehmen mindestens zehn »echte« leitende Angestellte hat (§ 5). Das kommt in der Praxis nicht sehr oft vor. Sollte es aber so sein, muss natürlich vermieden werden, dass irgendjemand sowohl den BR als auch den Sprecherausschuss wählt (oder sich gar wählen lässt). **Zeitgleiche BR- und Sprecherausschusswahl** Die BR-Wahl und die Wahl eines Sprecherausschusses finden normalerweise zur gleichen Zeit statt. Für beide Wahlen gibt es eigene **Wahlvorstände**. Diese Wahlvorstände müssen sich gegenseitig informieren, welche Angestellten sie jeweils als »Leitende« eingestuft haben. Das muss spätestens zwei Wochen vor Aushang der Wahlausschreiben geschehen, mit dem Ziel, bei unterschiedlichen Auffassungen schnell zu einer Einigung zu kommen.

haben sie in gemeinsamer Sitzung eine Einigung zu versuchen. Soweit eine Einigung zustande kommt, sind die Angestellten entsprechend ihrer Zuordnung in die jeweilige Wählerliste einzutragen.	**Einigung auf Wählerlisten** Zunächst stellen beide Wahlvorstände ihre **Wählerlisten** auf. Jeder Wahlvorstand muss dabei aus seiner Sicht entscheiden, welche Arbeitnehmer zu den »Leitenden« gehören sollen und welche nicht. Diese Wählerlisten werden dann ausgetauscht und verglichen. Gibt es keine Abweichungen oder Überschneidungen, ist die Sache erledigt. Ist man sich in bestimmten Fällen nicht einig, muss es eine gemeinsame Sitzung beider Wahlvorstände geben, auf der versucht wird, sich zu einigen. Das muss sehr schnell gehen, denn für diesen Prozess steht nur knapp eine Woche zur Verfügung. Zum Verfahren bei nicht zeitgleicher Wahl von BR und Sprecherausschuss siehe § 18a Abs. 4.
(2) Soweit eine Einigung nicht zustande kommt, hat ein Vermittler spätestens eine Woche vor Einleitung der Wahlen erneut eine Verständigung der Wahlvorstände über die Zuordnung zu versuchen. Der Arbeitgeber hat den Vermittler auf dessen Verlangen zu unterstützen, insbesondere die erforderlichen Auskünfte zu erteilen und die erforderlichen Unterlagen zur Verfügung zu stellen. Bleibt der Verständigungsversuch erfolglos, so entscheidet der Vermittler nach Beratung mit dem Arbeitgeber. Absatz 1 Satz 3 gilt entsprechend.	**Vermittlung zur Zuordnung der »Leitenden«** Ist es den beiden Wahlvorständen (bei zeitgleicher Wahl) nicht gelungen, sich in allen strittigen Fällen zu einigen, muss spätestens eine Woche vor Aushang des Wahlausschreibens ein Vermittler (§ 18a Abs. 3) gefunden und tätig werden. Dieser Vermittler entscheidet (auf der Grundlage des § 5), wer als leitender Angestellter gelten soll und wer nicht. Die dafür nötigen Unterlagen und Informationen muss der Arbeitgeber dem Vermittler zur Verfügung stellen. Der Vermittler muss sich auch mit dem Arbeitgeber über die strittigen Fälle beraten. Im Ergebnis werden beide Wählerlisten der Entscheidung des Vermittlers entsprechend geändert.

(3) Auf die Person des Vermittlers müssen sich die Wahlvorstände einigen. Zum Vermittler kann nur ein Beschäftigter des Betriebs oder eines anderen Betriebs des Unternehmens oder Konzerns oder der Arbeitgeber bestellt werden. Kommt eine Einigung nicht zustande, so schlagen die Wahlvorstände je eine Person als Vermittler vor; durch Los wird entschieden, wer als Vermittler tätig wird.	**Person des Vermittlers** Als Vermittler kommt nur jemand in Frage, der Arbeitnehmer des Betriebs ist. Beide Wahlvorstände müssen sich auf eine geeignete Person einigen. Gelingt das nicht, macht jeder der beiden Wahlvorstände einen Vorschlag, wer die Vermittlung übernehmen soll. Wer von diesen beiden dann die Vermittlerfunktion übernimmt, wird in einer gemeinsamen Sitzung beider Wahlvorstände ausgelost.
(4) Wird mit der Wahl nach § 13 Abs. 1 oder 2 nicht zeitgleich eine Wahl nach dem Sprecherausschussgesetz eingeleitet, so hat der Wahlvorstand den Sprecherausschuss entsprechend Absatz 1 Satz 1 erster Halbsatz zu unterrichten. Soweit kein Einvernehmen über die Zuordnung besteht, hat der Sprecherausschuss Mitglieder zu benennen, die anstelle des Wahlvorstands an dem Zuordnungsverfahren teilnehmen. Wird mit der Wahl nach § 5 Abs. 1 oder 2 des Sprecherausschussgesetzes nicht	**Nicht zeitgleiche BR- und Sprecherausschusswahl** Finden BR-Wahl und Wahl des Sprecherausschusses nicht zeitgleich statt (z. B. weil der BR außerhalb der »normalen« Zeit gewählt werden muss), ist das Verfahren der gegenseitigen Information und Einigung etwas anders: Der Wahlvorstand, der beauftragt wurde, eine Wahl (z. B. die BR-Wahl) einzuleiten, muss das jeweils andere amtierende Gremium (z. B. den Sprecherausschuss der leitenden Angestellten) durch Zustellung der von ihm aufgestellten Wählerliste informieren. Ist das so informierte Gremium (BR oder Sprecherausschuss) bei der Festlegung der leitenden Angestellten anderer Meinung, benennt dieses Gremium aus dem Kreis seiner Mitglieder Personen, die (anstelle des in diesem Fall ja nicht vorhandenen Wahlvorstands) das nun erforderliche **Vermittlungsverfahren** einleiten. Die Größe dieses Gremiums ist nicht festgelegt, aber wenn man – wie normalerweise beim richtigen Wahlvorstand –

zeitgleich eine Wahl nach diesem Gesetz eingeleitet, so gelten die Sätze 1 und 2 für den Betriebsrat entsprechend.	drei Personen benennt, macht man sicher nichts falsch.
(5) Durch die Zuordnung wird der Rechtsweg nicht ausgeschlossen. Die Anfechtung der Betriebsratswahl oder der Wahl nach dem Sprecherausschussgesetz ist ausgeschlossen, soweit sie darauf gestützt wird, die Zuordnung sei fehlerhaft erfolgt. Satz 2 gilt nicht, soweit die Zuordnung offensichtlich fehlerhaft ist.	**Überprüfung des Vermittlungsergebnisses** Die Entscheidung des Vermittlers über die leitenden Angestellten kann ebenso wie die Einigung der beiden Wahlvorstände/Gremien auf Antrag durch das **Arbeitsgericht** überprüft werden – antragsberechtigt sind die beiden Wahlvorstände, der BR, der Sprecherausschuss oder ein betroffener Arbeitnehmer. Stellt sich dabei heraus, dass bei der Zuordnung der »Leitenden« ein Fehler gemacht wurde, kann dies normalerweise kein Grund für eine **Anfechtung** der BR-Wahl (oder der Sprecherausschusswahl) sein. Nur wenn die Zuordnung offensichtlich fehlerhaft war, wäre eine Anfechtung (siehe § 19) möglich. »Offensichtlich« fehlerhaft wäre die Zuordnung eines leitenden Angestellten beispielsweise dann, wenn Wahlvorstände oder Vermittler die Kriterien des § 5 erkennbar nicht vollständig überprüft hätten. Das ist eine rechtlich schwierige Frage, für deren Klärung – wenn es denn überhaupt einmal zu solch einem Fall kommen sollte – juristischer Beistand nötig ist.
§ 19 – Wahlanfechtung	**Wann, durch wen und unter welchen Umständen kann eine Betriebsratswahl angefochten oder für nichtig erklärt werden?**
(1) Die Wahl kann beim Arbeitsgericht angefochten werden, wenn gegen wesentliche Vorschriften über das Wahlrecht, die Wählbarkeit oder das Wahlverfahren	**Anfechtung der BR-Wahl** Wenn bei einer BR-Wahl etwas falsch gemacht wurde, könnte z. B. der Arbeitgeber versuchen, die Wahl durch ein Arbeitsgerichtsverfahren anzufechten: Die Anfechtung einer BR-Wahl ist nur innerhalb von zwei Wochen nach Bekanntgabe des Wahlergebnis

verstoßen worden ist und eine Berichtigung nicht erfolgt ist, es sei denn, dass durch den Verstoß das Wahlergebnis nicht geändert oder beeinflusst werden konnte.

(2) Zur Anfechtung berechtigt sind mindestens drei Wahlberechtigte, eine im Betrieb vertretene Gewerkschaft oder der Arbeitgeber. Die Wahlanfechtung ist nur binnen einer Frist von zwei Wochen, vom Tage der Bekanntgabe des Wahlergebnisses an gerechnet, zulässig.

ses möglich und kann nur entweder von drei wahlberechtigten Arbeitnehmern, von einer im Betrieb vertretenen Gewerkschaft oder vom Arbeitgeber beantragt werden.

Mögliche Anfechtungsgründe

Eine Anfechtung der BR-Wahl ist möglich, wenn bei der Durchführung der Wahl gegen wesentliche Wahlvorschriften verstoßen wurde. Eine Wahl kann – um einige Beispiele zu nennen – mit Aussicht auf Erfolg angefochten werden, wenn

- Ort und Zeit der Stimmauszählung nicht bekanntgegeben wurden,
- ausländische, nicht ausreichend Deutsch sprechende Arbeitnehmer nicht in ihrer Sprache über die BR-Wahl informiert wurden,
- nicht wählbare Kandidaten für die BR-Wahl aufgestellt wurden,
- die Quote für das Minderheitsgeschlecht (§ 15) nicht berücksichtigt wurde oder wenn
- es unterlassen wurde, Umschläge für die Stimmzettel zu verwenden.

Unwirksamkeit der BR-Wahl

Ist die Anfechtung erfolgreich und ist die BR-Wahl durch einen rechtskräftigen Beschluss des Arbeitsgerichts für unwirksam erklärt worden, muss sie wiederholt werden. Alle bis dahin gefassten Beschlüsse des (fehlerhaft) gewählten BR sind und bleiben dennoch wirksam und gültig.

Nichtigkeit der BR-Wahl

Die BR-Wahl kann vom Arbeitsgericht aber auch für nichtig erklärt werden. Ist das der Fall, dann muss nicht nur neu gewählt werden, sondern es ist so, als sei der BR niemals gewählt worden. Alle von ihm gefassten Beschlüsse (Betriebsvereinbarungen usw.) werden damit ungültig.

	Gründe für die Nichtigkeit Eine BR-Wahl kann nur dann für nichtig erklärt werden, wenn bei ihrer Durchführung so grob und offensichtlich gegen Wahlvorschriften verstoßen wurde, dass nicht einmal von dem Anschein einer dem Gesetz entsprechenden Wahl gesprochen werden kann (das wäre z. B. dann der Fall, wenn ein BR in einer Betriebsversammlung durch Handaufheben gewählt wurde). Weil die zur Nichtigkeit einer BR-Wahl führenden Gründe so schwerwiegend sind, kann die Nichtigkeit auch noch nach Ablauf der 2-Wochen-Frist, also **jederzeit** von **jedermann** beim Arbeitsgericht beantragt werden. **Mehrere Anfechtungsgründe** Selbst wenn es eine Vielzahl von Anfechtungsgründen geben sollte, können diese auch in der Summe niemals ein Grund sein, eine BR-Wahl für nichtig erklären zu lassen! **Wahlanfechtung gegen einzelnes BR-Mitglied** Auch die Wahl eines einzelnen BR-Mitglieds kann angefochten werden (z. B. wenn es gar nicht hätte kandidieren dürfen); in diesem Fall würde das Ersatzmitglied nachrücken.
§ 20 – Wahlschutz und Wahlkosten	**Was passiert bei Behinderung oder Beeinflussung der Betriebsratswahl? Welche Wahlkosten muss der Arbeitgeber übernehmen?**
(1) Niemand darf die Wahl des Betriebsrats behindern. Insbesondere darf kein Arbeitnehmer in der Ausübung des aktiven und passiven Wahlrechts beschränkt werden.	**Behinderung der BR-Wahl** Das Verbot, eine BR-Wahl zu behindern, schützt alle, die an der BR-Wahl beteiligt sind – Wahlvorstand, Kandidaten, Wahlberechtigte und auch den noch amtierenden BR. Dieses Verbot gilt für jedermann inner- und außerhalb des Betriebs. Eine Behinderung der BR-Wahl liegt z. B. dann vor, wenn • einem Arbeitnehmer gekündigt werden soll, um ihn an einer BR-Kandidatur zu hindern oder um ihn wegen seiner Aktivität zu bestrafen;

	• eine bestimmte Gruppe von Wahlbewerbern (Kandidatenliste) finanziell unterstützt wird; • der Arbeitgeber Unterlagen, die zur Vorbereitung der BR-Wahl gebraucht werden (z. B. Wählerliste), nicht zur Verfügung stellt. Das Behinderungsverbot wird noch durch weitere Schutzvorschriften ergänzt – § 78 (Schutzbestimmungen), § 103 (Kündigungsschutz für Wahlvorstand und Kandidaten), § 119 (Straftaten gegen Betriebsverfassungsorgane).
(2) Niemand darf die Wahl des Betriebsrats durch Zufügung oder Androhung von Nachteilen oder durch Gewährung oder Versprechen von Vorteilen beeinflussen.	**Beeinflussung durch Drohungen/Versprechen** Die Beeinflussung der BR-Wahl durch Drohungen oder Versprechen z. B. gegenüber Wählern oder Kandidaten ist ebenfalls verboten – egal, ob vom Arbeitgeber oder sonst jemandem verursacht. **Wahlkampf ist zulässig** Manchmal wird diese Vorschrift aber auch so missverstanden, dass es im Betrieb keinen Wahlkampf mit seinen typischen Versprechungen (oder auch Ankündigungen möglicher Nachteile bei einer »falschen« Wahlentscheidung) geben dürfe. Das stimmt so nicht! Zwar darf sich der **Arbeitgeber** überhaupt nicht in den Wahlkampf einmischen, aber die Kandidaten (und auch die sie unterstützenden Gewerkschaften!) dürfen dies sehr wohl. Dabei darf nicht nur Propaganda für die eigene »Partei«, sondern auch gegen eine andere gemacht werden. Die Grenze liegt dort, wo mit diffamierenden (persönlich herabsetzenden) und wahrheitswidrigen Behauptungen operiert wird. Die Grenze ist dabei sicher nicht leicht zu ziehen, aber rein rechtlich muss schon »Einiges« erlaubt sein. Mit Blick auf eine nach der Wahl meist notwendig werdende Zusammenarbeit im BR-Gremium ist aber zu empfehlen, nur mit guten Sachargumenten um Stimmen zu kämpfen.

(3) Die Kosten der Wahl trägt der Arbeitgeber. Versäumnis von Arbeitszeit, die zur Ausübung des Wahlrechts, zur Betätigung im Wahlvorstand oder zur Tätigkeit als Vermittler (§ 18a) erforderlich ist, berechtigt den Arbeitgeber nicht zur Minderung des Arbeitsentgelts.	**Kosten der BR-Wahl** Der Arbeitgeber hat alle Kosten der BR-Wahl zu tragen. Dazu gehören neben den Kosten für die notwendigen Freistellungen von der Arbeit (z. B. für die Wahlvorstandsmitglieder) auch die Sachkosten (z. B. für Schreibmaterial, Aktenordner, Räumlichkeiten, Stimmzettel, Wahlurnen sowie Schulungen und Gesetzestexte für Wahlvorstandsmitglieder). Allerdings muss der Arbeitgeber die **Wahlkampfkosten** (Plakate, Flugblätter, Wahlzeitungen usw.) nicht übernehmen, er muss Wahlwerbung im Betrieb lediglich zulassen.

Zweiter Abschnitt
Amtszeit des Betriebsrats

§ 21 – Amtszeit	**Wann beginnt und endet normalerweise die Amtszeit des Betriebsrats? Wie ist der Wahltermin festzulegen?**
Die regelmäßige Amtszeit des Betriebsrats beträgt vier Jahre. Die Amtszeit beginnt mit der Bekanntgabe des Wahlergebnisses oder, wenn zu diesem Zeitpunkt noch ein Betriebsrat besteht, mit Ablauf von dessen Amtszeit. Die Amtszeit endet spätestens am 31. Mai des Jahres, in dem nach § 13 Abs. 1 die regelmäßigen Betriebsratswahlen stattfinden. In dem Fall des § 13 Abs. 3 Satz 2 endet die Amtszeit spätestens am 31. Mai des Jahres, in dem der	**Amtszeit des BR** Dass die BR-Wahlen in allen deutschen Betrieben alle vier Jahre stattfinden, steht schon in § 13. Hier geht es jetzt vor allem um den Zeitpunkt, an dem die Amtszeit eines BR normalerweise endet. Das möglichst genau zu wissen, ist deshalb so wichtig, weil danach auch der genaue Termin für die BR-Wahl festgelegt wird. Das muss nämlich so geschehen, dass keine betriebsratslose Zeit entsteht (in der die Amtszeit des alten BR vorüber ist, ohne dass schon ein neuer BR gewählt wurde). Diese Frage nach dem Ende der Amtszeit ist nicht so einfach zu beantworten, wie man meinen sollte. **Ende der Amtszeit feststellen** Wenn es bereits einen BR gibt, beginnt die Amtszeit des neu gewählten BR an dem Tag, an dem die Amtszeit des alten BR abgelaufen ist – also genau vier Jahre, nachdem sie begonnen hat. Aber wann

Betriebsrat neu zu wählen ist. In den Fällen des § 13 Abs. 2 Nr. 1 und 2 endet die Amtszeit mit der Bekanntgabe des Wahlergebnisses des neu gewählten Betriebsrats.

hat sie begonnen? Klar: Am Tag, an dem die Amtszeit des Vorgänger-BR abläuft …

Um diesen Tag genau bestimmen zu können, muss man also (falls das bisher noch nicht geschehen ist) in die Vergangenheit zurückgehen, bis zur ersten im Betrieb überhaupt durchgeführten BR-Wahl (vorausgesetzt, es hat nicht zwischendrin einmal eine Zeit ohne Betriebsrat gegeben, dann muss natürlich die Amtszeit des BR herangezogen werden, der nach dieser »Pause« gewählt wurde). Klar: Die Amtszeit des damals gewählten »Erst-Betriebsrats« endete genau an dem Tag vier Jahre, nachdem sein Wahlergebnis bekanntgegeben wurde. Welches Datum das ist, ist manchmal über die Protokolle früherer Wahlvorstände herauszubekommen, manchmal aber auch gar nicht.

Faustregel:

Nichts falsch macht man, wenn man als Stichtag den Tag nimmt, an dem vor vier Jahren der amtierende BR seine erste (konstituierende) Sitzung gehabt hat. Der Wahltag sollte dann etwa zehn Tage davor liegen, (mindestens!) zehn Wochen vorher muss der Wahlvorstand bestellt werden (§ 16).

Erstmalige BR-Wahl

Wird in einem Betrieb zum ersten Mal (eventuell auch nach einer Zwischenzeit ohne BR) ein BR gewählt, beginnt dessen Amtszeit an dem Tag, an dem sein Wahlergebnis bekanntgegeben wird; sie endet am gleichen Tag vier Jahre später.

BR-Wahl »außer der Reihe«

Ist ein »außer der Reihe« gewählter BR zu Beginn des nächsten regulären Wahlzeitraums noch kein ganzes Jahr im Amt, verschiebt sich das Ende seiner Amtszeit auf den 31. Mai des Jahres, in dem dann die nächsten regulären BR-Wahlen stattfinden (§ 13 Abs. 3) – seine Amtszeit kann also unter Umständen sogar etwas mehr als fünf Jahre dauern.

	Muss ein BR nach der Hälfte seiner Amtszeit neu gewählt werden, weil die Belegschaft stark geschrumpft oder gewachsen ist (§ 13 Abs. 2 Nr. 1) oder weil der BR durch Ausscheiden zu vieler BR-Mitglieder die vorgeschriebene Größe nicht mehr erreicht (§ 13 Abs. 2 Nr. 2), endet seine Amtszeit mit dem Tag, an dem das Wahlergebnis des neu gewählten BR bekanntgegeben wird (und dessen Amtszeit endet dann am 31. Mai des Jahres, in dem die nächsten regulären BR-Wahlen stattfinden).
§ 21a – Übergangsmandat	**Was geschieht mit dem Betriebsrat bei einer Betriebsspaltung oder -zusammenlegung?**
(1) Wird ein Betrieb gespalten, so bleibt dessen Betriebsrat im Amt und führt die Geschäfte für die ihm bislang zugeordneten Betriebsteile weiter, soweit sie die Voraussetzungen des § 1 Abs. 1 Satz 1 erfüllen und nicht in einen Betrieb eingegliedert werden, in dem ein Betriebsrat besteht (Übergangsmandat). Der Betriebsrat hat insbesondere unverzüglich Wahlvorstände zu bestellen. Das Übergangsmandat endet, sobald in den Betriebsteilen ein neuer Betriebsrat gewählt und das Wahlergebnis bekannt gegeben ist, spätestens jedoch sechs Monate nach Wirksamwerden der Spaltung. Durch Tarifvertrag oder Betriebs-	**Übergangsmandat bei Betriebsspaltung** Wenn ein Betrieb in zwei (oder mehr) Teile »zerlegt« wird, diese Teile aber im Besitz desselben Unternehmens bleiben, bleibt der »alte« BR so lange im Amt, bis in den neu entstandenen Betrieben jeweils ein neuer BR gewählt worden ist. Voraussetzung für diese Neuwahl(en) ist natürlich, dass es sich bei den neuen Betrieben um Betriebe handelt, die einen eigenen BR wählen können (mindestens fünf wahlberechtigte Arbeitnehmer, davon drei wählbare – § 1 Abs. 1). Entstehen durch die Teilung mehrere betriebsratsfähige Betriebe, muss der »alte« BR unverzüglich (ohne schuldhaftes Zögern) für **jeden** neu entstandenen Betrieb einen **Wahlvorstand** bestellen (§ 16). Ob das tatsächlich nötig und zulässig ist oder ob es z. B. weiterhin für alle Betriebsteile zusammen nur einen BR geben kann/muss, sollte geprüft werden (§ 4) – nötigenfalls durch ein Arbeitsgerichtsverfahren. Auch wenn mehrere der neu entstandenen Betriebe einen eigenen BR wählen dürften, ließe sich durch Tarifvertrag (u. U. durch Betriebsvereinbarung) festlegen, dass es weiterhin einen **gemeinsamen BR** geben soll (§ 3).

vereinbarung kann das Übergangsmandat um weitere sechs Monate verlängert werden.	
(2) Werden Betriebe oder Betriebsteile zu einem Betrieb zusammengefasst, so nimmt der Betriebsrat des nach der Zahl der wahlberechtigten Arbeitnehmer größten Betriebs oder Betriebsteils das Übergangsmandat wahr. Absatz 1 gilt entsprechend.	**Übergangsmandat bei Betriebszusammenlegung** Wenn zwei (oder mehr) Betriebe, die sich im Besitz desselben Unternehmens befinden, zu einem Betrieb zusammengeschlossen werden sollen, bleibt der BR des ursprünglich größten Betriebs im Amt, bis für den neu entstandenen Betrieb ein neuer BR gewählt worden ist. Auch hier gilt wie bei § 21a Abs. 1, dass dies überprüft werden kann und sollte – wenn nötig durch ein **Arbeitsgerichtsverfahren**. Falls die zusammengeschlossenen Betriebe exakt gleich groß sein sollten, müsste wohl das Los entscheiden, welcher BR das »Übergangsmandat« wahrnimmt.
(3) Die Absätze 1 und 2 gelten auch, wenn die Spaltung oder Zusammenlegung von Betrieben und Betriebsteilen im Zusammenhang mit einer Betriebsveräußerung oder einer Umwandlung nach dem Umwandlungsgesetz erfolgt.	**Betriebsspaltung/-zusammenlegung bei Betriebsverkauf** Während § 21a Abs. 1 und 2 davon ausgegangen sind, dass die Besitzverhältnisse unverändert bleiben, die Spaltung/Zusammenlegung also unternehmensintern stattfindet, macht § 21a Abs. 3 klar, dass die gleichen Verfahren anzuwenden sind, wenn die Spaltung/Zusammenlegung mit einem Betriebskauf oder -verkauf zusammenhängt. Wenn also ein Unternehmen einen Teil eines Betriebs an ein anderes Unternehmen verkauft, bleibt der bisherige BR für die Arbeitnehmer des verkauften Betriebs übergangsweise weiter zuständig, vor allem was die Verpflichtung betrifft, unverzüglich einen Wahlvorstand zu bestellen (aus Arbeitnehmern des neuen Betriebs). Das Gleiche gilt, wenn die Spaltung/Zusammenlegung damit zusammenhängt, dass ein Unternehmen seine Rechtsform ändert (z. B. von einer GmbH zu einer AG).

§ 21b – Restmandat	**Wie werden Arbeitnehmer vertreten, wenn ihr Betrieb (und damit auch der Betriebsrat) »abgewickelt« wird?**
Geht ein Betrieb durch Stilllegung, Spaltung oder Zusammenlegung unter, so bleibt dessen Betriebsrat so lange im Amt, wie dies zur Wahrnehmung der damit im Zusammenhang stehenden Mitwirkungs- und Mitbestimmungsrechte erforderlich ist.	**BR-Arbeit bei Auflösung des Betriebs** Die Auflösung eines Betriebs ist manchmal eine langwierige Angelegenheit. Oft bleiben noch kleinere Teile der früheren Belegschaft erhalten, um letzte Aufträge oder auch Auflösungsarbeiten zu erledigen. Auch diese Arbeitnehmer sollen nicht ohne Schutz eines BR sein. Deshalb bleibt der komplette BR des sich auflösenden Betriebs so lange im Amt (darf also auch nicht gekündigt werden), so lange eine Interessenvertretung gebraucht wird. Das ist in der Regel bis zum Ende des Auflösungsprozesses der Fall (der BR »macht das Licht aus«), da allein schon nach § 80 die Einhaltung von Arbeitnehmerschutzvorschriften überwacht werden muss. Aber auch andere BR-Pflichten müssen noch ausgeübt werden, wie etwa die Überwachung von Sozialplanregelungen. Dieses Restmandat kann auch über das reguläre Ende der BR-Amtszeit hinausreichen. Legen BR-Mitglieder ihr Amt nieder (§ 24), bleiben die »Restmitglieder« zuständig, so lange noch mindestens ein BR-Mitglied im sich auflösenden Betrieb beschäftigt ist.
§ 22 – Weiterführung der Geschäfte des Betriebsrats	**Wie wird eine »betriebsratslose« Zeit vermieden, wenn ein Betriebsrat zurücktritt oder neu gewählt werden muss?**
In den Fällen des § 13 Abs. 2 Nr. 1 bis 3 führt der Betriebsrat die Geschäfte weiter, bis der neue Betriebsrat gewählt und das Wahlergebnis bekanntgegeben ist.	**BR-Arbeit nach Rücktritt oder vor notwendig gewordener Neuwahl** Auch wenn ein BR komplett zurücktritt (§ 13 Abs. 2 Nr. 3), bleibt er dennoch geschäftsführend im Amt bis die Wahl des neuen BR abgeschlossen ist. Das Gleiche gilt, wenn der BR neu gewählt werden muss, weil

	• die Belegschaftsgröße während der ersten Hälfte seiner Amtszeit stark gesunken oder gestiegen ist (§ 13 Abs. 2 Nr. 1), • weil der BR selber so geschrumpft ist (§ 13 Abs. 2 Nr. 2), dass er trotz Ausschöpfung aller Ersatzmitglieder die gesetzlich vorgeschriebene Anzahl von Mitgliedern (§ 9) nicht mehr erreicht. Hier wird deutlich, dass der Gesetzgeber für jeden denkbaren Fall das Entstehen einer »betriebsratslosen« Zeit verhindern will.
§ 23 – Verletzung gesetzlicher Pflichten	**Was kann geschehen, wenn der Betriebsrat selber oder der Arbeitgeber ihre gesetzlichen Pflichten verletzen?**
(1) Mindestens ein Viertel der wahlberechtigten Arbeitnehmer, der Arbeitgeber oder eine im Betrieb vertretene Gewerkschaft können beim Arbeitsgericht den Ausschluss eines Mitglieds aus dem Betriebsrat oder die Auflösung des Betriebsrats wegen grober Verletzung seiner gesetzlichen Pflichten beantragen. Der Ausschluss eines Mitglieds kann auch vom Betriebsrat beantragt werden.	**Auflösung/Ausschluss nur durch Arbeitsgericht** Die Abwahl eines BR wäre auch dann nicht möglich, wenn die gesamte Belegschaft dies wollte. Allein das zuständige Arbeitsgericht kann durch Beschluss einen BR auflösen oder ein einzelnes BR-Mitglied aus dem BR ausschließen – oder man muss eben bis zur nächsten BR-Wahl warten. Einen Antrag auf Auflösung oder Ausschluss können aber nicht nur wahlberechtigte Arbeitnehmer (mindestens ein Viertel) beim Arbeitsgericht stellen, sondern auch der Arbeitgeber oder eine im Betrieb vertretene Gewerkschaft könnte dies tun. Geht es »nur« um ein Mitglied des BR, ist auch der **BR selber** antragsberechtigt. Wird der komplette BR vom Arbeitsgericht aufgelöst, muss das Gericht die Wahl eines neuen BR durch die Bestellung eines Wahlvorstands einleiten (siehe auch § 13 Abs. 2 Nr. 5). Mitglieder dieses Wahlvorstands können auch Gewerkschaftsmitglieder sein, die nicht Arbeitnehmer des Betriebs sind (§ 16 Abs. 2).
(2) Wird der Betriebsrat aufgelöst, so setzt das Arbeitsgericht unverzüglich einen Wahlvorstand für die Neuwahl ein. § 16 Abs. 2 gilt entsprechend.	

Auflösung wegen grober Pflichtverletzung

Voraussetzung für eine gerichtliche Auflösung des BR ist immer eine grobe Verletzung der gesetzlichen Pflichten des BR. Eine grobe Pflichtverletzung liegt z. B. vor, wenn ein BR

- es wiederholt versäumt, die vier jährlich vorgeschriebenen Betriebsversammlungen abzuhalten (§ 43),
- unzulässig (also ohne die geschlossene Zustimmung der Teilnehmenden) den Ablauf einer Betriebsversammlung auf Tonband aufzeichnet oder
- ausländische Arbeitnehmer diffamiert.

Ausschluss eines einzelnen BR-Mitglieds

Dass ein kompletter BR durch das Arbeitsgericht aufgelöst wird, geschieht außerordentlich selten. Eher kommt es schon einmal vor, dass einzelne BR-Mitglieder ihr Amt verlieren, z. B. weil ein BR-Mitglied

- sich beharrlich weigert, an BR-Sitzungen oder -Abstimmungen teilzunehmen,
- falsche Angaben über seine während der Arbeitszeit ausgeübte BR-Tätigkeit macht,
- in einer BR-Sitzung anderen BR-Mitgliedern gegenüber handgreiflich wird,
- sich bestechen lässt.

(3) Der Betriebsrat oder eine im Betrieb vertretene Gewerkschaft können bei groben Verstößen des Arbeitgebers gegen seine Verpflichtungen aus diesem Gesetz beim Arbeitsgericht beantragen, dem Arbeitgeber aufzugeben, eine

Pflichtverletzungen des Arbeitgebers

Tut ein Arbeitgeber nach Ansicht des BR nicht das, was seine gesetzliche Pflicht ist (z. B. Informationspflicht, Teilnahmepflicht an gemeinsamen Sitzungen), dann hat der BR zwei Möglichkeiten, juristisch darauf zu reagieren:

- das arbeitsgerichtliche **Beschlussverfahren**,
- das **Verfahren nach § 23 Abs. 3**.

Unterlassungs-anspruch

Handlung zu unterlassen, die Vornahme einer Handlung zu dulden oder eine Handlung vorzunehmen. Handelt der Arbeitgeber der ihm durch rechtskräftige gerichtliche Entscheidung auferlegten Verpflichtung zuwider, eine Handlung zu unterlassen oder die Vornahme einer Handlung zu dulden, so ist er auf Antrag vom Arbeitsgericht wegen einer jeden Zuwiderhandlung nach vorheriger Androhung zu einem Ordnungsgeld zu verurteilen. Führt der Arbeitgeber die ihm durch eine rechtskräftige gerichtliche Entscheidung auferlegte Handlung nicht durch, so ist auf Antrag vom Arbeitsgericht zu erkennen, dass er zur Vornahme der Handlung durch Zwangsgeld anzuhalten sei. Antragsberechtigt sind der Betriebsrat oder eine im Betrieb vertretene Gewerkschaft. Das Höchstmaß des Ordnungsgeldes und Zwangsgeldes beträgt 10000 Euro.

In beiden Fällen wendet sich der BR mit einem Antrag an das Arbeitsgericht, dieses möge den Arbeitgeber dazu bringen, seinen gesetzlichen Verpflichtungen nachzukommen – z. B. dazu, indem er

- etwas gesetzlich Vorgeschriebenes auch tatsächlich tut (z. B. die Kosten für einen Betriebsrats-PC übernimmt),
- etwas, das gegen ein Gesetz verstößt, unterlässt (z. B. eine Videoüberwachung abbricht, bis eine Betriebsvereinbarung dazu abgeschlossen ist),
- zulässt, dass etwas getan wird, wozu es einen gesetzlichen Anspruch oder sogar eine Pflicht gibt (z. B. das Abhalten von Betriebsversammlungen zulassen).

Beide Verfahren haben also im Prinzip die gleiche Zielrichtung – was ist nun der Unterschied?

Das arbeitsgerichtliche Beschlussverfahren

Das Beschlussverfahren dient immer der Klärung einer rechtlich (bisher) **nicht** ganz eindeutig **geklärten** Frage.

Beispiel: Es geht um die Frage, ob der Betriebsrat einen rechtlichen Anspruch auf eine bestimmte Information hat oder nicht. Das Arbeitsgericht würde die Frage prüfen und dann entscheiden. Dabei würde es entweder beschließen: »Du, Arbeitgeber, musst dieses oder jenes tun oder musst dieses oder jenes zulassen!« Oder: »Du, Betriebsrat hast dich geirrt, der von dir erhobene Anspruch ist rechtlich nicht begründet.«

Das Verfahren nach § 23 Abs. 3

Ein Verfahren nach § 23 Abs. 3 hingegen kann nur eingeleitet werden, wenn es um einen groben Verstoß des Arbeitgebers gegen die Verpflichtungen aus dem BetrVG geht. Und das ist immer dann der Fall, wenn ein im BetrVG festgelegtes Recht

	oder eine Pflicht rechtlich bereits eindeutig geklärt ist, der Arbeitgeber aber trotzdem dagegen verstößt. Die Rechtslage ist immer dann eindeutig, wenn z. B. das Bundesarbeitsgericht in der strittigen Frage schon einmal klar entschieden hat. Ziel eines Verfahrens nach § 23 Abs. 3 ist es also, den Arbeitgeber dazu zu zwingen, sich einer klaren **Rechtslage entsprechend** auch zu **verhalten**. Zwang kann das Arbeitsgericht in diesem Fall ausüben, indem es den Arbeitgeber zu einem Ordnungs- bzw. Zwangsgeld verurteilt. Ein **Ordnungsgeld** kann verhängt werden, wenn der Arbeitgeber veranlasst werden soll, eine Handlung (z. B. Abhalten einer Betriebsversammlung) zu dulden oder selber eine Handlung (z. B. Videoüberwachung) zu unterlassen. Ein **Zwangsgeld** wird verhängt, wenn der Arbeitgeber dazu gebracht werden soll, eine Handlung vorzunehmen (z. B. eine Information herauszugeben). **Faustregel:** Der BR strebt ein Beschlussverfahren an, wenn er Rechte oder Pflichten für einen aktuellen Einzelfall klären lassen möchte. Und er leitet ein Verfahren nach § 23 Abs. 3 ein, wenn er davon ausgehen muss, dass der Arbeitgeber einen klaren Anspruch grundsätzlich und auch in Zukunft bei ähnlichen Fällen nicht erfüllen will.
§ 24 – Erlöschen der Mitgliedschaft	**Wann und unter welchen Umständen erlischt die Mitgliedschaft im Betriebsrat?**
Die Mitgliedschaft im Betriebsrat erlischt durch	**Die Mitgliedschaft im BR endet** (sie »erlischt«) …
1. Ablauf der Amtszeit,	… wenn die **Amtszeit** abgelaufen ist (§ 21);
2. Niederlegung des Betriebsratsamtes,	… wenn ein BR-Mitglied (oder das komplette BR-Gremium) **zurücktritt**;

3. Beendigung des Arbeitsverhältnisses,	... wenn das **Arbeitsverhältnis** eines BR-Mitglieds **endet**, ohne dass der spezielle Kündigungsschutz greift (z. B. Eigenkündigung und Eintritt in den Ruhestand, aber auch: fristlose Entlassung, wenn der BR zugestimmt haben sollte oder das Arbeitsgericht auf Antrag des Arbeitgebers die Zustimmung des BR ersetzt hat – § 103);
4. Verlust der Wählbarkeit,	... wenn bei einem BR-Mitglied Änderungen eintreten, die eine **erneute Wahl verhindern** würden (mögliche Gründe: Jobwechsel innerhalb des gleichen Unternehmens aber in einen anderen Betrieb, Wechsel zum leitenden Angestellten, Heirat mit dem Arbeitgeber);
5. Ausschluss aus dem Betriebsrat oder Auflösung des Betriebsrats aufgrund einer gerichtlichen Entscheidung,	... wenn der BR durch eine arbeitsgerichtliche Entscheidung **aufgelöst** wird (siehe § 23 Abs. 1 und 2);
6. gerichtliche Entscheidung über die Feststellung der Nichtwählbarkeit nach Ablauf der in § 19 Abs. 2 bezeichneten Frist, es sei denn, der Mangel liegt nicht mehr vor.	... wenn nachträglich (durch das Arbeitsgericht!) festgestellt wird, dass ein BR-Mitglied gar **nicht hätte gewählt werden dürfen** (§ 8) – z. B. weil das Mitglied eigentlich leitender Angestellter war und ist. Dieses Verfahren nach Nr. 6 kann jederzeit eingeleitet werden, auch wenn die Frist für eine Anfechtung der BR-Wahl schon vorbei ist. Beispiel: In einem Betrieb ist ein Arbeitnehmer in den Betriebsrat gewählt worden, der zum Zeitpunkt der Wahl noch keine 6 Monate im Betrieb war, was damals von allen (auch dem Arbeitgeber) »übersehen« wurde. Seither hat sich dieses Betriebsratsmitglied beim Arbeitgeber unbeliebt gemacht, der nun versucht, auf diesem Wege ein unbequemes Betriebsratsmitglied wieder loszuwerden. In der Praxis würde das Beispiel allerdings kaum funktionieren. Dafür sorgt die Einschränkung im Gesetzestext: »es sei denn, der Mangel liegt nicht

	mehr vor«. Denn spätestens wenn das gerichtliche Verfahren zu dieser Frage beendet sein wird (und darauf kommt es an), dürfte der »Mangel« einer zu geringen Dauer der Betriebszugehörigkeit wohl »nicht mehr vorliegen«.
§ 25 – Ersatzmitglieder	**Wann und in welchen Fällen rückt welches Ersatzmitglied dauerhaft oder vorübergehend in den Betriebsrat nach?**
(1) Scheidet ein Mitglied des Betriebsrats aus, so rückt ein Ersatzmitglied nach. Dies gilt entsprechend für die Stellvertretung eines zeitweilig verhinderten Mitglieds des Betriebsrats. (2) Die Ersatzmitglieder werden unter Berücksichtigung des § 15 Abs. 2 der Reihe nach aus den nichtgewählten Arbeitnehmern derjenigen Vorschlagslisten entnommen, denen die zu ersetzenden Mitglieder angehören. Ist eine Vorschlagsliste erschöpft, so ist das Ersatzmitglied derjenigen Vorschlagsliste zu entnehmen, auf die nach den Grundsätzen der Verhältniswahl der nächste Sitz entfallen würde. Ist das ausgeschiedene oder verhinderte Mitglied nach den Grundsätzen der Mehrheitswahl gewählt, so	**Nachrücken eines Ersatzmitglieds** Immer wenn ein BR-Mitglied – sei es für eine einzige Sitzung oder auf Dauer – ausfällt, muss ein Ersatzmitglied »nachrücken«. Um dafür zu sorgen, dass das immer ordnungsgemäß geschieht, muss derjenige, der für die Einladungen zu den BR-Sitzungen zuständig ist, stets die entsprechenden Listen der letzten BR-Wahl parat haben. Welche Regeln für das Nachrücken gelten, hängt davon ab, nach welchem Verfahren der BR gewählt wurde. **Nachrückregeln bei Persönlichkeitswahl (Mehrheitswahl):** • feststellen, ob durch das Ausfallen/Ausscheiden des BR-Mitglieds das Minderheitsgeschlecht nicht mehr im vorgeschriebenen Umfang vertreten ist (§ 15); • ist das Minderheitsgeschlecht noch ausreichend vertreten, dann rückt das Ersatzmitglied nach, das mit seiner Stimmenzahl hinter dem zu ersetzenden BR-Mitglied rangiert; • ist das Minderheitsgeschlecht nicht mehr ausreichend vertreten (ist also z. B. die einzige Frau im BR ausgefallen), rückt das Ersatzmitglied aus dem Minderheitsgeschlecht nach, das mit seiner Stimmenzahl hinter dem zu ersetzenden BR-Mitglied rangiert – soweit vorhanden.

bestimmt sich die Reihenfolge der Ersatzmitglieder unter Berücksichtigung des § 15 Abs. 2 nach der Höhe der erreichten Stimmenzahlen.	**Nachrückregeln bei Listenwahl (Verhältniswahl):** • feststellen, ob durch das Ausfallen/Ausscheiden des BR-Mitglieds das Minderheitsgeschlecht nicht mehr im vorgeschriebenen Umfang vertreten ist (§ 15); • ist das Minderheitsgeschlecht noch ausreichend vertreten, rückt das Ersatzmitglied nach, das als nächstes auf der gleichen Liste kandidiert hat wie das ausgefallene BR-Mitglied; • ist das Minderheitsgeschlecht nicht mehr ausreichend vertreten, rückt das Ersatzmitglied aus dem Minderheitsgeschlecht nach, das als nächstes auf der gleichen Liste kandidiert hat wie das ausgefallene BR-Mitglied, • gibt es ein solches Ersatzmitglied nicht, wird die Liste mit der nächsthöheren Stimmenzahl überprüft und von dort das am weitesten oben in der Liste stehende Ersatzmitglied des Minderheitsgeschlechts eingeladen; • gibt es auf allen Listen kein dem Minderheitsgeschlecht angehörendes Ersatzmitglied, rückt das Ersatzmitglied anderen Geschlechts nach, das als nächstes auf der gleichen Liste kandidiert hat wie das ausgefallene BR-Mitglied. **Unkorrekte Einladung, ungültige Beschlüsse** Die Einladung der Ersatzmitglieder muss sehr sorgfältig gehandhabt werden. Denn: Ein unkorrektes Einladungsverfahren macht alle auf der entsprechenden Sitzung gefällten Beschlüsse ungültig! **Rechte des Ersatzmitglieds** Auch wenn ein Ersatzmitglied nur für eine begrenzte Zeit (z. B. als Urlaubs-, Krankheits- oder Seminarvertretung) in den BR geht, ist es für diese Zeit vollwertiges BR-Mitglied mit allen Rechten und Pflichten (einschließlich des nachwirkenden Kündigungsschutzes – § 103).

Dritter Abschnitt
Geschäftsführung des Betriebsrats

§ 26 – Vorsitzender	Wie wird der Betriebsratsvorsitzende gewählt und was sind seine wichtigsten Aufgaben?
(1) Der Betriebsrat wählt aus seiner Mitte den Vorsitzenden und dessen Stellvertreter.	**Wahl des BR-Vorsitzenden und des Stellvertreters** Der BR muss eines seiner Mitglieder zum Vorsitzenden wählen und ein weiteres als dessen Stellvertreter. Er darf darauf weder verzichten, noch darf er ein anderes Führungsmodell (z. B. eine gleichberechtigte Sprechergruppe) einrichten. Eine **Abwahl** des Vorsitzenden (des Stellvertreters) ist jederzeit möglich. Dazu bedarf es nur eines Antrags (der auf die Tagesordnung gesetzt wird) und eines mit einfacher Mehrheit gefassten Beschlusses (näheres zur Beschlussfassung siehe § 31). Eine Neuwahl muss unverzüglich folgen. Damit der Arbeitgeber informiert ist, an wen er sich zu wenden hat, sollte er unverzüglich über die Wahl/Neuwahl des Vorsitzenden (des Stellvertreters) unterrichtet werden.
(2) Der Vorsitzende des Betriebsrats, oder im Fall seiner Verhinderung sein Stellvertreter, vertritt den Betriebsrat im Rahmen der von ihm gefassten Beschlüsse. Zur Entgegennahme von Erklärungen, die dem Betriebsrat gegenüber abzugeben sind, ist der Vorsitzende des Betriebsrats oder im Fall seiner Verhinderung sein Stellvertreter berechtigt.	**Vertretung im Rahmen der Beschlüsse** Der BR-Vorsitzende (bzw. seine Stellvertretung) muss sich nach »außen« (z. B. bei Stellungnahmen gegenüber dem Arbeitgeber) an die Beschlüsse des BR halten. Überschreitet er den vorgegebenen Rahmen, könnte er persönlich verklagt und schadensersatzpflichtig gemacht werden. **Aufgaben des BR-Vorsitzenden** Der BR-Vorsitzende ist »automatisch« für eine Reihe von Aufgaben zuständig: • Einladung/Leitung der BR-Sitzungen (§ 29 Abs. 2), • Abzeichnen des Sitzungsprotokolls (§ 34 Abs. 1), • Leitung der Betriebsversammlungen (§ 42 Abs. 1).

	Außerdem hat der BR die Möglichkeit, die Erledigung seiner laufenden Geschäfte dem BR-Vorsitzenden zu übertragen. Was das heißt und wie das funktioniert, steht in § 27 Abs. 2 und 3. **»Erklärungen« entgegennehmen** Immer wenn jemand dem BR offiziell etwas mitteilen will, ist der Vorsitzende nicht nur berechtigt, sondern verpflichtet, diese Erklärungen entgegenzunehmen. Das können z. B. Informationen des Arbeitgebers sein, Beschwerden von Arbeitnehmern oder Mitteilungen von Gewerkschaften und Behörden. **Alle anderen BR-Mitglieder dürfen und sollen die Entgegennahme solcher Erklärungen grundsätzlich verweigern.** Nur wenn der BR-Vorsitzende nicht im Betrieb anwesend ist, nimmt der Stellvertreter die Erklärungen entgegen. Ist auch der nicht anwesend, kann/muss jedes BR-Mitglied Erklärungen annehmen, was manchmal zu Problemen führen kann. Deshalb: **Regeln in der Geschäftsordnung** In der Geschäftsordnung (§ 36) soll festgelegt werden, in welcher Reihenfolge die BR-Mitglieder befugt sind, Erklärungen entgegenzunehmen. Diese Regeln werden dem Arbeitgeber dann mitgeteilt.
§ 27 – Betriebsausschuss	**Was ist ein Betriebsausschuss, wie funktioniert er und welche Aufgaben kann er übernehmen?**
(1) Hat ein Betriebsrat neun oder mehr Mitglieder, so bildet er einen Betriebsausschuss. Der Betriebsausschuss besteht aus dem Vorsitzenden des Betriebsrats, dessen Stellvertreter und bei Betriebsräten mit	**Zusammensetzung des Betriebsausschusses** Etwas größere BR-Gremien (ab neun Mitglieder) **müssen** einen Betriebsausschuss (BA) bilden. Da es sich dabei um eine Art Führungs- und Verwaltungsgremium des BR handelt, gehören der BR-Vorsitzende und sein Stellvertreter diesem Gremium in jedem Fall an. Dass darüber hinaus schon in einem 9-köpfigen BR weitere drei BR-Mitglieder in den BA gewählt wer-

9 bis 15 Mitgliedern aus 3 weiteren Ausschussmitgliedern,

17 bis 23 Mitgliedern aus 5 weiteren Ausschussmitgliedern,

25 bis 35 Mitgliedern aus 7 weiteren Ausschussmitgliedern,

37 oder mehr Mitgliedern aus 9 weiteren Ausschussmitgliedern

Die weiteren Ausschussmitglieder werden vom Betriebsrat aus seiner Mitte in geheimer Wahl und nach den Grundsätzen der Verhältniswahl gewählt. Wird nur ein Wahlvorschlag gemacht, so erfolgt die Wahl nach den Grundsätzen der Mehrheitswahl. Sind die weiteren Ausschussmitglieder nach den Grundsätzen der Verhältniswahl gewählt, so erfolgt die Abberufung durch Beschluss des Betriebsrats, der in geheimer Abstimmung gefasst wird und einer Mehrheit von drei Vierteln der Stimmen der Mitglieder des Betriebsrats bedarf.

den müssen, so dass in diesem Fall also fünf von neun Mitgliedern dem Leitungsgremium des BR angehören, ist kaum zu verstehen – aber zwingend vorgeschrieben!

Wahl der »weiteren Ausschussmitglieder«

Diese Wahl ist kein Problem, wenn der BR durch **Persönlichkeitswahl** (Mehrheitswahl) gewählt wurde:

- Kandidatenvorschläge sammeln,
- Stimmzettel erstellen,
- Wahl durch Ankreuzen so vieler Kandidaten, wie »weitere Mitglieder« gewählt werden müssen (siehe die Zahlen im Gesetzestext).

Kompliziert wird die Zuwahl dieser weiteren BA-Mitglieder immer dann, wenn der BR durch Verhältniswahl, also **Listenwahl,** zustande gekommen ist. Dann nämlich müssen auch sie nach den »Grundsätzen der Verhältniswahl« gewählt werden (siehe § 14).

Wahl nach den »Grundsätzen der Verhältniswahl«

Listenwahl (Verhältniswahl) bedeutet, dass BR-Mitglieder von mindestens zwei verschiedenen Listen im BR (»Fraktionen«) vertreten sind. Das führt dann zu folgendem Normalverfahren der Wahl weiterer BA-Mitglieder (BR-Vorsitzender und Stellvertreter sind auch in diesem Fall automatische Mitglieder des BA):

- Jede der »Fraktionen« hat das Recht, ihre eigenen Kandidaten für einen Platz als weiteres BA-Mitglied zu einem Wahlvorschlag zusammenzustellen;
- die Stimmzettel enthalten die Bezeichnungen oder Nummern der Wahlvorschläge (z. B. Liste 1, Liste 2);
- jedes BR-Mitglied kann nun einem dieser Wahlvorschläge seine Stimme geben,

- nach dem **d'Hondtschen-Höchstzahlen-Verfahren** (§ 14) wird errechnet, von welchem Wahlvorschlag jeweils wie viele Kandidaten in den BA kommen (in der Reihenfolge, in der diese auf dem Wahlvorschlag gestanden haben).

»Koalitionen« sind möglich!

Auch wenn der BR aus mehreren Listen zusammengesetzt ist, müssen diese »Fraktionen« nicht unbedingt ihre eigenen Wahlvorschläge für die Wahl der weiteren BA-Mitglieder zusammenstellen. Es können sich auch »Koalitionen« zwischen Listen bilden, die dann einen gemeinsamen Wahlvorschlag einbringen.

Empfehlung

Das Prinzip der **Listenwahl** ist ein für die Zusammensetzung des BA wirklich unnötig kompliziertes Verfahren, das noch dazu eine evtl. schon vorhandene Konkurrenz zwischen den BR-»Fraktionen« weiter anheizen könnte. Dies kann umgangen werden, indem sich die BR-Mitglieder aller Listen darauf einigen, einen gemeinsamen Wahlvorschlag für die BA-Besetzung aufzustellen.

Abberufung der weiteren BA-Mitglieder

Wenn der BA nach dem »Listenwahl-Verfahren« zusammengesetzt wurde, können die BA-Mitglieder nicht mehr durch einfachen Beschluss des BR abberufen werden, sondern nur durch geheime Abstimmung und eine Drei-Viertel-Mehrheit aller BR-Mitglieder (nicht nur der anwesenden).

(2) Der Betriebsausschuss führt die laufenden Geschäfte des Betriebsrats. Der Betriebsrat kann dem Betriebsausschuss mit der Mehrheit der Stimmen

Der BA und die »laufenden Geschäfte«

Während in einem kleineren Gremium dem **BR-Vorsitzenden** die laufenden Geschäfte des BR übertragen werden können (§ 26 Abs. 2), ist in einem BR-Gremium mit neun oder mehr Mitgliedern in jedem Fall der BA für die laufenden Geschäfte zuständig.

seiner Mitglieder Aufgaben zur selbständigen Erledigung übertragen; dies gilt nicht für den Abschluss von Betriebsvereinbarungen. Die Übertragung bedarf der Schriftform. Die Sätze 2 und 3 gelten entsprechend für den Widerruf der Übertragung von Aufgaben.	Was aber sind die »laufenden Geschäfte« des BR? Im Gesetz steht dazu nichts. Deshalb legt der BR (möglichst in einer Geschäftsordnung – § 36) selber fest, was er unter laufenden Geschäften verstehen will. Üblicherweise fallen darunter so unproblematische Aufgaben wie: Erledigung des Schriftverkehrs, Information der BR-Mitglieder, Organisation des BR-Büros und ähnliches. Bei anderen Aufgaben, die ebenfalls oft unter den laufenden Geschäften einsortiert werden, sollte die Übertragung an den BA aber nicht »automatisch« erfolgen, sondern sorgfältig überlegt werden – z. B.: die Vorbereitung von Betriebsversammlungen oder Betriebsrundgängen. **Übertragung von »Aufgaben zur selbstständigen Erledigung«** Gibt es einen BA, dann kann der BR seinem BA durch Beschluss zusätzlich noch Aufgaben zur selbstständigen Erledigung, also auch Beratungs-, Mitwirkungs- und Mitbestimmungsrechte übertragen (z. B. das Recht, über beabsichtigte Einstellungen zu entscheiden – § 99). Davon sollte aber – wenn überhaupt – nur sehr sparsam Gebrauch gemacht werden. Es kann auch nur mit Mehrheit aller BR-Mitglieder (also nicht nur mit Mehrheit der anwesenden) und schriftlich (möglichst im Rahmen einer Geschäftsordnung – § 36) beschlossen werden. Das Gleiche gilt für den Widerruf dieser »Bevollmächtigung«. **Betriebsvereinbarungen** aber darf der BA niemals ohne Zustimmung durch das gesamte Gremium abschließen.
(3) Betriebsräte mit weniger als neun Mitgliedern können die laufenden Geschäfte auf den Vorsitzenden des Betriebsrats oder andere	**Übertragung der laufenden Geschäfte auf den BR-Vorsitzenden** BR-Gremien mit drei bis sieben Mitgliedern können durch Beschluss der Mehrheit aller BR-Mitglieder (möglichst im Rahmen einer Geschäftsordnung –

Betriebsratsmitglieder übertragen.	§ 36) ihrem Vorsitzenden die Erledigung der laufenden Geschäfte übertragen. Aber: Das gilt nicht für **Beratungs-, Mitwirkungs- und Mitbestimmungsrechte** oder sonstige »Aufgaben zur selbstständigen Erledigung«. Anders ausgedrückt: Es ist also zumindest dem kleineren BR untersagt, sich selber zu entmachten
§ 28 – Übertragung von Aufgaben auf Ausschüsse	**Wann kann ein Betriebsrat Ausschüsse bilden und welche Aufgaben und Befugnisse können diese haben?**
(1) Der Betriebsrat kann in Betrieben mit mehr als 100 Arbeitnehmern Ausschüsse bilden und ihnen bestimmte Aufgaben übertragen. Für die Wahl und Abberufung der Ausschussmitglieder gilt § 27 Abs. 1 Satz 3 bis 5 entsprechend. Ist ein Betriebsausschuss gebildet, kann der Betriebsrat den Ausschüssen Aufgaben zur selbständigen Erledigung übertragen; § 27 Abs. 2 Satz 2 bis 4 gilt entsprechend.	**Bildung von Ausschüssen** Jeder BR kann und sollte sich auf eine Arbeitsteilung verständigen, also darauf, dass bestimmte BR-Mitglieder (allein oder in einer kleinen Gruppe) bestimmte Aufgaben (z. B. die Pflege der Informationsbretter) übernehmen. »Offizielle« Ausschüsse nach § 28 allerdings können erst ab einer BR-Größe von sieben Mitgliedern (101 bis 200 Arbeitnehmer) gebildet werden. Ab einer BR-Größe von neun Mitgliedern gibt es dann die zusätzliche Möglichkeit, diesen Ausschüssen nach den für den BA geltenden Regeln (§ 27 Abs. 2) Aufgaben zur selbstständigen Erledigung zu übertragen (siehe unten). **Wahl der Ausschussmitglieder (Listenwahl)** Das Problem mit diesen »offiziellen« Ausschüssen ist das gleiche wie beim BA: Sie müssen (wenn der BR aufgrund einer Listenwahl zustande gekommen ist, und wenn es nicht gelingt, sich auf einen gemeinsamen Wahlvorschlag zu einigen) nach den Regeln der Listenwahl gewählt werden (siehe § 27). Es gelten also für die Wahl und Abwahl der Ausschussmitglieder die gleichen komplizierten Regeln wie beim BA (und das sogar schon für einen 7-köpfigen BR ohne BA).

	Zumindest mittelgroße Betriebsräte (von sieben bis ca. 15 Mitglieder) sollten deshalb überlegen, ob sie überhaupt »offizielle« Ausschüsse nach § 28 bilden oder nicht lieber eine einfache Arbeitsteilung festlegen wollen. **Übertragung von »Aufgaben zur selbstständigen Erledigung«** Eigentlich ist ein Ausschuss nach § 28 nur dann sinnvoll, wenn der BR auch die Absicht hat, dem Ausschuss Aufgaben zur selbstständigen Erledigung (im Fall eines Personalausschusses z. B. die Bearbeitung von Einstellungen) zu übertragen. Davon sollte ein BR allerdings – wenn überhaupt – mindestens ebenso sparsamen Gebrauch machen wie im Falle des BA. Ist die Übertragung aber wirklich nötig (z. B. weil wegen hoher Fluktuation extrem viele Einstellungen zu bearbeiten sind), gelten folgende Voraussetzungen (siehe § 27 Abs. 2): • nur bei einer BR-Größe ab neun Mitglieder, • Stimmenmehrheit aller BR-Mitglieder (also nicht nur Mehrheit der anwesenden) und • schriftlich (möglichst im Rahmen einer Geschäftsordnung – § 36). Das Gleiche gilt für den **Widerruf** dieser »Bevollmächtigung«. Keinesfalls darf der Betriebsrat einem Ausschuss das Recht zum Abschließen von Betriebsvereinbarungen übertragen.
(2) Absatz 1 gilt entsprechend für die Übertragung von Aufgaben zur selbständigen Entscheidung auf Mitglieder des Betriebsrats in Ausschüssen, deren Mitglieder vom Betriebsrat und vom Arbeitgeber benannt werden.	**Gemeinsame BR-/Arbeitgeberausschüsse** Es darf auch Ausschüsse geben, deren Mitglieder vom BR **und** vom Arbeitgeber benannt werden – meist »gemeinsame Ausschüsse« genannt. Wenn das Verhältnis zwischen BR und Arbeitgeber dies zulässt, ist gegen solche Ausschüsse auch nichts einzuwenden – jedenfalls nicht für bestimmte Sachgebiete (z. B. Planung von Großprojekten, Datensicherheit).

	Eine Befugnis zu selbstständigen Entscheidungen sollten diese Ausschüsse aber, wenn überhaupt, nur in **extremen Ausnahmefällen** bekommen. Denn selbstständige Entscheidungsbefugnis würde bedeuten, dass das BR-Gremium auf Informations-, Mitwirkungs- oder Mitbestimmungsrechte verzichten und diese an einen Ausschuss, in diesem Fall sogar an einen gemeinsamen Ausschuss (und damit zum Teil auch an Vertreter des Arbeitgebers) abtreten würde. Gemeinsame Ausschüsse sollten sich deshalb allein auf die vorbereitende Bearbeitung von Sachfragen beschränken, Entscheidungen aber dem BR bzw. Verhandlungen zwischen BR und Arbeitgeber überlassen.
§ 28a – Übertragung von Aufgaben auf Arbeitsgruppen	**Unter welchen Umständen kann der Betriebsrat Aufgaben an Gruppen von Arbeitnehmern übertragen?**
(1) In Betrieben mit mehr als 100 Arbeitnehmern kann der Betriebsrat mit der Mehrheit der Stimmen seiner Mitglieder bestimmte Aufgaben auf Arbeitsgruppen übertragen; dies erfolgt nach Maßgabe einer mit dem Arbeitgeber abzuschließenden Rahmenvereinbarung. Die Aufgaben müssen im Zusammenhang mit den von der Arbeitsgruppe zu erledigenden Tätigkeiten stehen. Die Übertragung bedarf der Schriftform. Für den Widerruf der Übertragung gelten Satz 1 erster Halbsatz und Satz 3 entsprechend.	**Aufgabenübertragung an Arbeitsgruppen** Ein BR mit sieben oder mehr Mitgliedern kann bestimmte, abgegrenzte Aufgaben auch auf Arbeitsgruppen übertragen. Damit sind Gruppen von Arbeitnehmern gemeint, die im Betrieb als festes Team an einem befristeten Projekt oder einer ständigen Aufgabe arbeiten. § 28a soll also dem BR die Möglichkeit bieten, einzelne Arbeitnehmergruppen arbeitsorganisatorische Angelegenheiten selbst regeln zu lassen (z. B. Arbeitszeitfragen).

(2) Die Arbeitsgruppe kann im Rahmen der ihr übertragenen Aufgaben mit dem Arbeitgeber Vereinbarungen schließen; eine Vereinbarung bedarf der Mehrheit der Stimmen der Gruppenmitglieder. § 77 gilt entsprechend. Können sich Arbeitgeber und Arbeitsgruppe in einer Angelegenheit nicht einigen, nimmt der Betriebsrat das Beteiligungsrecht wahr.	Ist eine solche Aufgabe an eine Arbeitsgruppe übertragen, kann diese Gruppe in dem vorgegebenen Rahmen direkt mit dem Arbeitgeber Vereinbarungen treffen. Gelingt dies in einer bestimmten Frage nicht, ist wieder der BR dran. **Regelung und Beschluss** Wenn der BR eine solche Übertragung vornehmen will, muss er mit dem Arbeitgeber dazu eine **Rahmenvereinbarung** abschließen, in der geregelt ist, welche Arbeitsgruppen welche Mitwirkungs-/Mitbestimmungsaufgaben vom BR übertragen bekommen. Diese Vereinbarung wäre eine **freiwillige**, d. h. BR und Arbeitgeber müssen sie wollen (§ 88), sie kann nicht durch ein Einigungsstellenverfahren (§ 76) erzwungen werden. Die Rahmenvereinbarung legt nur fest, dass bestimmten Arbeitsgruppen bestimmte Aufgaben übertragen werden können. Die tatsächliche Übertragung muss dann noch einmal gesondert vom BR beschlossen werden. Auch der **Widerruf** der Aufgabenübertragung ist jederzeit durch BR-Beschluss möglich. In der Praxis spielt die Übertragung von BR-Aufgaben auf Arbeitnehmergruppen bisher so gut wie keine Rolle.
§ 29 – Einberufung der Sitzungen	**Wie läuft die erste Sitzung des neu gewählten Betriebsrats ab? Wie und wann sind alle weiteren Sitzungen einzuberufen?**
(1) Vor Ablauf einer Woche nach dem Wahltag hat der Wahlvorstand die Mitglieder des Betriebsrats zu der nach § 26 Abs. 1 vorgeschriebenen Wahl einzuberufen. Der Vorsitzende des Wahlvorstands leitet die Sitzung, bis der Be-	**Die konstituierende Sitzung** Der neu gewählte BR beginnt seine Arbeit mit der »konstituierenden« Sitzung. Das ist die Sitzung, auf der sich der neue BR erstmals zusammenfindet und auf seine Arbeit vorbereitet. Da der neue BR noch keinen Vorsitzenden hat, kann dieser auch nicht zur konstituierenden Sitzung einladen. Diese Aufgabe übernimmt deshalb der Vorsitzende des Wahlvorstands.

triebsrat aus seiner Mitte einen Wahlleiter bestellt hat.

Die Einladung zur konstituierenden Sitzung sollte nach der Benachrichtigung der Gewählten und nach Ablauf der 3-Tages-Frist für die Ablehnung des Amtes sofort abgesandt werden, spätestens aber am sechsten Tag nach dem Wahltag. Einfaches Schreiben mit kurzer Tagesordnung genügt.

Die Sitzung selber sollte so bald wie möglich stattfinden, auf jeden Fall aber vor dem Ende der Amtszeit des alten BR, damit es keine betriebsratslose Zeit gibt.

Leitung der konstituierenden Sitzung und Wahl des BR-Vorsitzenden

Die Sitzung wird zunächst vom Wahlvorstandsvorsitzenden geleitet. Seine einzige Aufgabe ist es, dafür zu sorgen, dass die versammelten BR-Mitglieder aus ihrer Mitte einen Wahlleiter wählen (mit einfacher Mehrheit). Ist dies geschehen, übernimmt der Wahlleiter die Sitzungsleitung und der Wahlvorstandsvorsitzende verlässt die Sitzung.

Der Wahlleiter leitet dann die Wahl des BR-Vorsitzenden (§ 26), der danach die Sitzungsleitung übernimmt. Der neue BR-Vorsitzende führt dann gleich die Wahl seines Stellvertreters und bei größeren Gremien in der Regel auch die Wahl der weiteren Mitglieder des Betriebsausschusses durch (§ 27) – soll Letzteres gemacht werden, muss dies vorher auf der Tagesordnung gestanden haben.

(2) Die weiteren Sitzungen beruft der Vorsitzende des Betriebsrats ein. Er setzt die Tagesordnung fest und leitet die Verhandlung. Der Vorsitzende hat die Mitglieder des Betriebsrats zu den Sitzungen rechtzeitig unter Mitteilung der Tagesordnung zu

Einladung zu den BR-Sitzungen

Die Einladung zu allen BR-Sitzungen ist eine der festen Aufgaben des BR-Vorsitzenden (§ 26) – zu Terminen und Zeiten siehe § 30.

Der Vorsitzende stellt für jede Sitzung eine Tagesordnung auf, die so gut über die anstehenden Themen informiert, dass die BR-Mitglieder sich auf die Diskussion vorbereiten können (pauschale Tagesordnungen, mit Punkten wie »Personalangelegenheiten« genügen dieser Anforderung nicht, die laden. Dies gilt auch für die Schwerbehindertenvertretung sowie für die Jugend- und Auszubildendenvertreter, soweit sie ein Recht auf Teilnahme an der Betriebsratssitzung haben. Kann ein Mitglied des Betriebsrats oder der Jugend- und Auszubildendenvertretung an der Sitzung nicht teilnehmen, so soll es dies unter Angabe der Gründe unverzüglich dem Vorsitzenden mitteilen. Der Vorsitzende hat für ein verhindertes Betriebsratsmitglied oder für einen verhinderten Jugend- und Auszubildendenvertreter das Ersatzmitglied zu laden.

Themen müssen genau benannt sein, z. B. »Krankheitsbedingte Kündigung von ...«).

Das setzt eine rechtzeitige Einladung voraus. Was »rechtzeitig« ist, darüber kann man streiten, aber spätestens zwei oder drei Tage vor der Sitzung sollten alle BR-Mitglieder die schriftliche Einladung mit Tagesordnung und evtl. noch zusätzlichem Informationsmaterial bekommen haben.

Änderung der Tagesordnung

Eine Änderung der vom BR-Vorsitzenden aufgestellten und versandten Tagesordnung ist nur zulässig, wenn das vollständig versammelte BR-Gremium diese Änderung einstimmig beschließt.

Diese auf den ersten Blick vielleicht übermäßig »streng« erscheinende Anforderung ist deshalb sinnvoll, weil sie verhindern soll, dass mit der Tagesordnung »rumgetrickst« wird.

Einladung der Ersatzmitglieder

Für jedes verhinderte BR-Mitglied muss das »passende« Ersatzmitglied eingeladen werden. Weiß der BR-Vorsitzende rechtzeitig von der Verhinderung, muss die Einladung an das Ersatzmitglied/an die Ersatzmitglieder zusammen mit allen anderen rausgehen.

Bei der Einladung der Ersatzmitglieder muss der BR-Vorsitzende mit größter Sorgfalt vorgehen, da bei unkorrekter Einladung die Gefahr besteht, dass gefasste Beschlüsse rechtsunwirksam werden (zu den Regeln für das Nachrücken der jeweils richtigen Ersatzmitglieder siehe § 25).

Einladung JAV und Schwerbehindertenvertretung

Soweit im Betrieb vorhanden, haben die Schwerbehindertenvertretung und ein Mitglied der Jugend- und Auszubildendenvertretung (JAV) das Recht (aber nicht die Pflicht) an jeder BR-Sitzung teilzunehmen. Sie müssen deshalb auch zu jeder Sitzung (mit Tagesordnung) eingeladen werden.

	Die Schwerbehindertenvertretung und der JAV-Vertreter haben allerdings kein Stimmrecht. Nur wenn Jugend- und Ausbildungsprobleme auf der Tagesordnung stehen, muss die gesamte JAV eingeladen werden und kann dann zu den entsprechenden Tagesordnungspunkten gleichberechtigt mitdiskutieren und abstimmen (§ 67).
(3) Der Vorsitzende hat eine Sitzung einzuberufen und den Gegenstand, dessen Beratung beantragt ist, auf die Tagesordnung zu setzen, wenn dies ein Viertel der Mitglieder des Betriebsrats oder der Arbeitgeber beantragt.	**Einladung auf Antrag** Wenn BR-Mitglieder eine BR-Sitzung für nötig halten, der BR-Vorsitzende aber von sich aus nicht zu einer Sitzung einlädt, muss er dies tun, wenn (mindestens) ein Viertel der BR-Mitglieder dies bei ihm beantragt. Die Antragsteller müssen zugleich eine Tagesordnung (mit mindestens einem Punkt) vorschlagen, die der Vorsitzende dann mit der Einladung allen Mitgliedern/Ersatzmitgliedern zustellt. Das gleiche Antragsrecht hat auch der Arbeitgeber.
(4) Der Arbeitgeber nimmt an den Sitzungen, die auf sein Verlangen anberaumt sind, und an den Sitzungen, zu denen er ausdrücklich eingeladen ist, teil. Er kann einen Vertreter der Vereinigung der Arbeitgeber, der er angehört, hinzuziehen.	**Teilnahme des Arbeitgebers** Der Arbeitgeber hat nur dann ein Recht, an BR-Sitzungen teilzunehmen, wenn diese entweder auf seinen Antrag hin zustande gekommen sind (§ 30 Abs. 3) oder wenn er ausdrücklich vom BR(-Vorsitzenden) dazu eingeladen wurde. Die Teilnahme des Arbeitgebers sollte sich nicht auf eine komplette BR-Sitzung erstrecken, sondern auf bestimmte Tagesordnungspunkte beschränken. Das muss aus der Einladung deutlich hervorgehen. **Teilnahmepflicht des Arbeitgebers** Ist der Arbeitgeber zu einer BR-Sitzung eingeladen, muss er auch daran teilnehmen. Verweigert er sich dem wiederholt, kann er durch einen Beschluss des **Arbeitsgerichts** zur Teilnahme gezwungen werden (§ 23 Abs. 3). Er muss allerdings nicht unbedingt selber teilnehmen, er kann auch eine Stellvertretung schicken. Diese muss aber zu den anstehenden Tagesordnungspunkten sachkundig und entscheidungsbefugt sein.

	Achtung: Beschlüsse sollte der BR niemals in Anwesenheit des Arbeitgebers fassen!
§ 30 – Betriebsratssitzungen	**Wann und wo sollen und können Betriebsratssitzungen stattfinden?**
Die Sitzungen des Betriebsrats finden in der Regel während der Arbeitszeit statt. Der Betriebsrat hat bei der Ansetzung von Betriebsratssitzungen auf die betrieblichen Notwendigkeiten Rücksicht zu nehmen. Der Arbeitgeber ist vom Zeitpunkt der Sitzung vorher zu verständigen. Die Sitzungen des Betriebsrats sind nicht öffentlich.	**BR-Sitzungen während der Arbeitszeit** Von dem Gebot, dass die BR-Sitzungen während der Arbeitszeit stattfinden müssen, kann nur in Ausnahmefällen abgewichen werden. Das gilt z. B. für einzelne BR-Mitglieder dann, wenn in Schichten gearbeitet wird. In diesem Fall muss die Sitzungszeit so gelegt werden, dass sie jeweils für die Mehrheit der BR-Mitglieder in der Arbeitszeit liegt. Über die zeitliche Lage der BR-Sitzung entscheidet im Prinzip der BR-Vorsitzende, allerdings kann und sollte der BR insgesamt in der Geschäftsordnung (§ 36) festlegen, wann und wie oft (wie regelmäßig) BR-Sitzungen stattfinden sollen. **»Betriebliche Notwendigkeiten« berücksichtigen** Bei der Entscheidung über den Zeitpunkt der regelmäßigen BR-Sitzungen soll der BR auf die »betrieblichen Notwendigkeiten« Rücksicht nehmen. Aber: Vorrang hat immer das ordnungsgemäße und effektive Abhalten der BR-Sitzung. Anders ausgedrückt: Die BR-Sitzung soll so gelegt werden, dass der dadurch verursachte wirtschaftliche Schaden so gering wie möglich ist, ohne dass dies zu Lasten einer effektiven BR-Arbeit geht. So kann ein Arbeitgeber z. B. erwarten, dass der BR seinen regelmäßigen Sitzungstermin nicht ausgerechnet auf den Vormittag eines Wochentags legt, an dem üblicherweise immer Hochbetrieb herrscht. Er kann aber nicht verlangen, dass der BR grundsätzlich auf die Möglichkeit verzichtet, seine Sitzung an den Anfang der Arbeitszeit zu legen (wenn alle BR-Mitglieder noch fit genug sind, um aktiv und konstruktiv an der Sitzung teilnehmen zu können).

	Einfluss des Arbeitgebers auf Zeitpunkt und Zahl der BR-Sitzungen Das Stattfinden einer BR-Sitzung und ihr Termin/Zeitpunkt (regelmäßig oder spontan) muss beim Arbeitgeber weder beantragt werden, noch darf der Arbeitgeber dem BR das Abhalten einer Sitzung verbieten oder einzelne BR-Mitglieder an der Teilnahme hindern. Der Arbeitgeber kann nur grundsätzlich vom Arbeitsgericht überprüfen lassen, ob der BR bei seinen Entscheidungen die betrieblichen Notwendigkeiten ausreichend berücksichtigt hat. **BR-Sitzungen – nicht öffentlich** Das heißt, dass nur jemand an der Sitzung (oder an Teilen der Sitzung) teilnehmen darf, der ausdrücklich vom BR-Vorsitzenden dazu eingeladen worden ist. Eingeladen werden dürfen (oder müssen, siehe § 29 Abs. 2) die Schwerbehindertenvertretung, die JAV, Gewerkschaftsvertreter, der Arbeitgeber, vom BR beauftragte Schreibkräfte, dazu noch zu einzelnen Tagesordnungspunkten sachkundige Personen (seien es betroffene/sachkundige Arbeitnehmer oder externe Sachverständige/Berater – § 80 Abs. 3 oder § 111 Satz 2).
§ 31 – Teilnahme der Gewerkschaften	**Darf und soll der Vertreter der Gewerkschaft zu den Betriebsratssitzungen eingeladen werden?**
Auf Antrag von einem Viertel der Mitglieder des Betriebsrats kann ein Beauftragter einer im Betriebsrat vertretenen Gewerkschaft an den Sitzungen beratend teilnehmen; in diesem Fall sind der Zeitpunkt der Sitzung und die Tagesordnung der Gewerkschaft rechtzeitig mitzuteilen.	**Einladung an Gewerkschaftssekretär** Ein Gewerkschaftssekretär kann immer dann zur BR-Sitzung eingeladen werden, wenn mindestens ein BR-Mitglied auch Mitglied dieser Gewerkschaft ist. Zu Problemen kann es kommen, wenn nur eine Minderheit der BR-Mitglieder Mitglied einer Gewerkschaft ist oder wenn es Mitglieder mehrerer Gewerkschaften im BR gibt. Dann gilt: Wenn mindestens ein Viertel der BR-Mitglieder die Einladung eines Gewerkschaftsvertreters beantragt, muss der BR-Vorsitzende diesen einladen.

	Dabei ist es sinnvoll, die regelmäßige Einladung der Gewerkschaft in der Geschäftsordnung (§ 36) festzuschreiben, schon damit diese stets über alle anstehenden Probleme informiert ist. Wird die Teilnahme dann tatsächlich gewünscht, bedarf es nur einer kurzen zusätzlichen Information.
§ 32 – Teilnahme der Schwerbehindertenvertretung	**Wann muss die Schwerbehindertenvertretung eingeladen werden?**
Die Schwerbehindertenvertretung (§ 94 des Neunten Buches Sozialgesetzbuch) kann an allen Sitzungen des Betriebsrats beratend teilnehmen.	**Einladungen an Schwerbehindertenvertretung** Die Schwerbehindertenvertretung darf an allen BR-Sitzungen teilnehmen. Deshalb muss sie über alle BR-Sitzungen und deren Inhalte informiert und auch jedes Mal eingeladen werden. Dabei kann die Schwerbehindertenvertretung verlangen, dass Themen aus ihrem Zuständigkeitsbereich auf die Tagesordnung der Sitzungen gesetzt werden. Sie kann auf den BR-Sitzungen bei allem mitsprechen, aber nicht mit abstimmen. Das Gleiche gilt für alle Ausschuss-Sitzungen des BR (§ 27, § 28 Abs. 1) sowie für gemeinsame Ausschüsse (§ 28 Abs. 2).
§ 33 – Beschlüsse des Betriebsrats	**Was ist bei der Beschlussfassung des Betriebsrats zu beachten?**
(1) Die Beschlüsse des Betriebsrats werden, soweit in diesem Gesetz nichts anderes bestimmt ist, mit der Mehrheit der Stimmen der anwesenden Mitglieder gefasst. Bei Stimmengleichheit ist ein Antrag abgelehnt.	**Voraussetzung: ordnungsgemäße Einladung** Für fast alles, was ein BR in Ausübung seines Amtes tut, ist ein formeller Beschluss nötig. Voraussetzung dafür, dass der BR überhaupt einen rechtswirksamen Beschluss fassen kann, ist eine ordnungsgemäße Einladung – wenn nötig auch der Ersatzmitglieder (§ 29). **Anträge auf Beschlussfassung** Jeder Beschluss muss vor der Abstimmung als Antrag genau und schriftlich formuliert sein – schon wegen des Protokolls (§ 34). Auch wenn es mehrere Alternativanträge gibt, müssen **alle** aufgeschrieben (protokolliert) sein.

Beschluss mit einfacher Mehrheit

Bis auf wenige Ausnahmen genügt für einen Beschluss die einfache Mehrheit, also die Mehrheit der Stimmen der anwesenden BR-Mitglieder.

Jedes anwesende BR-Mitglied hat dabei die Möglichkeit, zu einem Antrag »Ja« oder »Nein« zu sagen oder sich der Stimme zu enthalten. Allerdings sollten sich alle BR-Mitglieder darüber im Klaren sein, dass eine Stimmenthaltung nicht besonders sinnvoll ist. Denn wenn es »eng« wird, wirken Stimmenthaltungen wie Nein-Stimmen.

Mit der Mehrheit der Stimmen der Anwesenden

Bei der Abstimmung eines 9-köpfigen BR stimmen vier BR-Mitglieder mit Ja, drei mit Nein und zwei enthalten sich. Das bedeutet: Der Antrag ist abgelehnt. Nicht einfach zu verstehen, denn diejenigen, die sich enthalten haben, wollten die Entscheidung ja bewusst nicht beeinflussen. Aber es heißt nun einmal »mit der Mehrheit der Stimmen der anwesenden Mitglieder«. Und das wären bei einem 9-köpfigen, vollständig anwesenden BR fünf Ja-Stimmen. Kurzum: Im BR kann und sollte man auf Enthaltungen verzichten.

Wären übrigens nur acht BR-Mitglieder da und würde die Abstimmung vier zu vier ausgehen, wäre der Antrag ebenfalls (wegen Stimmengleichheit) abgelehnt.

Ausnahmen: mit Mehrheit aller BR-Mitglieder

In einigen Fällen genügt die (einfache) Mehrheit der anwesenden BR-Mitglieder nicht, sondern es muss die Mehrheit aller BR-Mitglieder (also nicht nur die der anwesenden) erreicht werden:

- Beschluss über den Rücktritt des BR (§ 13),
- Übertragen von Aufgaben zur selbstständigen Erledigung an Ausschüsse (§ 27 Abs. 3 und § 28),
- Übertragen von Aufgaben auf Arbeitsgruppen (§ 28),
- Beschluss über die Geschäftsordnung (§ 36),

	• Übertragen von Aufgaben an den GBR (§ 50 Abs. 2), • Übertragung der Aufgaben des Wirtschaftsausschusses auf einen Ausschuss des BR (§ 107 Abs. 3). **Keine »Umlaufbeschlüsse«** Beschlüsse im schriftlichen Umlaufverfahren oder durch das nacheinander erfolgende Anrufen der BR-Mitglieder sind unzulässig, weil dabei keine Meinungsbildung möglich ist. **Telefon und Video-Konferenzen** Bei einer Beschlussfassung mithilfe von Telefon-, Video- oder ähnlichen Konferenzen könnte man zwar miteinander diskutieren, allerdings nur »technisch vermittelt«. Noch ist dieses Thema aber unter Juristen strittig. Der BR sollte deshalb jedenfalls vorerst darauf verzichten, auf solchen »technischen« Konferenzen Beschlüsse zu fassen.
(2) Der Betriebsrat ist nur beschlussfähig, wenn mindestens die Hälfte der Betriebsratsmitglieder an der Beschlussfassung teilnimmt; Stellvertretung durch Ersatzmitglieder ist zulässig.	**Beschlussfähigkeit** Erste Voraussetzung für eine Beschlussfähigkeit des BR ist eine ordnungsgemäße Einladung zur BR-Sitzung. Darüber hinaus genügt es für eine Beschlussfähigkeit nicht nur, dass die Hälfte der BR-Mitglieder (bei neun mindestens fünf) anwesend ist. Der BR-Vorsitzende muss im Zweifelsfall auch nachweisen können, dass er alles Menschenmögliche getan hat, um ein komplettes Gremium zusammenzubringen – z. B. also alle erreichbaren **Ersatzmitglieder** eingeladen hat (und sei es in letzter Minute).
(3) Nimmt die Jugend- und Auszubildendenvertretung an der Beschlussfassung teil, so werden die Stimmen der Jugend- und Auszubil-	**Beteiligung der JAV an der Beschlussfassung** Wenn es bei einem bestimmten Tagesordnungspunkt um Jugend- und Ausbildungsfragen geht, hat die komplette JAV nicht nur das Recht anwesend zu sein, sondern sie kann auch genauso mitstimmen wie jedes BR-Mitglied.

dendenvertreter bei der Feststellung der Stimmenmehrheit mitgezählt.	Beispiel: Von neun BR-Mitgliedern sind acht anwesend, dazu noch drei JAV-Mitglieder, zusammen nehmen also elf an der Abstimmung teil. Wenn nun drei JAV-Mitglieder und drei BR-Mitglieder mit Ja stimmen, die restlichen fünf BR-Mitglieder jedoch mit Nein, ist der Antrag angenommen.
§ 34 – Sitzungsniederschrift	**Was muss in einem Sitzungsprotokoll mindestens drinstehen und wer hat Anspruch auf das Protokoll (evtl. auf Teile des Protokolls)?**
(1) Über jede Verhandlung des Betriebsrats ist eine Niederschrift aufzunehmen, die mindestens den Wortlaut der Beschlüsse und die Stimmenmehrheit, mit der sie gefasst sind, enthält. Die Niederschrift ist von dem Vorsitzenden und einem weiteren Mitglied zu unterzeichnen. Der Niederschrift ist eine Anwesenheitsliste beizufügen, in die sich jeder Teilnehmer eigenhändig einzutragen hat.	**Anforderungen an das Sitzungsprotokoll** Von jeder BR-Sitzung (das meint der Gesetzestext mit »Verhandlung«) muss eine Sitzungsniederschrift, also ein Protokoll erstellt werden. Das gilt auch für gemeinsame Sitzungen mit dem Arbeitgeber. **Achtung: Beschlüsse sollte der BR niemals in Anwesenheit des Arbeitgebers fassen!** Neben dem Wortlaut des Beschlusses (siehe § 33 Abs. 1) muss auch das Abstimmungsergebnis in Zahlen festgehalten sein (z. B. sieben Ja, fünf Nein, keine Enthaltung). Formulierungen wie »einstimmig« oder »mit Mehrheit« sind unzulässig, da für jeden Beschluss nachgewiesen werden muss, dass der BR beschlussfähig war (es könnte ja ein BR-Mitglied früher oder vorübergehend gegangen sein). **Diskussionsinhalte und Informationen** Nur die Beschlüsse zu protokollieren wäre ausreichend, um dem Gesetz Genüge zu tun. Für die praktische Handhabung ist es jedoch unbedingt nötig, dass das Protokoll zu jedem Tagesordnungspunkt zusätzlich in Stichworten oder kurzen Sätzen alle wichtigen Fakten, Informationen und Argumente aus der Diskussion nennt. Anderntalls könnte man später kaum noch nachvollziehen, aus welchen Gründen ein bestimmter Beschluss gefasst wurde. Auch bei evtl. Arbeitsgerichtsprozessen kann ein ausführliches und verständliches Protokoll wichtig werden.

Verantwortung für das Sitzungsprotokoll

Das Protokoll sollte nicht vom BR-Vorsitzenden geschrieben werden, der ja bereits die Sitzung leitet. Der BR sollte ein BR-Mitglied fest damit beauftragen. Vorsitzender und Protokollführer können dann zusammen das Protokoll unterschreiben.

Es ist auch möglich – in der Regel aber nicht sinnvoll –, das Schreiben des Protokolls einer Schreibkraft zu übertragen (es sei denn, nach Diktat im Anschluss an die Sitzung). Denn das Protokollieren einer BR-Sitzung setzt Fachkenntnisse voraus und erfordert Entscheidungen darüber, welche Diskussionsinhalte wichtig genug für das Protokoll sind – damit sind jedoch Schreibkräfte meist überfordert.

(2) Hat der Arbeitgeber oder ein Beauftragter einer Gewerkschaft an der Sitzung teilgenommen, so ist ihm der entsprechende Teil der Niederschrift abschriftlich auszuhändigen. Einwendungen gegen die Niederschrift sind unverzüglich schriftlich zu erheben; sie sind der Niederschrift beizufügen.

(3) Die Mitglieder des Betriebsrats haben das Recht, die Unterlagen des Betriebsrats und seiner Ausschüsse jederzeit einzusehen.

Informationsfreiheit für alle BR-Mitglieder

Jedes BR-Mitglied hat das Recht, nicht nur alle Protokolle des BR und seiner Ausschüsse zu lesen, sondern auch alle anderen Unterlagen. Das gilt auch für digital gespeicherte Daten. Jedes BR-Mitglied hat das Recht, in alle gespeicherten Dateien sowie in den kompletten E-Mail-Verkehr des BR Einsicht zu bekommen. Vorsitzender und BA dürfen hier also keine Geheimniskrämerei betreiben.

Im Gegenteil: Es ist sinnvoll und zulässig, jedem BR-Mitglied eine Kopie des Protokolls auszuhändigen und dazu noch Kopien der wichtigsten sonstigen Unterlagen (z. B. Mitteilungen des Arbeitgebers); anders wäre eine ausreichende Vorbereitung auf die Diskussionen im BR nicht möglich.

Änderungen des Protokolls

Gibt es Einwände gegen Formulierungen des Protokolls, muss und darf nicht etwa das Protokoll geändert werden, sondern Änderungen des Protokolls werden entweder in der nächsten BR-Sitzung beschlossen (und dort dann protokolliert)

	oder sie werden dem zu ändernden Protokoll extra und schriftlich beigefügt. **Protokoll für Arbeitgeber und Gewerkschaft** Der Arbeitgeber hat nur Anspruch auf das Protokoll der Tagesordnungspunkte, an denen er (auf Einladung) teilgenommen hat. Wenn der Arbeitgeber Einwände gegen diese Protokollteile hat, muss er diese schriftlich an den BR geben, der sie dem Protokoll beifügt. Das Gleiche gilt, wenn ein Gewerkschaftsvertreter teilgenommen hat. In diesem Fall ist es jedoch sinnvoll (und zulässig), der Gewerkschaft zur Information jeweils das komplette Protokoll zukommen zu lassen.
§ 35 – Aussetzen von Beschlüssen	**Wie wird verfahren, wenn die Jugend- und Auszubildenden- oder die Schwerbehindertenvertretung mit einem Beschluss des Betriebsrats überhaupt nicht einverstanden sind?**
(1) Erachtet die Mehrheit der Jugend- und Auszubildendenvertretung oder die Schwerbehindertenvertretung einen Beschluss des Betriebsrats als eine erhebliche Beeinträchtigung wichtiger Interessen der durch sie vertretenen Arbeitnehmer, so ist auf ihren Antrag der Beschluss auf die Dauer von einer Woche vom Zeitpunkt der Beschlussfassung an auszusetzen, damit in dieser Frist eine Verständigung, gegebenenfalls mit Hilfe der im Betrieb vertretenen Gewerk	**Beschluss durch JAV/Schwerbehindertenvertretung** Sind JAV oder Schwerbehindertenvertretung mit einem Beschluss des BR nicht einverstanden, können sie in einem Beschluss feststellen, dass die Interessen der von ihnen vertretenen Arbeitnehmer durch den strittigen BR-Beschluss »erheblich beeinträchtigt« werden würden. **Antrag auf Aussetzung eines BR-Beschlusses** In einem zweiten Schritt können JAV oder Schwerbehindertenvertretung dann den Antrag an den BR stellen, den strittigen Beschluss für eine Woche auszusetzen. Während dieser Zeit darf der Beschluss vorerst nicht umgesetzt werden, sondern beide Seiten müssen sich um eine **Einigung** bemühen. Dazu kann und sollte auch ein Gewerkschaftsvertreter eingeschaltet werden. Gelingt die Einigung innerhalb einer Woche nicht, kann der BR seinen

schaften, versucht werden kann.	Beschluss noch einmal und diesmal endgültig fassen.
(2) Nach Ablauf der Frist ist über die Angelegenheit neu zu beschließen. Wird der erste Beschluss bestätigt, so kann der Antrag auf Aussetzung nicht wiederholt werden; dies gilt auch, wenn der erste Beschluss nur unerheblich geändert wird.	
§ 36 – Geschäftsordnung	**Was kann und sollte der Betriebsrat in seiner Geschäftsordnung regeln?**
Sonstige Bestimmungen über die Geschäftsführung sollen in einer schriftlichen Geschäftsordnung getroffen werden, die der Betriebsrat mit der Mehrheit der Stimmen seiner Mitglieder beschließt.	**Geschäftsordnung – sinnvoll, aber keine Pflicht** Der BR kann sich eine Geschäftsordnung geben, muss es aber nicht. Und in keinem Fall dürfen durch die Geschäftsordnung gesetzliche Bestimmungen unterlaufen werden (z. B. dürfte der BR nicht in die Geschäftsordnung schreiben, dass BR-Sitzungen generell außerhalb der Arbeitszeit abgehalten werden oder dass er nur eine Betriebsversammlung im Jahr abhalten will). Sinnvoll kann in einer Geschäftsordnung z. B. Folgendes geregelt werden: • regelmäßige Termine für die BR-Sitzungen, • Einzelheiten zur Information der BR-Mitglieder, • Anforderungen an das Protokoll, • Art und Umfang der dem BR-Vorsitzenden zu übertragenden laufenden Geschäfte, • Fragen der Arbeitsteilung und der Ausschussaufgaben, • Regeln zur Vorbereitung und Durchführung von Verhandlungen (z. B.: »Keine Beschlüsse in Anwesenheit des Arbeitgebers fassen.«).

	Die Geschäftsordnung kann nur mit der Mehrheit der Stimmen aller BR-Mitglieder (nicht allein der anwesenden) beschlossen werden.
§ 37 – Ehrenamtliche Tätigkeit, Arbeitsversäumnis	**Wie ist die Bezahlung der Betriebsratsmitglieder geregelt und wie steht es mit der Freistellung von der Berufsarbeit für Betriebsratstätigkeiten und Seminarbesuche?**
(1) Die Mitglieder des Betriebsrats führen ihr Amt unentgeltlich als Ehrenamt.	**Unentgeltliches Ehrenamt** Dass ein BR-Mitglied ehrenamtlich tätig ist, bedeutet, dass es für seine BR-Tätigkeit keine **zusätzliche** Bezahlung (oder sonstigen Vorteile) beanspruchen oder annehmen darf. Anders ausgedrückt: Ein Arbeitnehmer, der BR-Mitglied ist, darf aufgrund seiner Tätigkeit als BR weder besser noch schlechter gestellt sein, als er das ohne dieses Amt wäre.
(2) Mitglieder des Betriebsrats sind von ihrer beruflichen Tätigkeit ohne Minderung des Arbeitsentgelts zu befreien, wenn und soweit es nach Umfang und Art des Betriebs zur ordnungsgemäßen Durchführung ihrer Aufgaben erforderlich ist.	**BR-Arbeit während der bezahlten Arbeitszeit** Jedes BR-Mitglied soll alle BR-Arbeiten während der bezahlten Arbeitszeit erledigen können. Dafür muss sich das BR-Mitglied bei seinem direkten **Vorgesetzten** lediglich **abmelden** und den Grund – wenn überhaupt – grob beschreiben, z. B. Entgegennahme einer Beschwerde oder Vorbereitung auf eine BR-Sitzung. Das BR-Mitglied kann sich abmelden, um einen Auftrag (Beschluss) des BR auszuführen (z. B. Pflegearbeiten am Informationsbrett), aber auch individuell aufgrund einer akuten Situation (spontanes Gespräch mit einem Arbeitnehmer). Der Anspruch auf eine zeitweilige Freistellung von der Arbeit gilt also für **alle** BR-Mitglieder und nicht nur für die Teilnahme an BR- oder Ausschusssitzungen. Das **Arbeitsentgelt** ist während dieser Zeiten genauso weiter zu berechnen, als sei das BR-Mitglied seiner Berufsarbeit nachgegangen, also einschließlich aller normalerweise in dieser Zeit gezahlten Zulagen und Prämien.

	Prinzip: Selbstfreistellung Wann und in welchem Umfang BR-Arbeit in dem eben beschriebenen Sinn erforderlich ist, entscheidet das BR-Mitglied in jedem Einzelfall selbst. Eine Genehmigung ist für diese »Selbstfreistellung« nicht nötig. Der Arbeitgeber hat lediglich die Möglichkeit, in einem Beschlussverfahren vor dem **Arbeitsgericht** nachträglich klären zu lassen, ob das BR-Mitglied seinen ihm zustehenden Ermessensspielraum in einem konkreten Fall überschritten hat, was allerdings nachträglich schwer zu überprüfen ist. Sollte ein BR-Mitglied seinen Ermessensspielraum aber doch einmal überschreiten, riskiert es eine Abmahnung.
(3) Zum Ausgleich für Betriebsratstätigkeit, die aus betriebsbedingten Gründen außerhalb der Arbeitszeit durchzuführen ist, hat das Betriebsratsmitglied Anspruch auf entsprechende Arbeitsbefreiung unter Fortzahlung des Arbeitsentgelts. Betriebsbedingte Gründe liegen auch vor, wenn die Betriebsratstätigkeit wegen der unterschiedlichen Arbeitszeiten der Betriebsratsmitglieder nicht innerhalb der persönlichen Arbeitszeit erfolgen kann. Die Arbeitsbefreiung ist vor Ablauf eines Monats zu gewähren; ist dies aus betriebsbedingten Gründen nicht möglich, so ist	**BR-Arbeit außerhalb der Arbeitszeit …** Musste irgendeine BR-Tätigkeit außerhalb der regulären Arbeitszeit eines BR-Mitglieds ausgeführt werden, hat das BR-Mitglied Anspruch auf entsprechende Freizeit oder auf Bezahlung. **… aus »betriebsbedingten Gründen«** Dies gilt allerdings nur, wenn die Gründe für diese BR-Tätigkeit »betriebsbedingt« sind – anders ausgedrückt: wenn der Betrieb »schuld« daran ist, dass die BR-Tätigkeit außerhalb der Arbeitszeit stattfinden musste. Das kann z. B. dann der Fall sein, wenn ein BR-Mitglied in einem Schichtbetrieb eine BR-Sitzung außerhalb seiner Schicht besuchen muss. Oder wenn das für Arbeitssicherheitsfragen zuständige BR-Mitglied an einer nächtlichen Betriebsbegehung durch die Gewerbeaufsicht teilzunehmen hat. In solchen Fällen kann das BR-Mitglied innerhalb eines Monats für genau die Zeit, die es außerhalb seiner normalen Arbeitszeit BR-Arbeit leisten musste, zusätzliche Freizeit beanspruchen. Klappt es mit diesem Freizeitausgleich nicht, muss die zusätzliche BR-Tätigkeit wie Überstunden bezahlt werden.

die aufgewendete Zeit wie Mehrarbeit zu vergüten.

… aus »betriebsratsbedingten« Gründen

Es kann aber auch vorkommen, dass ein BR-Mitglied BR-Tätigkeiten außerhalb seiner Arbeitszeit aus betriebsratsbedingten Gründen ausübt. Das heißt, dass nicht der Arbeitgeber oder betriebliche Umstände dafür verantwortlich sind, sondern der BR selbst. Und in diesen Fällen gibt es **keinen Anspruch** auf Freizeitausgleich oder Bezahlung.

Beispiel 1: Der BR-Vorsitzende hat eine BR-Sitzung so ans Ende der Arbeitszeit gelegt, dass sie über den normalen Feierabend ausgedehnt werden muss. Die »Schuld« dafür liegt beim BR, mit den entsprechenden Konsequenzen. Ein Grund mehr, BR-Sitzungen am Anfang der Arbeitszeit stattfinden zu lassen. Alternative: Sitzung abbrechen und am nächsten Morgen fortsetzen.

Beispiel 2: Der BR hat den Besuch eines Seminars beschlossen, zu dem bereits am Sonntag angereist werden muss. Dann gibt es keinen Ausgleich für diese »Sonntagsarbeit«, weil dafür nicht der Arbeitgeber verantwortlich gemacht werden kann.

(4) Das Arbeitsentgelt von Mitgliedern des Betriebsrats darf einschließlich eines Zeitraums von einem Jahr nach Beendigung der Amtszeit nicht geringer bemessen werden als das Arbeitsentgelt vergleichbarer Arbeitnehmer mit betriebsüblicher beruflicher Entwicklung. Dies gilt auch für allgemeine Zuwendungen des Arbeitgebers.

Keine schlechtere Bezahlung für BR-Mitglieder

Ein BR-Mitglied muss während seiner Amtszeit(en) und noch mindestens ein Jahr darüber hinaus so bezahlt werden, wie es der Fall gewesen wäre, wenn es nicht als BR-Mitglied tätig gewesen wäre. Dabei ist zu berücksichtigen, dass das BR-Mitglied – so wie andere vergleichbare Arbeitnehmer auch – den einen oder anderen »Karriereschritt« mit entsprechend steigender Bezahlung gemacht hätte.

Schutz vor schlechterer Tätigkeit

Dieser Schutz gilt auch für die berufliche Tätigkeit selber. BR-Mitglieder sind also davor geschützt, nach ihrer Wahl für Tätigkeiten eingesetzt zu werden, die geringerwertig sind als die Tätigkeiten vor der Wahl. Auch und vor allem darf dies nicht mit der Begründung geschehen, dass sie »wegen der vielen BR-Arbeit« an ihrem eigentlichen Arbeitsplatz nicht mehr tätig sein könnten. Maßstab sind allerdings auch hier vergleichbare Arbeitnehmer.

(5) Soweit nicht zwingende betriebliche Notwendigkeiten entgegen

stehen, dürfen Mitglieder des Betriebsrats einschließlich eines Zeitraums von einem Jahr nach Beendigung der Amtszeit nur mit Tätigkeiten beschäftigt werden, die den Tätigkeiten der in Absatz 4 genannten Arbeitnehmer gleichwertig sind.

Beispiel: Wenn die Mehrheit der Schlosser eines Betriebs aus Rationalisierungsgründen geringer wertige Tätigkeiten übernehmen musste, ist auch das BR-Mitglied, das als Schlosser tätig ist, nicht mehr vor einer Abwertung geschützt.

(6) Die Absätze 2 und 3 gelten entsprechend für die Teilnahme an Schulungs- und Bildungsveranstaltungen, soweit diese Kenntnisse vermitteln, die für die Arbeit des Betriebsrats erforderlich sind. Betriebsbedingte Gründe im Sinne des Absatzes 3 liegen auch vor, wenn wegen Besonderheiten der betrieblichen Arbeitszeitgestaltung die Schulung des Betriebsratsmitglieds außerhalb seiner Arbeitszeit erfolgt; in diesem Fall ist der Umfang des Ausgleichsanspruchs unter Einbeziehung der Arbeitsbefreiung nach Absatz 2 pro Schulungstag begrenzt auf die Arbeitszeit eines vollzeitbeschäftigten Arbeitnehmers. Der Betriebsrat hat bei der Festlegung der zeit-

Anspruch der BR-Mitglieder auf Schulung

Die Möglichkeit, an einschlägigen Seminaren und Fachtagungen teilnehmen zu können, ist für BR-Mitglieder von besonderer Wichtigkeit.

Deshalb ist der Anspruch auf Teilnahme an solchen Veranstaltungen prinzipiell unbegrenzt. Entscheidend ist allein, ob eine Schulungsmaßnahme für die Bewältigung der gesetzlich festgelegten BR-Aufgaben erforderlich ist – was letztlich nur im Einzelfall entschieden werden kann.

Dabei kann unterschieden werden in:

- Grundkenntnisse und
- Spezialwissen.

Erforderlich für jedes BR-Mitglied: Grundkenntnisse

Jedes einzelne BR-Mitglied muss über Grundkenntnisse zum BetrVG, zum Arbeitsrecht und zu Arbeitsschutzfragen verfügen. Veranstaltungen, die entsprechende Kenntnisse vermitteln, sind also in jedem Fall erforderlich. Auch eine Wiederholung dieser Seminare kann nötig und erforderlich sein, wenn sich z. B. die rechtlichen Grundlagen geändert haben.

Wichtig: Auch teilzeitbeschäftigte BR-Mitglieder haben einen vollen Anspruch auf Fortbildung. Das gilt sowohl für Anzahl und Art der Seminare, als auch für die Entgeltfortzahlung während eines Seminars.

lichen Lage der Teilnahme an Schulungs- und Bildungsveranstaltungen die betrieblichen Notwendigkeiten zu berücksichtigen. Er hat dem Arbeitgeber die Teilnahme und die zeitliche Lage der Schulungs- und Bildungsveranstaltungen rechtzeitig bekannt zu geben. Hält der Arbeitgeber die betrieblichen Notwendigkeiten für nicht ausreichend berücksichtigt, so kann er die Einigungsstelle anrufen. Der Spruch der Einigungsstelle ersetzt die Einigung zwischen Arbeitgeber und Betriebsrat.

Beispiel: Ein BR-Mitglied, das nur 20 Stunden in der Woche arbeitet, wird während eines Vollzeitseminars so bezahlt, als würde es in Vollzeit arbeiten.

Anspruch auf Spezialwissen

Die Notwendigkeit, als BR-Gremium auch über Spezialwissen zu verfügen, kann sich erstens aus Besonderheiten des Betriebs ergeben (z. B. muss der BR in einem Betrieb ohne Fuhrpark keinen Lehrgang für ein »Flottenmanagement«-System besuchen, es sei denn, dessen Einführung ist absehbar). Sie kann sich zweitens aber auch auf die Arbeitsteilung innerhalb des BR beziehen: So wird für Mitglieder eines IT-Ausschusses der Besuch verschiedener Seminare zur Informations- und Kommunikationstechnik erforderlich sein, für die übrigen BR-Mitglieder aber vielleicht nur, soweit es um elementare Grundkenntnisse geht.

»Betriebliche Notwendigkeiten« berücksichtigen

Bei der Entscheidung für ein konkretes Seminar muss der BR die »betrieblichen Notwendigkeiten« berücksichtigen. Vorrang hat jedoch immer die Notwendigkeit, sich für die BR-Arbeit fachlich fit zu machen und zu halten!

Der Arbeitgeber kann lediglich erwarten, dass ein BR eine im Prinzip erforderliche Schulung nicht ausgerechnet in eine Hochsaison legt (es sei denn, dieses spezielle Seminar kann nur zu dieser Zeit besucht werden).

Beschluss über Seminarbesuch

Jeder beabsichtigte Seminarbesuch muss durch den BR beschlossen werden (§ 33). Dieser Beschluss wird dem Arbeitgeber dann mitgeteilt – aber nur zur Information, nicht zur Genehmigung!

Einwände durch den Arbeitgeber

Hat der Arbeitgeber Einwände gegen Art oder Zeitpunkt eines Seminars, kann und soll man miteinander sprechen. Wird man sich nicht einig, stehen dem Arbeitgeber zwei Möglichkeiten offen:

- wenn er die **Erforderlichkeit** des Seminars bestreitet, kann er ein Beschlussverfahren beim Arbeitsgericht anstrengen.
- wenn er die **betrieblichen Notwendigkeiten** nicht ausreichend berücksichtigt sieht, kann er die Einigungsstelle anrufen, die dann entscheidet.

Übernahme aller Kosten

Hat der BR ein erforderliches Seminar für eines seiner Mitglieder beschlossen, muss der Arbeitgeber alle damit zusammenhängenden Kosten übernehmen: Die Fortzahlung des Entgelts (siehe § 37 Abs. 2 und 3), die Fahrtkosten, die Seminarkosten einschließlich Verpflegung und Unterkunft.

(7) Unbeschadet der Vorschrift des Absatzes 6 hat jedes Mitglied des Betriebsrats während seiner regelmäßigen Amtszeit Anspruch auf bezahlte Freistellung für insgesamt drei Wochen zur Teilnahme an Schulungs- und Bildungsveranstaltungen, die von der zuständigen obersten Arbeitsbehörde des Landes nach Beratung mit den Spitzenorganisationen der Gewerkschaften und der Arbeitgeberverbände als geeignet anerkannt sind. Der Anspruch nach Satz 1 erhöht sich für Arbeitnehmer, die erstmals das Amt eines Betriebsratsmitglieds übernehmen und auch

Zusätzlicher Schulungsanspruch

Neben dem prinzipiell zeitlich unbegrenzten Schulungsanspruch nach § 37 Abs. 6 hat jedes BR-Mitglied auch noch einen individuellen Anspruch auf betriebsratsbezogene Schulungen – und zwar für drei Wochen im Verlauf einer Amtsperiode (in der ersten Amtsperiode vier Wochen). Diese Seminare können irgendwann im Verlauf einer Amtszeit besucht werden (auch zusammenhängend), dürfen aber nicht auf eine nächste Amtszeit übertragen werden.

Auch für eine Schulung nach § 37 Abs. 7 ist ein Beschluss des BR nötig (anders als bei Seminaren nach den in einigen Bundesländern geltenden Bildungsurlaubsgesetzen).

Als »geeignet anerkannte« Schulungen

Die Schulungen nach § 37 Abs. 7 müssen nicht »erforderlich«, sondern lediglich »geeignet« sein. Ob das der Fall ist, darüber muss der BR aber nicht nachdenken. Entsprechende Seminare werden auf Antrag durch die Seminaranbieter von der jeweilszuständigen Behörde der Bundesländer (z. B. durch das Arbeits- und Sozialministerium) als geeignet anerkannt, und können dann von

nicht zuvor Jugend- und Auszubildendenvertreter waren, auf vier Wochen. Absatz 6 Satz 2 bis 6 findet Anwendung.	jedem BR-Mitglied ohne weitere Prüfung besucht werden. Geeignet in diesem Sinne sind vor allem Seminare mit gesellschafts- und sozialpolitischen Themen (z. B. Grundlagen der Volkswirtschaft). **Betriebliche Notwendigkeit, Entgelt, Kosten** Strittig kann lediglich die (Nicht-)Berücksichtigung der betrieblichen Notwendigkeiten bei der Terminfestlegung sein, mit der Möglichkeit für den Arbeitgeber, dazu die Einigungsstelle anzurufen (siehe § 37 Abs. 6). Anders als bei den Schulungen nach § 37 Abs. 6 muss der Arbeitgeber bei Seminaren nach § 37 Abs. 7 nur die Entgeltfortzahlung für die Dauer der Bildungsmaßnahme übernehmen (bei teilzeitbeschäftigten BR-Mitgliedern sowie bei Vollzeitarbeit). Alle anderen Kosten (Fahrtkosten, Unterkunft, Verpflegung usw.) muss der Anbieter der Bildungsmaßnahme (z. B. die Gewerkschaft) tragen oder das BR-Mitglied selber.
§ 38 – Freistellungen	Wie viele Betriebsratsmitglieder sind nach welchem Verfahren ganz von der Berufsarbeit freizustellen und wie sind sie abgesichert?
(1) Von ihrer beruflichen Tätigkeit sind mindestens freizustellen in Betrieben mit in der Regel 200 bis 500 Arbeitnehmern ein Betriebsratsmitglied, 501 bis 900 Arbeitnehmern 2 Betriebsratsmitglieder, 901 bis 1500 Arbeitnehmern 3 Betriebsratsmitglieder,	**Freistellung von der Berufsarbeit** Die Zahlen im Gesetzestext zeigen, bei welcher Betriebsgröße wie viele BR-Mitglieder ganz von der Berufsarbeit freizustellen sind. Im Gegensatz zu § 9 (Zahl der BR-Mitglieder) kommt es hier nicht darauf an, ob die Arbeitnehmer wahlberechtigt sind oder nicht. Auch Teilzeitbeschäftigte werden voll mitgerechnet. Das Gleiche gilt für Leiharbeitnehmer, soweit diese auf dauerhaft bestehenden bzw. regelmäßig besetzten Arbeitsplätzen zum Einsatz kommen.

1501 bis 2000 Arbeitnehmern 4 Betriebsratsmitglieder,

2001 bis 3000 Arbeitnehmern 5 Betriebsratsmitglieder,

3001 bis 4000 Arbeitnehmern 6 Betriebsratsmitglieder,

4001 bis 5000 Arbeitnehmern 7 Betriebsratsmitglieder,

5001 bis 6000 Arbeitnehmern 8 Betriebsratsmitglieder,

6001 bis 7000 Arbeitnehmern 9 Betriebsratsmitglieder,

7001 bis 8000 Arbeitnehmern 10 Betriebsratsmitglieder,

8001 bis 9000 Arbeitnehmern 11 Betriebsratsmitglieder,

9001 bis 10 000 Arbeitnehmern 12 Betriebsratsmitglieder.

In Betrieben mit über 10 000 Arbeitnehmern ist für je angefangene weitere 2000 Arbeitnehmer ein weiteres Betriebsratsmitglied freizustellen. Freistellungen können auch in Form von Teilfreistellungen erfolgen. Diese dürfen zusammengenommen

Betriebsgrößen = Mindestgrenzen

Es ist durchaus möglich, schon bei weniger als 200 Arbeitnehmern ein BR-Mitglied freizustellen oder bei größeren Betrieben mehr BR-Mitglieder als im Gesetzestext genannt. Dass ein Hinausgehen über die vorgeschriebene Mindestzahl erforderlich ist, muss der BR in einem Beschluss aber konkret und betriebsbezogen begründen können.

Beispiel: Ein Betrieb mit 150 Beschäftigten besteht aus besonders vielen, zum Teil auch weit auseinander liegenden Filialen, die dazu noch – z. B. aufgrund des Arbeitgeberverhaltens – einen besonders hohen Beratungsbedarf haben. Das erfordert häufige persönliche Besuche durch ein BR-Mitglied, was aber nur bei einer vollen Freistellung realisiert werden kann.

Solche zusätzlichen Freistellungen lassen sich – wenn der Arbeitgeber einen entsprechenden Beschluss des BR nicht akzeptiert – durch ein Beschlussverfahren vor dem Arbeitsgericht durchsetzen.

Teilweise »feste« Freistellung ist möglich

Es ist nicht unbedingt nötig, eine erforderliche Freistellung von z. B. zwei BR-Mitgliedern auch durch zwei Personen wahrnehmen zu lassen. Es wäre auch möglich, vier BR-Mitglieder halbtags von ihrer Berufsarbeit freizustellen. Persönlich hätte dies für die »Teilfreigestellten« sogar den Vorteil, dass sie in ihrem eigentlichen Beruf leichter den Anschluss halten könnten und durch einen evtl. Verlust der Freistellung nicht so hart getroffen würden (siehe auch § 38 Abs. 4).

Ersatzfreistellung

Fällt ein freigestelltes BR-Mitglied vorübergehend aus (z. B. Erziehungszeit), kann der BR eine Ersatzfreistellung beschließen und für diese Zeit ein anderes BR-Mitglied von der Berufsarbeit freistellen (befristeter Freistellungsbeschluss).

nicht den Umfang der Freistellungen nach den Sätzen 1 und 2 überschreiten. Durch Tarifvertrag oder Betriebsvereinbarung können anderweitige Regelungen über die Freistellung vereinbart werden.	**Abweichende (verbesserte) Regelungen** Sowohl durch Tarifvertrag als auch durch eine (freiwillige) Betriebsvereinbarung können für die Freistellung von BR-Mitgliedern auch andere Größenordnungen als die im Gesetzestext stehenden festgelegt werden.
(2) Die freizustellenden Betriebsratsmitglieder werden nach Beratung mit dem Arbeitgeber vom Betriebsrat aus seiner Mitte in geheimer Wahl und nach den Grundsätzen der Verhältniswahl gewählt. Wird nur ein Wahlvorschlag gemacht, so erfolgt die Wahl nach den Grundsätzen der Mehrheitswahl; ist nur ein Betriebsratsmitglied freizustellen, so wird dieses mit einfacher Stimmenmehrheit gewählt. Der Betriebsrat hat die Namen der Freizustellenden dem Arbeitgeber bekannt zu geben. Hält der Arbeitgeber eine Freistellung für sachlich nicht vertretbar, so kann er innerhalb einer Frist von zwei Wochen nach der Bekanntgabe die Einigungsstelle anrufen.	**Wahl der Freigestellten – Persönlichkeitswahl** Die Wahl der Freigestellten ist vergleichsweise einfach, wenn nur ein BR-Mitglied freizustellen ist oder wenn es bei mehreren Freistellungen einen gemeinsamen Wahlvorschlag für die freizustellenden BR-Mitglieder gibt. In diesen Fällen findet die Wahl als Mehrheitswahl (Persönlichkeitswahl) statt. Das heißt: Alle Kandidaten werden auf eine Liste (Stimmzettel) geschrieben und die BR-Mitglieder haben in geheimer Wahl die Möglichkeit, sich den oder die gewünschten Kandidaten herauszusuchen und anzukreuzen. Einen gemeinsamen Wahlvorschlag gibt es in jedem Fall, wenn auch die BR-Wahl als Persönlichkeitswahl durchgeführt wurde. Aber auch wenn die BR-Wahl als Verhältniswahl (Listenwahl) durchgeführt wurde (§ 14), können sich die Angehörigen der verschiedenen Listen auf einen gemeinsamen Wahlvorschlag einigen und sollten dies auch tun – wenn irgend möglich. **Wahl der Freigestellten – Listenwahl** Ist es nicht zu einem gemeinsamen Wahlvorschlag gekommen, müssen die Freigestellten in einer Verhältniswahl (Listenwahl) gewählt werden – so wie schon beim BA (§ 27) und den BR-Ausschüssen (§ 28) beschrieben: Die einzelnen »Fraktionen« des BR (das können auch Listen sein, die sich für diesen Zweck zusam-

Der Spruch der Einigungsstelle ersetzt die Einigung zwischen Arbeitgeber und Betriebsrat. Bestätigt die Einigungsstelle die Bedenken des Arbeitgebers, so hat sie bei der Bestimmung eines anderen freizustellenden Betriebsratsmitglieds auch den Minderheitenschutz im Sinne des Satzes 1 zu beachten. Ruft der Arbeitgeber die Einigungsstelle nicht an, so gilt sein Einverständnis mit den Freistellungen nach Ablauf der zweiwöchigen Frist als erteilt. Für die Abberufung gilt § 27 Abs. 1 Satz 5 entsprechend.

mengeschlossen haben), stellen jeweils einen Wahlvorschlag mit ihren Freistellungs-Kandidaten auf. Aus den Namen/Bezeichnungen der Wahlvorschläge wird ein Stimmzettel erstellt. Jedes BR-Mitglied kann (geheim) den von ihm favorisierten Wahlvorschlag ankreuzen. Mit der Anzahl der Stimmen, die die einzelnen Wahlvorschläge bekommen haben, wird nach dem d'Hondtschen-Höchstzahlenverfahren errechnet, von welcher Liste wie viele Freigestellte gewählt wurden (zum Rechenverfahren siehe § 14 Abs. 2).

Besprechung mit dem Arbeitgeber

Übrigens muss der (komplette) BR **vor** einer Entscheidung zu den von ihm gewollten Freistellungen über dieses Thema mit dem Arbeitgeber sprechen. Das ist sogar sinnvoll, wenn der BR beabsichtigt, bei der Zahl der Freigestellten über die Mindeststaffel in § 38 Abs. 1 hinauszugehen.

Im Prinzip gilt das Gleiche für die Auswahl der Personen, die der BR für eine Freistellung ins Auge gefasst hat. Auch sie muss mit dem Arbeitgeber beraten werden. Der kann dann gegen die Auswahl Einwände vorbringen, allerdings nur aus sachlichen und nicht aus Gründen, die in der Person liegen.

Beispiel: Der Arbeitgeber könnte vorbringen, dass ein für die Freistellung vorgesehenes BR-Mitglied beruflich eine besonders verantwortungsvolle, nicht zu ersetzende Position einnimmt oder dass gleich mehrere Freigestellte aus der gleichen Abteilung kommen und diese dann lahmgelegt werden würde.

BR entscheidet allein

Solche Einwände sollten den BR in seiner Wahlentscheidung aber nicht beeinflussen. Priorität muss für ihn immer die für eine gute Interessenvertretung beste Lösung haben. Und letztlich ist es auch der BR allein, der die Entscheidung über die erforderlichen Freistellungen trifft.

Mitteilung an den Arbeitgeber

In jedem Fall muss der BR nach vorgenommener Wahl dem Arbeitgeber mitteilen, wer künftig freigestelltes BR-Mitglied sein wird.

Arbeitgeber kann Einigungsstelle anrufen

Danach hat der Arbeitgeber 14 Tage Zeit, ein Einigungsstellenverfahren (§ 76) einzuleiten, mit dem Ziel, die Entscheidung des BR über die Zahl oder die Person der Freigestellten zu »kippen«.

Die Einigungsstelle entscheidet dann endgültig – auch über die Person der Freizustellenden. Dabei hat die Einigungsstelle (wenn die Wahl der Freigestellten als Listenwahl durchgeführt wurde) die beteiligten Listen möglichst zu berücksichtigen. Natürlich können die so »benannten« BR-Mitglieder die Freistellung ablehnen.

Abberufung durch den BR

Eine Abberufung der Freigestellten durch den BR ist jederzeit durch BR-Beschluss mit Mehrheit der anwesenden BR-Mitglieder möglich – wenn es nur einen gemeinsamen Wahlvorschlag für die Wahl der Freigestellten gegeben hat. Ist die Wahl jedoch als Listenwahl erfolgt, ist eine Drei-Viertel-Mehrheit **aller** BR-Mitglieder (nicht nur der anwesenden) nötig.

(3) Der Zeitraum für die Weiterzahlung des nach § 37 Abs. 4 zu bemessenden Arbeitsentgelts und für die Beschäftigung nach § 37 Abs. 5 erhöht sich für Mitglieder des Betriebsrats, die drei volle aufeinanderfolgende Amtszeiten freigestellt waren, auf zwei Jahre nach Ablauf der Amtszeit.

Schutz der Freigestellten vor schlechterer Behandlung

Für freigestellte BR-Mitglieder gelten die Regelungen des § 37 ebenfalls. Grundsatz: Ein (freigestelltes) BR-Mitglied darf aufgrund seiner Tätigkeit als BR weder besser noch schlechter gestellt sein, als es dies ohne dieses Amt wäre.

Es muss deshalb während seiner Amtszeit(en) und noch mindestens ein Jahr darüber hinaus so bezahlt werden, wie es der Fall gewesen wäre, wenn es nicht als freigestelltes BR-Mitglied tätig gewesen wäre (unter Berücksichtigung der beruflichen und

	Entgeltentwicklung, die vergleichbare Arbeitnehmer in dem Zeitraum gemacht haben). Auch dürfen ehemals freigestellte BR-Mitglieder mit Blick auf vergleichbare Arbeitnehmer mindestens ein Jahr lang nicht für geringer wertige Tätigkeiten eingesetzt werden (siehe auch § 37 Abs. 4 und 5). War ein BR-Mitglied drei oder mehr volle Amtsperioden hintereinander freigestellt, erhöht sich diese Übergangszeit auf zwei Jahre.
(4) Freigestellte Betriebsratsmitglieder dürfen von inner- und außerbetrieblichen Maßnahmen der Berufsbildung nicht ausgeschlossen werden. Innerhalb eines Jahres nach Beendigung der Freistellung eines Betriebsratsmitglieds ist diesem im Rahmen der Möglichkeiten des Betriebs Gelegenheit zu geben, eine wegen der Freistellung unterbliebene betriebsübliche berufliche Entwicklung nachzuholen. Für Mitglieder des Betriebsrats, die drei volle aufeinanderfolgende Amtszeiten freigestellt waren, erhöht sich der Zeitraum nach Satz 2 auf zwei Jahre.	**Berufliche Fortbildung für (ehemalige) Freigestellte** Vor allem angesichts der immer schneller voranschreitenden Computerisierung der meisten Berufe verlieren freigestellte BR-Mitglieder in ihrem ursprünglichen Beruf oft in kurzer Zeit den Anschluss. Sie können und sollten sich dabei nicht allein auf die Übergangsfrist (§ 38 Abs. 3) verlassen, sondern schon während ihrer Amtszeit versuchen, beruflich »am Ball« zu bleiben. Deshalb hat jedes freigestellte BR-Mitglied das Recht, an den gleichen beruflichen Bildungsmaßnahmen teilzunehmen wie vergleichbare Arbeitnehmer. Zusätzlich kann ein freigestelltes BR-Mitglied nach Ausscheiden aus der Freistellung (was nicht gleichbedeutend ist mit dem Ausscheiden aus dem BR), auf Kosten des Betriebs durch geeignete Bildungs- und Einarbeitungsmaßnahmen Versäumtes nachholen. Auch diese Frist erhöht sich nach drei vollen Freistellungsperioden hintereinander auf zwei Jahre (siehe § 38 Abs. 3).

§ 39 – Sprechstunden	**Wann, wie oft und wo kann oder soll der Betriebsrat Sprechstunden abhalten?**
(1) Der Betriebsrat kann während der Arbeitszeit Sprechstunden einrichten. Zeit und Ort sind mit dem Arbeitgeber zu vereinbaren. Kommt eine Einigung nicht zustande, so entscheidet die Einigungsstelle. Der Spruch der Einigungsstelle ersetzt die Einigung zwischen Arbeitgeber und Betriebsrat.	**Ort und Zeit der Sprechstunde** Ob der BR regelmäßige Sprechstunden einrichtet, ist allein seine Sache. Er muss sich aber mit dem Arbeitgeber über Ort und Zeit der Sprechstunden einigen. Gelingt dies nicht, kann der BR (theoretisch auch der Arbeitgeber) die Einigungsstelle (§ 76) einschalten, die dann endgültig entscheidet. In keinem Fall macht die Einrichtung einer Sprechstunde aber andere, direktere Kontakte zu den Arbeitnehmern überflüssig (Betriebsrundgänge, Gespräche am Arbeitsplatz). **Sprechstunden während der Arbeitszeit der Arbeitnehmer** Die Sprechstunden finden immer während der betrieblichen Arbeitszeit(en) statt. Das kann in Schichtbetrieben z. B. auch bedeuten, für jede Schicht einen eigenen Sprechstundentermin anzubieten. Grundsätzlich sollte es der BR den Arbeitnehmern so leicht wie möglich machen, Kontakt zu ihm aufzunehmen. Es ist für sie ohnehin nicht einfach, zur BR-Sprechstunde zu gehen, weil sie sich dafür bei ihrem Vorgesetzten abmelden müssen (§ 39 Abs.3). Trotzdem: Das Angebot sollte da sein; außerdem können die jeweils zuständigen BR-Mitglieder evtl. »leere« Zeiten sehr gut nutzen, um andere BR-Tätigkeiten auszuüben, wie Informationsmaterial lesen, Schriftwechsel erledigen oder Akten sortieren. **Sprechstunde mit JAV zusammen** Wenn die JAV es will, kann sie sich an die Sprechstunde des BR »anhängen« (§ 69).
(2) Führt die Jugend- und Auszubildendenvertretung keine eigenen Sprechstunden durch, so kann an den Sprechstunden des Betriebsrats ein Mitglied der Jugend- und Auszubildendenvertretung zur Beratung der in § 60 Abs. 1 genannten Arbeitnehmer teilnehmen.	
(3) Versäumnis von Arbeitszeit, die zum Besuch der Sprechstunden oder durch sonstige In-	**Rechte und Pflichten der Arbeitnehmer** Arbeitnehmer, die die Sprechstunde besuchen wollen, brauchen dafür keine Genehmigung, müssen sich aber (ohne inhaltliche Begründung) abmelden

anspruchnahme des Betriebsrats erforderlich ist, berechtigt den Arbeitgeber nicht zur Minderung des Arbeitsentgelts des Arbeitnehmers.	und wieder zurückmelden. Sie sind während dieser Zeit so weiterzubezahlen, als hätten sie gearbeitet (mit Zuschlägen usw.). Die Dauer des Sprechstundenbesuchs ist nicht begrenzt. **»Kollektiver« Sprechstundenbesuch** Es ist auch möglich, dass mehrere Arbeitnehmer gleichzeitig als Gruppe (z. B. als Abteilung) die Sprechstunde aufsuchen.
§ 40 – Kosten und Sachaufwand des Betriebsrats	**Welche Kosten der Betriebsratsarbeit muss der Arbeitgeber tragen?**
(1) Die durch die Tätigkeit des Betriebsrats entstehenden Kosten trägt der Arbeitgeber.	**Der Arbeitgeber zahlt »alles«** Im Prinzip muss der Arbeitgeber sämtliche aus der BR-Arbeit entstehenden Kosten tragen. Das gilt für • alle laufenden Kosten der BR-Arbeit (z. B. Räume, Personal, Telekommunikation, Rechtsstreitigkeiten, Beratung), • persönliche Aufwendungen des einzelnen BR-Mitglieds (z. B. Reisekosten), • Kosten aus der Bereitstellung der benötigten Ausstattung (z. B. Büroeinrichtung, Büro-, Informations- und Kommunikationstechnik, Fachliteratur/-zeitschriften). **Keine Zustimmung des Arbeitgebers nötig** Der BR benötigt dabei keine Zustimmung durch den Arbeitgeber. Er fasst einen entsprechenden Beschluss, teilt diesen dem Arbeitgeber mit, setzt den Beschluss um – und der Arbeitgeber hat die Kosten zu übernehmen. Lediglich in außergewöhnlichen Fällen könnte der BR verpflichtet sein, sich zunächst mit dem Arbeitgeber zu verständigen. Aber selbst wenn er dies unterlässt, hat es keinen Einfluss auf den Kostenerstattungsanspruch des BR. Der BR hat jedoch immer zu prüfen, ob die verursachten Kosten und Aufwendungen tatsächlich **erforderlich** sind, um ordnungs- und pflichtgemäß seine Aufgaben nach dem BetrVG zu erledigen. Irrt

sich der BR in seiner Einschätzung, hat auch das in der Regel keinen Einfluss auf seinen Kostenerstattungsanspruch.

Erfolgreich könnte der Arbeitgeber die Kostenübernahme nur dann verweigern, wenn sich der BR bei seiner Prüfung der Erforderlichkeit in grober Weise geirrt hätte.

Kosten der allgemeinen Geschäftsführung

Dazu können neben den Kosten für Räume, Personal, Telekommunikation, Material usw. auch folgende Aufwendungen gehören:

- Kosten aus (Technologie-/Rechts-)Beratungen,
- Dolmetscher- und Übersetzungsdienste,
- Erstellen von BR-Zeitschriften und -Intranetseiten,
- Befragungen der Belegschaft,
- Besprechungen mit anderen Interessenvertretungen.

Kosten aus Rechtsstreitigkeiten

Der Arbeitgeber muss diese Kosten in jedem Fall übernehmen, auch wenn er selbst Prozessgegner war und den Rechtsstreit gewonnen hat. Dabei ist es dem BR allein überlassen, ob er sich z. B. von seiner Gewerkschaft unterstützen lässt oder einen Rechtsanwalt beauftragt.

Kosten aus Beratungen

Für das Einschalten von Sachverständigen gelten besondere Regeln (§ 80 Abs. 3), im Grundsatz hat der Arbeitgeber aber auch diese Kosten zu übernehmen.

Persönliche Aufwendungen einzelner BR-Mitglieder

Diese Kosten muss der Arbeitgeber immer dann übernehmen, wenn sie im Rahmen einer erforderlichen BR-Tätigkeit entstanden sind. Neben Reise-

	und Kommunikationskosten können dies z. B. auch sein: • Folgekosten eines Verkehrsunfalls, wenn die Benutzung des Privat-Pkw erforderlich war, um die BR-Tätigkeit auszuführen, • Kosten für Kinderbetreuung, wenn diese erforderlich war, um z. B. an einer BR-Sitzung außerhalb der persönlichen Arbeitszeit teilzunehmen.
(2) Für die Sitzungen, die Sprechstunden und die laufende Geschäftsführung hat der Arbeitgeber in erforderlichem Umfang Räume, sachliche Mittel, Informations- und Kommunikationstechnik sowie Büropersonal zur Verfügung zu stellen.	**Kosten für die Bereitstellung von Personal** Der Umfang, in dem der BR Anspruch auf Büropersonal hat, hängt allein davon ab, was im Betrieb für die ordnungs- und pflichtgemäße Ausführung der BR-Arbeit für erforderlich gehalten werden darf. Der BR wird eine entsprechende Anforderung also konkret betriebsbezogen begründen müssen. Möglich ist sowohl eine stundenweise wie auch eine Vollzeitbeschäftigung. Freistellung und PC-Kenntnisse bei BR-Mitgliedern machen die Bereitstellung von Büropersonal nicht grundsätzlich überflüssig. Neben Büropersonal können bei sehr großen BR-Gremien auch so genannte wissenschaftliche Mitarbeiter (z. B. Juristen, IT-Spezialisten, Arbeitswissenschaftler) für die Unterstützung der BR-Arbeit erforderlich sein. **Büroausstattung, Informations- und Kommunikationstechnik** Hier kann unterschieden werden zwischen dem, was heutzutage zur Normalausstattung eines (BR-)Büros gehört und dem, was nicht in jedem Fall erforderlich ist und deshalb einer auf die konkreten Aufgaben des BR bezogenen Begründung bedarf. **Normalausstattung, die in jedem Fall bezahlt werden muss** Was zur Normalausstattung eines Büros gehört, ändert sich laufend, seit die Informations- und Kommunikationstechnik Einzug in die Büros gehalten hat. Auch wenn es immer noch strittige Einzelfälle geben kann, kann ein BR heute davon ausgehen, dass

neben Büromaterial, Telefon, Telefax, Schränken, Schreibtischen usw. auch ein Personal Computer (PC) mit üblicher Standard-Bürosoftware (Textverarbeitung, Tabellenkalkulation, Präsentation), Internet-/Intranetanschluss und Drucker zur Normalausstattung eines zeitgemäßen Büros gehören.

Bei allem, was zu der jeweils aktuellen Normalausstattung gehört, geht es nicht um die Frage, **ob** der BR darauf einen Anspruch hat, sondern höchstens in welchem Umfang dies erforderlich ist.

So hat ein sehr kleiner BR möglicherweise keinen Anspruch auf ein eigenes Büro mit eigenen Möbeln und Geräten; in jedem Fall aber ist es erforderlich, dass er eine entsprechende Ausstattung ungehindert und in ausreichendem Maße mit benutzen kann und zwar so, dass seine Arbeit nicht darunter leidet (z. B. muss ungestörtes Telefonieren und das Empfangen vertraulicher Telefaxe möglich sein).

Extra zu begründende Ausstattung

Zu der extra zu begründenden Ausstattung gehört vor allem die Informations- und Kommunikationstechnik, die über die genannte Grundausstattung hinausgeht. Dazu können speziellere Geräte (z. B. Scanner) gehören. Auch der Einsatz von Handys, zusätzlichen Laptops oder Smartphones dürfte noch nicht selbstverständlich sein. Das gleiche gilt für spezielle BR-Software (z. B. zur Unterstützung der Sitzungsorganisation).

In diesen Fällen muss der BR konkret und praxisorientiert im Detail begründen, warum er ohne diese Ausstattung seine gesetzlichen Aufgaben nicht oder nur unzureichend erledigen könnte. Ein solcher Grund kann auch sein, dass der Arbeitgeber über diese Mittel verfügt und dass der BR sie ebenfalls braucht, um »Waffengleichheit« zu erreichen.

Falls umgekehrt der Arbeitgeber über diese Mittel nicht verfügt, bedeutet das jedoch nicht, dass der BR ebenfalls darauf verzichten müsste. Entscheidend ist immer nur, ob es dem BR gelingt, schlüssig

	zu begründen, dass eine bestimmte Ausstattung für eine ordnungsgemäße Erledigung seiner Aufgaben erforderlich ist. **Fachliteratur** Auch Fachliteratur gehört zu den Mitteln, die der Arbeitgeber dem BR für seine Arbeit »zur Verfügung stellen« muss. Das heißt konkret, dass sie dem Arbeitgeber zwar gehört, dem BR aber zur **ausschließlichen Benutzung** überlassen ist (was z. B. bedeutet, dass nicht mehr benötigte, veraltete Kommentarausgaben dem Arbeitgeber zurückzugeben sind). Auf eine Mitbenutzung der beim Arbeitgeber evtl. vorhandenen (z. B. arbeitsrechtlichen) Fachliteratur muss sich der BR nicht einlassen. Er ist auch frei in seiner Entscheidung, welche Fachliteratur (einschließlich Fachzeitschriften) mit welcher **inhaltlichen Ausrichtung** er nutzen will. **Bei Uneinigkeit: Beschlussverfahren** Kommt es zum Streit darüber, ob bestimmte Kosten und Sachmittel erforderlich sind (waren) oder nicht, kann und muss dies in einem Beschlussverfahren durch das **Arbeitsgericht** geklärt werden.
§ 41 – Umlageverbot	**Darf der Betriebsrat seine Arbeit durch Sammeln von Geld bei der Belegschaft finanzieren?**
Die Erhebung und Leistung von Beiträgen der Arbeitnehmer für Zwecke des Betriebsrats ist unzulässig.	**Umlage für Kostendeckung verboten** Alle erforderlichen Kosten der BR-Arbeit muss der Arbeitgeber tragen (§ 40). Deshalb ist es dem BR verboten, sich Geld zur Deckung seiner Kosten z. B. durch eine Sammlung oder Umlage bei der Belegschaft zu beschaffen. Erlaubt ist es dem BR aber, Geld für andere Zwecke zu sammeln, z. B. für Jubiläumsgeschenke oder für eine Spende an wohltätige Organisationen.

Vierter Abschnitt
Betriebsversammlung

§ 42 – Zusammensetzung, Teilversammlung, Abteilungsversammlung	Welche Möglichkeiten hat der Betriebsrat, um die Belegschaft oder Teile der Belegschaft zu Versammlungen einzuladen?
(1) Die Betriebsversammlung besteht aus den Arbeitnehmern des Betriebs; sie wird von dem Vorsitzenden des Betriebsrats geleitet. Sie ist nicht öffentlich. Kann wegen der Eigenart des Betriebs eine Versammlung aller Arbeitnehmer zum gleichen Zeitpunkt nicht stattfinden, so sind Teilversammlungen durchzuführen.	**Teilnahmerecht für die Betriebsversammlung** Alle Arbeitnehmer des Betriebs (einschließlich Leiharbeitnehmer, Freischichtler, Kranke, Urlauber usw.) haben das Recht, an Betriebsversammlungen teilzunehmen, die der BR einberuft. Auch Vertreter der im Betrieb vertretenen Gewerkschaften sind einzuladen und haben Teilnahmerecht (§ 46 Abs. 1). Das Gleiche gilt für den Arbeitgeber, der einmal im Jahr an einer Betriebsversammlung sogar teilnehmen muss (§ 43 Abs. 2). Leitende Angestellte (§ 5 Abs. 3) haben nur dann das Recht, an einer Betriebsversammlung teilzunehmen, wenn sie vom BR eingeladen oder zumindest geduldet werden (es sei denn, ein leitender Angestellter kommt als Stellvertretung für den Arbeitgeber). **Referenten, Sachverständige usw.** In seiner Entscheidung, wen er sonst noch zu einer Betriebsversammlung einlädt, ist der BR frei – es muss allerdings einen sachlichen Grund für die Einladung geben. So kann er Referenten zu Fachfragen oder Menschen mit besonderen, aktuell interessanten Erfahrungen (z. B. auch ein BR-Mitglied aus einem anderen Unternehmen) und natürlich GBR-/KBR-Mitglieder einladen. **Versammlungsleitung** Die Leitung der Betriebsversammlung liegt grundsätzlich beim BR-Vorsitzenden. Er kann diese Aufgabe aber auch ganz oder für einzelne Tagesordnungspunkte an andere BR-Mitglieder delegieren. Zur Befugnis, die Betriebsversammlung zu leiten,

	gehört auch das so genannte »Hausrecht«, die Befugnis also, z. B. störende Versammlungsteilnehmer von der Versammlung auszuschließen. **Mehrere Betriebsversammlungen (Teilversammlungen)** Ist es nicht oder nur mit großem Aufwand möglich, die gesamte Belegschaft zu einer Betriebsversammlung zusammenzubekommen, können Betriebsversammlungen auch hintereinander jeweils für **Teile der Belegschaft** stattfinden. Dies wäre für einzelne Schichten denkbar, für unüberschaubar große Betriebe oder für spezielle Gruppen, die – wie z. B. Außendienstler – weitab vom Hauptbetrieb eingesetzt sind. Alle diese Teilversammlungen müssen die gleichen Inhalte haben. Wenn statt einer Betriebsversammlung mehrere Teilversammlungen stattfinden sollen, ist das eine **Grundsatzentscheidung** des BR, die entsprechend sorgfältig überlegt sein will. Der BR muss sich also für die eine oder die andere Möglichkeit entscheiden und kann nicht ständig wechseln.
(2) Arbeitnehmer organisatorisch oder räumlich abgegrenzter Betriebsteile sind vom Betriebsrat zu Abteilungsversammlungen zusammenzufassen, wenn dies für die Erörterung der besonderen Belange der Arbeitnehmer erforderlich ist. Die Abteilungsversammlung wird von einem Mitglied des Betriebsrats geleitet, das möglichst einem beteiligten Betriebsteil als Arbeit-	**Vier Betriebsversammlungen im Jahr ...** Der BR ist verpflichtet, vier Betriebs- bzw. Teilversammlungen im Jahr abzuhalten (§ 43). Unter bestimmten Umständen müssen zwei davon Abteilungsversammlungen sein. Ob dies grundsätzlich »erforderlich« ist, muss der BR beschließen. **... davon zwei als Abteilungsversammlungen** In bestimmten Fällen müssen zwei der vier Betriebsversammlungen in Form von Abteilungsversammlungen abgehalten werden, und zwar immer dann • wenn ein Betrieb so groß ist, dass Abteilungsprobleme nicht mehr sinnvoll auf einer Betriebs-/Teilversammlung besprochen werden können, • wenn die Arbeitsbedingungen und Interessen in den Abteilungen sehr unterschiedlich sind oder

nehmer angehört. Absatz 1 Satz 2 und 3 gilt entsprechend.

- wenn es weit vom Hauptbetrieb entfernte Abteilungen (Betriebsteile/Filialen) gibt.

Welche Betriebsteile als Abteilungen anzusehen sind, muss der BR dann ebenfalls beschließen.

Abteilungsversammlungen/Teilversammlungen

Abteilungsversammlungen dürfen nicht mit Teilversammlungen (§ 42 Abs. 1) verwechselt werden. Teilversammlungen sind Betriebsversammlungen, die aus besonderen Gründen jeweils für einen Teil der Belegschaft abgehalten werden und deshalb die gleichen Inhalte haben müssen. Abteilungsversammlungen hingegen dienen ausdrücklich dazu, spezielle Abteilungsprobleme zu behandeln.

Wenn Betriebsversammlungen in Form von Teilversammlungen abgehalten werden, sind auch die Abteilungsversammlungen (§ 42 Abs. 1 Satz 3) als Teilversammlungen abzuhalten – es gäbe dann z. B. für jede Schicht eine Abteilungsversammlung (Teil-Abteilungsversammlung).

Abteilungsversammlungen – zeitgleich, mit abteilungsspezifischen Themen

Wenn zwei der vier jährlichen Betriebsversammlungen als Abteilungsversammlungen durchgeführt werden (siehe auch § 43 Abs. 1), dann finden diese für alle Abteilungen eines Betriebs (möglichst) zeitgleich und mit abteilungsspezifischen Themen statt.

Zusätzlich zu den Abteilungsversammlungen »für alle« ist es aber auch möglich, nur die Arbeitnehmer einer Abteilung zusammenzurufen, um mit ihnen ihre speziellen Probleme zu besprechen (§ 43 Abs. 1).

Da Abteilungsversammlungen, wenn sie »für alle« abgehalten werden, zeitgleich stattfinden sollen, werden sie von je einem (üblicherweise dem für die Abteilung zuständigen oder dort arbeitenden) BR-Mitglied geleitet. Auch Abteilungsversammlungen sind nicht öffentlich (also nur für Arbeitnehmer und Eingeladene – § 42 Abs. 1 Satz 2).

§ 43 – Regelmäßige Betriebs- und Abteilungsversammlungen	Wie oft muss und kann der Betriebsrat Betriebsversammlungen und Abteilungsversammlungen einberufen?
(1) Der Betriebsrat hat einmal in jedem Kalendervierteljahr eine Betriebsversammlung einzuberufen und in ihr einen Tätigkeitsbericht zu erstatten. Liegen die Voraussetzungen des § 42 Abs. 2 Satz 1 vor, so hat der Betriebsrat in jedem Kalenderjahr zwei der in Satz 1 genannten Betriebsversammlungen als Abteilungsversammlungen durchzuführen. Die Abteilungsversammlungen sollen möglichst gleichzeitig stattfinden. Der Betriebsrat kann in jedem Kalenderhalbjahr eine weitere Betriebsversammlung oder, wenn die Voraussetzungen des § 42 Abs. 2 Satz 1 vorliegen, einmal weitere Abteilungsversammlungen durchführen, wenn dies aus besonderen Gründen zweckmäßig erscheint.	**Drei Arten von Betriebsversammlungen** Grundsätzlich sind drei Arten von Betriebsversammlungen (oder entsprechend Teilversammlungen – § 42 Abs. 1) zu unterscheiden: **1. Regelmäßige Betriebsversammlungen …** … muss der BR einmal in jedem Kalendervierteljahr durchführen, insgesamt also vier in jedem Jahr. Tut er dies nicht, handelt er pflichtwidrig und könnte im Wiederholungsfall durch das Arbeitsgericht aufgelöst werden (§ 23 Abs. 1). Wenn die Voraussetzungen für das Abhalten von **Abteilungsversammlungen** (§ 42 Abs. 2) gegeben sind (z. B. Größe des Betriebs, weit entfernte Betriebsteile oder organisatorische Gründe), **muss** der BR zwei der vorgeschriebenen vier Betriebsversammlungen als Abteilungsversammlungen abhalten, die dann möglichst zeitgleich stattfinden sollen. **2. Weitere Betriebsversammlungen …** … sind zusätzlich möglich und zwar in jedem Kalenderhalbjahr eine. Dies allerdings nur, wenn es nötig ist (z. B. weil aktuell eine größere Rationalisierungsmaßnahme ansteht, die nicht bis zur nächsten regulären Betriebsversammlung warten kann). Wenn grundsätzlich zwei der vorgeschriebenen vier Betriebsversammlungen als Abteilungsversammlungen durchgeführt werden, können auch diese weiteren Betriebsversammlungen als **Abteilungsversammlungen** stattfinden – evtl. auch nur für eine Abteilung (z. B. wenn es nur um aktuelle Ereignisse in einer Abteilung geht). **3. Sonstige Betriebsversammlungen …** … können einberufen werden, wenn die sechs regulären Versammlungen (vier regelmäßige und

zwei weitere) in einer besonderen Situation nicht ausreichen sollten. Sonstige Betriebsversammlungen finden prinzipiell **außerhalb der Arbeitszeit und ohne Bezahlung** statt (siehe § 44 Abs. 2). Auch diese Versammlungen könnten als Abteilungsversammlungen durchgeführt werden.

Den in der Praxis oft verwendeten Begriff der »außerordentlichen« Betriebsversammlung gibt es im BetrVG nicht.

(2) Der Arbeitgeber ist zu den Betriebs- und Abteilungsversammlungen unter Mitteilung der Tagesordnung einzuladen. Er ist berechtigt, in den Versammlungen zu sprechen. Der Arbeitgeber oder sein Vertreter hat mindestens einmal in jedem Kalenderjahr in einer Betriebsversammlung über das Personal- und Sozialwesen einschließlich des Stands der Gleichstellung von Frauen und Männern im Betrieb sowie der Integration der im Betrieb beschäftigten ausländischen Arbeitnehmer, über die wirtschaftliche Lage und Entwicklung des Betriebs sowie über den betrieblichen Umweltschutz zu berichten, soweit dadurch nicht Betriebs- oder Geschäftsgeheimnisse gefährdet werden.

Einladung des Arbeitgebers

Der Arbeitgeber muss zu jeder Betriebs- und auch Abteilungsversammlung eingeladen werden und hat das Recht, dort zu sprechen – so wie jeder andere Versammlungsteilnehmer nach Worterteilung durch den Leiter der Versammlung.

Teilnahme- und Berichtspflicht des Arbeitgebers

Mindestens an einer der vier regelmäßigen Betriebsversammlungen **muss** der Arbeitgeber teilnehmen und einen Bericht abgeben. Er kann sich dabei vertreten lassen (z. B. durch einen leitenden Angestellten).

Der Bericht, den der Arbeitgeber einmal jährlich abzugeben hat, muss über die **wirtschaftliche Situation** des Betriebs und vor allem über die Entwicklung beim **Personal** und bei den **sozialen Einrichtungen** informieren.

Weitere Themen seines Berichts müssen sein: Stand der betrieblichen Bemühungen um die Gleichstellung von Frauen und Männern, um die Integration ausländischer Beschäftigter und um Maßnahmen des betrieblichen Umweltschutzes. Betriebs- und Geschäftsgeheimnisse (§ 79) kann er dabei aussparen.

(3) Der Betriebsrat ist berechtigt und auf Wunsch des Arbeitgebers oder von mindestens einem Viertel der wahlberechtigten Arbeitnehmer verpflichtet, eine Betriebsversammlung einzuberufen und den beantragten Beratungsgegenstand auf die Tagesordnung zu setzen. Vom Zeitpunkt der Versammlungen, die auf Wunsch des Arbeitgebers stattfinden, ist dieser rechtzeitig zu verständigen.	**Betriebsversammlung einberufen …** Der BR **kann** jederzeit eine Betriebsversammlung einberufen, solange er sich dabei an die Vorgaben in § 43 Abs. 1 hält (in jedem Kalendervierteljahr eine und zusätzlich in jedem Kalenderhalbjahr eine weitere Betriebsversammlung und darüber hinaus evtl. noch sonstige Betriebsversammlungen – § 44 Abs. 2). **… wenn Arbeitnehmer dies verlangen** Der BR **muss** eine Betriebsversammlung einberufen, wenn dies zu einem bestimmten Thema von einem Viertel der wahlberechtigten (§ 7) Arbeitnehmer verlangt wird – z. B. in Form einer Unterschriftenliste. **… wenn der Arbeitgeber dies verlangt** Es dürfte selten vorkommen, aber der BR muss eine Betriebsversammlung auch dann einberufen, wenn der Arbeitgeber dies wünscht. Sollte das einmal so sein, wird der BR darauf achten, dass diese Betriebsversammlung nicht von seinem Kontingent an regulären (regelmäßigen und weiteren) Betriebsversammlungen abgeht, sondern als **sonstige Betriebsversammlung** stattfindet (allerdings in der Arbeitszeit und bezahlt – § 44 Abs. 1). Dass der Arbeitgeber auch in diesem Fall vom genauen Zeitpunkt der Betriebsversammlung informiert wird, versteht sich von selbst.
(4) Auf Antrag einer im Betrieb vertretenen Gewerkschaft muss der Betriebsrat vor Ablauf von zwei Wochen nach Eingang des Antrags eine Betriebsversammlung nach Absatz 1 Satz 1 einberufen, wenn im vorhergegangenen Kalenderhalbjahr keine	**Durch die Gewerkschaft erzwungene Betriebsversammlungen** Wenn der BR seiner Verpflichtung zu regelmäßigen Betriebsversammlungen nicht nachgekommen ist, kann er durch eine im Betrieb vertretene Gewerkschaft (mindestens ein Mitglied im Betrieb) dazu gezwungen werden. Voraussetzung ist, dass im aktuellen und im vergangenen Kalenderhalbjahr (Januar – Juni, Juli – Dezember) keine Betriebsversammlung stattgefunden hat.

Betriebsversammlung und keine Abteilungsversammlungen durchgeführt worden sind.	Ist das der Fall, kann die Gewerkschaft einen Antrag auf Durchführung einer Betriebsversammlung an den BR stellen, der zu dieser Betriebsversammlung dann innerhalb der nächsten zwei Wochen einladen muss. Ignoriert der BR den Antrag, ist das eine grobe Pflichtverletzung, die zu seiner Auflösung durch das Arbeitsgericht führen kann (§ 23 Abs. 1).
§ 44 – Zeitpunkt und Verdienstausfall	**Müssen Betriebsversammlungen immer in der Arbeitszeit stattfinden oder geht das auch außerhalb?**
(1) Die in den §§ 14a, 17 und 43 Abs. 1 bezeichneten und die auf Wunsch des Arbeitgebers einberufenen Versammlungen finden während der Arbeitszeit statt, soweit nicht die Eigenart des Betriebs eine andere Regelung zwingend erfordert. Die Zeit der Teilnahme an diesen Versammlungen einschließlich der zusätzlichen Wegezeiten ist den Arbeitnehmern wie Arbeitszeit zu vergüten. Dies gilt auch dann, wenn die Versammlungen wegen der Eigenart des Betriebs außerhalb der Arbeitszeit stattfinden; Fahrkosten, die den Arbeitnehmern durch die Teilnahme an diesen Versammlungen entstehen, sind vom Arbeitgeber zu erstatten.	**Betriebsversammlung immer während der Arbeitszeit** Grundsätzlich müssen alle regulären Betriebsversammlungen (regelmäßige und weitere – § 43 Abs. 1) während der Arbeitszeit stattfinden. Das gilt auch für die Betriebsversammlungen im Rahmen des vereinfachten Wahlverfahrens (§ 14a) und für die Betriebsversammlung, auf der für Betriebe ohne BR der Wahlvorstand gewählt wird (§ 17). Ebenso ist es bei den Betriebsversammlungen, die auf Wunsch des Arbeitgebers (§ 43 Abs. 3) oder der Gewerkschaft (§ 43 Abs. 4) einberufen werden. **Nur bei zwingenden Gründen außerhalb der Arbeitszeit** Außerhalb der Arbeitszeit können Betriebsversammlungen nur dann stattfinden, wenn es dafür zwingende technische oder organisatorische Gründe gibt. Zwingend heißt, dass es keine andere Möglichkeit geben darf. Es genügt also nicht, dass eine Betriebsversammlung während der Arbeitszeit besondere Kosten oder Beeinträchtigungen mit sich bringt. Beispiel: In Betrieben mit Rund-um-die-Uhr-Produktion, in der das Wiederanfahren von Maschinen vielleicht einen ganzen Tag dauern würde, könnten die Teilversammlungen für die einzelnen Schichten unmittelbar nach dem jeweiligen Schichtende angesetzt werden.

	Fortzahlung des Arbeitsentgelts Die Zeit der Teilnahme an der Betriebsversammlung muss so bezahlt werden, als hätten die Beschäftigten zu dem Zeitpunkt gearbeitet (also mit allen üblichen **Prämien** und **Zuschlägen**). Das gilt auch für die **Wegezeiten** (z.B. wenn eine Betriebsversammlung außerhalb des Betriebsgeländes stattfinden muss). Geht die Betriebsversammlung über die persönliche Arbeitszeit hinaus, ist auch dies wie Arbeitszeit zu bezahlen, ebenso, wenn eine reguläre Betriebsversammlung außerhalb der Arbeitszeit stattfinden muss. Wenn ein Arbeitnehmer für die Teilnahme an der Betriebsversammlung extra anreisen muss, sind neben den Wegezeiten auch die **Fahrtkosten** zu bezahlen.
(2) Sonstige Betriebs- oder Abteilungsversammlungen finden außerhalb der Arbeitszeit statt. Hiervon kann im Einvernehmen mit dem Arbeitgeber abgewichen werden; im Einvernehmen mit dem Arbeitgeber während der Arbeitszeit durchgeführte Versammlungen berechtigen den Arbeitgeber nicht, das Arbeitsentgelt der Arbeitnehmer zu mindern.	**Sonstige Betriebs-/Abteilungsversammlungen** So gut wie immer dürften die sechs regulären (die regelmäßigen und weiteren) Betriebsversammlungen, die der BR abhalten darf, vollkommen ausreichen. Sollte es (z.B. im Fall einer drohenden Betriebsstilllegung) doch nötig sein, darüber hinaus noch eine oder mehrere »sonstige« (oft auch »außerordentlich« genannte) Betriebsversammlungen (evtl. auch als Abteilungsversammlungen) abzuhalten (§ 43 Abs. 3), finden diese grundsätzlich außerhalb der Arbeitszeit und **ohne Bezahlung** statt. Gerade in solchen Krisensituationen wird es aber oft gelingen, mit dem Arbeitgeber zu vereinbaren, dass auch diese sonstigen Betriebsversammlungen innerhalb der Arbeitszeit und bezahlt stattfinden. In jedem Fall muss der Arbeitgeber den **benötigten Raum** zur Verfügung stellen.

§ 45 – Themen der Betriebs- und Abteilungsversammlungen	**Über welche Themen darf auf Betriebs- und Abteilungsversammlungen informiert und gesprochen werden?**
Die Betriebs- und Abteilungsversammlungen können Angelegenheiten einschließlich solcher tarifpolitischer, sozialpolitischer, umweltpolitischer und wirtschaftlicher Art sowie Fragen der Förderung der Gleichstellung von Frauen und Männern und der Vereinbarkeit von Familie und Erwerbstätigkeit sowie der Integration der im Betrieb beschäftigten ausländischen Arbeitnehmer behandeln, die den Betrieb oder seine Arbeitnehmer unmittelbar betreffen; die Grundsätze des § 74 Abs. 2 finden Anwendung. Die Betriebs- und Abteilungsversammlungen können dem Betriebsrat Anträge unterbreiten und zu seinen Beschlüssen Stellung nehmen.	Zum Themenkatalog von Betriebs- und Abteilungsversammlungen gehören neben dem Bericht des BR über seine Arbeit und neben konkreten betrieblichen Problemen und Fragen auch • **tarifpolitische Informationen** über Tarifbestimmungen, Gerichtsurteile zur Auslegung von Tarifbestimmungen, neue Tarifforderungen, Tarifverhandlungen und bevorstehende oder laufende Arbeitskämpfe usw.; • **sozialpolitische Informationen** zu Sozialversicherungsfragen, Arbeits- und Unfallschutz, berufliche Bildung, Vermögensbildung, Bestimmungen zur Altersgrenze, Integration ausländischer Arbeitnehmer, Arbeitsmedizin usw.; • **wirtschaftspolitische Informationen** über wirtschaftliche Maßnahmen des Unternehmens, nationale und internationale Wirtschaftspolitik, Rohstoff- und Energieversorgung, Subventionspolitik usw. • **gewerkschaftliche Themen** wie z. B. die Wahl gewerkschaftlicher Vertrauensleute. Die Arbeitnehmer können auf einer Betriebs-/Abteilungsversammlung selbstverständlich Kritik am BR und seiner Arbeit üben und sie können auch Anträge an ihn stellen. Die Versammlung kann **dem BR** allerdings **keine bindenden Vorschriften** machen, der BR ist in seinen Entscheidungen frei. Erst recht kann er nicht (auch nicht mit großer Mehrheit) durch eine Betriebsversammlung abgewählt werden (§ 23 Abs. 3).

<table>
<tr><th>§ 46 – Beauftragte der Verbände</th><th>Mit welchen Rechten können Gewerkschaftssekretäre oder Vertreter eines Arbeitgeberverbands an Betriebs-/Abteilungsversammlungen teilnehmen?</th></tr>
<tr><td>(1) An den Betriebs- oder Abteilungsversammlungen können Beauftragte der im Betrieb vertretenen Gewerkschaften beratend teilnehmen. Nimmt der Arbeitgeber an Betriebs- oder Abteilungsversammlungen teil, so kann er einen Beauftragten der Vereinigung der Arbeitgeber, der er angehört, hinzuziehen.</td><td rowspan="2">Gewerkschaft auf der Betriebsversammlung
Alle im BR mit mindestens einem Mitglied vertretenen Gewerkschaften müssen über Zeitpunkt, Ort und Tagesordnung jeder Betriebs- oder Abteilungsversammlung informiert werden, um ihrem Beauftragten (in der Regel also dem Gewerkschaftssekretär) die Gelegenheit zu geben, an den Versammlungen beratend teilzunehmen. Beratend heißt, dass der Gewerkschaftsvertreter in die Diskussion eingreifen oder – wenn der BR ihn darum gebeten hat – auch eine Rede halten kann.
Gewerkschaften, die nicht im BR vertreten sind, die aber mindestens ein Mitglied im Betrieb haben, haben ebenfalls ein Teilnahme- und Rederecht, müssen jedoch nicht routinemäßig schriftlich informiert und eingeladen werden.
Arbeitgebervereinigung auf der Betriebsversammlung
Ein Vertreter einer Arbeitgebervereinigung darf – wenn der Arbeitgeber Mitglied ist und ihn um die Teilnahme gebeten hat – an Betriebs- und Abteilungsversammlungen teilnehmen. Er darf auch das Wort ergreifen, wenn der Leiter der Versammlung (in der Regel der BR-Vorsitzende) ihm das Wort erteilt – was er tun sollte und auch tun muss, wenn der Arbeitgeber ihn dazu auffordert.</td></tr>
<tr><td>(2) Der Zeitpunkt und die Tagesordnung der Betriebs- oder Abteilungsversammlungen sind den im Betriebsrat vertretenen Gewerkschaften rechtzeitig schriftlich mitzuteilen.</td></tr>
</table>

Fünfter Abschnitt Gesamtbetriebsrat

§ 47 – Voraussetzungen der Errichtung, Mitgliederzahl, Stimmengewicht	**Wann muss ein Gesamtbetriebsrat gebildet werden? Wie wird der Gesamtbetriebsrat zusammengesetzt? Wie und mit welchem Gewicht sind die einzelnen Betriebe vertreten?**
(1) Bestehen in einem Unternehmen mehrere Betriebsräte, so ist ein Gesamtbetriebsrat zu errichten.	**Mehrere BR müssen GBR bilden** Ein Unternehmen kann aus einem, aber auch aus mehreren Betrieben bestehen (§ 1). Wenn ein Unternehmen aus mehreren Betrieben besteht und wenn es in mindestens zwei dieser Betriebe einen BR gibt, **muss** aus den Mitgliedern dieser BR-Gremien ein GBR gebildet werden.
(2) In den Gesamtbetriebsrat entsendet jeder Betriebsrat mit bis zu drei Mitgliedern eines seiner Mitglieder; jeder Betriebsrat mit mehr als drei Mitgliedern entsendet zwei seiner Mitglieder. Die Geschlechter sollen angemessen berücksichtigt werden.	**Zusammensetzung des GBR** Ein GBR ist eine ständige Einrichtung, in die die BR-Gremien eines Unternehmens ein oder zwei Mitglieder entsenden. Wenn also in einem der Betriebe eines Unternehmens außer der Reihe ein neuer BR gewählt wird oder wenn ein BR sich entschließt, andere Mitglieder in den GBR zu schicken, ändert sich die GBR-Zusammensetzung zwar, er wird aber nicht neu gebildet (mit Neuwahl des GBR-Vorsitzenden usw.). Kleine BR-Gremien (mit ein oder drei Mitgliedern) sind mit je einer Person im GBR vertreten, größere BR-Gremien (mit fünf und mehr Mitgliedern) mit jeweils zwei Personen. Dass dabei die entsendenden BR-Gremien möglichst Frauen und Männer berücksichtigen sollten, ist ein Appell, keine Verpflichtung.
(3) Der Betriebsrat hat für jedes Mitglied des Gesamtbetriebsrats mindestens ein Ersatzmitglied zu bestellen und die Reihenfolge des Nachrückens festzulegen.	**Ersatzmitglieder für den GBR** Für jedes in den GBR entsandte BR-Mitglied muss der BR mindestens ein persönliches Ersatzmitglied benennen. Gibt es für ein GBR-Mitglied zwei oder mehr Ersatzmitglieder, muss festgelegt werden, wer zuerst und wer danach »dran« ist, falls das reguläre GBR-Mitglied ausfällt oder verhindert ist.

	Es ist möglich, dass ein Ersatzmitglied mehrere GBR-Mitglieder vertritt. Das muss allerdings berücksichtigt werden, wenn die Reihenfolge des Nachrückens festgelegt wird, so dass im Verhinderungsfall für alle GBR-Mitglieder eine Vertretung vorhanden ist. Besteht der BR nur aus einer Person, ist dessen Ersatzmitglied (der Kandidat mit den zweitmeisten Stimmen) automatisch auch GBR-Ersatzmitglied.
(4) Durch Tarifvertrag oder Betriebsvereinbarung kann die Mitgliederzahl des Gesamtbetriebsrats abweichend von Absatz 2 Satz 1 geregelt werden.	**Abweichende Anzahl der entsandten GBR-Mitglieder** Es ist möglich, durch einen **Tarifvertrag** oder eine **Betriebsvereinbarung** festzulegen, dass die einzelnen BR eine größere oder kleinere Anzahl ihrer Mitglieder in den GBR entsenden, als es das Gesetz vorsieht (z. B. für jeden Betrieb nur ein Mitglied oder für besonders große Betriebe drei Mitglieder). Ebenso wäre es auch denkbar, dass mehrere gleichartige kleinere Betriebe ein gemeinsames GBR-Mitglied entsenden (siehe § 47 Abs. 5). Ein Tarifvertrag hat immer Vorrang vor einer Betriebsvereinbarung. Gibt es also einen entsprechenden Tarifvertrag, kann es keine Betriebsvereinbarung zu diesem Thema geben.
(5) Gehören nach Absatz 2 Satz 1 dem Gesamtbetriebsrat mehr als vierzig Mitglieder an und besteht keine tarifliche Regelung nach Absatz 4, so ist zwischen Gesamtbetriebsrat und Arbeitgeber eine Betriebsvereinbarung über die Mitgliederzahl des Gesamtbetriebsrats abzuschließen, in der bestimmt wird, dass Betriebsräte mehrerer	**Mehr als 40 GBR-Mitglieder = Verkleinerung des GBR** Wenn nach der in § 47 Abs. 2 festgelegten Regel mehr als 40 BR-Mitglieder den GBR bilden (oder wenn diese Grenze durch neu hinzukommende BR-Gremien überschritten wird), dann muss der GBR mit dem Arbeitgeber (der Unternehmensleitung) eine Betriebsvereinbarung abschließen, mit dem Ziel, die Größe des GBR wieder zu verringern. Das kann z. B. dadurch geschehen, dass alle BR-Gremien unabhängig von ihrer Größe nur je ein Mitglied in den GBR schicken. Eine zweite Möglichkeit ist, dass Betriebe, deren Arbeitnehmer aufgrund ähnlicher Arbeitsbedingungen etwa

Betriebe eines Unternehmens, die regional oder durch gleichartige Interessen miteinander verbunden sind, gemeinsam Mitglieder in den Gesamtbetriebsrat entsenden.	gleichartige Probleme und Interessen haben, zusammengefasst werden. Deren BR-Gremien müssten sich dann auf eines ihrer Mitglieder einigen, das diese Betriebe zusammen im GBR vertritt.
(6) Kommt im Fall des Absatzes 5 eine Einigung nicht zustande, so entscheidet eine für das Gesamtunternehmen zu bildende Einigungsstelle. Der Spruch der Einigungsstelle ersetzt die Einigung zwischen Arbeitgeber und Gesamtbetriebsrat.	**Im Streitfall entscheidet Einigungsstelle** Gelingt es GBR und Unternehmensleitung nicht, eine Betriebsvereinbarung nach Abs. 5 zustande zu bringen, dann kann jede der beiden Seiten die Initiative zur Bildung einer Einigungsstelle (§ 76) ergreifen. Diese Einigungsstelle würde dann endgültig und verbindlich entscheiden, durch welches Verfahren eine Verringerung der GBR-Sitze erreicht werden soll.
(7) Jedes Mitglied des Gesamtbetriebsrats hat so viele Stimmen, wie in dem Betrieb, in dem es gewählt wurde, wahlberechtigte Arbeitnehmer in der Wählerliste eingetragen sind. Entsendet der Betriebsrat mehrere Mitglieder, so stehen ihnen die Stimmen nach Satz 1 anteilig zu.	**Abstimmungsverfahren im GBR** Bei Abstimmungen im GBR soll das Gewicht des einzelnen Betriebs von der Zahl seiner wahlberechtigten Arbeitnehmer abhängen. Grundlage dafür ist die jeweilige **Wählerliste** der letzten BR-Wahl. Der Vertreter eines Betriebs, der zum Zeitpunkt der letzten BR-Wahl z. B. 45 Arbeitnehmer hatte, hat also 45 Stimmen. Vertreten zwei BR-Mitglieder einen Betrieb im GBR, wird die Zahl der Stimmen gleichmäßig auf diese beiden verteilt (was z. B. bei 213 Arbeitnehmern je 106,5 Stimmen bedeutet).
(8) Ist ein Mitglied des Gesamtbetriebsrats für mehrere Betriebe entsandt worden, so hat es so viele Stimmen, wie in den Betrieben, für die es entsandt ist, wahlberechtigte Arbeitnehmer	**Stimmenzahl bei gemeinsamem GBR-Mitglied** Zumindest bei größeren GBR-Gremien kann es vorkommen, dass mehrere (kleinere und ähnliche) Betriebe gemeinsam durch ein GBR-Mitglied oder auch durch zwei (oder sogar mehr) GBR-Mitglieder vertreten werden. In jedem Fall ist es so, dass die für eine bestimmte Zahl von Betrieben zuständigen GBR-Mitglieder so viele Stimmen im GBR repräsen-

in den Wählerlisten eingetragen sind; sind mehrere Mitglieder entsandt worden, gilt Absatz 7 Satz 2 entsprechend.	tieren, wie die von ihnen vertretenen Betriebe bei der letzten BR-Wahl wahlberechtigte Arbeitnehmer hatten (Wählerliste). Kommen mehrere GBR-Mitglieder aus einem BR, werden die Stimmen entsprechend aufgeteilt.
(9) Für Mitglieder des Gesamtbetriebsrats, die aus einem gemeinsamen Betrieb mehrerer Unternehmen entsandt worden sind, können durch Tarifvertrag oder Betriebsvereinbarung von den Absätzen 7 und 8 abweichende Regelungen getroffen werden.	**GBR-Mitglieder aus gemeinsamem Betrieb mehrerer Unternehmen** So wie ein Unternehmen mehrere Betriebe besitzen oder betreiben kann, ist es auch möglich, dass ein Betrieb aus mehreren Unternehmen besteht oder als »gemeinsamer Betrieb« (§ 1) mehreren Unternehmen gehört. Beispiel: Mehrere Unternehmen besitzen und nutzen einen gemeinsamen Fuhrpark. Trotzdem hat dieser gemeinsame Betrieb selbstverständlich einen einheitlichen Betriebsrat. **Unternehmensbezogene Stimmenverteilung** Ein solcher Betrieb gehört also nur zu einem Teil dem Unternehmen an, für das der GBR zuständig ist, zu einem anderen Teil aber einem (oder sogar mehreren) anderen Unternehmen. Würden nun bei der Festlegung der Stimmenzahl alle Arbeitnehmer dieses gemeinsamen Betriebs mitgezählt, würde das dem GBR-Mitglied des gemeinsamen Betriebs ein größeres Stimmengewicht geben, als ihm eigentlich zusteht. In diesem Fall kann durch **Tarifvertrag** oder **Betriebsvereinbarung** z. B. geregelt werden, dass bei der Festlegung der Stimmenzahl nur der Teil der Arbeitnehmer mitgezählt wird, der dem Unternehmen zugerechnet werden kann, für das der GBR zuständig ist.

§ 48 – Ausschluss von Gesamtbetriebsratsmitgliedern	Was kann geschehen, wenn Mitglieder des Gesamtbetriebsrats ihre gesetzlichen Pflichten verletzen?
Mindestens ein Viertel der wahlberechtigten Arbeitnehmer des Unternehmens, der Arbeitgeber, der Gesamtbetriebsrat oder eine im Unternehmen vertretene Gewerkschaft können beim Arbeitsgericht den Ausschluss eines Mitglieds aus dem Gesamtbetriebsrat wegen grober Verletzung seiner gesetzlichen Pflichten beantragen.	**Amtsenthebung durch Arbeitsgericht** Wenn einzelne GBR-Mitglieder ihre gesetzliche Pflicht grob verletzen, können sie – so wie auch BR-Mitglieder (§ 23 Abs. 1) – durch Beschluss eines Arbeitsgerichts ihr Amt verlieren. Der Antrag auf einen Ausschluss aus dem GBR kann von (mindestens) einem Viertel der wahlberechtigten Arbeitnehmer des **Unternehmens** (also aller Betriebe zusammengezählt) beim Arbeitsgericht gestellt werden. Der Arbeitgeber, eine im Unternehmen vertretene Gewerkschaft oder der GBR selber können dies ebenfalls tun. Zu einem gerichtlichen Ausschluss aus dem GBR kann es z. B. kommen, weil ein GBR-Mitglied sich beharrlich weigert, an GBR-Sitzungen oder -Abstimmungen teilzunehmen. Wird der Ausschluss rechtskräftig, rückt das benannte Ersatzmitglied nach. **Amtsenthebung nur für GBR-Mitgliedschaft** Da der Ausschluss aus dem GBR nur möglich ist, wenn der Betreffende seine Pflichten als GBR-Mitglied grob verletzt hat, bedeutet der Verlust des GBR-Amtes nicht, dass der Betreffende zugleich auch sein Amt in dem ihn entsendenden BR verliert. Umgekehrt ist es aber selbstverständlich so, dass ein GBR-Mitglied aus dem GBR ausscheidet, sowie es sein BR-Amt verloren hat.
§ 49 – Erlöschen der Mitgliedschaft	**Wann und unter welchen Umständen erlischt die Mitgliedschaft im Gesamtbetriebsrat?**
Die Mitgliedschaft im Gesamtbetriebsrat endet mit dem Erlöschen der Mitgliedschaft im Betriebsrat, durch Amtsniederlegung, durch	**Die Mitgliedschaft im GBR endet, ...** • wenn die Amtszeit im entsendenden BR abgelaufen oder aus sonstigen Gründen zu Ende ist (z. B. Beendigung des Arbeitsverhältnisses – siehe § 24);

Ausschluss aus dem Gesamtbetriebsrat auf Grund einer gerichtlichen Entscheidung oder Abberufung durch den Betriebsrat.	• wenn das GBR-Mitglied zurücktritt; • wenn das GBR-Mitglied durch ein Arbeitsgerichtsverfahren aus dem Gremium ausgeschlossen wurde oder • wenn der entsendende BR die Delegation in den GBR zurücknimmt und jemand anderen schickt.
§ 50 – Zuständigkeit	**Für welche Aufgaben ist der Gesamtbetriebsrat zuständig?**
(1) Der Gesamtbetriebsrat ist zuständig für die Behandlung von Angelegenheiten, die das Gesamtunternehmen oder mehrere Betriebe betreffen und nicht durch die einzelnen Betriebsräte innerhalb ihrer Betriebe geregelt werden können; seine Zuständigkeit erstreckt sich insoweit auch auf Betriebe ohne Betriebsrat. Er ist den einzelnen Betriebsräten nicht übergeordnet.	**Mitwirkungs-/Mitbestimmungsrechte bleiben beim BR** Ein GBR ist den BR-Gremien, die ihn bilden, nicht übergeordnet und erst recht nicht weisungsbefugt. Seine Hauptaufgabe ist die gegenseitige Information und Koordination der Interessenvertretung innerhalb eines Unternehmens. Grundsätzlich liegen also alle Mitwirkungs- und Mitbestimmungsrechte bei den örtlichen BR-Gremien. **Aufgabenübertragung durch BR-Gremien** Der GBR kann für die ihn bildenden BR-Gremien eine Mitwirkungs- und Mitbestimmungsaufgabe nur aus zwei Gründen übernehmen:
(2) Der Betriebsrat kann mit der Mehrheit der Stimmen seiner Mitglieder den Gesamtbetriebsrat beauftragen, eine Angelegenheit für ihn zu behandeln. Der Betriebsrat kann sich dabei die Entscheidungsbefugnis vorbehalten. § 27 Abs. 2 Satz 3 und 4 gilt entsprechend.	• weil die zu erledigende Angelegenheit aus sachlich zwingenden Gründen **unternehmenseinheitlich** geregelt werden muss und • weil der GBR mit der Erledigung einer Angelegenheit durch die ihn bildenden BR-Gremien **ausdrücklich beauftragt** wird. Relativ klar ist die GBR-Zuständigkeit bei einer Beauftragung durch die BR-Gremien. Wobei es möglich ist, dass nur **ein** BR den GBR mit einer Aufgabe betraut (der sich dem auch nicht entziehen kann). Häufiger ist es allerdings so, dass der GBR von allen örtlichen BR-Gremien beauftragt werden soll, zu einer bestimmten Angelegenheit eine unternehmenseinheitliche Regelung herbeizuführen. In diesem Fall müssen dann auch **alle** BR-Gremien einen ent-

sprechenden Beschluss fassen. Denn der GBR kann immer nur für die BR-Gremien aktiv werden, die ihn ausdrücklich mit einer Aufgabe beauftragen.

Ein Auftrag an den GBR kann sich auch darauf beschränken, nur Vorarbeiten zu leisten, die letzte Beschlussfassung aber beim beauftragenden BR zu lassen.

Beauftragung (und ihr Widerruf) immer schriftlich

Jede Beauftragung muss ebenso wie ein jederzeit möglicher Widerruf immer schriftlich erfolgen (§ 27 Abs. 2 Satz 3 und 4). Dieser Beschluss erfordert in jedem einzelnen BR immer die Mehrheit aller BR-Mitglieder (nicht nur die der anwesenden).

Unternehmenseinheitliche Regelungen = Aufgabe des GBR

Von sich aus und ohne Auftrag ist ein GBR nur dann für eine Aufgabe zuständig, wenn es dafür **sachlich zwingende Gründe** gibt. In diesem Fall besteht allerdings immer auch die Möglichkeit, dass es zwischen einzelnen BR-Gremien und dem GBR zu Auseinandersetzungen über die Zuständigkeit kommen kann. Deshalb noch einmal:

Die Zuständigkeit des örtlichen BR ist die Regel, die »automatische« Zuständigkeit des GBR die Ausnahme!

Es genügt auch nicht, dass es zweckmäßig oder kostengünstiger wäre, eine bestimmte Angelegenheit (z. B. die Einführung eines unternehmenseinheitlichen Personalfragebogens) unternehmens einheitlich zu regeln, es muss zwingend erforderlich sein. Immer muss der Einzelfall betrachtet und entsprechend entschieden werden. Das Sinnvollste dürfte sein, wenn sich der GBR immer dann, wenn er von sich aus ein Thema übernehmen will, konkret darum bemüht, von »seinen« BR-Gremien beauftragt zu werden.

Bekannte Beispiele sind Regelungen zur Lohngestaltung (z. B. für Prämien und Zuschläge) sowie der

	Einsatz von Informationstechnik (z. B. Arbeitszeiterfassung) im Unternehmen. In diesen Fällen sprechen ohne Frage viele gute Gründe für **unternehmenseinheitliche Regelungen** – zwingend sind sie aber nicht unbedingt. Auch in solchen Fällen muss sorgfältig geprüft werden, ob es sich tatsächlich um einen Zwang (ohne Alternative) handelt oder nur um eine Frage der Zweckmäßigkeit.
§ 51 – Geschäftsführung	**Wer führt die »Geschäfte« des Gesamtbetriebsrats? Wer lädt zu Sitzungen ein und leitet sie? Wie werden Beschlüsse gefasst?**
(1) Für den Gesamtbetriebsrat gelten § 25 Abs. 1, die §§ 26, 27 Abs. 2 und 3, § 28 Abs. 1 Satz 1 und 3, Abs. 2, die §§ 30, 31, 34, 35, 36, 37 Abs. 1 bis 3 sowie die §§ 40 und 41 entsprechend. § 27 Abs. 1 gilt entsprechend mit der Maßgabe, dass der Gesamtbetriebsausschuss aus dem Vorsitzenden des Gesamtbetriebsrats, dessen Stellvertreter und bei Gesamtbetriebsräten mit 9 bis 16 Mitgliedern aus 3 weiteren Ausschussmitgliedern, 17 bis 24 Mitgliedern aus 5 weiteren Ausschussmitgliedern, 25 bis 36 Mitgliedern aus 7 weiteren Ausschussmitgliedern,	**GBR-Geschäftsführung wie beim BR** • Nachrücken von Ersatzmitgliedern (§ 25 Abs. 1); • Wahl des Vorsitzenden und Stellvertreters (§ 26); • Führung laufender Geschäfte durch den Gesamtbetriebsausschuss (GBA), bei weniger als neun Mitgliedern Übertragung laufender Geschäfte auf GBR-Vorsitzenden (§ 27 Abs. 2 und 3); • Ausschüsse und Übertragung von Aufgaben (§ 28 Abs. 1 Satz 1 und 3, Abs. 2); • GBR-Sitzungen während der Arbeitszeit (§ 30); • Teilnahme von Gewerkschaften an GBR-Sitzungen (§ 31); • Protokollierung (§ 34), • Aussetzen von GBR-Beschlüssen durch Gesamt-JAV/Gesamtschwerbehindertenvertretung (§ 35); • Erstellung einer Geschäftsordnung (§ 36); • Arbeitsbefreiung und Bezahlung für GBR-Mitglieder (§ 37 Abs. 1 bis 3); • Kostenübernahme durch den Arbeitgeber (§ 40); • keine Finanzierung durch Arbeitnehmerumlage (§ 41). **Aber: Kein eigener Anspruch auf Schulung und Freistellung** Interessant sind auch die Bestimmungen, die zwar für den BR, nicht aber für den GBR gelten:

mehr als 36 Mitgliedern aus 9 weiteren Ausschussmitgliedern besteht.

- GBR-Mitglieder haben keinen eigenen Anspruch auf Schulung (§ 37 Abs. 6), müssen also auf ihre Ansprüche als BR-Mitglieder zurückgreifen.
- Es gibt keine eigene Regelung zur völligen Freistellung von der Berufsarbeit für die Erledigung von GBR-Aufgaben (§ 38). Das führt für größere GBR-Gremien zu Problemen, weil GBR-Mitglieder, die in ihren Betrieben als BR-Mitglieder freigestellt sind, diese Freistellung eigentlich nicht für die Erledigung von GBR-Aufgaben »verbrauchen« dürfen. Wenn nötig, sollte deshalb eine Regelung angestrebt werden, nach der z. B. der BR, der den GBR-Vorsitzenden stellt, eine zusätzliche Freistellung erhält – erzwingbar ist das aber nicht.

Bildung eines Gesamtbetriebsausschusses

Der GBR muss – so wie ein größerer BR auch – als Leitungsgremium einen Gesamtbetriebsausschuss (GBA) bilden, dem in jedem Fall der GBR-Vorsitzende und sein Stellvertreter angehören und dazu noch je nach GBR-Größe mehrere weitere GBR-Mitglieder (siehe die Größenangaben im Gesetzestext).

Die Wahl des GBA muss – wenn sich der GBR nicht auf eine Kandidatenliste einigen konnte – nach den Prinzipien der Verhältniswahl **(Listenwahl)** durchgeführt werden (§ 27 Abs. 1).

Dafür können sich die GBR-Mitglieder zu »Fraktionen« zusammentun (das können »politische« Fraktionen sein, aber es können z. B. auch die Vertreter kleinerer Betriebe oder einer bestimmten Sparte eine Fraktion bilden), die jeweils einen Wahlvorschlag mit ihren Kandidaten für den GBA aufstellen.

Aus den Namen/Bezeichnungen der Wahlvorschläge wird ein Stimmzettel erstellt. Jedes GBR-Mitglied kann (geheim) den von ihm favorisierten Wahlvorschlag ankreuzen. Mit der Anzahl der Stimmen, die der einzelne Wahlvorschlag bekommen hat, wird nach dem **d'Hondtschen-Höchstzahlenverfahren** errechnet, wer von welchem Wahlvorschlag in den GBA kommt (zum Rechenverfahren siehe § 14 Abs. 2).

Bildung von GBR-Ausschüssen

Das gleiche Verfahren wie bei der Bildung des Gesamtbetriebsausschusses ist auch anzuwenden, wenn der GBR Ausschüsse bilden will, um diesen Aufgaben zur **selbstständigen Erledigung** zu übertragen (§ 28 Abs. 1 Satz 1 und 3, Abs. 2).

(2) Ist ein Gesamtbetriebsrat zu errichten, so hat der Betriebsrat der Hauptverwaltung des Unternehmens oder, soweit ein solcher Betriebsrat nicht besteht, der Betriebsrat des nach der Zahl der wahlberechtigten Arbeitnehmer größten Betriebs zu der Wahl des Vorsitzenden und des stellvertretenden Vorsitzenden des Gesamtbetriebsrats einzuladen. Der Vorsitzende des einladenden Betriebsrats hat die Sitzung zu leiten, bis der Gesamtbetriebsrat aus seiner Mitte einen Wahlleiter bestellt hat. Paragraf 29 Absatz 2 bis 4 gilt entsprechend.

Initiative zur GBR-Bildung

Der GBR wird nicht von den Arbeitnehmern des Unternehmens gewählt, sondern setzt sich aus Delegierten der örtlichen BR zusammen. Deshalb konstituiert sich der GBR auch nicht nach jeder BR-Wahl neu, sondern ist so etwas wie eine ständige Einrichtung (Konstituierung heißt, dass ein Gremium ein erstes Mal zusammentritt, um seine Arbeit aufzunehmen). Nur wenn es in einem Unternehmen mit mehreren Betrieben noch keinen GBR gibt, muss jemand die Initiative für eine GBR-Konstituierung ergreifen. Das ist entweder der BR der Hauptverwaltung des Unternehmens oder der BR des größten Betriebs im Unternehmen.

Tun diese BR-Gremien das nicht, kann auch jeder andere zum Unternehmen gehörende BR die Initiative zu einer GBR-Gründung ergreifen und alle BR-Gremien auffordern, Mitglieder für den GBR zu benennen und zu einer ersten GBR-Sitzung zu schicken, auf der der GBR-Vorsitzende und sein Stellvertreter gewählt werden.

Wahl des GBR-Vorsitzenden, des Stellvertreters, der Ausschüsse

Der BR(-Vorsitzende), der dazu eingeladen hat, leitet dann die Wahl eines Wahlleiters ein, der die Wahl des GBR-Vorsitzenden durchführt (siehe § 29 Abs. 2 bis 4). Danach übernimmt der neu gewählte GBR-Vorsitzende die Sitzungsleitung.

	Nach jeder regelmäßigen (alle vier Jahre stattfindenden) BR-Wahl müssen der GBR-Vorsitzende, sein Stellvertreter, der GBA und die GBR-Ausschüsse neu gewählt werden.
(3) Die Beschlüsse des Gesamtbetriebsrats werden, soweit nichts anderes bestimmt ist, mit Mehrheit der Stimmen der anwesenden Mitglieder gefasst. Bei Stimmengleichheit ist ein Antrag abgelehnt. Der Gesamtbetriebsrat ist nur beschlussfähig, wenn mindestens die Hälfte seiner Mitglieder an der Beschlussfassung teilnimmt und die Teilnehmenden mindestens die Hälfte aller Stimmen vertreten; Stellvertretung durch Ersatzmitglieder ist zulässig. § 33 Abs. 3 gilt entsprechend.	**Beschlussfähigkeit des GBR** Wie der BR muss der GBR zu allem, was er tun will oder fordert, einen formellen Beschluss fassen. Voraussetzung dafür ist eine ordnungsgemäße Einladung, wenn nötig auch an die Ersatzmitglieder (siehe § 29). Um überhaupt Beschlüsse fassen zu können, muss der GBR beschlussfähig sein. Das ist dann der Fall, wenn erstens die Hälfte der GBR-Mitglieder anwesend ist, und wenn zweitens diese Hälfte der Personen auch mindestens über die Hälfte aller Stimmen verfügt. Das ist deshalb so geregelt, weil ein GBR-Mitglied nicht – wie im BR – nur über eine Stimme verfügt, sondern über so viele Stimmen, wie der Betrieb, aus dem es kommt, wahlberechtigte Arbeitnehmer hat (§ 47 Abs. 7). Kommen aus einem Betrieb zwei oder mehr GBR-Mitglieder, wird diese Stimmenzahl entsprechend aufgeteilt. **Beschlussfassung im GBR** Für einen Beschluss des GBR genügt die **einfache Mehrheit**, also die Mehrheit der Stimmen der anwesenden GBR-Mitglieder. Dabei muss wieder beachtet werden, dass die Stimmenzahl, die jedes GBR-Mitglied einbringt, der Zahl der wahlberechtigten Arbeitnehmer entspricht, die es vertritt (§ 47 Abs. 7). Für die Feststellung des Abstimmungsergebnisses muss also jeweils diese Stimmenzahl gezählt (und protokolliert) werden. In einem Unternehmen mit einem sehr großen und vielen kleineren Betrieben, können also die Stimmen der GBR-Mitglieder eines einzigen Betriebs mehr wiegen als die aller anderen zusammen.

	Jedes GBR-Mitglied kann mit Ja oder Nein stimmen oder sich enthalten. Da Stimmenthaltungen wie Nein-Stimmen zählen, ist das allerdings nicht sinnvoll (siehe § 33 Abs. 1). **Teilnahme der Gesamt-JAV** Die Gesamt-JAV ist zu allen GBR-Sitzungen mit Tagesordnung einzuladen und darf mit einem Mitglied teilnehmen. Geht es in einem Tagesordnungspunkt um Jugend- und Ausbildungsfragen, dann muss dazu die komplette Gesamt-JAV eingeladen werden und hat auch Stimmrecht (§ 33 Abs. 3).
(4) Auf die Beschlussfassung des Gesamtbetriebsausschusses und weiterer Ausschüsse des Gesamtbetriebsrats ist § 33 Abs. 1 und 2 anzuwenden.	**Beschlussfassung im Gesamtbetriebsausschuss und in den GBR-Ausschüssen** Im Gesamtbetriebsausschuss und in den Ausschüssen des GBR (dazu § 51 Abs. 1) ist das Beschlussverfahren ein anderes als bei Abstimmungen im ganzen GBR-Gremium! Es ist in diesen Fällen also nicht so, dass die Stimmenzahl, die jedes GBR-Mitglied einbringt, der Zahl der wahlberechtigten Arbeitnehmer entspricht, die es vertritt. Es ist vielmehr so wie bei einem »einfachen« BR (§ 33 Abs. 1 und 2): Jedes Ausschussmitglied hat also – egal aus welchem Betrieb es kommt – nur **eine persönliche Stimme**! Entsprechend sind Gesamtbetriebsausschuss und GBR-Ausschüsse dann beschlussfähig, wenn jeweils die Hälfte der Mitglieder anwesend ist.
(5) Die Vorschriften über die Rechte und Pflichten des Betriebsrats gelten entsprechend für den Gesamtbetriebsrat, soweit dieses Gesetz keine besonderen Vorschriften enthält.	**Allgemeine Rechte und Pflichten des GBR** Der GBR kann nur dann Mitwirkungs- und Mitbestimmungsrechte anwenden, wenn er entweder von einem, mehreren oder allen BR des Unternehmens damit beauftragt wurde (§ 50 Abs. 2) oder wenn die Sache, um die es geht, zwingend unternehmenseinheitlich geregelt werden muss (§ 50 Abs. 1). Von dieser Einschränkung abgesehen, hat der GBR alle Rechte und Pflichten, die sonst auch ein BR hat – die Aufzählung in Abs. 1 ist in dieser

	Hinsicht nicht vollständig. So hat der GBR z. B. auch eigene Informationsrechte (wie § 80 Abs. 2) oder das Recht, Sachverständige zu engagieren (wie § 80 Abs. 3).
§ 52 – Teilnahme der Gesamtschwerbehindertenvertretung	**Wann muss die Gesamtschwerbehindertenvertretung eingeladen werden?**
Die Gesamtschwerbehindertenvertretung (§ 97 Abs. 1 des Neunten Buches Sozialgesetzbuch) kann an allen Sitzungen des Gesamtbetriebsrats beratend teilnehmen.	Die Gesamtschwerbehindertenvertretung darf an allen Sitzungen des GBR und der GBR-Ausschüsse teilnehmen. Deshalb muss sie über alle diese Sitzungen und ihre Inhalte informiert und dazu eingeladen werden. Die Gesamtschwerbehindertenvertretung kann verlangen, dass Themen aus ihrem Zuständigkeitsbereich auf die Tagesordnungen des GBR bzw. der GBR-Ausschüsse gesetzt werden (§ 95 Abs. 4 Sozialgesetzbuch IX). Die Gesamtschwerbehindertenvertretung kann bei allen Themen mitsprechen, nicht aber mit abstimmen.
§ 53 – Betriebsräteversammlung	**Was ist eine Betriebsräteversammlung und wie oft muss sie einberufen werden?**
(1) Mindestens einmal in jedem Kalenderjahr hat der Gesamtbetriebsrat die Vorsitzenden und die stellvertretenden Vorsitzenden der Betriebsräte sowie die weiteren Mitglieder der Betriebsausschüsse zu einer Versammlung einzuberufen. Zu dieser Versammlung kann der Betriebsrat abweichend von Satz 1 aus seiner Mitte andere Mitglieder entsenden, soweit dadurch die Gesamtzahl der sich für ihn nach	**Einmal jährlich: Betriebsräteversammlung** Wenn es in einem Unternehmen mehrere Betriebe, mehrere BR und demzufolge auch einen GBR gibt, muss einmal im Jahr eine Betriebsräteversammlung stattfinden. Ziele sind direktere Information, Erfahrungsaustausch und verbesserte Koordination. **Teilnahmeberechtigung, Zusammensetzung** Über den Kreis der GBR-Mitglieder hinaus sollten so viele BR-Mitglieder wie möglich teilnehmen können. Teilnahmeberechtigt sind zunächst jeweils die BR-Vorsitzenden und ihre Stellvertreter oder – soweit vorhanden – der komplette Betriebsausschuss (BA). Kommen (was in der Praxis oft der Fall ist) aus diesem Kreis auch die GBR-Mitglieder, dann kön-

Satz 1 ergebenden Teilnehmer nicht überschritten wird.	nen zusätzlich noch entsprechend viele andere BR-Mitglieder mitkommen. Die vorgeschriebene Gesamtpersonenzahl muss aber eingehalten werden. Beispiel: Ein 13-köpfiger BR hat einen aus BR-Vorsitzendem, Stellvertreter und drei weiteren Mitgliedern bestehenden BA. Als GBR-Mitglieder sind der stellvertretende BR-Vorsitzende und ein weiteres BA-Mitglied delegiert. Dann können zusätzlich zum BA noch zwei »einfache« BR-Mitglieder an der Betriebsräteversammlung teilnehmen, weil die GBR-Mitglieder sowieso ein Teilnahmerecht haben und deshalb nicht dazu zählen.

Sechster Abschnitt
Konzernbetriebsrat

§ 54 – Errichtung des Konzernbetriebsrats	**Wann und wie kann ein Konzernbetriebsrat gebildet werden?**
(1) Für einen Konzern (§ 18 Abs. 1 des Aktiengesetzes) kann durch Beschlüsse der einzelnen Gesamtbetriebsräte ein Konzernbetriebsrat errichtet werden. Die Errichtung erfordert die Zustimmung der Gesamtbetriebsräte der Konzernunternehmen, in denen insgesamt mehr als 50 vom Hundert der Arbeitnehmer der Konzernunternehmen beschäftigt sind.	**Bildung eines KBR (keine Pflicht)** Von einem Konzern spricht man dann, wenn mehrere rechtlich selbstständige Unternehmen zusammengeschlossen sind. Immer dann – und nur dann – wenn ein solcher Unternehmenszusammenschluss von einem der Unternehmen eindeutig beherrscht wird, wenn also die Unternehmen des Konzerns unter der Leitung dieses einen herrschenden Unternehmens stehen (§ 18 Abs. 1 Aktiengesetz), dann kann ein KBR gebildet werden. Die Bildung eines KBR ist also – anders als beim GBR – keine Pflicht. Sie wird nur stattfinden, wenn GBR-Gremien, die zusammen mehr als die Hälfte aller im Konzern beschäftigten Arbeitnehmer repräsentieren, dies beschließen. Beispiel: Besteht ein Konzern aus nur zwei Unternehmen, von denen eins 1500 und das andere 250 Arbeitnehmer (auf die Wahlberechtigung kommt es hier nicht an) beschäftigt, wird ein KBR gebildet werden, wenn der GBR des größeren Unternehmens dies will.

(2) Besteht in einem Konzernunternehmen nur ein Betriebsrat, so nimmt dieser die Aufgaben eines Gesamtbetriebsrats nach den Vorschriften dieses Abschnitts wahr.	**Konzernunternehmen ohne GBR** Wenn ein zu einem Konzern gehörendes Unternehmen nur aus einem Betrieb besteht, kann es auch nur einen BR haben, der dann (so wie sonst der GBR) an der Bildung des KBR beteiligt wird. Möglich ist auch, dass ein Unternehmen zwar aus mehreren Betrieben besteht, es aber nur in einem dieser Betriebe einen BR gibt. In diesen Fällen geht das Recht, die Bildung eines KBR zu beschließen, auf diesen BR über.
§ 55 – Zusammensetzung des Konzernbetriebsrats, Stimmengewicht	**Wie wird der Konzernbetriebsrat zusammengesetzt? Welches Gewicht (wie viele Stimmen) haben die beteiligten (Gesamt-)Betriebsräte?**
(1) In den Konzernbetriebsrat entsendet jeder Gesamtbetriebsrat zwei seiner Mitglieder. Die Geschlechter sollen angemessen berücksichtigt werden. (2) Der Gesamtbetriebsrat hat für jedes Mitglied des Konzernbetriebsrats mindestens ein Ersatzmitglied zu bestellen und die Reihenfolge des Nachrückens festzulegen.	**Zusammensetzung des KBR** Jeder GBR (oder bei Unternehmen mit nur einem BR dieser BR) schickt je zwei seiner Mitglieder in den KBR. Dabei sollen Frauen und Männer berücksichtigt werden (müssen es aber nicht). Für jedes KBR-Mitglied muss der entsendende GBR mindestens ein persönliches **Ersatzmitglied** benennen. Gibt es für ein KBR-Mitglied zwei oder mehr Ersatzmitglieder muss ebenfalls festgelegt werden, wer zuerst und wer danach »dran« ist, falls das reguläre KBR-Mitglied ausfällt oder verhindert ist. Es ist möglich, dass ein Ersatzmitglied mehrere KBR-Mitglieder vertritt. Das muss dann allerdings so geregelt werden, dass auch bei Verhinderung mehrerer KBR-Mitglieder jedes davon eine Vertretung hat.
(3) Jedem Mitglied des Konzernbetriebsrats stehen die Stimmen der Mitglieder des entsendenden Gesamtbetriebsrats je zur Hälfte zu.	**Stimmenzahl der KBR-Mitglieder** Die GBR-Mitglieder, aus denen der KBR besteht, haben nicht jeweils eine Stimme, sondern so viele Stimmen, wie sie wahlberechtigte Arbeitnehmer aus allen Betrieben ihres Unternehmens zusammengerechnet repräsentieren (siehe § 47 Abs. 7). Weil ein GBR (oder in Unternehmen mit nur einem BR dieser BR) grundsätzlich immer zwei Delegierte

	in den KBR schickt, bekommt jeder von diesen beiden Delegierten die Hälfte der dem GBR/BR zustehenden Stimmen.
(4) Durch Tarifvertrag oder Betriebsvereinbarung kann die Mitgliederzahl des Konzernbetriebsrats abweichend von Absatz 1 Satz 1 geregelt werden. § 47 Abs. 5 bis 9 gilt entsprechend.	**Abweichende Anzahl der entsandten KBR-Mitglieder** Es ist möglich, durch **Tarifvertrag** oder **Betriebsvereinbarung** festzulegen, dass die einzelnen GBR mehr oder weniger Mitglieder als die in § 55 Abs. 1 vorgeschriebenen zwei Mitglieder in den KBR entsenden (z. B. für kleine Unternehmen nur ein Mitglied und für besonders große Unternehmen drei Mitglieder). In diesen Fällen müsste dann auch die Stimmenanzahl (§ 55 Abs. 3) entsprechend verteilt werden (§ 47 Abs. 7 Satz 2 und Abs. 8). Auf jeden Fall soll sichergestellt werden, dass der KBR nicht mehr als 40 Mitglieder hat (§ 47 Abs. 5). Wird eine von § 55 Abs. 1 abweichende Mitgliederzahl für den KBR durch eine Betriebsvereinbarung geregelt, würde die **Einigungsstelle** (§ 47 Abs. 6) entscheiden, wenn sich KBR und Konzernleitung nicht einig würden. Gibt es einen entsprechenden Tarifvertrag, kann es keine Betriebsvereinbarung zu diesem Thema geben, da der Tarifvertrag Vorrang hat.
§ 56 – Ausschluss von Konzernbetriebsratsmitgliedern	**Was kann geschehen, wenn Mitglieder des Konzernbetriebsrats ihre gesetzlichen Pflichten verletzen?**
Mindestens ein Viertel der wahlberechtigten Arbeitnehmer der Konzernunternehmen, der Arbeitgeber, der Konzernbetriebsrat oder eine im Konzern vertretene Gewerkschaft können beim Arbeitsgericht den Ausschluss eines Mitglieds aus dem Konzernbetriebsrat wegen	**Amtsenthebung durch das Arbeitsgericht** Wenn einzelne KBR-Mitglieder ihre gesetzlichen Pflichten grob verletzen, können sie – so wie auch BR- und GBR-Mitglieder (§ 23 Abs. 1, § 48) – durch den Beschluss eines Arbeitsgerichts aus dem KBR ausgeschlossen werden. Dafür müssen (mindestens) ein Viertel der wahlberechtigten Arbeitnehmer des Konzerns (also aller Unternehmen zusammengezählt), der Arbeitgeber, eine im Unternehmen vertretene Gewerkschaft oder der KBR selber einen entsprechenden Antrag beim Arbeitsgericht stellen.

grober Verletzung seiner gesetzlichen Pflichten beantragen.	Voraussetzung für einen Ausschluss ist eine grobe Pflichtverletzung (z. B. beharrliches Nichterscheinen auf KBR-Sitzungen). Da sich diese Pflichtverletzung nur auf die KBR-Arbeit bezieht, bleibt die Mitgliedschaft im GBR und im BR unberührt (siehe § 48).
§ 57 – Erlöschen der Mitgliedschaft	**Wann und unter welchen Umständen erlischt die Mitgliedschaft im Konzernbetriebsrat?**
Die Mitgliedschaft im Konzernbetriebsrat endet mit dem Erlöschen der Mitgliedschaft im Gesamtbetriebsrat, durch Amtsniederlegung, durch Ausschluss aus dem Konzernbetriebsrat aufgrund einer gerichtlichen Entscheidung oder Abberufung durch den Gesamtbetriebsrat.	**Die Mitgliedschaft im KBR endet, ...** • wenn die Amtszeit im entsendenden BR abgelaufen oder aus sonstigen Gründen zu Ende ist (z. B. Beendigung des Arbeitsverhältnisses – siehe § 24); • wenn das KBR-Mitglied zurücktritt; • wenn das KBR-Mitglied durch ein Arbeitsgerichtsverfahren aus dem KBR ausgeschlossen wurde (§ 56) oder • wenn der entsendende GBR die Delegation in den KBR zurücknimmt und jemand anderen schickt.
§ 58 – Zuständigkeit	**Für welche Aufgaben ist der Konzernbetriebsrat zuständig?**
(1) Der Konzernbetriebsrat ist zuständig für die Behandlung von Angelegenheiten, die den Konzern oder mehrere Konzernunternehmen betreffen und nicht durch die einzelnen Gesamtbetriebsräte innerhalb ihrer Unternehmen geregelt werden können; seine Zuständigkeit erstreckt sich insoweit auch auf Unternehmen, die einen Gesamtbetriebsrat nicht gebildet haben, sowie auf Be-	**Zwingend konzerneinheitliche Regelungen** Der KBR ist den GBR-Gremien nicht übergeordnet. Er kann eine Aufgabe nur dann von sich aus übernehmen, wenn eine zu erledigende Angelegenheit aus sachlich zwingenden Gründen konzerneinheitlich geregelt werden muss. **Aufgabenübertragung durch GBR-Gremien** Die zweite Möglichkeit ist, dass der KBR mit der Erledigung einer Aufgabe durch die ihn bildenden GBR-Gremien ausdrücklich beauftragt wird. Dabei ist es möglich, dass der Auftrag nur von einem GBR kommt, von mehreren oder von allen GBR-Gremien. Ein solcher Auftrag kann sich auch darauf beziehen, lediglich Vorarbeiten zu leisten, die letzte Beschlussfassung aber beim beauftragenden GBR zu lassen (siehe auch § 50).

triebe der Konzernunternehmen ohne Betriebsrat. Er ist den einzelnen Gesamtbetriebsräten nicht übergeordnet.	Die Beauftragung muss ebenso wie ein jederzeit möglicher Widerruf immer schriftlich erfolgen (§ 27 Abs. 2 Satz 3 und 4). Der Beschluss braucht die Stimmenmehrheit aller GBR-Mitglieder und nicht nur die der anwesenden (Achtung: GBR-Mitglieder haben so viele Stimmen wie ihre Unternehmen wahlberechtigte Arbeitnehmer haben – § 47 Abs. 8).
(2) Der Gesamtbetriebsrat kann mit der Mehrheit der Stimmen seiner Mitglieder den Konzernbetriebsrat beauftragen, eine Angelegenheit für ihn zu behandeln. Der Gesamtbetriebsrat kann sich dabei die Entscheidungsbefugnis vorbehalten. § 27 Abs. 2 Satz 3 und 4 gilt entsprechend.	
§ 59 – Geschäftsführung	**Wer führt die »Geschäfte« des Konzernbetriebsrats? Wer lädt zu Sitzungen ein und leitet sie? Wie werden Beschlüsse gefasst?**
(1) Für den Konzernbetriebsrat gelten § 25 Abs. 1, die §§ 26, 27 Abs. 2 und 3, § 28 Abs. 1 Satz 1 und 3, Abs. 2, die §§ 30, 31, 34, 35, 36, 37 Abs. 1 bis 3 sowie die §§ 40, 41 und 51 Abs. 1 Satz 2 und Abs. 3 bis 5 entsprechend.	**KBR-Geschäftsführung wie bei BR/GBR** Viele der Bestimmungen, die für den BR und den GBR gelten, gelten auch für den KBR: • Nachrücken von Ersatzmitgliedern (§ 25 Abs. 1); • Wahl des Vorsitzenden und Stellvertreters (§ 26); • Einrichtung eines Konzernbetriebsausschusses als Leitungsgremium (§ 51 Abs. 1); • Führung laufender Geschäfte durch den Konzernbetriebsausschuss; bei weniger als neun Mitgliedern Übertragung laufender Geschäfte auf KBR-Vorsitzenden (§ 27 Abs. 2 und 3); • Ausschüsse und Übertragung von Aufgaben (§ 28 Abs. 1 Satz 1 und 3, Abs. 2); • Verfahren der Beschlussfassung für KBR und seine Ausschüsse (§ 52 Abs. 3 und 4); • KBR-Sitzungen während der Arbeitszeit (§ 30); • Teilnahme von Gewerkschaften an KBR-Sitzungen (§ 31);

	• Protokollierung (§ 34); • Aussetzen von KBR-Beschlüssen durch die Konzern-JAV/Konzernschwerbehindertenvertretung (§ 35); • Geschäftsordnung (§ 36); • Arbeitsbefreiung und Bezahlung für GBR-Mitglieder (§ 37 Abs. 1 bis 3); • Kostenübernahme durch den Arbeitgeber (§ 40); • keine Finanzierung durch Arbeitnehmerumlage (§ 41). **Kein eigener Anspruch auf Schulung und Freistellung** Insgesamt hat der KBR alle Rechte und Pflichten, die sonst auch ein BR hat, mit zwei bedeutsamen Ausnahmen: • KBR-Mitglieder haben keinen eigenen Anspruch auf Schulung (§ 37 Abs. 6), müssen also, wie GBR-Mitglieder auch, auf ihre Ansprüche als BR-Mitglieder zurückgreifen. • Es gibt keine eigene Regelung zur völligen Freistellung von der Berufsarbeit (§ 38) für die Erledigung von KBR-Aufgaben (siehe dazu § 51 Abs. 1).
(2) Ist ein Konzernbetriebsrat zu errichten, so hat der Gesamtbetriebsrat des herrschenden Unternehmens oder, soweit ein solcher Gesamtbetriebsrat nicht besteht, der Gesamtbetriebsrat des nach der Zahl der wahlberechtigten Arbeitnehmer größten Konzernunternehmens zu der Wahl des Vorsitzenden und des stellvertretenden Vor-	**Konstituierung des KBR** Genauso wie der GBR ist der KBR eine ständige Einrichtung und konstituiert sich deshalb nicht nach jeder BR-Wahl neu (Konstituierung heißt, dass ein Gremium ein erstes Mal zusammentritt, um seine Arbeit aufzunehmen). Die Initiative für eine KBR-Konstituierung kann (wenn es einen KBR noch nicht gibt) jederzeit der GBR des konzernbeherrschenden Unternehmens (§ 54 Abs. 1) ergreifen. Gibt es im herrschenden Unternehmen keinen GBR, kann auch der GBR des sonst größten Konzernunternehmens tätig werden und alle anderen GBR des Konzerns auffordern, KBR-Mitglieder zu benennen und zu einer ersten

sitzenden des Konzernbetriebsrats einzuladen. Der Vorsitzende des einladenden Gesamtbetriebsrats hat die Sitzung zu leiten, bis der Konzernbetriebsrat aus seiner Mitte einen Wahlleiter bestellt hat. § 29 Abs. 2 bis 4 gilt entsprechend.	KBR-Sitzung zu schicken, auf der der KBR-Vorsitzende und sein Stellvertreter gewählt werden. **Wahl des KBR-Vorsitzenden, des Stellvertreters, der Ausschüsse** Der Vorsitzende des einladenden GBR leitet dann die Wahl eines Wahlleiters ein, der die Wahl des KBR-Vorsitzenden durchführt. Danach übernimmt der neu gewählte KBR-Vorsitzende die Sitzungsleitung (siehe § 29 Abs. 2 bis 4). Das Bestehen eines KBR wird durch die regelmäßigen BR-Wahlen zwar nicht beeinflusst, aber trotzdem müssen nach jeder regelmäßigen BR-Wahl der KBR-Vorsitzende, sein Stellvertreter, der Konzernbetriebsausschuss und die KBR-Ausschüsse neu gewählt werden.
§ 59a – Teilnahme der Konzernschwerbehindertenvertretung	**Wann muss die Konzernschwerbehindertenvertretung eingeladen werden?**
Die Konzernschwerbehindertenvertretung (§ 97 Abs. 2 des Neunten Buches Sozialgesetzbuch) kann an allen Sitzungen des Konzernbetriebsrats beratend teilnehmen.	**Rechte der Konzernschwerbehindertenvertretung** Die Konzernschwerbehindertenvertretung darf an allen KBR- und KBR-Ausschusssitzungen teilnehmen und ist deshalb immer zu informieren und einzuladen. Die Konzernschwerbehindertenvertretung kann verlangen, dass Themen aus ihrem Zuständigkeitsbereich auf die Tagesordnung des KBR-bzw. der KBR-Ausschüsse gesetzt werden. Die Konzernschwerbehindertenvertretung kann bei allen Themen mitsprechen aber nicht mit abstimmen (siehe § 52).

Dritter Teil
Jugend- und Auszubildendenvertretung

Erster Abschnitt
Betriebliche Jugend- und Auszubildendenvertretung

§ 60 – Errichtung und Aufgabe	Wann und wo wird eine Jugend- und Auszubildendenvertretung gewählt?
(1) In Betrieben mit in der Regel mindestens fünf Arbeitnehmern, die das 18. Lebensjahr noch nicht vollendet haben (jugendliche Arbeitnehmer) oder die zu ihrer Berufsausbildung beschäftigt sind und das 25. Lebensjahr noch nicht vollendet haben, werden Jugend- und Auszubildendenvertretungen gewählt.	**Voraussetzungen für die JAV-Wahl** Die Jugend- und Auszubildendenvertretung (JAV) vertritt die speziellen Interessen der jugendlichen Arbeitnehmer (die noch nicht ihren 18. Geburtstag hatten) und der in einer Berufsausbildung stehenden Arbeitnehmer (bis zu deren 25. Geburtstag). Zu den »zu ihrer Berufsausbildung beschäftigten« Arbeitnehmern gehören nicht nur Auszubildende mit Ausbildungsvertrag, sondern auch alle anderen Arbeitnehmer, die sich im Betrieb berufliche Kenntnisse und Fertigkeiten aneignen (z. B. Umschüler und Praktikanten) – sie müssen aber Arbeitnehmer des Betriebs sein (§ 5).
(2) Die Jugend- und Auszubildendenvertretung nimmt nach Maßgabe der folgenden Vorschriften die besonderen Belange der in Absatz 1 genannten Arbeitnehmer wahr.	Mitgezählt wird allerdings nur, wer »in der Regel« im Betrieb beschäftigt ist (siehe § 62 Abs. 1). **Einleitung der Wahl durch den BR** Gibt es in einem Betrieb zusammengerechnet mindestens fünf solcher Arbeitnehmer und gibt es einen BR, dann muss dieser BR eine JAV-Wahl einleiten und zwar durch die umgehende Benennung eines Wahlvorstands (§ 63). **Ausbildung außerhalb des Betriebs** Wenn Teile der Ausbildung außerhalb des Betriebs stattfinden (z. B. das erste Ausbildungsjahr in einem Bauhof) zählen diese Auszubildenden mit. Ist die gesamte Ausbildung ausgelagert (z. B. an eine überbetriebliche Ausbildungsstätte), dann hängt dies davon ab, ob der entsendende Arbeitgeber

	einen beherrschenden Einfluss auf die Art der Ausbildung hat. Ist das der Fall, zählen die Auszubildenden mit; ist die Ausbildungsstätte in dieser Hinsicht selbstständig, zählen die Auszubildenden beim entsendenden Betrieb nicht mit. Alle Arbeitnehmer in Berufsausbildung, die schon 18 Jahre oder älter sind, wählen zwar (auch) den BR mit, ihre speziellen Interessen werden aber trotzdem durch die JAV vertreten.
§ 61 – Wahlberechtigung und Wählbarkeit	**Wer kann die Jugend- und Auszubildendenvertretung wählen und wer kann sich wählen lassen?**
(1) Wahlberechtigt sind alle in § 60 Abs. 1 genannten Arbeitnehmer des Betriebs.	**Wahlberechtigte** Alle jugendlichen Arbeitnehmer unter 18 und alle in einer Berufsausbildung stehenden Arbeitnehmer unter 25 Jahre (§ 60 Abs. 1) können sich an der JAV-Wahl beteiligen – ein Mindestalter gibt es nicht.
(2) Wählbar sind alle Arbeitnehmer des Betriebs, die das 25. Lebensjahr noch nicht vollendet haben; § 8 Abs. 1 Satz 3 findet Anwendung. Mitglieder des Betriebsrats können nicht zu Jugend- und Auszubildendenvertretern gewählt werden.	**Voraussetzung für die Kandidatur** Alle Arbeitnehmer des Betriebs können für die JAV kandidieren, soweit sie zu Beginn der JAV-Amtszeit (§ 64) noch nicht 25 Jahre alt sind. Ob sie in einem Ausbildungsverhältnis beschäftigt sind, spielt dabei keine Rolle. Anders als bei der BR-Wahl kommt es für eine JAV-Kandidatur auf die Dauer der Betriebszugehörigkeit nicht an, es gibt auch kein Mindestalter. BR-Mitglieder können niemals für die JAV kandidieren; umgekehrt darf sich aber ein JAV-Mitglied für die BR-Wahl aufstellen lassen. Wird es dann gewählt, verliert es sein JAV-Amt.

§ 62 – Zahl der Jugend- und Auszubildendenvertreter, Zusammensetzung der Jugend- und Auszubildendenvertretung	Wie groß muss die Jugend- und Auszubildendenvertretung sein und wie setzt sie sich zusammen?
(1) Die Jugend- und Auszubildendenvertretung besteht in Betrieben mit in der Regel 5 bis 20 der in § 60 Abs. 1 genannten Arbeitnehmer aus einer Person, 21 bis 50 der in § 60 Abs. 1 genannten Arbeitnehmer aus 3 Mitgliedern, 51 bis 150 der in § 60 Abs. 1 genannten Arbeitnehmer aus 5 Mitgliedern, 151 bis 300 der in § 60 Abs. 1 genannten Arbeitnehmer aus 7 Mitgliedern, 301 bis 500 der in § 60 Abs. 1 genannten Arbeitnehmer aus 9 Mitgliedern, 501 bis 700 der in § 60 Abs. 1 genannten Arbeitnehmer aus 11 Mitgliedern, 701 bis 1000 der in § 60 Abs. 1 genannten Arbeitnehmer aus 13 Mitgliedern,	**Bestimmung der JAV-Größe** Alle jugendlichen Arbeitnehmer unter 18 und alle in einer Berufsausbildung stehenden Arbeitnehmer unter 25 Jahre (§ 60 Abs. 1) werden mitgezählt, wenn es darum geht, die Größe der zu wählenden JAV festzulegen. Sie müssen allerdings »in der Regel« (= normalerweise) im Betrieb beschäftigt sein. Wenn die im Gesetzestext festgelegten Größenordnungen also nur vorübergehend unter- oder überschritten werden, dann hat das auf die Größe der zu wählenden JAV keine Auswirkung (siehe auch § 9). Finden sich nicht ausreichend viele Kandidaten, um die vorgeschriebene JAV-Größe zu erreichen, dann muss in der Liste des Gesetzestextes (§ 62 Abs. 1) die nächstkleinere JAV-Größe angestrebt werden (siehe auch § 11) – eine gerade Zahl von JAV-Mitgliedern darf es nicht geben. **Zusammensetzung der JAV** Bei der Aufstellung der JAV-Kandidaten sollen die verschiedenen, im Betrieb vorhandenen Beschäftigungsarten und Ausbildungsberufe berücksichtigt werden. Dies ist nur ein Appell an diejenigen, die die Kandidatenliste(n) aufstellen, keine zwingende Vorschrift. **Errechnung des Geschlechteranteils** Zwingend ist vorgeschrieben, dass beide Geschlechter ihrem Anteil entsprechend auch in der JAV vertreten sein müssen. Wenn also in der Gruppe der jugendlichen Arbeitnehmer unter 18 und der in einer Berufsausbildung stehenden Arbeitnehmer unter 25 Jahre beide Geschlechter vorkommen, wird nach dem d'Hondtschen Höchst-

mehr als 1000 der in § 60 Abs. 1 genannten Arbeitnehmer aus 15 Mitgliedern.

(2) Die Jugend- und Auszubildendenvertretung soll sich möglichst aus Vertretern der verschiedenen Beschäftigungsarten und Ausbildungsberufe der im Betrieb tätigen in § 60 Abs. 1 genannten Arbeitnehmer zusammensetzen.

(3) Das Geschlecht, das unter den in § 60 Abs. 1 genannten Arbeitnehmern in der Minderheit ist, muss mindestens entsprechend seinem zahlenmäßigen Verhältnis in der Jugend- und Auszubildendenvertretung vertreten sein, wenn diese aus mindestens drei Mitgliedern besteht.

zahlensystem (siehe auch § 14 Abs. 2) errechnet, wie viele JAV-Mitglieder das in der Minderheit befindliche Geschlecht garantiert bekommen muss.

Beispiel:

	11 Frauen	26 Männer
: 1	11,0	26,0
: 2	5,5	13,0
: 3	3,7	8,7

Zu wählen sind drei JAV-Mitglieder. Werden nun aus der Tabelle die drei größten Zahlen herausgesucht, ergibt sich eine Zusammensetzung von zwei männlichen und einem weiblichen JAV-Mitglied. Diese Berücksichtigung beider Geschlechter funktioniert natürlich nur, wenn das schon bei der Aufstellung der Kandidatenlisten berücksichtigt wurde (§ 63).

Bei einer nur 1-köpfigen JAV muss das Minderheitsgeschlecht nicht berücksichtigt werden (auch nicht bei der Stellvertreterwahl).

§ 63 – Wahlvorschriften

Wie muss die Wahl der Jugend- und Auszubildendenvertretung vorbereitet und durchgeführt werden?

(1) Die Jugend- und Auszubildendenvertretung wird in geheimer und unmittelbarer Wahl gewählt.

Geheime und persönliche Wahl

Die JAV-Wahl muss so ablaufen, dass jeder Wählende seinen Stimmzettel unbeobachtet ausfüllen und abgeben kann (Wahlkabine, Wahlurne). Außerdem muss die Stimme persönlich abgegeben werden, was durch den Wahlvorstand (§ 63 Abs. 2) zu überwachen ist (Wählerliste abhaken). Diese und verschiedene andere Einzelheiten des Wahlverfahrens sind in der Wahlordnung des BetrVG geregelt, die vom Wahlvorstand durchzuarbeiten und zu beachten ist.

(2) Spätestens acht Wochen vor Ablauf der Amtszeit der Jugend- und Auszubildendenvertretung bestellt der Betriebsrat den Wahlvorstand und seinen Vorsitzenden. Für die Wahl der Jugend- und Auszubildendenvertreter gelten § 14 Abs. 2 bis 5, § 16 Abs. 1 Satz 4 bis 6, § 18 Abs. 1 Satz 1 und Abs. 3 sowie die §§ 19 und 20 entsprechend.

Benennung des Wahlvorstands durch den BR

Der Normalfall bei einer JAV-Wahl ist es wohl, dass es nicht nur einen BR, sondern auch bereits eine JAV gibt. In diesem Fall muss der BR acht Wochen bevor die Amtszeit der JAV zu Ende geht (§ 64) einen Wahlvorstand benennen und eins der Wahlvorstandsmitglieder zum Vorsitzenden erklären.

Gibt es noch keine JAV, muss der BR den Wahlvorstand benennen, sowie es eine ausreichende Zahl von JAV-Wahlberechtigten im Betrieb gibt (§ 60).

Für jedes Wahlvorstandsmitglied kann der BR ein Ersatzmitglied bestellen – möglichst unter Berücksichtigung beider Geschlechter (§ 16 Abs. 1 Satz 4 bis 6).

Einleitung der JAV-Wahl

Der Wahlvorstand muss die JAV-Wahl so schnell wie möglich einleiten, durchführen, das Wahlergebnis feststellen und bekanntgeben (§ 18 Abs. 1 Satz 1). Die Wahl findet nach den gleichen Regeln statt wie die BR-Wahl. Das heißt:

Zwischen fünf und 50 JAV-Wahlberechtigten …

… muss das vereinfachte Wahlverfahren durchgeführt werden (mehr dazu in § 63 Abs. 4).

Zwischen 51 und 100 JAV-Wahlberechtigten …

… kann das vereinfachte Wahlverfahren angewendet werden (nach Vereinbarung zwischen Wahlvorstand und Arbeitgeber – mehr dazu in § 63 Abs. 5).

Bei 51 und mehr JAV-Wahlberechtigten …

… ist das »reguläre« BR-Wahlverfahren (§ 14 Abs. 2 bis 5) anzuwenden, das zwei Möglichkeiten bietet:

- Die **Persönlichkeitswahl** (Mehrheitswahl) wird angewendet, wenn es nur eine Liste mit Kandidaten gibt. In diesem Fall stehen die Namen aller Kandidaten auf einem Stimmzettel und die Wählenden können so viele Personen durch Ankreuzen auswählen wie die JAV Mitglieder haben soll. Gewählt sind die Kandidaten, die die meisten Stimmen bekommen haben (§ 14 Abs. 2).

- Die **Listenwahl** (Verhältniswahl) muss angewendet werden, wenn beim Wahlvorstand mehr als eine Liste mit Kandidaten eingegangen ist. Dann stehen auf den Stimmzetteln nur die Bezeichnungen und Nummern der Listen und die Wählenden können sich lediglich für eine dieser Listen entscheiden. Wie viele Mitglieder die einzelne Liste in die JAV schicken darf, entscheidet sich nach dem Anteil der Stimmen, den die einzelne Liste erringen konnte; errechnet wird das nach dem **d'Hondtschen Höchstzahlensystem** (§ 14 Abs. 2).

Das Auszählen der Stimmen und das Bekanntgeben des Wahlergebnisses muss unmittelbar nach der Wahl und öffentlich geschehen (§ 18 Abs. 3) – nähere Einzelheiten stehen in der Wahlordnung.

Anfechtung, Kosten, Wahlkampf

Die JAV-Wahl kann mit einem Arbeitsgerichtsverfahren angefochten oder im Extremfall sogar für nichtig erklärt werden (§ 19).

Die Kosten für die Durchführung der Wahl (nicht aber die für einen »Wahlkampf«) muss der Arbeitgeber tragen.

Ein Wahlkampf ist zulässig, auch die Gewerkschaft darf sich daran beteiligen. Streng verboten ist es aber, die JAV-Wahl durch Drohungen oder Versprechungen zu beeinflussen (§ 20).

(3) Bestellt der Betriebsrat den Wahlvorstand nicht oder nicht spätestens sechs Wochen vor Ablauf der Amtszeit der

Der BR benennt keinen Wahlvorstand

Der BR muss eine JAV-Wahl durch Benennung eines Wahlvorstands einleiten, wenn oder sowie es genügend JAV-Wahlberechtigte im Betrieb gibt (§ 60 Abs. 1). Kommt der BR dieser Verpflichtung

Jugend- und Auszubildendenvertretung oder kommt der Wahlvorstand seiner Verpflichtung nach § 18 Abs. 1 Satz 1 nicht nach, so gelten § 16 Abs. 2 Satz 1 und 2, Abs. 3 Satz 1 und § 18 Abs. 1 Satz 2 entsprechend; der Antrag beim Arbeitsgericht kann auch von jugendlichen Arbeitnehmern gestellt werden.	nicht nach, kann beim Arbeitsgericht die Einsetzung eines Wahlvorstands beantragt werden, und zwar entweder ... • sechs Wochen vor Ablauf der Amtszeit der amtierenden JAV (also zwei Wochen nachdem der BR einen Wahlvorstand hätte benennen müssen – zur Amtszeit: § 64), • jederzeit, wenn es bisher keine JAV gegeben hat, es aber (z B. durch Aufstockung der Auszubildendenzahl) eine JAV geben müsste. Das Gleiche gilt, wenn der benannte Wahlvorstand untätig bleibt (§ 18 Abs. 1 Satz 2). **Antrag beim Arbeitsgericht, Benennung durch GBR/KBR** Einen solchen Antrag können entweder drei JAV-Wahlberechtigte oder eine im Betrieb vertretene Gewerkschaft stellen. Auch jugendliche (also noch nicht mündige) Arbeitnehmer sind davon nicht ausgeschlossen (§ 16 Abs. 2 Satz 1 und 2). Alternativ können – soweit vorhanden – der GBR oder der KBR einen Wahlvorstand benennen (§ 16 Abs. 3 Satz 1).
(4) In Betrieben mit in der Regel fünf bis fünfzig der in § 60 Abs. 1 genannten Arbeitnehmer gilt auch § 14a entsprechend. Die Frist zur Bestellung des Wahlvorstands wird im Fall des Absatzes 2 Satz 1 auf vier Wochen und im Fall des Absatzes 3 Satz 1 auf drei Wochen verkürzt.	**Vereinfachtes Wahlverfahren** Gibt es im Betrieb zusammen zwischen fünf und 50 JAV-Wahlberechtigte (§ 60), dann muss die JAV-Wahl nach dem vereinfachten Wahlverfahren durchgeführt werden. **Benennung des Wahlvorstands** Auch im Fall der vereinfachten JAV-Wahl ist der BR verpflichtet, die Wahl durch die Bestellung eines Wahlvorstands einzuleiten (zum Verfahren: § 63 Abs. 2). Gibt es bereits eine JAV, muss dies spätestens vier Wochen vor dem Ende der Amtszeit dieser JAV erfolgt sein. Kommt der BR dieser Verpflichtung nicht nach, kann drei Wochen vor dem Ende der JAV-Amtszeit die Einsetzung eines Wahlvorstands beim Arbeits-

	gericht beantragt werden (von drei JAV-Wahlberechtigten oder einer im Betrieb vertretenen Gewerkschaft). Alternativ können – soweit vorhanden – der GBR oder der KBR einen Wahlvorstand benennen (§ 16 Abs. 3 Satz 1). **JAV-Wahl auf einer Wahlversammlung** Das Wichtigste am vereinfachten Wahlverfahren ist, dass die Wahl im Rahmen einer Versammlung aller JAV-Wahlberechtigten unter Leitung des Wahlvorstands stattfindet. **Wahlvorschläge** (schriftlich mit Stützunterschriften – § 14 Abs. 4) können bis eine Woche vor der eigentlichen Wahlversammlung eingereicht werden. Die Bekanntgabe der Wahlvorschläge (Kandidaten) muss am gleichen Tag erfolgen. In der Wahlversammlung muss dann geheim (einzelne, unbeobachtete **Stimmabgabe** hinter Sichtschutz) und unmittelbar (persönliche, kontrollierte Stimmabgabe) gewählt werden. Insgesamt sind alle Vorschriften des § 14a und der **Wahlordnung** einzuhalten, die der Wahlvorstand also genau durcharbeiten muss. Im Fall der JAV-Wahl muss es allerdings keine zwei Wahlversammlungen (§ 14a Abs. 1 und 2) geben, da der Wahlvorstand immer vom BR eingesetzt wird.
(5) In Betrieben mit in der Regel 51 bis 100 der in § 60 Abs. 1 genannten Arbeitnehmer gilt § 14a Abs. 5 entsprechend.	**Zwischen 51 und 100 JAV-Wahlberechtigten vereinfachtes Wahlverfahren möglich** Gibt es zwischen 51 und 100 JAV-Wahlberechtigte (§ 60), dann können Wahlvorstand und Arbeitgeber vereinbaren, das vereinfachte Verfahren anzuwenden. Vorteil: Das vereinfachte Wahlverfahren findet immer als **Persönlichkeitswahl** (Mehrheitswahl) statt (siehe § 63 Abs. 1). Ansonsten aber bedeutet das vereinfachte Wahlverfahren vor allem einen enormen Zeitdruck

	(§ 14a) – es sollte also genau überlegt werden, ob man sich freiwillig für dieses Verfahren entscheidet.
§ 64 – Zeitpunkt der Wahlen und Amtszeit	**Wann beginnt und endet die Amtszeit der Jugend- und Auszubildendenvertretung? Wie ist der Wahltermin festzulegen?**
(1) Die regelmäßigen Wahlen der Jugend- und Auszubildendenvertretung finden alle zwei Jahre in der Zeit vom 1. Oktober bis 30. November statt. Für die Wahl der Jugend- und Auszubildendenvertretung außerhalb dieser Zeit gilt § 13 Abs. 2 Nr. 2 bis 6 und Abs. 3 entsprechend.	**JAV-Wahlen alle zwei Jahre** Die JAV-Wahlen sollen grundsätzlich in allen Betrieben etwa zur gleichen Zeit stattfinden und zwar alle zwei Jahre zwischen dem 1. Oktober und dem 30. November. Nach der JAV-Wahl 2014 wird wieder in den Jahren 2016, 2018, 2020 usw. gewählt. **JAV-Wahlen »außer der Reihe«** JAV-Wahlen können aber auch außerhalb dieses Zeitraums stattfinden, wenn es dafür einen Grund gibt (z. B. erstmalige Wahl, Rücktritt der alten JAV – siehe § 13 Abs. 2 Nr. 2 und 6). Musste außerhalb des regulären Wahlzeitraums gewählt werden, muss die nächste Wahl wieder zusammen mit allen anderen JAV-Wahlen stattfinden. Wenn die neu gewählte JAV zu Beginn des nächsten JAV-Wahlzeitraums allerdings noch kein ganzes Jahr im Amt ist, verlängert sich ihre Amtszeit bis zum nächsten JAV-Wahlzeitraum (§ 13 Abs. 3). Beispiel: Wird eine neue JAV am 9. Dezember 2015 gewählt, findet die nächste Wahl erst im Oktober/November 2018 statt (§ 13 Abs. 3).
(2) Die regelmäßige Amtszeit der Jugend- und Auszubildendenvertretung beträgt zwei Jahre. Die Amtszeit beginnt mit der Bekanntgabe des Wahlergebnisses oder, wenn zu diesem Zeitpunkt noch eine Jugend- und Auszubil-	**Festlegung des Wahltermins** An welchem Tag innerhalb des vorgeschriebenen JAV-Wahlzeitraums gewählt werden sollte, ist bei erstmaliger JAV-Wahl rechtlich gesehen egal (solange der Zeitraum eingehalten wird). Gibt es bereits eine JAV, wird der Wahltag mit Blick auf das Ende der **Amtszeit** dieser JAV festgelegt, denn die neue JAV sollte gewählt sein, bevor die Amtszeit der »alten« JAV zu Ende geht.

denden vertretung besteht, mit Ablauf von deren Amtszeit. Die Amtszeit endet spätestens am 30. November des Jahres, in dem nach Absatz 1 Satz 1 die regelmäßigen Wahlen stattfinden. In dem Fall des § 13 Abs. 3 Satz 2 endet die Amtszeit spätestens am 30. November des Jahres, in dem die Jugend- und Auszubildendenvertretung neu zu wählen ist. In dem Fall des § 13 Abs. 2 Nr. 2 endet die Amtszeit mit der Bekanntgabe des Wahlergebnisses der neu gewählten Jugend- und Auszubildendenvertretung.

Die Amtszeit einer JAV endet genau an dem gleichen Tag, an dem vor zwei Jahren deren Wahlergebnis bekanntgegeben wurde.

Gab es allerdings auch davor schon eine (oder vielleicht mehrere) JAV, dann beginnt die Amtszeit der neu gewählten JAV an dem Tag, an dem die Amtszeit der Vorgänger-JAV abgelaufen ist. Und die hat wiederum an dem Tag begonnen, an dem die Amtszeit der Vor-Vorgänger-JAV abgelaufen war. Letztlich kommt es also darauf an, an welchem Tag das Wahlergebnis der allerersten JAV dieses Betriebs bekanntgegeben wurde – was manchmal gar nicht mehr herauszufinden ist.

Nichts falsch macht man, wenn man als **Stichtag** den Tag nimmt, an dem vor zwei Jahren die amtierende JAV ihre erste (konstituierende) Sitzung gehabt hat. Der Wahltag sollte dann etwa zehn Tage davor liegen.

Ende der Amtszeit bei JAV-Wahl »außer der Reihe«

Wurde die amtierende JAV außerhalb des regulären JAV-Wahlzeitraums gewählt, endet ihre Amtszeit am letzten Tag des nächsten (oder bei weniger als einjähriger Amtszeit des übernächsten) regulären JAV-Wahlzeitraums (§ 64 Abs. 1).

Neuwahl bei zu klein gewordener JAV

Schrumpft die JAV während ihrer Amtszeit (z. B. durch Ausscheiden von JAV-Mitgliedern) unter die vorgeschriebene Größe (§ 62 Abs. 1), muss neu gewählt werden – wenn nötig auch außerhalb des regulären JAV-Wahlzeitraums. Bis zur Wahl der neuen JAV bleibt die alte JAV im Amt. Ihre Amtszeit endet an dem Tag, an dem das Wahlergebnis für die neue JAV bekanntgegeben wird.

(3) Ein Mitglied der Jugend- und Auszubildendenvertretung, das im Laufe der Amtszeit das 25. Lebensjahr voll-

Anforderungen an JAV-Kandidaten

Für die JAV kandidieren dürfen alle Arbeitnehmer des Betriebs, die zu Beginn der Amtszeit der neu zu wählenden JAV noch nicht ihren 25. Geburtstag

endet, bleibt bis zum Ende der Amtszeit Mitglied der Jugend- und Auszubildendenvertretung.	gehabt haben. Erreichen sie diese Altersgrenze noch vor Ende der Amtszeit, bleiben sie dennoch im Amt, bis diese Amtszeit zu Ende ist.
§ 65 – Geschäftsführung	**Wer führt die »Geschäfte« der Jugend- und Auszubildendenvertretung? Wer lädt zu den Sitzungen ein und leitet sie? Wie werden Beschlüsse gefasst?**
(1) Für die Jugend- und Auszubildendenvertretung gelten § 23 Abs. 1, die §§ 24, 25, 26, 28 Abs. 1 Satz 1 und 2, die §§ 30, 31, 33 Abs. 1 und 2 sowie die §§ 34, 36, 37, 40 und 41 entsprechend.	**JAV-Geschäftsführung wie bei BR** Viele Geschäftsführungs-Bestimmungen, die für den BR gelten, gelten auch für die JAV: • Nachrücken von Ersatzmitgliedern für einzelne Sitzungen oder bei Ausscheiden eines JAV-Mitglieds (§ 25); • Vorsitzender und Stellvertreter der JAV (§ 26); • Bildung von Ausschüssen, Wahl und Abberufung der Ausschussmitglieder (§ 28 Abs. 1 Satz 1 und 2); • JAV-Sitzungen während der Arbeitszeit (§ 30); • Teilnahme von Gewerkschaften an JAV-Sitzungen (§ 31); • Beschlussfassung in der JAV-Sitzung (§ 33 Abs. 1 und 2); • Protokollierung der Sitzungsinhalte (§ 34); • Geschäftsordnung (§ 36); • Arbeitsbefreiung, Bezahlung, Fortbildung für JAV-Mitglieder (§ 37); • Kostenübernahme durch den Arbeitgeber (§ 40); • keine Finanzierung durch Arbeitnehmerumlage (§ 41). **Amtsenthebung und Ende der Mitgliedschaft** Auch die für den BR geltenden Bestimmungen für den Fall grober Pflichtverletzungen (§ 23 Abs. 1) und für das Ende der Mitgliedschaft im Gremium (§ 24) gelten genauso für die JAV-Mitglieder.

Wichtige Bestimmungen für die JAV-Arbeit

- Teilnahmerecht an BR-Sitzungen (§ 29 Abs. 2 Satz 4);
- das Recht, BR-Beschlüsse vorübergehend auszusetzen (§ 35);
- Teilnahmerecht an den Sprechstunden des BR (§ 39 Abs. 2);
- Schutzbestimmungen für die Interessenvertretung (§ 78);
- Vorschriften zur Weiterbeschäftigung nach der Ausbildung (§ 78a);
- Geheimhaltungspflicht (§ 79);
- Recht auf Anregungen gegenüber dem BR und Pflicht des BR, diese entgegen- und ernst zu nehmen (keine Vorschrift);
- Kündigungsschutz für Wahlvorstand, Kandidaten und Mitglieder der JAV (§ 103).

JAV-Ausschüsse und laufende Geschäfte

Es darf für die JAV kein Leitungsgremium geben wie den Betriebsausschuss (§ 27 Abs. 1); es ist aber möglich, JAV-Ausschüsse zu bilden und ihnen bestimmte Aufgaben zur selbstständigen Erledigung zu übertragen (§ 28 Abs. 1 Satz 1 und 2). Die Führung laufender Geschäfte kann nicht auf den JAV-Vorsitzenden übertragen werden (§ 27 Abs. 1 Satz 4).

Komplettfreistellung nicht möglich

JAV-Mitglieder können nicht ganz von der Arbeit freigestellt werden (§ 38 gilt also nicht). Dennoch kann und muss JAV-Arbeit während der Arbeitszeit stattfinden. Die dafür erforderliche zeitweise Freistellung (§ 37 Abs. 2) ist selbstverständlich möglich. Durch entsprechende Arbeitsteilung kann dafür gesorgt werden, dass die Aufgaben der JAV nicht leiden.

(2) Die Jugend- und Auszubildendenvertretung kann nach Verständigung des Betriebsrats Sitzungen abhalten; § 29 gilt entsprechend. An diesen Sitzungen kann der Betriebsratsvorsitzende oder ein beauftragtes Betriebsratsmitglied teilnehmen.	**Sitzungen der JAV** Für die Sitzungen der JAV gelten die gleichen Bestimmungen wie für die BR-Sitzungen (§ 29) – die wichtigsten sind: • Der JAV-Vorsitzende lädt zu den JAV-Sitzungen ein, legt die Tagesordnung fest und leitet die Sitzung. • Die Tagesordnung muss aussagekräftig sein und den JAV-Mitgliedern eine Vorbereitung auf die Sitzungen ermöglichen. • Korrekte Einladung auch der Ersatzmitglieder ist die Voraussetzung für rechtswirksame Beschlüsse. Über den Zeitpunkt der JAV-Sitzungen muss der BR informiert werden (muss die Sitzungen aber nicht etwa »genehmigen«). Der **BR-Vorsitzende** oder ein anderes damit beauftragtes BR-Mitglied darf an allen JAV-Sitzungen teilnehmen, muss es und sollte es im Interesse größerer Selbstständigkeit aber nicht unbedingt tun.
§ 66 – Aussetzen von Beschlüssen des Betriebsrats	**Was kann die Jugend- und Auszubildendenvertretung tun, wenn sie mit einem Beschluss des Betriebsrats überhaupt nicht einverstanden ist?**
(1) Erachtet die Mehrheit der Jugend- und Auszubildendenvertreter einen Beschluss des Betriebsrats als eine erhebliche Beeinträchtigung wichtiger Interessen der in § 60 Abs. 1 genannten Arbeitnehmer, so ist auf ihren Antrag der Beschluss auf die Dauer von einer Woche auszusetzen, damit in dieser Frist eine Verständi-	**Aussetzen von BR-Beschlüssen** Nicht immer sind JAV und BR einer Meinung. Und auch wenn die JAV bei der Behandlung von Jugend- und Ausbildungsfragen im BR mitstimmen darf, kann sie dabei doch leicht überstimmt werden. Ist die JAV mit einem Beschluss des BR absolut nicht einverstanden, dann kann sie ihrerseits beschließen, dass die Interessen der von ihr vertretenen Jugendlichen und Auszubildenden durch den strittigen BR-Beschluss erheblich beeinträchtigt würden.

gung, gegebenenfalls mit Hilfe der im Betrieb vertretenen Gewerkschaften, versucht werden kann. (2) Wird der erste Beschluss bestätigt, so kann der Antrag auf Aussetzung nicht wiederholt werden; dies gilt auch, wenn der erste Beschluss nur unerheblich geändert wird.	Alsdann wird die JAV den Antrag an den BR stellen, den strittigen Beschluss für eine Woche auszusetzen. Der BR-Beschluss darf dann vorerst nicht umgesetzt werden, sondern BR und JAV müssen sic um eine Einigung bemühen. Dazu kann und sollte auch ein Gewerkschaftsvertreter eingeschaltet werden. **Erneute Beschlussfassung durch BR** Gelingt die Einigung innerhalb einer Woche nicht, kann der BR – selbstverständlich unter Einbeziehung der JAV – seinen Beschluss (evtl. unverändert) noch einmal und diesmal endgültig fassen (siehe auch § 35).
§ 67 – Teilnahme an Betriebsratssitzungen	**Mit welchen Rechten kann die Jugend- und Auszubildendenvertretung an den Betriebsratssitzungen teilnehmen?**
(1) Die Jugend- und Auszubildendenvertretung kann zu allen Betriebsratssitzungen einen Vertreter entsenden. Werden Angelegenheiten behandelt, die besonders die in § 60 Abs. 1 genannten Arbeitnehmer betreffen, so hat zu diesen Tagesordnungspunkten die gesamte Jugend- und Auszubildendenvertretung ein Teilnahmerecht.	**Teilnahme an BR-Sitzungen** Ein Mitglied der JAV hat das Recht (nicht die Pflicht), an jeder BR-Sitzung und an allen Ausschusssitzungen des BR teilzunehmen und muss deshalb zusammen mit den BR-Mitgliedern (also mit genügend Zeit für die Vorbereitung) und mit Tagesordnung eingeladen werden. Welches JAV-Mitglied geschickt wird, entscheidet die JAV – empfehlenswert ist eine feste Delegation. **Beratende Teilnahme der ganzen JAV an BR-Sitzungen** Wenn für eine BR-Sitzung Themen auf der Tagesordnung stehen, die Jugend- und Ausbildungsfragen beinhalten (dazu kann z. B. auch die Kündigung eines Auszubildenden gehören), kann die gesamte JAV an der BR-Sitzung teilnehmen. Das ist großzügig zu handhaben, es ist also nicht nötig, dass ein Tagesordnungspunkt allein oder

	hauptsächlich ein Jugend-/Auszubildenden-Thema umfasst, es genügt, wenn solch ein Thema **auch** behandelt wird. Das Teilnahmerecht der kompletten JAV an BR-Sitzungen bezieht sich nur auf die sie betreffenden Tagesordnungspunkte.
(2) Die Jugend- und Auszubildendenvertreter haben Stimmrecht, soweit die zu fassenden Beschlüsse des Betriebsrats überwiegend die in § 60 Abs. 1 genannten Arbeitnehmer betreffen.	**Teilnahme der ganzen JAV mit Stimmrecht** Das einzelne JAV-Mitglied, das zu Informationszwecken an allen BR-Sitzungen teilnehmen darf, hat bei Beschlüssen des BR kein Stimmrecht, es kann aber – wie jedes BR-Mitglied – an den Beratungen teilnehmen (also mitdiskutieren). Wenn die gesamte JAV an der Besprechung eines Tagesordnungspunkts teilnimmt und wenn es sich dabei um ein Thema handelt, bei dem sie mit stimmberechtigt ist, dann sind alle anwesenden JAV-Mitglieder an der Beschlussfassung genauso zu beteiligen wie die BR-Mitglieder (§ 33 Abs. 3). **Voraussetzungen für Teilnahme mit Stimmrecht** Für das Recht der JAV, an bestimmten Tagesordnungspunkten beratend teilzunehmen (§ 67 Abs. 1), genügt es, dass es sich um ein Thema handelt, das **auch** Jugend- und Ausbildungsfragen betrifft. Das Recht, bei der Beschlussfassung mit zustimmen, ist hingegen davon abhängig, ob es sich bei einem Thema **überwiegend** um eine Jugend- und Ausbildungsfrage handelt. Der Beschluss muss die Jugendlichen und in Ausbildung befindlichen Arbeitnehmer also **mehr** betreffen als die anderen Arbeitnehmer. Ob das der Fall ist oder nicht, muss im Zweifelsfall der BR beschließen (ohne dass die JAV mitstimmt).
(3) Die Jugend- und Auszubildendenvertretung kann beim Betriebsrat beantragen, Angelegen-	**Anträge an den BR** Die JAV kann nicht nur an den sie betreffenden Tagesordnungspunkten der BR-Sitzungen teilnehmen, sie kann auch selber beantragen, dass solche

heiten, die besonders die in § 60 Abs. 1 genannten Arbeitnehmer betreffen und über die sie beraten hat, auf die nächste Tagesordnung zu setzen. Der Betriebsrat soll Angelegenheiten, die besonders die in § 60 Abs. 1 genannten Arbeitnehmer betreffen, der Jugend- und Auszubildendenvertretung zur Beratung zuleiten.	Themen auf die Tagesordnung der nächsten BR-Sitzung gesetzt und dann unter ihrer Beteiligung vom BR beraten werden. Die JAV kann dies aber nur mit Themen tun, die sie schon vorher selber in einer oder mehreren JAV-Sitzungen behandelt hat. Sinnvollerweise wird die JAV das Ergebnis ihrer Diskussion dem BR zusammen mit ihren Antrag auf Behandlung dieses Themas mitteilen. **BR muss JAV-Themen von sich aus aufgreifen** Der BR darf sich jedoch nicht darauf verlassen, dass die JAV »ihre« Themen schon einbringen wird. Der BR-Vorsitzende ist dazu verpflichtet, rechtzeitig vor einer BR-Sitzung von sich aus die JAV darauf aufmerksam zu machen, wenn ein BR-Thema auch Jugend- und Ausbildungsfragen betrifft. So soll sichergestellt werden, dass die JAV auf diese Themen vorbereitet ist. Dazu gehört auch, dass evtl. vorhandenes Informationsmaterial mit zugestellt wird.
§ 68 – Teilnahme an gemeinsamen Besprechungen	**Kann die Jugend- und Auszubildendenvertretung auch an Sitzungen zwischen Betriebsrat und Arbeitgeber teilnehmen?**
Der Betriebsrat hat die Jugend- und Auszubildendenvertretung zu Besprechungen zwischen Arbeitgeber und Betriebsrat beizuziehen, wenn Angelegenheiten behandelt werden, die besonders die in § 60 Abs. 1 genannten Arbeitnehmer betreffen.	**Teilnahme der JAV an gemeinsamen Sitzungen BR/Arbeitgeber** BR und Arbeitgeber sollen mindestens einmal im Monat zu einer gemeinsamen Sitzung zusammenkommen (§ 74), aber auch darüber hinaus wird es häufiger zu Gesprächen oder Verhandlungen zwischen BR und Arbeitgeber oder auch zwischen BA oder einem Fachausschuss des BR und dem Arbeitgeber kommen. An allen diesen »gemeinsamen Sitzungen« kann die JAV teilnehmen, wenn und soweit es um **Jugend- und Ausbildungsfragen** geht. Immer wird

	aber der BR(-Vorsitzende) die Initiative für diese Gespräche ergreifen, dazu einladen und sie leiten müssen. Ein Recht auf eigene Gespräche oder Verhandlungen mit dem Arbeitgeber hat die JAV nicht.
§ 69 – Sprechstunden	**Wie kann die Jugend- und Auszubildendenvertretung Sprechstunden einrichten und durchführen?**
In Betrieben, die in der Regel mehr als fünfzig der in § 60 Abs. 1 genannten Arbeitnehmer beschäftigen, kann die Jugend- und Auszubildendenvertretung Sprechstunden während der Arbeitszeit einrichten. Zeit und Ort sind durch Betriebsrat und Arbeitgeber zu vereinbaren. § 39 Abs. 1 Satz 3 und 4 und Abs. 3 gilt entsprechend. An den Sprechstunden der Jugend- und Auszubildendenvertretung kann der Betriebsratsvorsitzende oder ein beauftragtes Betriebsratsmitglied beratend teilnehmen.	**Sprechstunden der JAV regelmäßig und während der Arbeitszeit** Die JAV darf (und sollte), wenn es im Betrieb 50 oder mehr jugendliche und in Ausbildung befinliche Arbeitnehmer gibt, für diesen Personenkreis eigene Sprechstunden anbieten. Diese Sprechstunden sollten möglichst regelmäßig und immer während der Arbeitszeit stattfinden (§ 39 Abs. 1). **Rechte jugendlicher Arbeitnehmer und Auszubildender** Arbeitnehmer, die die JAV-Sprechstunde besuchen, müssen sich bei ihrem direkten Vorgesetzten ab- und wieder zurückmelden, werden aber genauso weiterbezahlt, als hätten sie gearbeitet (§ 39 Abs. 3). Eine zeitliche Begrenzung gibt es nicht. Auch können Gruppen von Arbeitnehmern zur Sprechstunde gehen. **BR verhandelt Zeit und Ort** Zeitpunkt und Ort der JAV-Sprechstunden muss der BR mit dem Arbeitgeber vereinbaren. Dabei ist Rücksicht auf die betrieblichen Notwendigkeiten zu nehmen (Sprechstunde nicht gerade zu Hochbetriebszeiten); Vorrang hat aber eine wirksame und effektive Durchführung der Sprechstunden. Können sich BR und Arbeitgeber nicht einigen, muss die Einigungsstelle entscheiden (§ 76).

	BR-Teilnahme an JAV-Sprechstunden Der BR-Vorsitzende (oder ein vom BR beauftragtes Mitglied) hat das Recht an den JAV-Sprechstunden teilzunehmen. Um den Eindruck einer Kontrolle zu vermeiden, sollte das aber nur auf Bitten der JAV geschehen. **Beteiligung der JAV an der BR-Sprechstunde** Die JAV kann sich auch an den Sprechstunden des BR beteiligen (§ 39 Abs. 2).
§ 70 – Allgemeine Aufgaben	**Welche Aufgaben hat die Jugend- und Auszubildendenvertretung und welche Rechte stehen ihr dafür zu?**
(1) Die Jugend- und Auszubildendenvertretung hat folgende allgemeine Aufgaben:	**Kaum eigene Rechte für die JAV** Alle Aufgaben und Rechte der JAV beziehen sich allein auf den von ihr zu vertretenden Personenkreis (§ 60 Abs. 1), also auf jugendliche Arbeitnehmer (die noch nicht ihren 18. Geburtstag hatten) und auf die in einer Berufsausbildung stehenden Arbeitnehmer (bis zu deren 25. Geburtstag). Dabei gilt, dass die JAV kaum eigene Rechte hat, sondern fast immer darauf angewiesen ist, dass der BR stellvertretend für die JAV aktiv wird (vor allem gegenüber dem Arbeitgeber). Wenn die JAV etwas für die von ihr vertretenen Arbeitnehmer durchsetzen will, muss sie dies also erstens beschließen und zweitens einen entsprechenden Antrag an den BR stellen (z. B. im Rahmen einer BR-Sitzung oder schriftlich). Der BR muss sich dann in einer Sitzung zusammen mit der JAV (§ 67) mit diesem Antrag befassen und entscheiden, ob er ihn für begründet hält (die JAV ist an der Abstimmung zu beteiligen, kann in der Regel aber vom BR überstimmt werden). Beschließt der BR, dass der Antrag begründet ist, muss er sich beim Arbeitgeber für die Forderung der JAV einsetzen.

	Die JAV kann dabei im Prinzip alles beantragen, was den von ihr vertretenen Arbeitnehmern nützt (so lange es sich um ein betriebliches und im Betrieb zu lösendes Problem handelt). In besonderer Weise muss die JAV sich aber einsetzen für …
1. Maßnahmen, die den in § 60 Abs. 1 genannten Arbeitnehmern dienen, insbesondere in Fragen der Berufsbildung und der Übernahme der zu ihrer Berufsausbildung Beschäftigten in ein Arbeitsverhältnis, beim Betriebsrat zu beantragen;	… Fragen der **Berufsausbildung** (z. B. Ausbildungsplan, Ausbildungsmittel, Schaffung von Ausbildungsplätzen) und der **Übernahme nach der Berufsausbildung**;
1a. Maßnahmen zur Durchsetzung der tatsächlichen Gleichstellung der in § 60 Abs. 1 genannten Arbeitnehmer entsprechend § 80 Abs. 1 Nr. 2a und 2b beim Betriebsrat zu beantragen;	… die **Gleichstellung von Männern und Frauen** (§ 80 Abs. 1 Nr. 2a) und für die Vereinbarkeit von **Familie und Erwerbstätigkeit** (§ 80 Abs. 1 Nr. 2b);
2. darüber zu wachen, dass die zugunsten der in § 60 Abs. 1 genannten Arbeitnehmer geltenden Gesetze, Verordnungen, Unfallverhütungsvorschriften, Tarifverträge und Betriebsvereinbarungen durchgeführt werden;	… die **Überwachung der Einhaltung aller Regelungen**, die für die von der JAV vertretenen Arbeitnehmer von Bedeutung sind; dazu gehören Gesetze (z. B. Berufsbildungsgesetz, Jugendarbeitsschutzgesetz), Verordnungen, Unfallverhütungsvorschriften, Tarifverträge und Betriebsvereinbarungen;

3. Anregungen von in § 60 Abs. 1 genannten Arbeitnehmern, insbesondere in Fragen der Berufsbildung, entgegenzunehmen und, falls sie berechtigt erscheinen, beim Betriebsrat auf eine Erledigung hinzuwirken. Die Jugend- und Auszubildendenvertretung hat die betroffenen in § 60 Abs. 1 genannten Arbeitnehmer über den Stand und das Ergebnis der Verhandlungen zu informieren;	... das Aufgreifen und Bearbeiten von **Anregungen und Beschwerden** aus dem Kreis der durch die JAV vertretenen Arbeitnehmer, die sie in jedem Fall in einer JAV-Sitzung besprechen muss; außerdem muss die JAV den Arbeitnehmer, der sich an sie gewandt hat, darüber informieren, was sie unternommen hat und was bei dem Versuch, das Problem zu lösen, herausgekommen ist;
4. die Integration ausländischer, in § 60 Abs. 1 genannter Arbeitnehmer im Betrieb zu fördern und entsprechende Maßnahmen beim Betriebsrat zu beantragen.	... die **Integration ausländischer Arbeitnehmer**, soweit diese zu den von ihr vertretenen Arbeitnehmern gehören.
(2) Zur Durchführung ihrer Aufgaben ist die Jugend- und Auszubildendenvertretung durch den Betriebsrat rechtzeitig und umfassend zu unterrichten. Die Jugend- und Auszubildendenvertretung kann verlangen, dass ihr der Be-	**Information der JAV durch BR** Die JAV kann sich die für ihre Arbeit erforderlichen Informationen direkt bei den betroffenen Arbeitnehmern beschaffen (z.B. durch Gespräche am Arbeitsplatz, Sprechstunden, Jugend- und Auszubildendenversammlungen oder auch – in Abstimmung mit dem BR – durch Betriebsrundgänge). Darüber hinaus muss sie (unaufgefordert!) vom BR informiert werden, wenn und soweit dieser etwas

triebsrat die zur Durchführung ihrer Aufgaben erforderlichen Unterlagen zur Verfügung stellt.	erfährt, das die JAV für ihre Arbeit brauchen könnte. Die JAV kann den BR auch gezielt nach Informationen fragen und sie kann ihn auffordern, benötigte Informationen beim Arbeitgeber zu beschaffen. Gibt es schriftliche Unterlagen oder Informationsmaterial, hat die JAV das Recht, dass der BR ihr diese (z. B. in Kopie oder auf Zeit) aushändigt.
§ 71 – Jugend- und Auszubildendenversammlung	**Wann und wie kann die Jugend- und Auszubildendenvertretung eine Versammlung einberufen und abhalten?**
Die Jugend- und Auszubildendenvertretung kann vor oder nach jeder Betriebsversammlung im Einvernehmen mit dem Betriebsrat eine betriebliche Jugend- und Auszubildendenversammlung einberufen. Im Einvernehmen mit Betriebsrat und Arbeitgeber kann die betriebliche Jugend- und Auszubildendenversammlung auch zu einem anderen Zeitpunkt einberufen werden. § 43 Abs. 2 Satz 1 und 2, die §§ 44 bis 46 und § 65 Abs. 2 Satz 2 gelten entsprechend.	**Recht auf Jugend-/Auszubildendenversammlungen** Anders als der BR ist die JAV nicht verpflichtet, für die von ihr zu vertretenden Arbeitnehmer Versammlungen durchzuführen. Sie hat aber das Recht dazu und sollte dies auch nutzen. **Zeitpunkt, Ort, Tagesordnung, Leitung** Als Normalfall gilt, dass eine Jugend- und Auszubildendenversammlung entweder vor oder nach einer Betriebsversammlung stattfinden soll. Das heißt aber nicht, dass sie **unmittelbar** vor oder nach der Betriebsversammlung stattzufinden hat. Da die Teilnehmer an der Jugend- und Auszubildendenversammlung auch an der Betriebsversammlung teilnehmen (oder jedenfalls teilnehmen sollten), kann das unzumutbar sein. Möglich wäre es z. B., die Jugend- und Auszubildendenversammlung nach einer im Anschluss an die Betriebsversammlung stattfindenden Mittagspause oder am Tag vor oder nach der Betriebsversammlung abzuhalten. In jedem Fall aber müssen Zeitpunkt und Tagesordnung der Jugend- und Auszubildendenversammlung zusammen mit dem BR festgelegt werden. Für Einladung und Versammlungsleitung ist der JAV-Vorsitzende zuständig.

	Jugend- und Auszubildendenversammlung unabhängig von Betriebsversammlung Wenn sich JAV und BR einig sind, eine Jugend- und Auszubildendenversammlung abgekoppelt vom Termin einer Betriebsversammlung abzuhalten, dann ist das möglich – aber nur, wenn auch der Arbeitgeber damit einverstanden ist. **Regeln für die Jugend- und Auszubildendenversammlung** Für alle Jugend- und Auszubildendenversammlungen gilt außerdem: • sie finden während der Arbeitszeit statt (§ 44 Abs. 1 Satz 1); • es können neben Jugend- und Ausbildungsfragen auch wirtschaftliche, tarif- und sozialpolitische, sowie gewerkschaftliche Themen behandelt werden (§ 45); • die Zeit der Teilnahme wird wie Arbeitszeit vergütet (§ 44 Abs. 1 Satz 2 und 3); • der BR-Vorsitzende (oder ein damit beauftragtes BR-Mitglied) hat das Recht, teilzunehmen (§ 65); • jede im Betrieb (mit mindestens einem Mitglied) vertretene Gewerkschaft ist über die Versammlung zu informieren und kann mit Rederecht teilnehmen (§ 46); • der Arbeitgeber ist einzuladen (§ 43 Abs. 2 Satz 1) und ist berechtigt, zu reden (§ 43 Abs. 2 Satz 1).

Zweiter Abschnitt
Gesamt-Jugend- und Auszubildendenvertretung

§ 72 – Voraussetzungen der Errichtung, Mitgliederzahl, Stimmengewicht	Wann muss eine Gesamt-Jugend- und Auszubildendenvertretung gebildet werden? Wie wird sie zusammengesetzt? Wie und mit welchem Gewicht sind die einzelnen Betriebe vertreten?
(1) Bestehen in einem Unternehmen mehrere Jugend- und Auszubildendenvertretungen, so ist eine Gesamt-Jugend- und Auszubildendenvertretung zu errichten.	**Bildung einer GJAV** Besteht ein Unternehmen aus mehreren Betrieben, von denen mindestens zwei eine JAV (§ 60) haben, dann muss eine Gesamt-Jugend- und Auszubildendenvertretung (GJAV) gebildet werden. Dies geschieht dadurch, dass jede JAV des Unternehmens ein Mitglied in die GJAV entsendet.
(2) In die Gesamt-Jugend- und Auszubildendenvertretung entsendet jede Jugend- und Auszubildendenvertretung ein Mitglied.	**Ersatzmitglieder für GJAV** Für jedes dieser GJAV-Mitglieder muss die einzelne JAV mindestens ein Ersatzmitglied benennen. Wenn – was gewünscht und sinnvoll ist – jeweils mehr als ein Ersatzmitglied benannt wird, muss ebenfalls festgelegt werden, in welcher Reihenfolge diese Ersatzmitglieder zum Einsatz kommen sollen. Besteht eine JAV nur aus einer Person, ist deren Ersatzmitglied (= Kandidat mit den zweitmeisten Stimmen) automatisch auch das GJAV-Ersatzmitglied.
(3) Die Jugend- und Auszubildendenvertretung hat für das Mitglied der Gesamt-Jugend- und Auszubildendenvertretung mindestens ein Ersatzmitglied zu bestellen und die Reihenfolge des Nachrückens festzulegen.	
(4) Durch Tarifvertrag oder Betriebsvereinbarung kann die Mitgliederzahl der Gesamt-Jugend- und Auszubildendenvertretung abweichend von Absatz 2 geregelt werden.	**Andere Regelung der Mitgliederzahl** Prinzipiell schickt jede in einem Unternehmen vorhandene JAV ein Mitglied in die GJAV. Es ist aber auch möglich, von dieser Regelung (§ 72 Abs. 2) abzuweichen und z. B. festzulegen, dass die größeren JAV mit jeweils zwei oder sogar mehr Mitgliedern in der GJAV vertreten sind, oder dass sich umge-

	kehrt mehrere kleine JAV zusammen durch ein Mitglied vertreten lassen (siehe auch § 72 Abs. 5). Das lässt sich regeln durch **Tarifvertrag** oder durch eine zwischen GBR und Arbeitgeber ausgehandelte **Betriebsvereinbarung**. Ein Tarifvertrag hätte dabei Vorrang. Gibt es also einen entsprechenden Tarifvertrag (was aber eher unwahrscheinlich ist), kann es keine Betriebsvereinbarung zu diesem Thema geben.
(5) Gehören nach Absatz 2 der Gesamt-Jugend- und Auszubildendenvertretung mehr als zwanzig Mitglieder an und besteht keine tarifliche Regelung nach Absatz 4, so ist zwischen Gesamtbetriebsrat und Arbeitgeber eine Betriebsvereinbarung über die Mitgliederzahl der Gesamt-Jugend- und Auszubildendenvertretung abzuschließen, in der bestimmt wird, dass Jugend- und Auszubildendenvertretungen mehrerer Betriebe eines Unternehmens, die regional oder durch gleichartige Interessen miteinander verbunden sind, gemeinsam Mitglieder in die Gesamt-Jugend- und Auszubildendenvertretung entsenden.	**Größenbegrenzung für GJAV** Gibt es zur Größe der GJAV keinen Tarifvertrag (was der Normalfall ist) und hat die GJAV mehr als 20 Mitglieder, dann muss der GBR mit dem Arbeitgeber (der Unternehmensleitung) eine Gesamtbetriebsvereinbarung abschließen, mit dem Ziel, die Größe der GJAV wieder auf höchstens 20 Mitglieder zu verringern. Dies soll dadurch geschehen, dass sich mehrere JAV auf einen gemeinsamen Vertreter für die GJAV einigen. Das können JAV sein, deren Betriebe z. B. in der gleichen Gegend beheimatet sind oder die sich durch ähnliche Interessen vor allem im Hinblick auf Jugend- und Ausbildungsfragen verbunden fühlen.
(6) Kommt im Fall des Absatzes 5 eine Einigung nicht zustande, so	**Einigungsstelle entscheidet** Gelingt es GBR und Unternehmensleitung nicht, eine Betriebsvereinbarung zur Begrenzung der

entscheidet eine für das Gesamtunternehmen zu bildende Einigungsstelle. Der Spruch der Einigungsstelle ersetzt die Einigung zwischen Arbeitgeber und Gesamtbetriebsrat.	GJAV-Größe zustande zu bringen, dann können beide Seiten die Initiative zur Bildung einer Einigungsstelle (§ 76) ergreifen. Diese Einigungsstelle würde dann entscheiden, durch welches Verfahren eine Verringerung der GJAV-Sitze erreicht werden muss.
(7) Jedes Mitglied der Gesamt-Jugend- und Auszubildendenvertretung hat so viele Stimmen, wie in dem Betrieb, in dem es gewählt wurde, in § 60 Abs. 1 genannte Arbeitnehmer in der Wählerliste eingetragen sind. Ist ein Mitglied der Gesamt-Jugend- und Auszubildendenvertretung für mehrere Betriebe entsandt worden, so hat es so viele Stimmen, wie in den Betrieben, für die es entsandt ist, in § 60 Abs. 1 genannte Arbeitnehmer in den Wählerlisten eingetragen sind. Sind mehrere Mitglieder der Jugend- und Auszubildendenvertretung entsandt worden, so stehen diesen die Stimmen nach Satz 1 anteilig zu.	**Stimmenzahl der GJAV-Mitglieder** Die einzelnen JAV-Mitglieder, aus denen die GJAV besteht, haben bei Abstimmungen in der GJAV keine persönliche Stimme, sondern je eine Stimme für jeden wahlberechtigten Arbeitnehmer in der Wählerliste der letzten JAV-Wahl. Vertritt ein GJAV-Mitglied mehrere JAV, dann vergrößert sich seine Stimmenzahl entsprechend. Sollte eine JAV (z. B. aufgrund einer Betriebsvereinbarung) durch zwei oder sogar mehr Delegierte in der GJAV vertreten sein, dann verteilen sich die der JAV zustehenden Stimmen gleichmäßig auf diese Delegierten.
(8) Für Mitglieder der Gesamt-Jugend- und Auszubildendenvertretung, die aus einem gemeinsamen Betrieb	**Stimmenzahl bei gemeinsamem Betrieb** Besteht ein Betrieb aus mehreren Unternehmen (§ 1), nennt man das einen »gemeinsamen Betrieb«. Ein solcher Betrieb wird zu einem Teil dem Unternehmen angehören, für das die GJAV zustän-

mehrerer Unternehmen entsandt worden sind, können durch Tarifvertrag oder Betriebsvereinbarung von Absatz 7 abweichende Regelungen getroffen werden.	dig ist, zu einem anderen Teil aber einem (oder mehreren) anderen Unternehmen. Das kann dem GJAV-Mitglied des gemeinsamen Betriebs ein größeres Stimmengewicht geben, als ihm eigentlich zusteht. In diesem Fall kann durch Tarifvertrag oder Betriebsvereinbarung z. B. geregelt werden, dass bei der Festlegung der Stimmenzahl nur der Teil der JAV-Wähler mitgezählt wird, der dem Unternehmen zugerechnet werden kann, für das die GJAV zuständig ist.
§ 73 – Geschäftsführung und Geltung sonstiger Vorschriften	**Welche Geschäftsführungs- und sonstigen Vorschriften gelten für die Gesamt-Jugend- und Auszubildendenvertretung?**
(1) Die Gesamt-Jugend- und Auszubildendenvertretung kann nach Verständigung des Gesamtbetriebsrats Sitzungen abhalten. An den Sitzungen kann der Vorsitzende des Gesamtbetriebsrats oder ein beauftragtes Mitglied des Gesamtbetriebsrats teilnehmen. (2) Für die Gesamt-Jugend- und Auszubildendenvertretung gelten § 25 Abs. 1, die §§ 26, 28 Abs. 1 Satz 1, die §§ 30, 31, 34, 36, 37 Abs. 1 bis 3, die §§ 40, 41, 48, 49, 50, 51 Abs. 2 bis 5 sowie die §§ 66 bis 68 entsprechend.	**GJAV-Sitzungen** Die GJAV kann je nach Arbeitsanfall und anstehenden Projekten zu Sitzungen zusammenkommen. Der GJAV-Vorsitzende lädt dazu ein, stellt die Tagesordnung zusammen und leitet die Sitzung (§ 29, § 51 Abs. 3). Er muss darüber den GBR-Vorsitzenden informieren. Der GBR-Vorsitzende oder ein anderes damit beauftragtes GBR-Mitglied darf an allen GJAV-Sitzungen teilnehmen, muss und sollte dies im Interesse größerer Selbstständigkeit der GJAV aber nicht unbedingt tun. **GJAV-Aufgaben** Die GJAV ist prinzipiell für die gleichen Aufgaben zuständig wie auch die JAV (§ 70), allerdings mit einer wichtigen Einschränkung: Sie kann JAV-Aufgaben nur dann aufgreifen, wenn diese entweder zwingend unternehmenseinheitlich geregelt werden müssen, oder wenn sie von einer oder mehreren JAV durch Beschluss damit beauftragt wird. **GJAV-Anträge an GBR** Auch darf sie (so wie die JAV) nicht direkt mit dem Arbeitgeber verhandeln, sondern immer nur Anträge an den GBR stellen, der dann stellvertretend

tätig werden wird (wenn er das Anliegen für berechtigt hält).

Geschäftsführungs- und andere Regeln

Ansonsten sind viele der für BR und GBR geltenden Vorschriften auch für die GJAV anzuwenden:

- Nachrücken von Ersatzmitgliedern bei Verhinderung oder Ausscheiden der regulären Mitglieder (§ 25 Abs. 1 und 3);
- Wahl des GJAV-Vorsitzenden und des Stellvertreters (§ 26);
- Bildung von GJAV-Ausschüssen, aber ohne die Möglichkeit, ihnen Aufgaben zur selbstständigen Erledigung zu übertragen (§ 28 Abs. 1 Satz 1);
- GJAV-Sitzungen während der Arbeitszeit (§ 30);
- Teilnahme von Gewerkschaftsvertretern an GJAV-Sitzungen (§ 31);
- Protokollierung der GJAV-Sitzungen (§ 34);
- Beschluss einer schriftlichen Geschäftsordnung (§ 36);
- GJAV-Tätigkeit während der Arbeitszeit und Ehrenamtlichkeit, das heißt keine zusätzliche Bezahlung aber auch keine Schlechterstellung (§ 37 Abs. 1 bis 3);
- Kosten der GJAV-Arbeit trägt der Arbeitgeber (§ 40);
- keine Finanzierung der GJAV-Arbeit durch »Umlage« der Arbeitnehmer (§ 41);
- Ausschluss von GJAV-Mitgliedern (§ 48) und Ende der Mitgliedschaft (§ 49);
- wird in einem Unternehmen zum ersten Mal eine GJAV gebildet, lädt die JAV der Hauptverwaltung oder des größten Betriebs zur ersten GJAV-Sitzung (konstituierende Sitzung) ein (§ 51 Abs. 2);
- Beschlussfassung der GJAV (§ 51 Abs. 3 und 4) – Achtung: Dabei muss berücksichtigt werden, dass die Stimmenzahl, die jedes GJAV-Mitglied

	einbringt, der Zahl der JAV-Wähler entspricht, die es vertritt (§ 72 Abs. 7); • Aussetzen von Beschlüssen des GBR, wenn diese nach Ansicht der GJAV wichtige Interessen der jugendlichen und in Berufsausbildung stehenden Arbeitnehmer beeinträchtigen (§ 66); • Teilnahmerecht der kompletten GJAV an allen GBR-Sitzungen (§ 67) und auch an den gemeinsamen Sitzungen mit dem Arbeitgeber (§ 68) zu allen Themen, die die Interessen jugendlicher und in Berufsausbildung stehender Arbeitnehmer besonders betreffen.

Dritter Abschnitt
Konzern-Jugend- und Auszubildendenvertretung

§ 73a – Voraussetzung der Errichtung, Mitgliederzahl, Stimmengewicht	**Wann kann eine Konzern-Jugend- und Auszubildendenvertretung gebildet werden? Wie wird sie zusammengesetzt? Wie und mit welchem Gewicht sind die einzelnen Betriebe vertreten?**
(1) Bestehen in einem Konzern (§ 18 Abs. 1 des Aktiengesetzes) mehrere Gesamt-Jugend- und Auszubildendenvertretungen, kann durch Beschlüsse der einzelnen Gesamt-Jugend- und Auszubildendenvertretungen eine Konzern-Jugend- und Auszubildendenvertretung errichtet werden. Die Errichtung erfordert die Zustimmung der Gesamt-Jugend- und Auszubildendenvertretungen der Konzernunternehmen, in denen	**Bildung einer KJAV** In einem Konzern kann ein KBR und in der Folge auch eine Konzern-Jugend- und Auszubildendenvertretung (KJAV) gebildet werden. Die Bildung einer KJAV ist also – so wie beim KBR auch – **keine Pflicht**. Sie kann nur gebildet werden, wenn eine oder mehrere GJAV, die zusammen mindestens drei Viertel aller JAV-Wahlberechtigten des Konzerns repräsentieren, dies wollen und beschließen. Die KJAV wird gebildet, indem jede GJAV jeweils ein Mitglied für die KJAV delegiert. **KJAV-Mitglieder und Ersatzmitglieder** Für jedes dieser KJAV-Mitglieder muss die entsendende GJAV mindestens ein Ersatzmitglied benennen. Es kann (und sollte) mehr als ein Ersatzmitglied benannt werden. Dann ist aber auch

insgesamt mindestens 75 vom Hundert der in § 60 Abs. 1 genannten Arbeitnehmer beschäftigt sind. Besteht in einem Konzernunternehmen nur eine Jugend- und Auszubildendenvertretung, so nimmt diese die Aufgaben einer Gesamt-Jugend- und Auszubildendenvertretung nach den Vorschriften dieses Abschnitts wahr.

festzulegen, in welcher Reihenfolge diese Ersatzmitglieder zum Einsatz kommen.

Dabei ist es möglich, dass ein Ersatzmitglied mehrere KJAV-Mitglieder vertritt. Allerdings muss immer sichergestellt sein, dass auch bei Verhinderung mehrerer KJAV-Mitglieder für jedes eine Vertretung geschickt werden kann.

Stimmenzahl der KJAV-Mitglieder

Die einzelnen GJAV-Mitglieder, aus denen die KJAV besteht, haben bei Abstimmungen in der KJAV keine persönliche Stimme, sondern repräsentieren die Gesamtzahl der Stimmen ihrer entsendenden GJAV (eine Stimme für jeden JAV-Wahlberechtigten aller Betriebe des Unternehmens). Vertritt ein GJAV-Mitglied mehrere JAV, dann vergrößert sich seine Stimmenzahl entsprechend.

(2) In die Konzern-Jugend- und Auszubildendenvertretung entsendet jede Gesamt-Jugend- und Auszubildendenvertretung eines ihrer Mitglieder. Sie hat für jedes Mitglied mindestens ein Ersatzmitglied zu bestellen und die Reihenfolge des Nachrückens festzulegen.

Größenbeschränkung der KJAV

Wenn die KJAV – was selten vorkommt – mehr als 20 Mitglieder hat, müssen der KBR und der Arbeitgeber in einer Betriebsvereinbarung ein Verfahren festlegen, wie die KJAV-Mitgliederzahl auf höchstens 20 Mitglieder begrenzt wird. Dies geschieht dadurch, dass mehrere GJAV z. B. aus der gleichen Region oder der gleichen Konzernsparte gemeinsame Delegierte entsenden.

(3) Jedes Mitglied der Konzern-Jugend- und Auszubildendenvertretung hat so viele Stimmen, wie die Mitglieder der entsendenden Gesamt-Jugend- und Auszubildendenvertretung

insgesamt Stimmen haben.	
(4) § 72 Abs. 4 bis 8 gilt entsprechend.	
§ 73b – Geschäftsführung und Geltung sonstiger Vorschriften	**Welche Geschäftsführungs- und sonstigen Vorschriften gelten für die Konzern-Jugend- und Auszubildendenvertretung?**
(1) Die Konzern-Jugend- und Auszubildendenvertretung kann nach Verständigung des Konzernbetriebsrats Sitzungen abhalten. An den Sitzungen kann der Vorsitzende oder ein beauftragtes Mitglied des Konzernbetriebsrats teilnehmen. (2) Für die Konzern-Jugend- und Auszubildendenvertretung gelten § 25 Abs. 1, die §§ 26, 28 Abs. 1 Satz 1, die §§ 30, 31, 34, 36, 37 Abs. 1 bis 3, die §§ 40, 41, 51 Abs. 3 bis 5, die §§ 56, 57, 58, 59 Abs. 2 und die §§ 66 bis 68 entsprechend.	**KJAV-Sitzungen** Die KJAV kann nach Verständigung (Information) des KBR zu Sitzungen zusammenkommen. Der KJAV-Vorsitzende lädt dazu ein, stellt die Tagesordnung zusammen und leitet die Sitzung (§ 29, § 51 Abs. 3). **Geschäftsführungs- und weitere Regeln** Ansonsten gelten fast alle für die GJAV geltenden Vorschriften (§ 73) auch für die KJAV: • Nachrücken von Ersatzmitgliedern (§ 25 Abs. 1 und 3); • Wahl des KJAV-Vorsitzenden und des Stellvertreters (§ 26); • Bildung von KJAV-Ausschüssen (§ 28 Abs. 1 Satz 1); • KJAV-Sitzungen während der Arbeitszeit (§ 30); • Teilnahme von Gewerkschaftsvertretern an KJAV-Sitzungen (§ 31); • Protokollierung der KJAV-Sitzungen (§ 34); • Beschluss einer schriftlichen Geschäftsordnung (§ 36); • KJAV-Tätigkeit während der Arbeitszeit und Ehrenamtlichkeit (§ 37 Abs. 1 bis 3); • Kosten der KJAV-Arbeit trägt der Arbeitgeber (§ 40); • keine Finanzierung der KJAV-Arbeit durch »Umlage« auf die Arbeitnehmer (§ 41); • Einladung zur ersten (konstituierenden) KVJA-Sitzung (§ 51 Abs. 2);

	• Beschlussfassung der KJAV (§ 51 Abs. 3 und 4); • Aussetzen von Beschlüssen des KBR (§ 66); • Teilnahmerecht der kompletten KJAV an allen KBR-Sitzungen (§ 67), auch an gemeinsamen Sitzungen mit dem Arbeitgeber (§ 68).

Vierter Teil
Mitwirkung und Mitbestimmung der Arbeitnehmer

Erster Abschnitt
Allgemeines

§ 74 – Grundsätze für die Zusammenarbeit	**An welchen Grundsätzen sollen sich Betriebsrat und Arbeitgeber bei ihrer Zusammenarbeit und bei Auseinandersetzungen orientieren?**
(1) Arbeitgeber und Betriebsrat sollen mindestens einmal im Monat zu einer Besprechung zusammentreten. Sie haben über strittige Fragen mit dem ernsten Willen zur Einigung zu verhandeln und Vorschläge für die Beilegung von Meinungsverschiedenheiten zu machen.	**Monatliche Besprechungen mit Arbeitgeber …** BR und Arbeitgeber sollen mindestens einmal im Monat zu einer Besprechung zusammenkommen, müssen es aber nicht. Auch kann sich der Arbeitgeber dabei vertreten lassen, jedoch nur durch Personen, die sich zu den anstehenden Themen fachlich kompetent und verbindlich äußern können. **… notfalls erzwingbar** Sollte sich der Arbeitgeber wiederholt und hartnäckig weigern, mit dem BR zusammenzukommen (sei es selbst oder in Vertretung), gibt es die Möglichkeit, gegen ihn wegen grober Pflichtverletzung ein Verfahren nach § 23 Abs. 3 einzuleiten (umgekehrt natürlich auch). Sind jedoch beide Seiten mit selteneren Treffen zufrieden, bliebe das ohne (rechtliche) Folgen. **Mit dem »ernsten Willen zur Einigung«** Wenn BR und Arbeitgeber zusammenkommen, dann sollen sie über »strittige Fragen mit dem ernsten Willen zur Einigung« verhandeln und »Vorschläge für die Beilegung von Meinungsverschiedenheiten« machen.

Das bedeutet allerdings nicht, dass es irgendeinen Zwang zum Kompromiss gäbe. BR und Arbeitgeber müssen einander zuhören und die Argumente der jeweils anderen Seite zur Kenntnis nehmen. Der BR muss sich aber auf keinen Kompromiss einlassen, bei dem seiner Ansicht nach die Interessen der Arbeitnehmer unzureichend berücksichtigt wären.

Teilnahme JAV/Schwerbehindertenvertretung

Das Teilnahmerecht der JAV an BR-Sitzungen (ein JAV-Mitglied immer, die gesamte JAV wenn und soweit es um Jugend-/Berufsbildungsthemen geht) gilt auch für gemeinsame Sitzungen von BR und Arbeitgeber. Ebenso ist es bei der Schwerbehindertenvertretung.

Teilnahme des Gewerkschaftssekretärs

Für die Teilnahme von Gewerkschaftsvertretern gibt es keine ausdrückliche Bestimmung, aber aus § 2 (»Stellung der Gewerkschaft ...«) ergibt sich dieses Recht dennoch.

(2) Maßnahmen des Arbeitskampfes zwischen Arbeitgeber und Betriebsrat sind unzulässig; Arbeitskämpfe tariffähiger Parteien werden hierdurch nicht berührt. Arbeitgeber und Betriebsrat haben Betätigungen zu unterlassen, durch die der Arbeitsablauf oder der Frieden des Betriebs beeinträchtigt werden. Sie haben jede parteipolitische Betätigung im Betrieb zu unterlassen; die Behandlung von Angelegenheiten tarifpolitischer, sozialpolitischer,

Arbeitskampf – für BR verboten

Anders als im Arbeitsrecht anderer Länder ist in Deutschland jede Form des Arbeitskampfs zwischen BR und Arbeitgeber verboten. Ein BR dürfte also nicht zu einem Streik aufrufen, um damit eine seiner Forderungen (z.B. Verhinderung von Entlassungen) durchzusetzen.

Arbeitsablauf oder Betriebsfrieden nicht beeinträchtigen

Mehr noch: BR und Arbeitgeber sind verpflichtet, alles zu unterlassen, was den Betriebsfrieden oder den Arbeitsablauf beeinträchtigt.

Das heißt aber nicht, dass Aktionen und Auseinandersetzungen im Betrieb den Arbeitsablauf niemals stören oder nicht auch einmal »kämpferisch« sein dürften. Auch hier gilt, dass die Hauptaufgabe des BR eine wirkungsvolle Interessenvertretung ist – und die kann »harte Bandagen« verlangen.

umweltpolitischer und wirtschaftlicher Art, die den Betrieb oder seine Arbeitnehmer unmittelbar betreffen, wird hierdurch nicht berührt.

Beispiel: Das Verteilen eines Flugblatts wegen einer bevorstehenden Rationalisierung wird möglicherweise sowohl den Arbeitsablauf beeinträchtigen als auch eine »unfriedliche« Stimmung erzeugen, stellt aber dennoch keine Verletzung der Friedenspflicht dar.

Gewerkschaftsrechte auch für BR-Mitglieder

BR-Mitglieder sind in ihren Rechten als Gewerkschaftsmitglieder in keiner Weise beschränkt. Sie dürfen sich also (wie jedes andere Gewerkschaftsmitglied) an Arbeitskämpfen ihrer Gewerkschaft beteiligen – auch in besonders aktiver und herausgehobener Position.

Allerdings müssen sie diese verschiedenen Rollen sorgfältig auseinander halten.

Keine Parteipolitik als BR-Mitglied

Direkt parteipolitische Aktivitäten (z. B. »Propaganda« für eine bestimmte Partei) sind dem BR-Mitglied im Betrieb verboten (ebenso wie dem Arbeitgeber). Dies gilt allerdings nur für offizielle Tätigkeiten und Verlautbarungen als BR-Mitglied.

Als **Arbeitnehmer** und **Bürger** sind dem BR-Mitglied parteipolitische Meinungsäußerungen und Aktionen erlaubt, soweit diese nicht den Betriebsfrieden oder den Arbeitsablauf stören.

Sozial-, Wirtschafts-, Tarifpolitik und ähnliches

Zu politischen Themen, die mit dem Betrieb und mit Arbeitnehmerinteressen zu tun haben, dürfen sich auch BR und Arbeitgeber äußern. Dazu gehören vor allem: Tarif-, Sozial- und Wirtschaftspolitik sowie gewerkschaftliche Themen.

(3) Arbeitnehmer, die im Rahmen dieses Gesetzes Aufgaben übernehmen, werden hierdurch in der Betätigung für ihre Gewerkschaft auch im Betrieb nicht beschränkt.

Gewerkschaftliche Betätigung von BR-Mitgliedern …

BR-Mitglieder können – wie jeder andere Arbeitnehmer auch – uneingeschränkt für ihre Gewerkschaft tätig werden. Sie müssen ihre gewerkschaftlichen Aktivitäten aber strikt von der BR-Tätigkeit trennen. Unter dieser Voraussetzung dürfen sie dann aber z. B.:

	• Gewerkschaftsmitglieder werben, • gewerkschaftliches Informationsmaterial verteilen, • gewerkschaftliche Aktionsplaketten tragen, • zu gewerkschaftlichen Arbeitskämpfen aufrufen, sie organisieren und daran teilnehmen. **... aber nicht als Gremium** Der BR als Gremium muss sich aus diesen Aktivitäten ganz heraushalten und darf auch seine Ausstattung (z. B. zum Kopieren von Streikaufrufen) nicht zur Verfügung stellen.
§ 75 – Grundsätze für die Behandlung der Betriebsangehörigen	**Nach welchen Grundsätzen müssen die Arbeitnehmer des Betriebs behandelt werden? Was haben Betriebsrat und Arbeitgeber dafür zu tun?**
(1) Arbeitgeber und Betriebsrat haben darüber zu wachen, dass alle im Betrieb tätigen Personen nach den Grundsätzen von Recht und Billigkeit behandelt werden, insbesondere, dass jede unterschiedliche Behandlung von Personen wegen ihrer Abstammung, Religion, Nationalität, Herkunft, politischen oder gewerkschaftlichen Betätigung oder Einstellung oder wegen ihres Geschlechts oder ihrer sexuellen Identität unterbleibt. Sie haben darauf zu achten, dass Arbeitnehmer nicht wegen Überschreitung bestimmter Altersstufen benachteiligt werden.	**Grundsätze von »Recht und Billigkeit«** Es ist eine Aufgabe sowohl für den Arbeitgeber als auch für den BR, darüber zu wachen, dass alle im Betrieb Tätigen (also nicht nur Arbeitnehmer im engeren Sinn, sondern z. B. auch Leiharbeitnehmer und freie Mitarbeiter) nach den Grundsätzen von »Recht und Billigkeit« behandelt werden. Das bedeutet zunächst, dass im Betrieb an den Arbeitsplätzen in keiner Situation geltendes Recht verletzt werden darf – also weder Gesetze noch Verordnungen (z. B. BildscharbV), Tarifverträge oder Betriebsvereinbarungen. Der Grundsatz der Billigkeit meint darüber hinaus, dass es nicht nur auf den Buchstaben des Gesetzes ankommt, sondern dass immer auch die besonderen Umstände des Einzelfalls berücksichtigt werden müssen. **Ungleiche Behandlung (Diskriminierung)** Vor allem aber haben BR und Arbeitgeber darüber zu wachen, dass Menschen nur dann ungleich behandelt (z. B. unterschiedlich bezahlt) werden, wenn es dafür einen sachlichen, arbeitsbezogenen Grund gibt (Gleichbehandlungsgrundsatz).

	Insbesondere aber dürfen Abstammung, Religion, Nationalität, Herkunft oder das Geschlecht (eingeschlossen das »gefühlte« Geschlecht bei Transsexuellen) kein Grund für ungleiche Behandlung sein. Das gilt selbstverständlich auch für politische und gewerkschaftliche Meinungen oder Betätigungen. Und schließlich muss verhindert werden, dass die Überschreitung bestimmter Altersstufen zu Benachteiligungen führt (z. B. Altersgrenzen für Einstellungen). Beispiele: BR und Arbeitgeber haben darauf zu achten, dass Männer und Frauen bei gleicher Tätigkeit gleich bezahlt werden, dass Teilzeitbeschäftigte bei Prämienzahlungen nicht »übersehen« werden und dass kein Gewerkschafter aufgrund seines Engagements vom beruflichen Aufstieg ausgeschlossen wird. **Überwachungspflicht und Kontrollrecht** Die Überwachungspflicht setzt ein Kontrollrecht (z. B. auf Anforderung bestimmter Unterlagen oder auf das Durchführen von Belegschaftsbefragungen) des BR voraus.
(2) Arbeitgeber und Betriebsrat haben die freie Entfaltung der Persönlichkeit der im Betrieb beschäftigten Arbeitnehmer zu schützen und zu fördern. Sie haben die Selbstständigkeit und Eigeninitiative der Arbeitnehmer und Arbeitsgruppen zu fördern.	**Entfaltung der Persönlichkeit nicht einschränken** Arbeitgeber und BR sind verpflichtet, aktiv dafür zu sorgen, dass sich die Persönlichkeit der im Betrieb Tätigen möglichst frei »entfalten« kann. In der Praxis stellt sich die Frage allerdings eher anders herum: Es gilt zu verhindern, dass die persönliche Freiheit der einzelnen Arbeitnehmer durch Maßnahmen des Arbeitgebers mehr als unumgänglich notwendig eingeschränkt wird. **Mitbestimmung zur Sicherung der Persönlichkeitsrechte** Dafür verfügt der BR über konkrete Mitbestimmungsrechte, vor allem zu Fragen der Ordnung im Betrieb (§ 87 Abs. 1 Nr. 1) und zur technischen Leistungs- und Verhaltenskontrolle (§ 87 Abs. 1 Nr. 6). Die helfen dann z. B. bei Themen wie Rauchverbot, Aushängen von Leistungslisten oder Traktieren mit

	Krankenbriefen – außerdem natürlich bei allen technischen Kontrollen wie (heimliche) Video- und Telefonüberwachung. **§ 75 als »Generalklausel«** Wenn es in einem Fall von Persönlichkeitsrechtsverletzung jedoch kein konkretes Mitbestimmungsrecht gibt, bietet der § 75 als »Generalklausel« die Möglichkeit, diese Verletzung durch ein Beschlussverfahren vor dem Arbeitsgericht untersagen zu lassen. Im Hinblick auf die **Förderung von Selbstständigkeit und Eigeninitiative** (sonst eher ein Thema unternehmerischer Sonntagsreden) bietet der § 75 einen Ansatzpunkt für den BR, sich für mehr Entscheidungsspielräume und entsprechende Qualifizierungsmaßnahmen für Arbeitnehmer einzusetzen.
§ 76 – Einigungsstelle	**Wie wird eine Einigungsstelle gebildet? Wie läuft ein Einigungsstellenverfahren ab?**
(1) Zur Beilegung von Meinungsverschiedenheiten zwischen Arbeitgeber und Betriebsrat, Gesamtbetriebsrat oder Konzernbetriebsrat ist bei Bedarf eine Einigungsstelle zu bilden. Durch Betriebsvereinbarung kann eine ständige Einigungsstelle errichtet werden.	**Einigungsstelle »anrufen«** Es wird immer einmal wieder davon gesprochen, dass die Einigungsstelle »angerufen« werden könne, wenn BR (aber auch GBR/KBR) und Arbeitgeber sich in einer strittigen Angelegenheit nicht einig werden können. Das klingt so, als gäbe es diese Einigungsstelle irgendwo bereits (so wie etwa das Arbeitsgericht); tatsächlich ist das aber so gut wie nie der Fall. **Zwei Arten von Einigungsstellen:** • die bei **Bedarf** zusammengestellten Einigungsstelle, die nur einen Fall bearbeitet, um sich danach wieder aufzulösen, • die **ständige** Einigungsstelle, die aufgrund einer Vereinbarung gebildet wird und dann für jede zu entscheidende Streitigkeit zwischen BR und Arbeitgeber zuständig ist.

Die Einrichtung einer ständigen Einigungsstelle ist schon deshalb nicht zu empfehlen, weil es immer sinnvoll ist, eine Einigungsstelle (soweit möglich) aus Personen zusammenzusetzen, die fachlich möglichst viel von dem zu entscheidenden Problem verstehen.

Der Normalfall ist deshalb die für einen Einzelfall extra zusammengestellte Einigungsstelle, deren Bildung aufgrund eines Mitbestimmungsrechts durch BR oder Arbeitgeber erzwungen werden könnte.

Zwei Arten von Einigungsstellenverfahren:

- das **erzwingbare** Einigungsstellenverfahren, das immer dann in Frage kommt, wenn eine mitbestimmungspflichtige Frage (§ 77) zu entscheiden ist, und
- das **freiwillige** Einigungsstellenverfahren, das für die Klärung jeder zwischen BR und Arbeitgeber strittigen Frage möglich ist (§ 76 Abs. 6), in der Praxis aber sehr selten vorkommt.

(2) Die Einigungsstelle besteht aus einer gleichen Anzahl von Beisitzern, die vom Arbeitgeber und Betriebsrat bestellt werden, und einem unparteiischen Vorsitzenden, auf dessen Person sich beide Seiten einigen müssen. Kommt eine Einigung über die Person des Vorsitzenden nicht zustande, so bestellt ihn das Arbeitsgericht. Dieses entscheidet auch, wenn kein Einverständnis über die Zahl der Beisitzer erzielt wird.

Zusammensetzung der Einigungsstelle

Eine Einigungsstelle besteht aus gleich vielen Beisitzern der beiden streitenden Parteien (BR/GBR/KBR und Arbeitgeber) und einem so genannten unparteiischen Vorsitzenden.

Initiative ergreifen – Beisitzer benennen

Wenn z. B. der BR die Einigungsstelle »anrufen« will, ergreift er die Initiative, indem er »seine« Beisitzer (z. B. zwei) benennt und – nach Absprache mit der Gewerkschaft – auch gleich einen Vorsitzenden (meist einen Arbeitsrichter) vorschlägt. Dann teilt er der Gegenseite, also dem Arbeitgeber, die vorgeschlagene Person des Vorsitzenden und die beabsichtigte Zahl der Beisitzer schriftlich mit.

Reaktionsmöglichkeiten des Arbeitgebers

Der Arbeitgeber hat nun mehrere Möglichkeiten darauf zu reagieren. Er kann

- behaupten, dass der strittige Fall nicht der Mitbestimmung durch den BR unterliegt und deshalb auch nicht »einigungsstellenfähig« sei;
- mitteilen, dass er mit der Anzahl der vorgeschlagenen Beisitzer nicht einverstanden ist, sondern – schon aus Kostengründen – eine geringere Zahl für ausreichend hält;
- mitteilen, dass er mit der Person des vorgeschlagenen Einigungsstellenvorsitzenden nicht einverstanden ist.

Natürlich kann der Arbeitgeber die Vorgaben des BR auch akzeptieren, dann würde er seinerseits die gleiche Anzahl von Beisitzern benennen und das Einigungsstellenverfahren könnte beginnen.

Mögliche Streitpunkte: Zuständigkeit, Vorsitzender, Zahl der Beisitzer

Werden sich BR und Arbeitgeber über die Zuständigkeit der Einigungsstelle, die Zahl der Beisitzer oder die Person des Vorsitzenden nicht einig, muss das **Arbeitsgericht** diese Fragen entscheiden – was allerdings bis zu zwei Monate dauern kann. Ein Umstand, den die Seite, die im konkreten Fall gerade kein Interesse an einer schnellen Entscheidung hat, manchmal nutzt, um Zeit zu »schinden« und um auf diese Weise Druck auszuüben.

Soweit es die Beisitzer betrifft, kann es Streit immer nur über die Zahl der Beisitzer geben, nicht über die Auswahl der Personen. Denn die Beisitzer können nicht nur, sie sollten **parteiisch** sein. Der BR kann sogar eines oder mehrere seiner Mitglieder als Beisitzer benennen.

BR-Mitglieder als Beisitzer …

… zu benennen, ist möglich, aber aus zwei Gründen nicht zu empfehlen:

- Beisitzer, die zugleich Arbeitnehmer des Betriebs sind, haben keinen Anspruch auf ein **Honorar**; der BR wird aber schon deshalb kein Interesse an einer »billigen« Einigungsstelle haben, weil die

Einigungsstellenkosten für künftige Streitigkeiten ein Druckmittel darstellen können;
- da der **Einigungsstellenvorsitzende** die Sitzung leitet und Beschlussvorschläge formuliert und weil am Ende seine Stimme ausschlaggebend für die Entscheidung sein kann, geht es vor allem darum, ihn zu beeindrucken; dies gelingt externen Fachleuten in der Regel besser als einem BR-Mitglied.

Vertretung des BR durch einen Rechtsanwalt

Aus den gleichen beiden Gründen lassen sich viele BR-Gremien in Einigungsstellenverfahren durch einen Rechtsanwalt oder einen Gewerkschaftssekretär vertreten. Die Kosten hat in jedem Fall der Arbeitgeber zu tragen (§ 40).

(3) Die Einigungsstelle hat unverzüglich tätig zu werden. Sie fasst ihre Beschlüsse nach mündlicher Beratung mit Stimmenmehrheit. Bei der Beschlussfassung hat sich der Vorsitzende zunächst der Stimme zu enthalten; kommt eine Stimmenmehrheit nicht zustande, so nimmt der Vorsitzende nach weiterer Beratung an der erneuten Beschlussfassung teil. Die Beschlüsse der Einigungsstelle sind schriftlich niederzulegen, vom Vorsitzenden zu unterschreiben und Arbeitgeber und Betriebsrat zuzuleiten.

Ort des Einigungsstellenverfahrens

Sind Zusammensetzung und Zuständigkeit der Einigungsstelle geklärt, können sich BR und Arbeitgeber auf den Ort (inner- oder außerhalb des Betriebs) einigen, wo das Einigungsstellenverfahren stattfinden soll. Gelingt oder geschieht das nicht, entscheidet der Einigungsstellenvorsitzende.

Der Einigungsstellenvorsitzende bestimmt das Verfahren

Auch in allen anderen Punkten liegt das Verfahren in der Hand des Vorsitzenden. Er lädt die Beisitzer ein (was unverzüglich, also so schnell wie möglich nach Bildung der Einigungsstelle geschehen soll), er entscheidet über Dauer und Anzahl der Sitzungen, er fordert benötigte Unterlagen von den streitenden Parteien an, sorgt für die Protokollierung und leitet die Sitzung bis zur Beschlussfassung.

Ablauf des Einigungsstellenverfahrens

An der einleitenden Bestandsaufnahme und Befragung der »Parteien« (BR und Arbeitgeber) können BR-Mitglieder und Arbeitgeber(vertreter) als Zuhö-

(4) Durch Betriebsvereinbarung können weitere Einzelheiten des Verfahrens vor der Einigungsstelle geregelt werden.	rer teilnehmen, nicht aber an der eigentlichen Beratung des Falls und der Beschlussfassung. In der Regel wird der Vorsitzende, wenn er den verhandelten Fall für ausreichend geklärt hält, einen Beschlussvorschlag formulieren, über den dann zunächst die Beisitzer allein abstimmen. Kommt es dabei zu einer Mehrheit, ist der Beschluss gefasst. Gelingt dies nicht, wird die Beratung noch einmal fortgesetzt, ehe der Vorsitzende bei einer zweiten Abstimmung mitstimmt und seine Stimme dann den Ausschlag gibt. Die Erfahrung zeigt übrigens, dass Einigungsstellenverfahren sehr viel häufiger durch eine gütliche Einigung oder einen einstimmigen Beschluss entschieden werden als man dies meinen sollte. Von der Möglichkeit, Einzelheiten des Einigungsstellenverfahrens in einer **Betriebsvereinbarung** zu regeln, wird in der Praxis so gut wie nie Gebrauch gemacht. Es gibt aus Sicht des BR auch keine Gründe, dies zu tun.
(5) In den Fällen, in denen der Spruch der Einigungsstelle die Einigung zwischen Arbeitgeber und Betriebsrat ersetzt, wird die Einigungsstelle auf Antrag einer Seite tätig. Benennt eine Seite keine Mitglieder oder bleiben die von einer Seite genannten Mitglieder trotz rechtzeitiger Einladung der Sitzung fern, so entscheiden der Vorsitzende und die erschienenen Mitglieder nach Maßgabe des Absatzes 3 allein. Die Einigungsstelle fasst ihre	**Das erzwingbare Einigungsstellenverfahren** Wenn es sich um die Entscheidung in einer **Mitbestimmungsfrage** (= erzwingbare Einigungsstelle) handelt, geht die Initiative für das Einigungsstellenverfahren entweder vom BR **oder** vom Arbeitgeber aus (siehe § 76 Abs. 2). Es wäre also denkbar, dass die jeweils andere Seite das Verfahren zu boykottieren versucht, indem sie keine Beisitzer benennt oder die Beisitzer einfach nicht zur Verhandlung erscheinen – eine Rechnung, die nicht aufgehen kann. Denn in diesem Fall wird der (wenn nötig durch das Arbeitsgericht eingesetzte) Einigungsstellenvorsitzende das Verfahren allein mit den Beisitzern der einen Seite durchführen. Im Grundsatz entscheidet die Einigungsstelle immer endgültig und verbindlich. Der »Spruch« der Einigungsstelle entspricht rechtlich dem Abschluss einer **Betriebsvereinbarung** (§ 77).

Beschlüsse unter angemessener Berücksichtigung der Belange des Betriebs und der betroffenen Arbeitnehmer nach billigem Ermessen. Die Überschreitung der Grenzen des Ermessens kann durch den Arbeitgeber oder den Betriebsrat nur binnen einer Frist von zwei Wochen, vom Tage der Zuleitung des Beschlusses an gerechnet, beim Arbeitsgericht geltend gemacht werden.	**Einspruch gegen das Einigungsstellenergebnis** Die Einigungsstelle ist verpflichtet, bei ihrer Entscheidung sowohl die Interessen des Arbeitgebers als auch die Interessen der Arbeitnehmer gegeneinander abzuwägen und zu berücksichtigen. Ist eine der beiden Seiten (BR oder Arbeitgeber) der Ansicht, dass die Einigungsstelle dies nicht ausreichend getan hat, kann sie innerhalb von zwei Wochen nach Zustellung der Entscheidung beim Arbeitsgericht Einspruch dagegen einlegen. **Aufhebung des Einigungsstellenspruchs durchs Arbeitsgericht** Das Arbeitsgericht wird einen Einigungsstellenspruch nur dann aufheben, wenn der Spruch • gegen zwingende Rechtsvorschriften verstößt (z. B. eine Arbeitszeitregelung formuliert, die nicht dem Arbeitszeitgesetz entspricht) oder • die Interessen entweder der Arbeitnehmer oder des Arbeitgebers nicht ausreichend berücksichtigt hat. Das Arbeitsgericht setzt aber auch in einem solchen Fall nicht etwa seine Entscheidung an die Stelle der Einigungsstellenentscheidung, sondern stellt lediglich die **Unwirksamkeit** des Spruchs fest. Die Einigungsstelle besteht weiter und muss das Verfahren bis zur Einigung fortsetzen.
(6) Im Übrigen wird die Einigungsstelle nur tätig, wenn beide Seiten es beantragen oder mit ihrem Tätigwerden einverstanden sind. In diesen Fällen ersetzt ihr Spruch die Einigung zwischen Arbeitgeber und Betriebsrat nur, wenn beide Seiten sich dem Spruch im Voraus	**Das freiwillige Einigungsstellenverfahren** Meist wird die Einigungsstelle nur dann gebildet und tätig, wenn es um die Klärung einer Mitbestimmungsfrage geht (= erzwingbare Einigungsstelle). In allen anderen strittigen Fragen können BR und Arbeitgeber freiwillig eine Einigungsstelle bilden. Das Verfahren ist das gleiche wie bei einer erzwingbaren Einigungsstelle, setzt allerdings voraus, dass beide Seiten vorher **schriftlich vereinbaren**, den späteren Spruch der Einigungsstelle anzuerkennen.

unterworfen oder ihn nachträglich angenommen haben.	
(7) Soweit nach anderen Vorschriften der Rechtsweg gegeben ist, wird er durch den Spruch der Einigungsstelle nicht ausgeschlossen.	**Andere Rechtsansprüche nicht ausgeschlossen** Ein Einigungsstellenverfahren klärt lediglich eine Streitigkeit **zwischen BR und Arbeitgeber**. Es ist also durchaus möglich, dass ein **einzelner Arbeitnehmer** einen persönlichen Rechtsanspruch durch die Entscheidung verletzt sieht. Deshalb kann auch jeder betroffene Arbeitnehmer als Einzelperson gegen eine Einigungsstellenentscheidung gerichtlich vorgehen.
(8) Durch Tarifvertrag kann bestimmt werden, dass an die Stelle der in Absatz 1 bezeichneten Einigungsstelle eine tarifliche Schlichtungsstelle tritt.	**Tarifvertragliche Schlichtungsstelle** In der Praxis kommt es selten vor, aber Gewerkschaft und Arbeitgeber können in einem Tarifvertrag die Einrichtung einer tariflichen Schlichtungsstelle vereinbaren, die die Aufgaben einer Einigungsstelle übernimmt.
§ 76a – Kosten der Einigungsstelle	**Welche Kosten verursacht die Einigungsstelle und wer trägt die Kosten?**
(1) Die Kosten der Einigungsstelle trägt der Arbeitgeber.	**Kosten trägt der Arbeitgeber** Da der BR als Gremium nicht über eigenes Geld verfügt, muss der Arbeitgeber in jedem Fall alle Kosten eines Einigungsstellenverfahrens tragen. Das gibt dem BR die Möglichkeit, die Einigungsstelle bei absoluter Kompromisslosigkeit des Arbeitgebers als **Druckmittel** einzusetzen. Die **Sachkosten** eines Einigungsstellenverfahrens (für Raummiete, Büromaterial, evtl. auch Schreibkräfte, dazu persönliche Kosten der Einigungsstellenmitglieder wie Reisekosten, Verpflegung usw.) regelt die Einigungsstelle bzw. der Vorsitzende der Einigungsstelle selbst mit dem Arbeitgeber. Auch über die Hinzuziehung von **Sachverständigen** (und die dafür nötigen Kosten) entscheidet die Einigungsstelle selbst.

	Einen eventuellen Streit über die Erforderlichkeit der einzelnen Kosten tragen die Mitglieder der Einigungsstelle und der Arbeitgeber, wenn nötig, vor dem **Arbeitsgericht** aus. Der BR hat mit alldem nichts zu tun.
(2) Die Beisitzer der Einigungsstelle, die dem Betrieb angehören, erhalten für ihre Tätigkeit keine Vergütung; § 37 Abs. 2 und 3 gilt entsprechend. Ist die Einigungsstelle zur Beilegung von Meinungsverschiedenheiten zwischen Arbeitgeber und Gesamtbetriebsrat oder Konzernbetriebsrat zu bilden, so gilt Satz 1 für die einem Betrieb des Unternehmens oder eines Konzernunternehmens angehörenden Beisitzer entsprechend.	**Betriebsangehörige – kein Anspruch auf Honorar** Es ist möglich aber keinesfalls zu empfehlen, Beschäftigte des Betriebs zu Mitgliedern der Einigungsstelle zu machen. Wird es trotzdem getan, haben diese keinen Anspruch auf eine persönliche Vergütung (Honorar), sondern lediglich auf die Erstattung von Auslagen (§ 76a Abs. 1). Im Fall von Einigungsstellenverfahren auf Unternehmens- oder Konzernebene gilt für Arbeitnehmer, die dem Unternehmen bzw. dem Konzern angehören, das Gleiche.
(3) Der Vorsitzende und die Beisitzer der Einigungsstelle, die nicht zu den in Absatz 2 genannten Personen zählen, haben gegenüber dem Arbeitgeber Anspruch auf Vergütung ihrer Tätigkeit. Die Höhe der Vergutung richtet sich nach den Grundsätzen des Absatzes 4 Satz 3 bis 5.	**Honorare der Einigungsstellenmitglieder** Über die Honorare, auf die Einigungsstellenvorsitzender und -beisitzer Anspruch haben, muss der BR sich im Allgemeinen keine Gedanken machen, das regeln die Einigungsstellenmitglieder und der Arbeitgeber unter sich. Wie hoch das Honorar sein kann und darf, kann durch eine **Rechtsverordnung** des zuständigen Bundesministeriums festgelegt werden – was bisher nicht geschehen ist. Bis das irgendwann soweit ist, richtet sich die Honorarhöhe nach dem Zeitaufwand, der Schwierigkeit des Falls und dem eventuellen Verdienstausfall. Die genaue Festlegung kann – wie gesagt – getrost der Einigungsstelle selbst überlassen werden. Klar ist immerhin, dass
(4) Das Bundesministerium für Wirtschaft und Arbeit kann durch	

Rechtsverordnung die Vergütung nach Absatz 3 regeln. In der Vergütungsordnung sind Höchstsätze festzusetzen. Dabei sind insbesondere der erforderliche Zeitaufwand, die Schwierigkeit der Streitigkeit sowie ein Verdienstausfall zu berücksichtigen. Die Vergütung der Beisitzer ist niedriger zu bemessen als die des Vorsitzenden. Bei der Festsetzung der Höchstsätze ist den berechtigten Interessen der Mitglieder der Einigungsstelle und des Arbeitgebers Rechnung zu tragen.	zurzeit (Stand: 2014) 200 Euro als »mittlerer Stundensatz« gelten können. Immer aber muss das Honorar der Beisitzer niedriger sein als das des Einigungsstellenvorsitzenden. Üblich ist, dass Beisitzer 70 Prozent des Honorars des Vorsitzenden bekommen.
(5) Von Absatz 3 und einer Vergütungsordnung nach Absatz 4 kann durch Tarifvertrag oder in einer Betriebsvereinbarung, wenn ein Tarifvertrag dies zulässt oder eine tarifliche Regelung nicht besteht, abgewichen werden.	**Eigene Leitlinien für Einigungsstellenhonorare** Für einen Betrieb oder ein Unternehmen können auch eigene Leitlinien zur Vergütung von Einigungsstellen entweder durch Tarifvertrag oder Betriebsvereinbarung festgelegt werden – was in der Praxis aber kaum einmal geschieht. Aus gutem Grund, denn in aller Regel wird das dazu führen, dass die Einigungsstellen-Honorare eher niedrig angesetzt werden. Das aber macht Einigungsstellenverfahren nicht nur »billig« (woran der BR in der Regel kein Interesse haben wird), es hilft auch nicht dabei, kompetente Einigungsstellenvorsitzende zu finden. Sollte es (was unwahrscheinlich ist) einen **Tarifvertrag** zu diesem Thema geben, hätte dieser Vorrang vor einer Betriebsvereinbarung.

§ 77 – Durchführung gemeinsamer Beschlüsse, Betriebsvereinbarungen	**Was bedeuten Mitbestimmung und Mitwirkung und wie funktionieren sie? Welche Rolle spielen Betriebsvereinbarungen? Wer ist für die Umsetzung gemeinsamer Beschlüsse zuständig?**
(1) Vereinbarungen zwischen Betriebsrat und Arbeitgeber, auch soweit sie auf einem Spruch der Einigungsstelle beruhen, führt der Arbeitgeber durch, es sei denn, dass im Einzelfall etwas anderes vereinbart ist. Der Betriebsrat darf nicht durch einseitige Handlungen in die Leitung des Betriebs eingreifen.	**Direktionsrecht ja, aber eingeschränkt** Grundsätzlich hat der Arbeitgeber (als Besitzer des Betriebs oder als dessen Beauftragter) allein zu bestimmen, was in »seinem« Betrieb zu tun und zu lassen ist (= Direktionsrecht). In diesem Recht ist er aber in vielfältiger Weise durch Gesetze, Verordnungen, Tarifverträge und ähnliches eingeschränkt. **Mitbestimmungsrecht und Betriebsvereinbarung** Aufgabe des BR ist es, dafür zu sorgen, dass der Arbeitgeber bei der Führung des Betriebs auch die Interessen der Arbeitnehmer möglichst weitgehend berücksichtigt. Das BetrVG gibt dem BR die dafür nötigen Rechte an die Hand. Das wichtigste davon ist das Mitbestimmungsrecht.
(2) Betriebsvereinbarungen sind von Betriebsrat und Arbeitgeber gemeinsam zu beschließen und schriftlich niederzulegen. Sie sind von beiden Seiten zu unterzeichnen; dies gilt nicht, soweit Betriebsvereinbarungen auf einem Spruch der Einigungsstelle beruhen. Der Arbeitgeber hat die Betriebsvereinbarungen an geeigneter Stelle im Betrieb auszulegen.	Mitbestimmung heißt, dass der Arbeitgeber bestimmte Maßnahmen (siehe z. B. § 87) nur dann durchführen darf, wenn der BR dazu seine ausdrückliche **Zustimmung** gegeben hat. Oder umgekehrt: Ohne die Zustimmung des BR darf der Arbeitgeber eine mitbestimmungspflichtige Maßnahme nicht durchführen. In der Regel wird das Ergebnis des Mitbestimmungsprozesses schriftlich festgehalten und durch BR und Arbeitgeber unterzeichnet. Dieses Schriftstück nennt man Betriebsvereinbarung und es hat die gleiche Verbindlichkeit wie ein Gesetz, eine Verordnung oder ein Tarifvertrag. **Gesetz – Tarifvertrag – Betriebsvereinbarung** Allerdings gibt es eine Rangfolge: Gesetz – Tarifvertrag – Betriebsvereinbarung. Das heißt: Ein Tarifvertrag darf keine für die Arbeitnehmer ungünstigeren Regelungen enthalten als ein Gesetz, und eine Betriebsvereinbarung darf die Arbeitnehmer **nicht schlechter** (sondern nur besser) stellen als Gesetze

und Tarifverträge dies bereits tun – es sei denn, diese Möglichkeit ist in einem Gesetz oder Tarifvertrag ausdrücklich vorgesehen (Öffnungsklausel).

Bei Nicht-Einigung: Einigungsstelle

Kommen BR und Arbeitgeber in einer Mitbestimmungsfrage auf dem Verhandlungsweg zu keinem Ergebnis, dann kann eine der beiden Seiten die Einigungsstelle einschalten (§ 76), die dann endgültig entscheidet. Die Entscheidung (der »Spruch«) der Einigungsstelle hat die gleiche Wirkung wie eine Betriebsvereinbarung.

Mitwirkungs- und Beratungsrechte

Neben der Mitbestimmung hat der BR auch noch Mitwirkungs- und Beratungsrechte. In diesen Fällen muss der Arbeitgeber dem BR die Möglichkeit einräumen, sich zu geplanten Maßnahmen eine Meinung zu erarbeiten und diese im Gespräch mit dem Arbeitgeber zu vertreten. Letztlich aber kann der **Arbeitgeber** so entscheiden wie er es für richtig hält. Es ist jedoch möglich, in diesen Fällen eine sogenannte freiwillige Betriebsvereinbarung abzuschließen (§ 88).

Informationsrechte

Voraussetzungen für Mitbestimmung und Mitwirkung sind die Informationsrechte, die festlegen, in welchen Fällen der BR Anspruch darauf hat, vom Arbeitgeber (unaufgefordert!) Informationen und auch Unterlagen zu bekommen (siehe z. B. § 80).

Durchführung des Vereinbarten

Wenn sich BR und Arbeitgeber auf die Durchführung einer Maßnahme geeinigt haben, dann ist es immer und ausschließlich die Pflicht und das Recht des Arbeitgebers, diese Maßnahme so umzusetzen wie sie (z. B. in der Betriebsvereinbarung) festgelegt wurde. Das Gleiche gilt für eine Entscheidung der Einigungsstelle.

Der BR darf in diese Umsetzung nicht eingreifen, er darf also nicht etwa irgendwelche Anweisungen geben.

Notfalls: Beschlussverfahren

Auch wenn der Arbeitgeber eine vereinbarte Maßnahme oder Regelung nicht umsetzt, kann der BR nur beim zuständigen Arbeitsgericht ein Beschlussverfahren (§ 23 Abs. 3) einleiten, durch das der Arbeitgeber dann zur Umsetzung des Vereinbarten gezwungen werden kann.

Aushang von Betriebsvereinbarungen

Die Arbeitnehmer müssen abgeschlossene Betriebsvereinbarungen ohne größeren Aufwand zur Kenntnis nehmen können – z. B. durch Aushang am Informationsbrett. Bei langen oder zahlreichen Betriebsvereinbarungen genügt es, durch Aushang auf einen jederzeit zugänglichen Ort hinzuweisen, an dem alle geltenden Betriebsvereinbarungen eingesehen werden können (z. B. im BR-Büro). Betriebsvereinbarungstexte allein über das Computer-Netzwerk (Intranet) des Betriebs zugänglich zu machen, dürfte nicht ausreichen, da es selbst in »voll-computerisierten« Betrieben Arbeitnehmer gibt, die keinen direkten Zugang zu solchen Daten haben (z. B. Reinigungskräfte).

(3) Arbeitsentgelte und sonstige Arbeitsbedingungen, die durch Tarifvertrag geregelt sind oder üblicherweise geregelt werden, können nicht Gegenstand einer Betriebsvereinbarung sein. Dies gilt nicht, wenn ein Tarifvertrag den Abschluss ergänzender Betriebsvereinbarungen ausdrücklich zulässt.

Tarifvertrag und Betriebsvereinbarung

Die Tarifautonomie, also das Recht, besonders Entgeltfragen allein zwischen Gewerkschaften und Arbeitgebern auszuhandeln und in Tarifverträgen festzuschreiben, hat im deutschen Recht einen hohen Stellenwert.

Deshalb darf all das, was entweder in einem für den Betrieb geltenden Tarifvertrag geregelt ist oder »üblicherweise geregelt« wird, grundsätzlich nicht Gegenstand einer Betriebsvereinbarung sein.

Öffnungsklausel im Tarifvertrag

Selbst wenn es möglich sein sollte, in einer Betriebsvereinbarung günstigere Regelungen zu er-

	reichen als im geltenden Tarifvertrag, wäre dies nur dann zulässig, wenn der entsprechende Tarifvertrag die Möglichkeit einer zusätzlichen betrieblichen Regelung ausdrücklich vorsieht (= Öffnungsklausel). Der Abschluss von Betriebsvereinbarungen ist deshalb beschränkt auf die im BetrVG (vor allem im § 87) genannten Themen und sonstige »Nicht-Tarifvertragsthemen«.
(4) Betriebsvereinbarungen gelten unmittelbar und zwingend. Werden Arbeitnehmern durch die Betriebsvereinbarung Rechte eingeräumt, so ist ein Verzicht auf sie nur mit Zustimmung des Betriebsrats zulässig. Die Verwirkung dieser Rechte ist ausgeschlossen. Ausschlussfristen für ihre Geltendmachung sind nur insoweit zulässig, als sie in einem Tarifvertrag oder einer Betriebsvereinbarung vereinbart werden; dasselbe gilt für die Abkürzung der Verjährungsfristen.	**Betriebsvereinbarung, verbindlich wie ein Gesetz** Arbeitnehmerrechte, die in einer Betriebsvereinbarung festgelegt sind (z. B. das Recht auf Gleitzeit oder zusätzliche Pausen bei der Bildschirmarbeit), haben die gleiche Verbindlichkeit wie andere Gesetzesvorschriften. Auch unterliegt jede **Veränderung** – ob zum Besseren oder zum Schlechteren – wieder neu der Mitbestimmung durch den BR, ist also nur mit seiner ausdrücklichen Zustimmung (oder aufgrund eines Verfahrens vor der Einigungsstelle) möglich. **Verzicht und Verwirkung – unmöglich** Die Arbeitnehmer (ob einzeln oder als Gruppe) können auf Rechte aus einer Betriebsvereinbarung ebenso wenig verzichten wie auf ein gesetzlich verbrieftes Recht – auch nicht, indem sie sich z. B. eine entsprechende Regelung in ihren **Arbeitsvertrag** hineinschreiben lassen. Eine Verwirkung der Rechte ist ebenfalls ausgeschlossen – soll heißen: Selbst grobes Fehlverhalten eines Arbeitnehmers kann nicht dazu führen, dass er Rechte aus einer Betriebsvereinbarung verliert. **Ausschlussfristen** Die im Gesetzestext erwähnten Ausschlussfristen sind Fristen, innerhalb derer man einen Rechtsanspruch (z. B. auf Spesenauszahlung) einfordern muss, weil man ihn sonst verliert. Solche Fristen sind relativ oft in Tarifverträgen enthalten, indem

	dort geregelt ist, dass Ansprüche aus einem Arbeitsverhältnis z. B. innerhalb von drei Monaten abgerechnet sein müssen. **Verjährungsfristen** Schließlich gibt es auch noch gesetzliche Verjährungsfristen. Danach gilt für alle Rechte aus einem Arbeitsvertrag (z. B. Anspruch auf Entgelt oder Überstundenzuschläge) eine Verjährungsfrist von drei Jahren (§ 195 BGB). Diese Fristen dürfen ebenfalls nur durch Tarifvertrag oder Betriebsvereinbarung gekürzt werden.
(5) Betriebsvereinbarungen können, soweit nichts anderes vereinbart ist, mit einer Frist von drei Monaten gekündigt werden.	**Kündigungsfrist für Betriebsvereinbarungen** Eine Betriebsvereinbarung kann mit einer Frist von drei Monaten gekündigt werden. Eine andere (längere) Kündigungsfrist kann in der Betriebsvereinbarung geregelt werden. Häufig ist es auch so, dass eine Betriebsvereinbarung ihre Gültigkeit verliert, weil sie durch eine neue ersetzt wird (was natürlich einen erneuten Mitbestimmungsprozess oder ein Einigungsstellenverfahren voraussetzt). In besonderen Fällen ist die **fristlose** Kündigung einer Betriebsvereinbarung durch den BR oder den Arbeitgeber möglich – wenn es dafür einen »wichtigen Grund« gibt. Dies könnte z. B. dann der Fall sein, wenn eine Sozialleistung nachweislich (!) nicht einmal mehr so lange finanziert werden kann, bis die Kündigungsfrist der Betriebsvereinbarung abgelaufen ist. **Befristete Betriebsvereinbarung** Möglich ist aber auch, dass für eine Betriebsvereinbarung eine feste Laufzeit festgelegt wurde und sie dann einfach ausläuft.
(6) Nach Ablauf einer Betriebsvereinbarung gelten ihre Regelungen in Angelegenheiten, in denen ein Spruch der	**Nachwirkung der Gültigkeit erzwingbarer Betriebsvereinbarungen** Die in Abs. 1 bis 5 beschriebenen Regelungen gelten für freiwillige wie für erzwingbare Betriebsvereinbarungen gleichermaßen, die »Nachwirkung«

Einigungsstelle die Einigung zwischen Arbeitgeber und Betriebsrat ersetzen kann, weiter, bis sie durch eine andere Abmachung ersetzt werden.	hingegen gilt nur für erzwingbare Betriebsvereinbarungen. Als erzwingbar wird eine Betriebsvereinbarung immer dann bezeichnet, wenn sie aufgrund eines Mitbestimmungsrechts zustande gekommen ist und deshalb durch »Anrufen« der Einigungsstelle hätte erzwungen werden können (oder erzwungen worden ist). Erzwingbare Betriebsvereinbarungen verlieren – unabhängig von ihrer Kündigungsfrist – immer erst dann ihre Wirksamkeit, wenn sie durch eine neue Betriebsvereinbarung, einen Tarifvertrag oder auch durch eine Regelung in den Einzelarbeitsverträgen ersetzt worden sind.
§ 78 – Schutzbestimmungen	**Welchen speziellen Schutz genießen Arbeitnehmer, wenn sie Mitglieder des Betriebsrats oder anderer betriebsverfassungsrechtlicher Gremien sind?**
Die Mitglieder des Betriebsrats, des Gesamtbetriebsrats, des Konzernbetriebsrats, der Jugend- und Auszubildendenvertretung, der Gesamt-Jugend- und Auszubildendenvertretung, der Konzern-Jugend- und Auszubildendenvertretung, des Wirtschaftsausschusses, der Bordvertretung, des Seebetriebsrats, der in § 3 Abs. 1 genannten Vertretungen der Arbeitnehmer, der Einigungsstelle, einer tariflichen Schlichtungsstelle (§ 76 Abs. 8) und einer betrieblichen Beschwerdestelle (§ 86) sowie	**BR-Arbeit – Schutz vor Störung und Behinderung** Kein Arbeitnehmer, der im Rahmen des BetrVG Aufgaben übernimmt (BR, GBR, KBR, JAV, GJAV, KJAV usw.), darf in seiner Arbeit gestört oder behindert werden. Einige Beispiele für verbotene Störungen und Behinderungen: • Verhinderung des Zutritts zu irgendwelchen Räumen/Arbeitsplätzen, • Zurückhaltung oder Verweigerung benötigter Informationen, • Entfernung von Mobiliar oder technischer Ausstattung aus dem BR-Büro, • Abmahnung eines BR-Mitglieds wegen Verteilung von Informationsmaterial während der Arbeitszeit. **Verbot von Benachteiligung und Bevorzugung** Es ist ebenfalls verboten, die Mitglieder des BR, GBR, KBR usw. wegen ihrer Tätigkeit zu benachteiligen oder zu bevorzugen.

Auskunftspersonen (§ 80 Abs. 2 Satz 3) dürfen in der Ausübung ihrer Tätigkeit nicht gestört oder behindert werden. Sie dürfen wegen ihrer Tätigkeit nicht benachteiligt oder begünstigt werden; dies gilt auch für ihre berufliche Entwicklung.	Zunächst einige Beispiele für verbotene Benachteiligungen: • Kündigung oder Androhung einer Kündigung, • Versetzung auf einen schlechter bezahlten oder geringer qualifizierten Arbeitsplatz, • Verweigerung von eigentlich zustehenden Vergünstigungen (z. B. Zulagen). Der Schutz vor Benachteiligungen greift unter Umständen nicht, wenn alle oder zumindest beruflich vergleichbare Arbeitnehmer diese Benachteiligungen ebenfalls hinnehmen müssen (z. B. Einführung von Kurzarbeit in einem Betriebsteil). Jetzt noch einige Beispiele für verbotene Begünstigungen: • überhöhte Entschädigungen für Auslagen oder Reisekosten, • Beförderungen »außer der Reihe«, • kostenlose oder unüblich vergünstigte Urlaubsreisen. **Beweispflicht** Wer behauptet, dass eine verbotene Benachteiligung oder Begünstigung vorliegt, muss auch den Beweis für diese Behauptung antreten. An diesen Beweis als Voraussetzung für ein evtl. Gerichtsverfahren dürfen aber keine zu hohen Ansprüche gestellt werden – es genügt, wenn der »erste Anschein« dafür spricht.
§ 78a – Schutz Auszubildender in besonderen Fällen	**Wie und warum sind Auszubildende, die zugleich Mitglied der Jugend- und Auszubildendenvertretung, des Betriebsrats oder anderer betriebsverfassungsrechtliche Gremien sind, in besonderer Weise geschützt?**
(1) Beabsichtigt der Arbeitgeber, einen Auszubildenden, der Mitglied der Jugend- und Auszubildendenvertretung,	**Spezieller Schutz für Auszubildende in JAV, BR usw.** JAV- und BR-Mitglieder (oder Mitglieder der Bordvertretung oder des Seebetriebsrats), die zugleich Auszubildende sind, befinden sich in einer beson-

des Betriebsrats, der Bordvertretung oder des Seebetriebsrats ist, nach Beendigung des Berufsausbildungsverhältnisses nicht in ein Arbeitsverhältnis auf unbestimmte Zeit zu übernehmen, so hat er dies drei Monate vor Beendigung des Berufsausbildungsverhältnisses dem Auszubildenden schriftlich mitzuteilen.

deren Situation, weil ihr Arbeits- bzw. Ausbildungsverhältnis immer zeitlich begrenzt ist, also **ohne Kündigung endet**. Da kann für manche Arbeitgeber die Versuchung groß sein, bei dieser Gelegenheit z. B. engagierten BR-Nachwuchs »elegant loszuwerden«.

Nichtübernahme schriftlich mitteilen

Hat der Arbeitgeber also die Absicht, ein in Ausbildung befindliches Mitglied der JAV, des BR usw. nach Abschluss der Berufsausbildung nicht in ein festes, unbefristetes Arbeitsverhältnis zu übernehmen, dann muss er dies dem Betroffenen (spätestens) drei Monate vor Ende der Ausbildungszeit schriftlich mitteilen.

(2) Verlangt ein in Absatz 1 genannter Auszubildender innerhalb der letzten drei Monate vor Beendigung des Berufsausbildungsverhältnisses schriftlich vom Arbeitgeber die Weiterbeschäftigung, so gilt zwischen Auszubildendem und Arbeitgeber im Anschluss an das Berufsausbildungsverhältnis ein Arbeitsverhältnis auf unbestimmte Zeit als begründet. Auf dieses Arbeitsverhältnis ist insbesondere § 37 Abs. 4 und 5 entsprechend anzuwenden.

Weiterbeschäftigung verlangen

Der Auszubildende kann dann im Lauf dieser letzten drei Monate seiner Ausbildungszeit schriftlich die Weiterbeschäftigung verlangen. Dies genügt, um ein festes, unbefristetes Arbeitsverhältnis zu begründen – ein Verfahren, das dem sonst für Mitglieder einer Interessenvertretung geltenden Kündigungsschutz entspricht.

Ein Anspruch auf einen bestimmten Arbeitsplatz ist damit nicht verbunden. Der Auszubildende ist aber davor geschützt, auf einen Arbeitsplatz abgeschoben zu werden, der geringer qualifiziert und bezahlt ist als der, für den er ausgebildet wurde (§ 37 Abs. 5).

(3) Die Absätze 1 und 2 gelten auch, wenn das Berufsausbildungsverhältnis vor Ablauf eines

Schutz nach Ende der Amtszeit

Der in § 78a Abs. 1 und 2 festgelegte Schutz gilt auch dann, wenn die Amtszeit in der JAV, im BR oder einem der anderen Interessenvertretungsgre-

Jahres nach Beendigung der Amtszeit der Jugend- und Auszubildendenvertretung, des Betriebsrats, der Bordvertretung oder des Seebetriebsrats endet	mien noch während des letzten Ausbildungsjahrs endet.
(4) Der Arbeitgeber kann spätestens bis zum Ablauf von zwei Wochen nach Beendigung des Berufsausbildungsverhältnisses beim Arbeitsgericht beantragen, 1. festzustellen, dass ein Arbeitsverhältnis nach Absatz 2 oder 3 nicht begründet wird, oder 2. das bereits nach Absatz 2 oder 3 begründete Arbeitsverhältnis aufzulösen, wenn Tatsachen vorliegen, aufgrund derer dem Arbeitgeber unter Berücksichtigung aller Umstände die Weiterbeschäftigung nicht zuge-mutet werden kann. In dem Verfahren vor dem Arbeitsgericht sind der Betriebsrat, die Bordvertretung, der Seebetriebsrat, bei Mitgliedern der Jugend- und Auszubildendenvertretung auch diese Beteiligte.	**Befreiung von der Weiterbeschäftigungspflicht** Der Arbeitgeber kann sich von der Pflicht zur Weiterbeschäftigung nach Abs. 1 auch befreien lassen. Dafür muss er allerdings nachweisen können, dass ihm eine Übernahme nach Beendigung des Ausbildungsverhältnisses nicht zuzumuten ist. Prinzipiell kommen dafür zwei Arten von Gründen in Frage: 1. **persönliche Gründe**, die allerdings so schwerwiegend sein müssen, dass sie auch für eine fristlose Kündigung ausreichen könnten, oder 2. **betriebliche Gründe**, die jedoch zwingend sein müssen (wie z. B. das nachweisliche Fehlen auch nur eines einzigen in Frage kommenden Arbeitsplatzes). **Antrag beim Arbeitsgericht** Nur wenn es einen der genannten Gründe gibt, kann der Arbeitgeber beim Arbeitsgericht beantragen, dass er von der Weiterbeschäftigungspflicht entbunden wird. Diesen Antrag kann er noch bis zu zwei Wochen nach Beendigung der Berufsausbildung stellen.

(5) Die Absätze 2 bis 4 finden unabhängig davon Anwendung, ob der Arbeitgeber seiner Mitteilungspflicht nach Absatz 1 nachgekommen ist.	**Versäumte Information zur beabsichtigten Nicht-Übernahme** Auch wenn der Arbeitgeber es versäumt haben sollte, einen auszubildenden Interessenvertreter (§ 78a Abs. 1) mindestens drei Monate vor Ende des Ausbildungsverhältnisses über die beabsichtigte Nicht-Übernahme zu informieren, kann das in § 78a Abs. 2 bis 4 beschriebene Verfahren durchgeführt werden.
§ 79 – Geheimhaltungspflicht	**Wie weit reicht die Schweigepflicht des Betriebsrats? Was ist ein Betriebs- und Geschäftsgeheimnis?**
(1) Die Mitglieder und Ersatzmitglieder des Betriebsrats sind verpflichtet, Betriebs- oder Geschäftsgeheimnisse, die ihnen wegen ihrer Zugehörigkeit zum Betriebsrat bekannt geworden und vom Arbeitgeber ausdrücklich als geheimhaltungsbedürftig bezeichnet worden sind, nicht zu offenbaren und nicht zu verwerten. Dies gilt auch nach dem Ausscheiden aus dem Betriebsrat. Die Verpflichtung gilt nicht gegenüber Mitgliedern des Betriebsrats. Sie gilt ferner nicht gegenüber dem Gesamtbetriebsrat, dem Konzernbetriebsrat, der Bordvertretung, dem Seebetriebsrat und den Arbeitnehmervertretern im Aufsichtsrat sowie im Verfahren vor	**Umfang der Geheimhaltungspflicht** Die sogenannte Schweigepflicht des BR (also der BR-Mitglieder und der Ersatzmitglieder) wird in der Praxis oft überschätzt. Dabei sind die Regeln sehr klar. Geheim zu halten sind nur • Betriebs- und Geschäftsgeheimnisse, • die die BR-Mitglieder im Rahmen ihrer Tätigkeit erfahren haben und • die vom Arbeitgeber ausdrücklich als geheimhaltungsbedürftig bezeichnet worden sind. Schon wenn nur einer dieser drei Punkte nicht zutrifft, gilt die Geheimhaltungspflicht nicht mehr. **Was sind Betriebs-/Geschäftsgeheimnisse?** Entscheidend ist natürlich die Frage, welche Informationen Betriebs-/Geschäftsgeheimnisse sind oder sein können. Denn nicht jede Information, die vom Arbeitgeber als Betriebs- und Geschäftsgeheimnis bezeichnet wird, ist tatsächlich ein solches. Zunächst: Es muss sich wirklich um ein Geheimnis handeln! Eine Information, die schon »die Spatzen von den Dächern pfeifen«, kann kein Geheimnis mehr sein. Außerdem muss die Geheimhaltung einen Sinn haben. Wenn das Bekanntwerden einer Information keine nennenswerten (wirtschaftlichen) Konse-

der Einigungsstelle, der tariflichen Schlichtungsstelle (§ 76 Abs. 8) oder einer betrieblichen Beschwerdestelle (§ 86).

(2) Absatz 1 gilt sinngemäß für die Mitglieder und Ersatzmitglieder des Gesamtbetriebsrats, des Konzernbetriebsrats, der Jugend- und Auszubildendenvertretung, der Gesamt-Jugend- und Auszubildendenvertretung, der Konzern-Jugend- und Auszubildendenvertretung, des Wirtschaftsausschusses, der Bordvertretung, des Seebetriebsrats, der gemäß § 3 Abs. 1 gebildeten Vertretungen der Arbeitnehmer, der Einigungsstelle, der tariflichen Schlichtungsstelle (§ 76 Abs. 8) und einer betrieblichen Beschwerdestelle (§ 86) sowie für die Vertreter von Gewerkschaften oder von Arbeitgebervereinigungen.

quenzen hätte, ist auch ihre Geheimhaltung nicht nötig.

- **Betriebsgeheimnisse** können z. B. sein: Patente, Konstruktionszeichnungen, Fertigungsverfahren oder Versuchsprotokolle.
- **Geschäftsgeheimnisse** können z. B. sein: Kundenlisten, Kalkulationsunterlagen oder Daten zur Finanzkraft des Unternehmens.

Die Geheimhaltungspflicht ist also eher die Ausnahme als die Regel.

Außerdem handelt es sich durchweg um Informationen, die für den BR zwar als Hintergrundinformationen wichtig sind, aber für die **Information der Belegschaft** nicht unbedingt gebraucht werden.

Beispiel: Für die Belegschaft ist es wichtig zu erfahren, dass ein neues Fertigungsverfahren bestimmte personelle Konsequenzen hat und zu Veränderungen der Arbeitsorganisation und der Arbeitsbedingungen führt. Die technischen Details des neuen Fertigungsverfahrens (und nur die wären ein Betriebsgeheimnis) müssen nicht unbedingt weitergegeben werden.

Wenn aber doch einmal eine Geheimhaltungspflicht bestehen sollte, müssen sich die Betriebsratsmitglieder strikt daran halten.

Keine Geheimhaltungspflicht innerhalb des BR oder gegenüber JAV, GBR, Arbeitnehmervertretern im Aufsichtsrat usw.

Vor allem aber gilt die Geheimhaltungspflicht niemals innerhalb des BR (z. B. zwischen BR-Vorsitzendem und BR-Gremium oder zwischen verschiedenen BR-Ausschüssen) und auch nicht gegenüber anderen Interessenvertretungen wie z. B. der JAV, dem GBR oder den Arbeitnehmervertretern im Aufsichtsrat. Auch im Rahmen von Einigungsstellenverfahren gilt eine Geheimhaltungspflicht nicht.

	Wenn Geheimhaltung, dann für alle BetrVG-Gremien Nicht nur BR-Mitglieder, sondern auch die Mitglieder aller anderen im BetrVG aufgeführten Gremien und Einrichtungen (GBR, KBR, Wirtschaftsausschuss, JAV, GJAV, Einigungsstelle usw.) müssen sich an die gleiche Geheimhaltungspflicht halten wie der BR.
§ 80 – Allgemeine Aufgaben	**Welche Aufgaben hat der Betriebsrat neben seinen Mitbestimmungs- und Mitwirkungsaufgaben? Wie steht es mit seinen Informationsrechten? Wann kann er Sachverständige einschalten?**
(1) Der Betriebsrat hat folgende allgemeine Aufgaben:	**»Allgemeine Aufgaben« des BR** Neben seinen konkreten Mitbestimmungs- und Mitwirkungsaufgaben (§ 87 bis § 102) hat der BR auch eine Reihe so genannter allgemeiner Aufgaben. Zu den allgemeinen Aufgaben gehören:
1. darüber zu wachen, dass die zugunsten der Arbeitnehmer geltenden Gesetze, Verordnungen, Unfallverhütungsvorschriften, Tarifverträge und Betriebsvereinbarungen durchgeführt werden;	**Überwachung sämtlicher Arbeitnehmerschutzvorschriften** Diese Überwachungspflicht des BR umfasst • Gesetze, • Verordnungen, • Unfallverhütungs vorschriften, • Tarifverträge und • Betriebsvereinbarungen, soweit diese im Betrieb Gültigkeit haben und Regeln zugunsten der Arbeitnehmer enthalten. Auch die Übereinstimmung der einzelnen **Arbeitsverträge** mit den gesetzlichen Vorschriften fällt unter die Überwachungspflicht. Bei der Fülle der zu überwachenden Rechtsvorschriften wird der BR sich auf die wichtigsten konzentrieren und auch arbeitsteilig (Ausschüsse, siehe § 28) vorgehen müssen. Beachten wird er vor allem: • die eigenen Betriebsvereinbarungen, • die Arbeits- und Umweltschutzvorschriften,

- die im Betrieb geltenden Tarifverträge und
- das Bundesdatenschutzgesetz.

Überwachungsrechte

D ie Überwachungspflicht erfordert natürlich entsprechende Überwachungsrechte. Dazu gehört:

- das Recht, ungehindert alle **Arbeitsplätze** aufzusuchen – sowohl gezielt wie auch im Rahmen von Betriebsbegehungen;
- in bestimmten Fällen die Einschaltung **externer Einrichtungen** wie z. B. der Berufsgenossenschaft, der Gewerbeaufsicht oder der Aufsichtsbehörde für den Datenschutz.

Einhaltung des Rechtswegs

Stellt der BR Rechtsverstöße fest, ist er dennoch nicht berechtigt, direkte Anweisungen zu erteilen (nur bei akuter Gefahr für »Leib und Leben« könnte er z. B. das sofortige Abstellen einer Maschine veranlassen).

Prinzipiell muss der BR immer den Rechtsweg einhalten: Weigert sich der Arbeitgeber also, einen rechtswidrigen Zustand abzustellen, bleibt dem BR in der Regel nur die Einleitung eines Beschlussverfahrens beim Arbeitsgericht (§ 23).

2. Maßnahmen, die dem Betrieb und der Belegschaft dienen, beim Arbeitgeber zu beantragen;

Anträge an den Arbeitgeber

Der BR kann jederzeit und zu jedem Thema beim Arbeitgeber Maßnahmen beantragen, die den Arbeitnehmern des Betriebs nützen. Der BR ist also nicht darauf beschränkt, nur auf vorhandene Missstände oder Vorhaben des Arbeitgebers zu reagieren, er kann auch von sich aus **Projekte** vorschlagen und **Ideen** vorbringen.

Diese Anträge können Maßnahmen zum Ziel haben, die allen Arbeitnehmern oder auch nur Einzelnen nützen. Dazu gehören z. B. Maßnahmen zur Sicherung von Arbeitsplätzen, zur Verbesserung von Arbeitsbedingungen oder auch zur Steigerung der Qualifikation.

2a. die Durchsetzung der tatsächlichen Gleichstellung von Frauen und Männern, insbesondere bei der Einstellung, Beschäftigung, Aus-, Fort- und Weiterbildung und dem beruflichen Aufstieg, zu fördern;	**Gleichstellung von Frauen und Männern** In besonderer Weise soll sich der BR durch die Erarbeitung und Förderung von Maßnahmen um alle Fragen der Gleichstellung von Frauen und Männern (z. B. gleiche Bezahlung für gleiche Arbeit) kümmern, und auch darum, die Vereinbarkeit von Familie und Beruf zu fördern (z. B. durch Kinderbetreuungseinrichtungen oder familienfreundliche Arbeitszeitregelungen).
2b. die Vereinbarkeit von Familie und Erwerbstätigkeit zu fördern;	
3. Anregungen von Arbeitnehmern und der Jugend- und Auszubildendenvertretung entgegenzunehmen und, falls sie berechtigt erscheinen, durch Verhandlungen mit dem Arbeitgeber auf eine Erledigung hinzuwirken; er hat die betreffenden Arbeitnehmer über den Stand und das Ergebnis der Verhandlungen zu unterrichten;	**Anregungen aus der Belegschaft** Der BR ist verpflichtet, Anregungen (und Beschwerden) aus der Belegschaft anzunehmen und zu bearbeiten. Dabei muss er in jedem Fall die betreffenden Arbeitnehmer darüber informieren, ob und was er in deren Angelegenheiten unternommen hat und noch unternehmen wird.
4. die Eingliederung Schwerbehinderter und sonstiger besonders schutzbedürftiger Personen zu fördern;	**Eingliederung von Schwerbehinderten** Der BR soll sich auch besonders um die Eingliederung von schwerbehinderten und schutzbedürftigen Personen (schutzbedürftig können z. B. gesundheitlich beeinträchtigte Personen sein, die aber nicht als Schwerbehinderte anerkannt sind) bemühen. Dazu gehört sowohl die Förderung entsprechender Einstellungen wie auch die Gestaltung

	z. B. behinderten- oder blindengerechter Arbeitsplätze in enger Zusammenarbeit mit der Schwerbehindertenvertretung.
5. die Wahl einer Jugend- und Auszubildendenvertretung vorzubereiten und durchzuführen und mit dieser zur Förderung der Belange der in § 60 Abs. 1 genannten Arbeitnehmer eng zusammenzuarbeiten; er kann von der Jugend- und Auszubildendenvertretung Vorschläge und Stellungnahmen anfordern;	**Zusammenarbeit mit der JAV** Die Zusammenarbeit mit der JAV gehört ohnehin schon zu den Pflichten des BR, etwa bei der JAV-Wahl (§ 63) oder der gegenseitigen Teilnahme an Sitzungen (§ 65, § 67, § 68).
6. die Beschäftigung älterer Arbeitnehmer im Betrieb zu fördern;	**Beschäftigung älterer Arbeitnehmer** Der BR ist verpflichtet, sich z. B. im Rahmen der Personalplanung und bei personellen Maßnahmen dafür einzusetzen, dass ältere Arbeitnehmer gefördert (qualifiziert) und auch bei Neueinstellungen berücksichtigt werden.
7. die Integration ausländischer Arbeitnehmer im Betrieb und das Verständnis zwischen ihnen und den deutschen Arbeitnehmern zu fördern, sowie Maßnahmen zur Bekämpfung von Rassismus und Fremdenfeindlichkeit im Betrieb zu beantragen;	**Integration ausländischer Arbeitnehmer** Der BR soll die Integration ausländischer Arbeitnehmer selber fördern (z. B. durch spezielle Informationsveranstaltungen oder Extra-Sprechstunden), aber auch betriebliche Maßnahmen (z. B. Sprachkurse) anregen. Vor allem soll er jedoch (gemeinsam mit dem Arbeitgeber) gegen jede fremdenfeindliche oder gar rassistische Tendenzen im Betrieb vorgehen – notfalls auch durch Forderung/Unterstützung disziplinarischer Maßnahmen.

8. die Beschäftigung im Betrieb zu fördern und zu sichern;	**Beschäftigungsförderung und -sicherung** Die Verpflichtung des BR, sich allgemein für mehr Beschäftigung (Neueinstellungen, Arbeitsplatzsicherung) einzusetzen, wird durch weitere Rechte ergänzt und konkretisiert: § 92 (Personalplanung), § 92a (Beschäftigungssicherung), § 96 bis § 98 (berufliche Bildung), § 112 Abs. 5 Nr. 2a (Verwendung von Sozialplanmitteln für die Beschäftigungssicherung).
9. Maßnahmen des Arbeitsschutzes und des betrieblichen Umweltschutzes zu fördern.	**Arbeits- und Umweltschutz** Die Förderung von Maßnahmen des Arbeits- und Umweltschutzes ist ebenfalls eine BR-Aufgabe, zu der es weitere, konkrete Rechte des BR gibt, so z. B. § 87 Abs. 1 Nr. 7 und § 89.
(2) Zur Durchführung seiner Aufgaben nach diesem Gesetz ist der Betriebsrat rechtzeitig und umfassend vom Arbeitgeber zu unterrichten; die Unterrichtung erstreckt sich auch auf die Beschäftigung von Personen, die nicht in einem Arbeitsverhältnis zum Arbeitgeber stehen. Dem Betriebsrat sind auf Verlangen jederzeit die zur Durchführung seiner Aufgaben erforderlichen Unterlagen zur Verfügung zu stellen; in diesem Rahmen ist der Betriebsausschuss oder ein nach § 28 gebildeter Ausschuss berechtigt, in die Listen über die Bruttolöhne und -gehälter	**Voraussetzung: umfassendes Informationsrecht** Zwingende Voraussetzung für die Überwachungspflicht (§ 80 Abs. 1 Nr. 1), für das Recht, Maßnahmen im Interesse der Arbeitnehmer zu fordern und für die diversen Mitwirkungs- und Mitbestimmungsrechte des BR ist ein möglichst weit reichendes Recht auf Information. Neben speziellen Informationsrechten (z. B. § 90, § 92 oder § 111) hat der BR ein **allgemeines Informationsrecht**: Demnach muss der Arbeitgeber dem BR unaufgefordert **rechtzeitig** und **umfassend** alle Informationen geben, die der BR braucht, um seine im BetrVG festgelegten Aufgaben ordnungs- und sachgemäß zu erledigen. Darüber hinaus kann der BR immer auch verlangen, beim Arbeitgeber vorhandene **Unterlagen** (schriftliches Informationsmaterial) von ihm ausgehändigt zu bekommen. Der Sinn aller (auch der speziellen) Informationsrechte ist, den BR in den Stand zu setzen, seine Rechte wirkungsvoll zum Tragen zu bringen. Das ist wichtig, wenn man verstehen will, was die Begriffe »rechtzeitig« und »umfassend« konkret bedeuten.

Einblick zu nehmen. Soweit es zur ordnungsgemäßen Erfüllung der Aufgaben des Betriebsrats erforderlich ist, hat der Arbeitgeber ihm sachkundige Arbeitnehmer als Auskunftspersonen zur Verfügung zu stellen; er hat hierbei die Vorschläge des Betriebsrats zu berücksichtigen, soweit betriebliche Notwendigkeiten nicht entgegenstehen.

Rechtzeitige Information

Rechtzeitig ist eine Information nur dann, wenn sie zu einem Zeitpunkt kommt, zu dem der BR noch die Chance hat, eine vom Arbeitgeber geplante Maßnahme wirksam beeinflussen oder vielleicht sogar ganz verhindern zu können – das heißt: Information an den BR immer gleich zu Beginn einer Planung.

Umfassende Information

Umfassend ist eine Information immer dann, wenn sie den BR in den Stand versetzt, die Planung einer Maßnahme mit ihren Perspektiven und den Konsequenzen für die Arbeitnehmer verstehen und beurteilen zu können. Vollständigkeit kann da unter Umständen eher schaden als nützen. Maßstab sind deshalb die Informationen, die auch die Unternehmensleitung bekommt, um über eine geplante Maßnahme zu entscheiden.

Ständige Information

Damit ist auch klar, dass ein Informationsrecht in der Regel nicht durch eine einmalige »Informationsgabe« erfüllt ist, sondern einen Informations**prozess** darstellt, der sich über die gesamte Dauer einer Maßnahmenplanung und -realisierung erstreckt.

Umfassend bedeutet also auch, dass der BR stets auf dem Laufenden gehalten werden muss.

Schriftliche Information

Das Aushändigen von »Unterlagen« (schriftliches Informationsmaterial) an den BR, muss der BR in jedem Einzelfall **einfordern**.

»Aushändigen« bedeutet dabei: im Original oder als Kopie überlassen. Maßstab für Art und Menge der Unterlagen sind auch hier die Informationen, die die Unternehmensleitung für ihre Entscheidungen bekommt.

Information durch sachkundige Arbeitnehmer

Der BR hat auch Anspruch darauf, dass ihm sachkundige Arbeitnehmer mit Auskünften zur Verfügung stehen (z. B. wenn es um die Erläuterung von Plänen und Unterlagen geht oder auch um die Stimmung in einer bestimmten Abteilung). Den Wunsch des BR nach einer **bestimmten Person** (z. B. einem Projektleiter) muss der Arbeitgeber erfüllen, es sei denn, dass zwingende betriebliche Gründe dies verhindern.

Einblick in Bruttolohn- und Gehaltslisten

Als spezielles Informationsrecht gibt es noch das Recht, dass der BA (§ 27) oder ein nach § 28 gebildeter Ausschuss in die Listen mit den Bruttolöhnen und -gehältern aller Arbeitnehmer Einblick nehmen darf. Bei kleineren BR-Gremien ohne BA und ohne Ausschüsse nach § 28 geht dieses Recht an den BR-Vorsitzenden.

»Einblick nehmen« bedeutet, dass die Listen **nicht ausgehändigt** werden müssen, es dürfen aber **Notizen** (auch umfangreiche) gemacht werden. Ein »Beobachter« des Arbeitgebers darf dabei nicht anwesend sein.

(3) Der Betriebsrat kann bei der Durchführung seiner Aufgaben nach näherer Vereinbarung mit dem Arbeitgeber Sachverständige hinzuziehen, soweit dies zur ordnungsgemäßen Erfüllung seiner Aufgaben erforderlich ist.

(4) Für die Geheimhaltungspflicht der Auskunftspersonen und der Sachverständigen gilt § 79 entsprechend.

Sachverständige einschalten

Sowohl zur Unterstützung beim Durcharbeiten und Analysieren von Informationen und Unterlagen als auch für die Beratung zum weiteren Vorgehen wird der BR oft auf sachverständige Hilfe angewiesen sein.

Vorrangig: sachkundige Arbeitnehmer

Grundsätzlich muss er dabei zunächst auf sachkundige Arbeitnehmer zurückgreifen. Hat er jedoch den Eindruck, dabei nicht ausreichend und objektiv beraten zu werden, hat er immer auch das Recht auf einen eigenen Sachverständigen – auf einen Sachverständigen also, der nicht in einem Abhängigkeitsverhältnis zum Arbeitgeber steht, sondern sich den Interessen des BR besonders verpflichtet fühlt.

	Recht auf externe Sachverständige Dass der BR das Recht hat, auch externe, also Kosten verursachende Sachverständige einzuschalten, bedeutet allerdings nicht, dass er einfach einen Sachverständigen engagieren kann. Er muss sich darüber zunächst mit dem Arbeitgeber verständigen. Dabei geht es um die **Auswahl** des Sachverständigen und vor allem auch um die zu erwartenden **Kosten**. Jeder zum Einsatz kommende Sachverständige unterliegt der gleichen **Geheimhaltungspflicht** wie die BR-Mitglieder (§ 79). **Vorschlag zum Verfahren** Nach Anhörung eines oder mehrerer sachkundiger Arbeitnehmer beschließt der BR, einen eigenen, unabhängigen Sachverständigen zu benötigen. Er lässt sich (z. B. von der Gewerkschaft oder einem anderen BR) beraten, welcher externe Sachverständige für ihn in Frage kommt und nimmt Kontakt auf. Er lässt sich ein Angebot über die zu erwartenden Leistungen und Kosten machen und legt dies dem Arbeitgeber vor. Kommen BR und Arbeitgeber in einem Gespräch (an dem auch der Sachverständige teilnehmen könnte) nicht zu einer Einigung, muss der BR ein **Beschlussverfahren** beim Arbeitsgericht einleiten, um »seinen« Sachverständigen durchzusetzen.

Zweiter Abschnitt
Mitwirkungs- und Beschwerderecht des Arbeitnehmers

§ 81 – Unterrichtungs- und Erörterungspflicht des Arbeitgebers	Worüber hat der Arbeitgeber jeden Arbeitnehmer direkt zu informieren?
(1) Der Arbeitgeber hat den Arbeitnehmer über dessen Aufgabe und Verantwortung sowie	**Informationsrecht der Arbeitnehmer ...** Nicht nur der BR hat Informationsrechte gegenüber dem Arbeitgeber, sondern auch der einzelne Arbeitnehmer. In keinem Fall aber können die Informa-

über die Art seiner Tätigkeit und ihre Einordnung in den Arbeitsablauf des Betriebs zu unterrichten. Er hat den Arbeitnehmer vor Beginn der Beschäftigung über die Unfall- und Gesundheitsgefahren, denen dieser bei der Beschäftigung ausgesetzt ist, sowie über die Maßnahmen und Einrichtungen zur Abwendung dieser Gefahren und die nach § 10 Abs. 2 des Arbeitsschutzgesetzes getroffenen Maßnahmen zu belehren.	tionsrechte der Arbeitnehmer die eines vorhandenen BR ersetzen (die natürlich auch weit umfangreicher sind). In der Praxis haben diese individuellen Informations- und Anhörungsrechte deshalb vor allem in den Betrieben Bedeutung, in denen es **keinen BR** gibt (siehe auch § 81 Abs. 3). **… bei Beginn einer (neuen) Tätigkeit** Der Arbeitgeber hat jeden Arbeitnehmer bei Beginn einer Tätigkeit (oder bei jeder gravierenderen Änderung) zu informieren über: • Aufgaben, Art der Tätigkeit, Verantwortlichkeiten und Einordnung in den Betriebsablauf; • Unfall- und Gesundheitsgefahren sowie Maßnahmen des Arbeitsschutzes; • bevorstehende Veränderungen im persönlichen Arbeitsbereich.
(2) Über Veränderungen in seinem Arbeitsbereich ist der Arbeitnehmer rechtzeitig zu unterrichten. Absatz 1 gilt entsprechend.	Unterlässt der Arbeitgeber diese Information (die er natürlich delegieren kann, z. B. an Fachkräfte für Arbeitsschutz oder direkte Vorgesetzte), darf und soll der Arbeitnehmer die Aufnahme der **Arbeit verweigern**, ohne dass sein Entgelt gekürzt werden dürfte – tut der Arbeitnehmer dies nicht und es passiert etwas, ist der Arbeitgeber dennoch zumindest schadensersatzpflichtig.
(3) In Betrieben, in denen kein Betriebsrat besteht, hat der Arbeitgeber die Arbeitnehmer zu allen Maßnahmen zu hören, die Auswirkungen auf Sicherheit und Gesundheit der Arbeitnehmer haben können.	**… über Arbeits- und Gesundheitsschutz** In Betrieben mit BR ist wohl davon auszugehen, dass der BR sich pflichtgemäß (§ 80 Abs. 1) um alle Fragen des Arbeits- und Gesundheitsschutzes kümmert. Tut er das nicht oder fallen einem Arbeitnehmer bisher nicht erkannte Probleme oder Gefahrenpunkte auf, dann sollte der Arbeitnehmer den BR darauf aufmerksam machen (§ 80 Abs. 1 Nr. 3, § 85). In Betrieben **ohne BR** müssen sich Arbeitnehmer direkt an den Arbeitgeber wenden können, wenn es um das besonders wichtige Thema Arbeits- und Gesundheitsschutz geht. Der Arbeitgeber ist dann verpflichtet, sich das anzuhören, nach

	Möglichkeit darauf zu reagieren und den Arbeitnehmer über eventuelle Maßnahmen zu informieren.
(4) Der Arbeitgeber hat den Arbeitnehmer über die aufgrund einer Planung von technischen Anlagen, von Arbeitsverfahren und Arbeitsabläufen oder der Arbeitsplätze vorgesehenen Maßnahmen und ihre Auswirkungen auf seinen Arbeitsplatz, die Arbeitsumgebung sowie auf Inhalt und Art seiner Tätigkeit zu unterrichten. Sobald feststeht, dass sich die Tätigkeit des Arbeitnehmers ändern wird und seine beruflichen Kenntnisse und Fähigkeiten zur Erfüllung seiner Aufgaben nicht ausreichen, hat der Arbeitgeber mit dem Arbeitnehmer zu erörtern, wie dessen berufliche Kenntnisse und Fähigkeiten im Rahmen der betrieblichen Möglichkeiten den künftigen Anforderungen angepasst werden können. Der Arbeitnehmer kann bei der Erörterung ein Mitglied des Betriebsrats hinzuziehen.	**... über Änderungen der Arbeit** Der Arbeitgeber ist nicht nur verpflichtet, den BR über geplante Änderungen bei technischen Anlagen, Arbeitsverfahren, Arbeitsabläufen und Arbeitsplätzen rechtzeitig und umfassend zu informieren (§ 90, § 111). Auch die betroffenen Arbeitnehmer haben (wenn auch erst nach dem BR) ein Recht auf solche Informationen. Bei dieser Information muss es vor allem um die konkreten, persönlichen Folgen gehen, die für den einzelnen Arbeitnehmer mit einer solchen Maßnahme verbunden sind, vor allem was Inhalt und Art seiner Arbeit betrifft. **... über nötige Qualifikationen** Sollte sich dabei herausstellen, dass die aktuellen fachlichen Kenntnisse und Fähigkeiten des Arbeitnehmers den veränderten Anforderungen nicht genügen, dann muss der Arbeitgeber (bzw. ein von ihm Beauftragter) mit dem Arbeitnehmer besprechen, welche Qualifikationsmaßnahmen nötig und möglich wären. Der Arbeitnehmer kann zu einem solchen Gespräch ein **BR-Mitglied** mitbringen. Das Betriebsratsmitglied ist zu striktem **Stillschweigen** über die Gesprächsinhalte verpflichtet. Will es den Fall im **Betriebsratsgremium** besprechen, muss es sich durch den Arbeitnehmer von dieser Schweigepflicht entbinden lassen.

§ 82 – Anhörungs- und Erörterungsrecht des Arbeitnehmers	Welche Rechte hat der einzelne Arbeitnehmer, wenn er dem Arbeitgeber gegenüber Vorschläge machen oder Stellungnahmen abgeben will?
(1) Der Arbeitnehmer hat das Recht, in betrieblichen Angelegenheiten, die seine Person betreffen, von den nach Maßgabe des organisatorischen Aufbaus des Betriebs hierfür zuständigen Personen gehört zu werden. Er ist berechtigt, zu Maßnahmen des Arbeitgebers, die ihn betreffen, Stellung zu nehmen sowie Vorschläge für die Gestaltung des Arbeitsplatzes und des Arbeitsablaufs zu machen.	**Vorschlagsrecht für Arbeitnehmer** Jeder Arbeitnehmer hat das Recht, sich in allen ihn persönlich angehenden betrieblichen Angelegenheiten mit Stellungnahmen und Vorschlägen direkt an diejenigen im Betrieb zu wenden, die für das jeweilige Problem zuständig sind (z. B. Abteilungsleiter, Fachleute). Er kann dies während der Arbeitszeit tun und wird auch weiter bezahlt. Der Begriff »seine Person betreffend« darf dabei nicht wörtlich genommen werden. Es kann bei den Vorschlägen durchaus auch um allgemeine **betriebliche Themen** (z. B. den betrieblichen Umweltschutz) gehen, solange es nur irgendeinen Zusammenhang mit der eigenen Situation als Arbeitnehmer gibt. Vor allem aber darf der Arbeitnehmer Vorschläge für die **Gestaltung des Arbeitsplatzes** und der **Arbeitsabläufe** machen. Dass der Arbeitgeber solche Stellungnahmen und Vorschläge wirklich ernst nimmt, lässt sich durch ein Gesetz natürlich nicht verordnen. Er (oder die angesprochene zuständige Person) soll aber mehr tun als nur zuzuhören. Der Arbeitnehmer kann auch verlangen, dass er Erklärungen und weitere Informationen bekommt.
(2) Der Arbeitnehmer kann verlangen, dass ihm die Berechnung und Zusammensetzung seines Arbeitsentgelts erläutert und dass mit ihm die Beurteilung seiner Leistungen sowie die Möglichkeiten seiner beruflichen Entwicklung im Betrieb erörtert wer-	**Informationsrecht zur Entgeltberechnung** Ein besonderes Informationsrecht hat jeder Arbeitnehmer zur Berechnung seines Entgelts und zu dessen einzelnen Bestandteilen. Dies schließt z. B. Zulagen, Prämien und auch die Betriebsrente mit ein. Einen konkreten Grund für die Forderung, sein Entgelt erläutert zu bekommen, braucht der Arbeitnehmer nicht anzugeben. Ebenso kann der Arbeitnehmer verlangen, dass seine bisherige **berufliche Leistung** beurteilt und

den. Er kann ein Mitglied des Betriebsrats hinzuziehen. Das Mitglied des Betriebsrats hat über den Inhalt dieser Verhandlungen Stillschweigen zu bewahren, soweit es vom Arbeitnehmer im Einzelfall nicht von dieser Verpflichtung entbunden wird.	seine weitere **berufliche Perspektive** im Betrieb besprochen wird. Dies muss durch einen kompetenten Vorgesetzten geschehen. Hierbei und auch in den Fällen des § 82 Abs. 1 kann der Arbeitnehmer ein **BR-Mitglied** seines Vertrauens auffordern, ihn zu begleiten und zu unterstützen. Das BR-Mitglied ist zu striktem **Stillschweigen** über die Inhalte des Gesprächs verpflichtet. Will es den Fall im BR besprechen, muss es sich durch den Arbeitnehmer von der Schweigepflicht entbinden lassen.
§ 83 – Einsicht in die Personalakten	**In welcher Weise kann der Arbeitnehmer in seine Personalakte und/oder in die über ihn gespeicherten Daten Einsicht nehmen?**
(1) Der Arbeitnehmer hat das Recht, in die über ihn geführten Personalakten Einsicht zu nehmen. Er kann hierzu ein Mitglied des Betriebsrats hinzuziehen. Das Mitglied des Betriebsrats hat über den Inhalt der Personalakte Stillschweigen zu bewahren, soweit es vom Arbeitnehmer im Einzelfall nicht von dieser Verpflichtung entbunden wird.	**Einsichtsrecht in Personalakte** Jede Sammlung schriftlich festgehaltener Informationen über einen bestimmten Arbeitnehmer ist eine Personalakte, ganz gleich, wie sie genannt wird und ob sie auf Papier oder digital gesammelt/gespeichert ist (z. B. als Bestandteil einer Datenbank). In jedem Fall müssen dem Arbeitnehmer, wenn er dies verlangt, die über ihn gesammelten Informationen vollständig vorgelegt werden, und zwar – das gilt besonders für **digitale Datensammlungen** – in übersichtlicher, verständlicher und unverschlüsselter Form. Der Arbeitnehmer kann ein **BR-Mitglied** zu der Einsicht in seine Personalakte hinzuziehen. Das BR-Mitglied ist zu striktem **Stillschweigen** über die Inhalte der Personalakte verpflichtet. Will es den Fall im BR besprechen, muss es sich durch den Arbeitnehmer von der Schweigepflicht entbinden lassen.
(2) Erklärungen des Arbeitnehmers zum Inhalt der Personalakte sind dieser auf sein Verlangen beizufügen.	**Änderung der Personalakte** Wenn ein Arbeitnehmer der Ansicht ist, dass seine Personalakte (§ 83 Abs. 1) unzutreffende Informationen über ihn enthält und der Arbeitgeber nicht

	bereit ist, das zu ändern, dann stehen ihm zwei Möglichkeiten offen – er kann • beim Arbeitsgericht ein Beschlussverfahren einleiten, mit dem Ziel, die falsche Information zu **entfernen** oder zu **korrigieren**, • der Personalakte ein eigenes Schriftstück **hinzufügen** lassen, in dem er seine Sicht der Dinge aufschreibt. Diese Richtigstellung muss dann der Personalakte hinzugefügt werden, ganz egal, was der Arbeitgeber von ihrem Wahrheitsgehalt hält.
§ 84 – Beschwerderecht	**Was kann der einzelne Arbeitnehmer tun, wenn er sich vom Arbeitgeber oder jemand anderem im Betrieb ungerecht behandelt fühlt?**
(1) Jeder Arbeitnehmer hat das Recht, sich bei den zuständigen Stellen des Betriebs zu beschweren, wenn er sich vom Arbeitgeber oder von Arbeitnehmern des Betriebs benachteiligt oder ungerecht behandelt oder in sonstiger Weise beeinträchtigt fühlt. Er kann ein Mitglied des Betriebsrats zur Unterstützung oder Vermittlung hinzuziehen.	**Beschwerderecht der Arbeitnehmer** In der Regel wird man davon ausgehen dürfen, dass ein Arbeitnehmer, der sich über irgendjemanden oder irgendetwas im Betrieb beschweren möchte, dies am besten beim BR tut (§ 85). Gibt es keinen BR oder will der Arbeitnehmer sich direkt zu Wort melden, dann hat er selbstverständlich auch das Recht, sich selbst bei den zuständigen Stellen (in der Regel den direkten Vorgesetzten) zu beschweren. Voraussetzung ist, dass er sich von der Sache **persönlich betroffen** fühlt. Probleme, die allein andere Arbeitnehmer betreffen oder **allgemeine Missstände** lassen sich auf diesem Weg also nicht zur Sprache bringen. Der Arbeitnehmer kann ein **BR-Mitglied** seines Vertrauens auffordern, ihn zu begleiten und zu unterstützen. Das BR-Mitglied ist zu striktem **Stillschweigen** über die Inhalte des Gesprächs verpflichtet. Will es den Fall im BR besprechen, muss es sich durch den Arbeitnehmer von der Schweigepflicht entbinden lassen.
(2) Der Arbeitgeber hat den Arbeitnehmer über die Behandlung der Be-	**Behandlung der Beschwerde durch Arbeitgeber** Der Arbeitgeber muss die Beschwerde nicht nur zur Kenntnis nehmen, sondern muss auch (mündlich

schwerde zu bescheiden und, soweit er die Beschwerde für berechtigt erachtet, ihr abzuhelfen.	oder schriftlich) eine **Antwort** darauf geben, aus der hervorgeht, wie er die Sache beurteilt. Dauert die Überprüfung der Beschwerde länger, kann es nötig sein, auch einen **Zwischenbescheid** zu geben. Wenn der Arbeitgeber die Beschwerde für berechtigt hält und bereit ist, etwas zu unternehmen, muss er den Beschwerdeführenden darüber informieren.
(3) Wegen der Erhebung einer Beschwerde dürfen dem Arbeitnehmer keine Nachteile entstehen.	**Benachteiligungsverbot** Auch wenn der Arbeitgeber der Meinung ist, dass sich ein Arbeitnehmer ungerechtfertigt beschwert hat, darf er ihn nicht durch Zufügung irgendwelcher Nachteile »bestrafen«.
§ 85 – Behandlung von Beschwerden durch den Betriebsrat	**Was kann und muss der Betriebsrat tun, wenn sich Arbeitnehmer bei ihm beschweren?**
(1) Der Betriebsrat hat Beschwerden von Arbeitnehmern entgegenzunehmen und, falls er sie für berechtigt erachtet, beim Arbeitgeber auf Abhilfe hinzuwirken. (2) Bestehen zwischen Betriebsrat und Arbeitgeber Meinungsverschiedenheiten über die Berechtigung der Beschwerde, so kann der Betriebsrat die Einigungsstelle anrufen. Der Spruch der Einigungsstelle ersetzt die Einigung zwischen Arbeitgeber und Betriebsrat. Dies gilt nicht, soweit Gegenstand der Beschwerde ein Rechtsanspruch ist.	**Bearbeitung von Beschwerden durch BR** Wenn sich ein Arbeitnehmer beschweren will, ist der BR – unabhängig vom direkten Beschwerderecht nach § 84 – die dafür beste Adresse. Dabei können sich Arbeitnehmer prinzipiell über alles und jeden beschweren, vorausgesetzt, sie sind davon direkt oder indirekt persönlich betroffen, was bei mehr oder weniger jedem betrieblichen Problem der Fall sein dürfte. Der BR muss **organisatorisch sicherstellen**, dass jede eingehende Beschwerde registriert und auf der nächsten BR-Sitzung zum Thema gemacht wird. Er ist dann aber frei in seiner Entscheidung, ob er eine solche Beschwerde für berechtigt hält oder nicht (was allerdings nicht dazu führen darf, dass vielleicht schon der BR-Vorsitzende bestimmte Beschwerden aussortiert, die dann gar nicht erst in die BR-Sitzung kommen). **Beschluss des BR** Ergibt die Diskussion im BR, dass die Beschwerde für berechtigt gehalten wird, muss beschlossen werden, wann und wie sich der BR in dieser Angelegenheit an den Arbeitgeber wendet. Zeitgleich

(3) Der Arbeitgeber hat den Betriebsrat über die Behandlung der Beschwerde zu unterrichten. § 84 Abs. 2 bleibt unberührt.	sollte er auch den Arbeitnehmer über seine Entscheidung und die beabsichtigten Maßnahmen informieren – ebenso über jeden weiteren Schritt und dessen Ergebnisse. **Nichteinigung zwischen BR und Arbeitgeber** Können sich BR und Arbeitgeber nicht einigen, wie der Grund der Beschwerde zu beseitigen ist, kann der BR die Initiative zur Bildung einer **Einigungsstelle** ergreifen (§ 76). Geht es in der Beschwerde allerdings um einen nicht erfüllten **Rechtsanspruch** des Arbeitnehmers (z. B. auf Bezahlung geleisteter Überstunden), ist nicht die Einigungsstelle zuständig, sondern es muss das **Arbeitsgericht** eingeschaltet werden. **Information über Maßnahmen** Hat die Einigungsstelle entschieden oder haben sich BR und Arbeitgeber einigen können, muss der Arbeitgeber den BR über seine Maßnahmen zur Behandlung der Beschwerde unterrichten. Ziehen sich diese Maßnahmen über einen längeren Zeitraum (mehrere Wochen oder Monate) hin, ist der BR auch über Zwischenschritte zu informieren. **Benachteiligungsverbot** Obwohl es im Gesetzestext nicht ausdrücklich erwähnt ist, gilt für den sich beschwerenden Arbeitnehmer das Benachteiligungsverbot aus § 84 Abs. 3 auch im Fall des § 85.
§ 86 – Ergänzende Vereinbarungen	**Wie lassen sich Einzelheiten des Beschwerdeverfahrens nach § 85 anders oder zusätzlich regeln?**
Durch Tarifvertrag oder Betriebsvereinbarung können die Einzelheiten des Beschwerdeverfahrens geregelt werden. Hierbei kann bestimmt werden, dass in den Fällen des § 85 Abs. 2 an die	**Standardablauf für Beschwerdebearbeitung** In größeren Betrieben mit einer entsprechend größeren Anzahl von Beschwerden kann es sinnvoll sein, wenn BR und Arbeitgeber in einer Betriebsvereinbarung einen Standardablauf für die Bearbeitung von Beschwerden festlegen. Dazu könnte auch die Einrichtung einer betrieblichen Beschwerdestelle gehören (z. B. mit je zwei

Stelle der Einigungsstelle eine betriebliche Beschwerdestelle tritt.	Beisitzern beider Seiten aus dem Betrieb und einem externen Vorsitzenden), die dann statt einer Einigungsstelle über Beschwerden entscheiden könnte, zu denen BR und Arbeitgeber sich nicht haben einigen können. Gibt es einen **Tarifvertrag** zu diesem Thema, hat dieser Vorrang.
§ 86a – Vorschlagsrecht der Arbeitnehmer	**Welche Möglichkeiten haben Arbeitnehmer, den Betriebsrat zur Behandlung eines Themas zu zwingen?**
Jeder Arbeitnehmer hat das Recht, dem Betriebsrat Themen zur Beratung vorzuschlagen. Wird ein Vorschlag von mindestens 5 vom Hundert der Arbeitnehmer des Betriebs unterstützt, hat der Betriebsrat diesen innerhalb von zwei Monaten auf die Tagesordnung einer Betriebsratssitzung zu setzen.	**Tätigwerden des BR ist nicht zu erzwingen** Der BR ist in der Art seiner Amtsführung unabhängig. Auch die Betriebsversammlung kann ihn nicht dazu zwingen, ein bestimmtes Thema in einer bestimmten Art anzupacken. Allerdings hat jeder Arbeitnehmer das Recht, dem BR für seine Arbeit Themen vorzuschlagen. Und wenn fünf Prozent der Arbeitnehmer des Betriebs diesen Vorschlag (z. B. in Form einer Unterschriftenliste oder einer Abstimmung auf der Betriebsversammlung) unterstützen, dann muss der BR dieses Thema innerhalb von zwei Monaten in einer BR-Sitzung behandeln. Wie und mit welcher Zielsetzung er das tut, ist dann allerdings wieder ihm allein überlassen.

Dritter Abschnitt
Soziale Angelegenheiten

§ 87 – Mitbestimmungsrechte	**In welchen Fragen, die Arbeitsplätze und die Arbeitsbedingungen betreffen, hat der Betriebsrat zwingend mitzubestimmen?**
(1) Der Betriebsrat hat, soweit eine gesetzliche oder tarifliche Regelung nicht besteht, in folgenden Angelegenheiten mitzubestimmen:	**Mitbestimmung und Initiativrecht** Mitbestimmung bedeutet, dass der Arbeitgeber eine geplante Maßnahme nur dann durchführen kann, wenn der BR zuvor seine Zustimmung gegeben hat – meist in Form einer **Betriebsvereinbarung** (§ 77).

Das heißt aber nicht, dass sich der BR darauf beschränken muss, auf Planungen des Arbeitgebers nur zu reagieren. Mitbestimmung heißt immer auch, dass der BR eine mitbestimmungspflichtige Angelegenheit (z. B. eine Pausenregelung) von sich aus zum Thema machen und den Arbeitgeber dazu zwingen kann, sich mit ihm darüber auseinanderzusetzen – das ist das so genannte Initiativrecht.

Eilfälle und Notsituationen

Es gibt keinen Grund, der es dem Arbeitgeber erlauben würde, sich mit einer Maßnahme über das Mitbestimmungsrecht des BR hinwegzusetzen – auch »Eilfälle«, auf die sich Arbeitgeber so gerne berufen, kann es hier nicht geben. Eine Ausnahme gilt lediglich in echten Notsituationen. Solche sind aber allein Erdbeben, Überschwemmungen oder Brandkatastrophen – das ist höchstrichterlich eindeutig geklärt.

Einigungsstelle entscheidet

Können sich Arbeitgeber und BR in einer mitbestimmungspflichtigen Angelegenheit nicht einigen, dann kann eine von beiden Seiten die Initiative zur Bildung einer Einigungsstelle ergreifen (§ 76), die dann endgültig entscheidet.

Der BR kann die Initiative für die Bildung einer Einigungsstelle schon dann ergreifen, wenn sich der Arbeitgeber weigert, mit ihm über eine mitbestimmungspflichtige Frage zu verhandeln. Bestreitet der Arbeitgeber aber, dass es ein Mitbestimmungsrecht des BR überhaupt gibt, ist zur Klärung dieser Frage das Arbeitsgericht einzuschalten (§ 87 Abs. 2).

Einstweilige Verfügung

Ignoriert der Arbeitgeber das Mitbestimmungsrecht des BR und setzt eine Maßnahme einfach um, ist diese immer **rechtsunwirksam**. Der BR kann den Arbeitgeber dann durch ein Eilverfahren beim Arbeitsgericht (einstweilige Verfügung) zwingen, die

Durchführung der Maßnahme (z. B. eine Videoüberwachung) umgehend zu unterlassen.

Umsetzung von Vereinbarungen

Die Umsetzung einer abgeschlossenen Betriebsvereinbarung durch den Arbeitgeber ist für diesen eine rechtliche Verpflichtung und kann eingeklagt werden, sowohl vom BR wie auch vom einzelnen Arbeitnehmer.

Tarifvorrang

Die Mitbestimmung des BR findet ihre Grenze deshalb nur dort, wo es bereits höherrangige Regelungen – also Tarifvertrag oder Gesetz – gibt. Damit wird der Tarifvorrang des § 77 Abs. 3 noch einmal bekräftigt und durch den Hinweis auf gesetzliche Vorschriften ergänzt.

1. Fragen der Ordnung des Betriebs und des Verhaltens der Arbeitnehmer im Betrieb;

Ordnung im Betrieb, Verhalten der Arbeitnehmer

Der BR hat mitzubestimmen, wenn es um Fragen der Ordnung des Betriebs und um das Verhalten der Arbeitnehmer im Betrieb geht. Dazu gehören alle allgemeinverbindlichen Verhaltensregeln, die einen ungestörten Arbeitsablauf und ein reibungsloses Zusammenleben und Zusammenarbeiten im Betrieb sicherstellen sollen.

Arbeitsanweisungen, welcher Arbeitnehmer was in welcher Abfolge und Art zu tun hat, fallen allerdings nicht unter die Mitbestimmung des BR.

Mitzubestimmen hat der BR z. B. bei Betriebsordnungen und anderen allgemeinen Leitlinien sowie bei einzelne **Vorschriften**, wie z. B. Rauchverbote, das Tragen einheitlicher Arbeitskleidung, die Benutzung von Wasch- und Umkleideräumen, Parkplatzordnungen, die Nutzung von Betriebsausweisen, Dienstreisen- und Spesenregelungen, das Führen von Kranken-/Rückkehrgesprächen, die Anordnung von Eignungsuntersuchungen oder die private Nutzung von E-Mail und Internet am Arbeitsplatz.

	Bei allen Regelungen zu Ordnung und Verhalten sind immer die **Persönlichkeitsrechte** der Arbeitnehmer zu beachten (§ 75). So können den Arbeitnehmern z.B. nur dann Vorschriften über ihr Äußeres gemacht werden, wenn dies aus betrieblichen Gründen zwingend nötig ist. **Vorsicht: Betriebsbußordnung** Ein besonderes Kapitel sind so genannte Betriebsbußen, mit denen Fehlverhalten von Arbeitnehmern »bestraft« werden soll. Gegen eine solche innerbetriebliche Justiz gibt es erhebliche rechtsstaatliche Bedenken, so dass der BR einer Betriebsvereinbarung mit einer Bußordnung keinesfalls zustimmen sollte.
2. Beginn und Ende der täglichen Arbeitszeit einschließlich der Pausen sowie Verteilung der Arbeitszeit auf die einzelnen Wochentage;	**Arbeitszeitfragen** Bei der Mitbestimmung in Arbeitszeitfragen geht es nicht um die Mindestzahl der in einem bestimmten Zeitraum abzuleistenden Arbeitsstunden. Die ist in der Regel in einem **Tarifvertrag** festgelegt. Außerdem sind natürlich die Bestimmungen des **Arbeitszeitgesetzes** einzuhalten. In diesem Rahmen hat der BR dann aber mitzubestimmen z.B. über Beginn und Ende der täglichen Arbeitszeit (einschließlich Öffnungszeiten z.B. für Läden, Gaststätten oder Werkstätten) und damit zugleich auch über die Verteilung der Gesamtwochenarbeitszeit auf die einzelnen Arbeitstage. Dies schließt die zeitliche Lage und Dauer der Pausen ein (auch spezielle Pausen wie Bildschirmarbeitspausen). Auch wenn der Arbeitgeber z.B. vorschreiben will, dass das An- und Ausziehen von Berufskleidung außerhalb der Arbeitszeit stattzufinden hat, muss der BR sein Mitbestimmungsrecht geltend machen (Umkleidezeit = Arbeitszeit). **Bereitschaftsdienst, Rufbereitschaft** Fragen wie Bereitschaftsdienst und Rufbereitschaft unterliegen ebenfalls der Mitbestimmung durch den BR. Vor allem hier wird es das Ziel des BR

	sein, Einschränkungen bei der Gestaltung des Privatlebens zu begrenzen. Mitzubestimmen hat der BR aber auch bei allen Regelungen über dienstliche Wegezeiten (zu entfernten Betriebsstätten, zu Kunden, zu Fortbildungsmaßnahmen usw.). **Arbeitszeitkonzepte** Besonders wichtig ist die Mitbestimmung des BR jedoch bei der Einführung und Gestaltung umfassender Arbeitszeitkonzepte und -modelle wie z. B. Schichtarbeit, Gleitzeit, Arbeitszeitkonten, Vertrauensarbeitszeit, Jobsharing (Teilen eines Arbeitsplatzes) und vor allem »Kapovaz« (kapazitätsorientierte variable Arbeitszeit) – bei Letzterem geht es darum, dass Arbeitnehmer nur dann zur Arbeit kommen sollen, wenn Beschäftigung da ist.
3. vorübergehende Verkürzung oder Verlängerung der betriebsüblichen Arbeitszeit;	**Überstunden und Kurzarbeit** Auch vorübergehende Verkürzungen und Verlängerungen der betriebsüblichen Arbeitszeit unterliegen (selbst in Einzelfällen) der Mitbestimmung durch den BR. Das Mitbestimmungsrecht greift also sowohl bei Überstunden wie bei Kurzarbeit. Auch eine vorübergehende Erhöhung der Höchstzeiten bei **Gleitzeitsystemen** gehört dazu. Der BR hat also immer mitzubestimmen, wenn es um die betriebsübliche Arbeitszeit geht, die in verschiedenen Bereichen oder auch Einzelfällen ja höchst unterschiedlich sein kann. Der BR wird dabei klären und regeln, ob die Arbeitszeit z. B. überhaupt verlängert/verkürzt werden muss, ob es sich wirklich nur um eine **vorübergehende Notwendigkeit** handelt (oder ob vielleicht Neueinstellungen in Frage kommen) und auch um eine möglichst **gerechte Verteilung** der damit verbundenen Belastungen. Das Mitbestimmungsrecht gilt nicht nur bei angeordneten Überstunden, sondern auch, wenn der Arbeitgeber freiwillige Überstunden »duldend entgegennimmt«.

	Mitbestimmung vor Durchführung der Maßnahme Da speziell Überstundenentscheidungen oft sehr kurzfristig fallen, muss hier noch einmal daran erinnert werden, dass eine Mitbestimmung immer stattzufinden hat, bevor eine Maßnahme in die Tat umgesetzt wird – so sind z. B. ohne Zustimmung des BR angesetzte Überstunden ein klarer **Rechtsverstoß**.
4. Zeit, Ort und Art der Auszahlung der Arbeitsentgelte;	**Arbeitsentgelt – Zeit, Ort, Art der Auszahlung** Dieses Mitbestimmungsrecht betrifft nur die mit der Auszahlung des Entgelts zusammenhängenden Fragen (Entgelthöhe, Eingruppierung usw. gehören also nicht dazu). Unter Arbeitsentgelt fällt alles, was der Arbeitgeber den Arbeitnehmern für ihre Arbeit auszahlt – Lohn, Gehalt, Zuschläge, Prämien, Provisionen, Spesen, Reisekosten usw. Durch die inzwischen übliche bargeldlose und monatliche Auszahlung sind Zeit, Ort und Art der Auszahlung nur noch in speziellen Fällen von Bedeutung (z. B. Abschlagszahlungen, Auszahlung bei auswärtiger Arbeit). **Auszahlung von Zeitguthaben/Provisionen** Regelungsbedarf gibt es aber häufiger noch bezogen auf den Auszahlungszeitpunkt für angesammelte Zeitguthaben oder Provisionen. **Kontoführungsgebühren** Im Zusammenhang mit der Art der Auszahlung stellt sich (neben dem Sonderfall Barzahlung) manchmal noch die Frage der mit bargeldloser Entgeltauszahlung verbundenen Kosten (Kontoführungsgebühren).
5. Aufstellung allgemeiner Urlaubsgrundsätze und des Urlaubsplans sowie die Festsetzung der zeitlichen Lage des	**Urlaubsgrundsätze** Dieses Mitbestimmungsrecht gilt für jegliche Form des Urlaubs, also auch für Zusatzurlaub für Schwerbehinderte, Bildungsurlaub, Familienpause und »Sabbatjahr«. Es geht dabei aber nicht darum, den Anspruch auf solche Urlaube generell durchzuset-

Urlaubs für einzelne Arbeitnehmer, wenn zwischen dem Arbeitgeber und den beteiligten Arbeitnehmern kein Einverständnis erzielt wird;	zen (das ist in der Regel Sache von Gesetzen oder Tarifverträgen), sondern um das Aufstellen von Grundsätzen, nach denen die verschiedenen Urlaube in Anspruch genommen werden können. Dabei geht es z. B. um Urlaub während der Ferienzeiten, um Gründe und Begrenzungen für unbezahlten Sonderurlaub, um Urlaubssperren oder die Einführung von Betriebsferien und deren zeitliche Lage. **Urlaubsplan** Der Mitbestimmung unterliegt auch die Aufstellung eines Urlaubsplans (z. B. aufbauend auf Listen mit Terminwünschen der einzelnen Arbeitnehmer). Bei der Änderung eines beschlossenen Urlaubsplans hat der BR ebenfalls mitzubestimmen, ebenso wie bei Beschwerden der Arbeitnehmer über ihre Urlaubstermine im Einzelfall.
6. Einführung und Anwendung von technischen Einrichtungen, die dazu bestimmt sind, das Verhalten oder die Leistung der Arbeitnehmer zu überwachen;	**Verhaltens- und Leistungskontrolle** Jede **technische Einrichtung**, die Verhaltens- und Leistungsdaten von Arbeitnehmern ermitteln oder aufzeichnen kann, unterliegt der Mitbestimmung durch den BR (nicht nur »echte« Personal-Informations-Systeme). In der Regel werden solche Einrichtungen heute computergestützt funktionieren. Dabei erstreckt sich das Mitbestimmungsrecht auf die Beschaffung und Inbetriebnahme sowohl der Hardware (z. B. spezielle Zeiterfassungsgeräte) als auch der Software und ihrer Datenverarbeitungsfunktionen, soweit diese der Erfassung, Speicherung und Verarbeitung/Auswertung von Verhaltens- oder Leistungsdaten dienen könnten. **Objektive Eignung der technischen Einrichtung** Dabei genügt es, dass eine technische Einrichtung objektiv für einen Kontrolleinsatz geeignet ist (sie muss also nicht unbedingt dazu bestimmt sein). Selbst wenn ein Arbeitgeber glaubhaft machen kann, dass er entsprechende Funktionen/Möglich-

keiten gar nicht nutzen will, muss dies dennoch in einer Betriebsvereinbarung abgesichert werden.

So gut wie jedes informations-/kommunikationstechnische System – vom PC bis zum Diensthandy, von der Textverarbeitung bis zur umfassenden Unternehmenssoftware – erfasst immer auch Daten über die Nutzung der Systeme (Nutzungszeitpunkte, Anzahl von Aktionen, Fehlbedienungen usw.), die für eine Leistungs-/Verhaltenskontrolle genutzt werden könnten. Man kann also sagen, dass praktisch jedes digitale System oder Gerät im Hinblick auf die damit verbundenen Kontrollmöglichkeiten der Mitbestimmung unterliegt.

Nicht nur digitale Kontrolleinrichtungen

Auch wenn bei der Kontrolltechnik heute die datenverarbeitenden Systeme im Vordergrund stehen, gibt es nach wie vor nicht-computergestützte Techniken wie Einwegspiegel, mechanische Stechuhren oder Multimomentkameras, die selbstverständlich ebenfalls unter das Mitbestimmungsrecht des BR fallen.

Schutz der Persönlichkeitsrechte

Das Ziel, das der BR dabei immer verfolgen wird, ist der Schutz der Persönlichkeitsrechte der Arbeitnehmer (z. B. das Recht, über die Nutzung der eigenen Daten selbst bestimmen zu dürfen, das Recht am eigenen Bild oder das Fernmeldegeheimnis) – siehe auch § 75.

---

7. Regelungen über die Verhütung von Arbeitsunfällen und Berufskrankheiten sowie über den Gesundheitsschutz im Rahmen der gesetzlichen Vorschriften oder der Unfallverhütungsvorschriften;

Gesundheits- und Arbeitsschutz

Der BR hat bei allen Verhaltensvorschriften und Maßnahmen des Arbeitgebers zur Verhütung von Arbeitsunfällen und Berufskrankheiten und allgemein zum Gesundheitsschutz mitzubestimmen. Gerade für diese Gebiete gibt es eine Fülle von Normen und Verordnungen, die vom Arbeitgeber einzuhalten sind (was der BR zu überwachen hat – § 80 Abs. 1).

Mitbestimmung = Ausfüllen rechtlicher Spielräume

Nicht immer sind diese Vorschriften aber eindeutig – und können es auch nicht sein. Die konkreten betrieblichen Umstände müssen berücksichtigt werden; das erfordert einen gewissen Spielraum, der nur im Betrieb vor Ort ausgefüllt werden kann. Und bei dem Ausfüllen dieser notwendigen Spielräume in den Arbeits- und Gesundheitsschutzvorschriften hat der BR ein Mitbestimmungsrecht.

Gefährdungsbeurteilung

Das gilt z. B. für die Durchführung der in § 5 Arbeitsschutzgesetz vorgeschriebenen Gefährdungsbeurteilung. Über Umfang, Art und Methoden dieser Analyse möglicher Gefahrenquellen an jedem einzelnen Arbeitsplatz muss der BR ebenso mitbestimmen wie über die daraus abzuleitende Planung und Durchführung von Vermeidungsmaßnahmen.

Bedeutung hat in diesem Zusammenhang besonders die Umsetzung der BildscharbV etwa im Hinblick auf spezielle Pausenregelungen für die **Bildschirmarbeit**, regelmäßige Augenuntersuchungen oder die Beschäftigung von Schwangeren an Bildschirmarbeitsplätzen.

Arbeitssicherheitsfachkräfte, Betriebsarzt

Auch über die Auswahl und Einstellung von Arbeitssicherheitsfachkräften und eines Betriebsarztes hat der BR mitzubestimmen – vor allem aber über die Entwicklung betrieblicher Arbeitsschutzprogramme oder über Regelungen zu »Krankengesprächen« (siehe auch § 87 Abs. 1 Nr. 1).

---

8. Form, Ausgestaltung und Verwaltung von Sozialeinrichtungen, deren Wirkungsbereich auf den Betrieb, das Unternehmen

Betriebliche Sozialeinrichtungen

Das Mitbestimmungsrecht des BR zu betrieblichen Sozialeinrichtungen richtet sich nicht auf die Gründung oder Abschaffung einer solchen Sozialeinrichtung oder auf die Menge des Geldes, die dafür bereitgestellt wird. Mitzubestimmen hat der BR

oder den Konzern beschränkt ist;	lediglich über die **Form**, **Ausgestaltung** und **Verwaltung** der einzelnen Sozialeinrichtung. Aber was ist eine betriebliche Sozialeinrichtung? Darunter fällt jede Einrichtung, durch die den Arbeitnehmern eines Betriebs über das reine Entgelt hinaus irgendwelche Vorteile gewährt werden – dann jedenfalls, wenn diese nicht nur einmalig oder kurzfristig, sondern für eine längere Dauer und »organisiert« angeboten werden. Dazu zählen Kantinen, Kindergärten, Sport- und Erholungseinrichtungen, aber auch Beschäftigungs-/Qualifizierungsgesellschaften und betriebliche Pensions-/Unterstützungseinrichtungen. Die Mitbestimmung gilt nicht nur für den großen Rahmen, sondern auch für **einzelne Maßnahmen** – z. B. die konkrete Verwendung verfügbarer Mittel, die Preisgestaltung (etwa der Kantine) oder die Auswahl der Arbeitnehmer, die von einer Sozialeinrichtung profitieren sollen.
9. Zuweisung und Kündigung von Wohnräumen, die den Arbeitnehmern mit Rücksicht auf das Bestehen eines Arbeitsverhältnisses vermietet werden, sowie die allgemeine Festlegung der Nutzungsbedingungen;	**Werkswohnungen** Werkswohnungen spielen nicht nur im Fall von Saisonarbeitern und Migranten eine größere Rolle, sondern hin und wieder auch bei »höheren« (evtl. sogar leitenden) Angestellten. Vor allem aber im Hotel- und Gaststättengewerbe kommt es oft dazu, dass ein Arbeitgeber Wohnraum zur Verfügung stellt. So wie bei den Sozialeinrichtungen auch (§ 87 Abs. 1 Nr. 8), erstreckt sich das Mitbestimmungsrecht nicht auf die Frage, ob und in welchem Umfang der Arbeitgeber Wohnraum bereitstellt. Es geht wiederum nur um die **Verwaltung** der vorhandenen Wohnräume, besonders um deren **Zuweisung** an einzelne Arbeitnehmer (auch: leitende Angestellte!) und um ihre **Kündigung**. Im Detail hat der BR außerdem mitzubestimmen z. B. bei der Gestaltung der **Mietverträge** einschließlich der **Miethöhe** (auch: Übernachtungspreise z. B. in Wohnheimen).

	Dies gilt auch für den Fall, dass der Arbeitgeber aus einem festen, zum Betrieb gehörenden Wohnungsbestand, einzelne oder alle Wohnungen an **Nicht-Betriebsangehörige** vermieten will.
10. Fragen der betrieblichen Lohngestaltung, insbesondere die Aufstellung von Entlohnungsgrundsätzen und die Einführung und Anwendung von neuen Entlohnungsmethoden sowie deren Änderung;	**Betriebliche Entgeltgestaltung** Soweit Fragen der Entgeltgestaltung nicht bereits in Tarifverträgen klar geregelt sind, hat der BR bei der betrieblichen Ausgestaltung ein Mitbestimmungsrecht. Immer häufiger kommt es auch vor, dass Tarifverträge Möglichkeiten der Präzisierung oder Ergänzung durch die Mitbestimmung des BR ausdrücklich vorsehen (Öffnungsklauseln). **Aufgabe: gerechte, klare Verteilung** Dabei unterliegt die Höhe des Entgelts nicht dem Mitbestimmungsrecht. Es geht allein um Regelungen, die eine möglichst gerechte und klare Verteilung sicherstellen sollen. Dies kann z. B. durch die Schaffung eines Systems von Entgeltgruppen geschehen, vor allem aber auch durch Regelungen zu übertariflichen Zulagen – allerdings nicht im Einzelfall, sondern nur in Form allgemeiner (kollektiver) Grundsätze. **Besondere Entlohnungsformen** Dazu gehört z. B. die Frage, ob in Zeit- oder Leistungsentlohnung gearbeitet werden soll, ob es Einzel- oder Gruppenzulagen geben soll und ob und wie Gewinnbeteiligungssysteme eingeführt werden. Sowie solche Grundsätze berührt sind, greift die Mitbestimmung des BR auch im **Einzelfall** – das ist z. B. dann so, wenn einzelnen Arbeitnehmern aufgrund besonderer Leistungen Zulagen gewährt werden sollen oder wenn umgekehrt einzelnen Arbeitnehmern Zulagen weggenommen oder gekürzt werden sollen (z. B. wegen unzureichender Leistung oder wegen eines bevorstehenden Ausscheidens aus dem Betrieb).

Alle Geld- und geldwerten Leistungen

In diesem Sinn fallen unter das Mitbestimmungsrecht alle Geld- oder auch nur geldwerten Leistungen des Arbeitgebers, die in irgendeinem Zusammenhang mit der Arbeitsleistung stehen. Neben außer- und übertariflichen Zulagen gehören dazu z. B. auch die Vergütung von Bereitschaftsdiensten, bezahlte Zusatzurlaube oder freie Tage, ein Extraausgleich für Nachtarbeit, die Bezahlung von zusätzlichen Pausen (etwa Bildschirmpausen) oder die Entgeltfortzahlung bei Betriebsausflügen.

Weitere Beispiele sind: zusätzliche 13. oder 14. Monatsgehälter, Prämien für Außendienstler, zinsgünstige Darlehen, Zuschüsse für Essensmarken, vermögenswirksame Leistungen, Beteiligungen am Unternehmensergebnis bis hin zur privaten Nutzung von Dienstwagen und zu Mietzuschüssen.

11. Festsetzung der Akkord- und Prämiensätze und vergleichbarer leistungsbezogener Entgelte, einschließlich der Geldfaktoren;

Akkord-/Prämiensätze, Leistungsentgelt

Zusätzlich zu § 87 Abs. 1 Nr. 10 gibt es ein Mitbestimmungsrecht des BR bei der Festsetzung von Akkord- und Prämiensätzen. Das Mitbestimmungsrecht erstreckt sich über den gesamten Bereich der Leistungsentlohnung, soweit es darum geht, die Bezugsgrößen für die Ermittlung des Leistungseinkommens festzulegen.

Dazu gehört die Festsetzung von Akkord- oder Prämiensätzen ebenso wie die Festsetzung und Veränderung von Vorgabezeiten (eingeschlossen der Umfang von Rüst-, Verteil- und Erholungszeiten).

Mitbestimmung, immer wenn Entgelt von Leistung abhängt

Kurzum: Immer wenn es darum geht, dass die Höhe eines Entgelts von der Messung oder Beurteilung einzelner Leistungen abhängt, hat der BR ein Mitbestimmungsrecht.

Deshalb gehören z. B. auch **Zielvereinbarungen** dazu, wenn dadurch die Höhe des Entgelts an das Erreichen bestimmter Leistungen gebunden wird.

	Dabei muss die Leistung nicht unbedingt eine mengenmäßige sein, auch das Erreichen einer höheren Kundenzufriedenheit kann z. B. Bezugsgröße für ein Leistungsentgelt sein. In diesem Fall wäre es Aufgabe des BR, dafür zu sorgen, dass möglichst klare Kriterien für die Leistungsbemessung festgelegt werden.
12. Grundsätze über das betriebliche Vorschlagswesen;	**Betriebliches Vorschlagswesen** Das betriebliche Vorschlagswesen heißt heute meist nicht mehr Vorschlagswesen, sondern trägt verschiedene Bezeichnungen (z.B. Qualitäts-/Innovationszirkel, kontinuierlicher Verbesserungsprozess). Im Kern geht es aber immer um dasselbe: Arbeitnehmer sollen dazu angeregt werden, zu Produkten oder Verfahren Verbesserungsvorschläge zu machen. Das Mitbestimmungsrecht des BR gilt hier sowohl für die **Einführung**, **Veränderung** oder **Abschaffung** entsprechender Systeme wie auch für die Festlegung von **Grundsätzen**, nach denen Verbesserungsvorschläge geprüft, bewertet und vergütet werden (z.B. Einrichtung eines paritätisch besetzten **Bewertungsausschusses**, Höhe der Prämien im Verhältnis zum Jahresnutzen).
13. Grundsätze über die Durchführung von Gruppenarbeit; Gruppenarbeit im Sinne dieser Vorschrift liegt vor, wenn im Rahmen des betrieblichen Arbeitsablaufs eine Gruppe von Arbeitnehmern eine ihr übertragene Gesamtaufgabe im Wesentlichen eigenverantwortlich erledigt.	**Gruppenarbeit, teilautonome Gruppen** Gruppenarbeit kommt in der Praxis vor allem in Form teilautonomer Gruppen vor (Gruppen, die innerhalb eines festgelegten Rahmens einen bestimmten Teil z.B. eines Produktionsablaufs selbstständig planen und steuern). Soll eine solche Form der Gruppenarbeit im Betrieb eingeführt werden (sei es auch nur für eine einzige Gruppe) hat der BR über deren **Grundsätze** mitzubestimmen. Dies gilt allerdings nur, wenn der oder den Gruppen eine Gesamtaufgabe übertragen werden soll. **Voraussetzung: Gesamtaufgabe** Von einer Gesamtaufgabe kann immer dann gesprochen werden, wenn eine »normale« Arbeits-

	aufgabe um üblicherweise vor- oder nachgelagerte Tätigkeiten (z. B. Materialbeschaffung, Arbeitsplanung, Qualitätssicherung) so erweitert wird, dass in eigenverantwortlicher Tätigkeit ein weitgehend komplettes Produkt oder eine in sich abgeschlossene Dienstleistung entsteht. **Entscheidung durch Arbeitgeber** Die Entscheidung, ob eine solche Form der Gruppenarbeit eingeführt (oder wieder abgeschafft) wird, ist allein dem Arbeitgeber überlassen. Der BR hat lediglich bei der Festlegung der **allgemeinen Regeln**, die für die einzuführende Gruppenarbeit gelten sollen, mitzubestimmen (z. B. zum Aufgabenwechsel innerhalb der Gruppe, zur Leitung der Gruppe etwa durch einen Gruppensprecher oder zur Koordination mit anderen Betriebsstellen). **Auch: Mitbestimmung nach § 99** Bei der Einführung der Gruppenarbeit hat der BR auch nach § 99 mitzubestimmen, da die Einführung von Gruppenarbeit für den einzelnen Arbeitnehmer eine **Versetzung** bedeutet.
(2) Kommt eine Einigung über eine Angelegenheit nach Absatz 1 nicht zustande, so entscheidet die Einigungsstelle. Der Spruch der Einigungsstelle ersetzt die Einigung zwischen Arbeitgeber und Betriebsrat.	**Bildung einer Einigungsstelle** Dass BR oder Arbeitgeber die Initiative zur Bildung einer Einigungsstelle (§ 76) ergreifen können, wenn und soweit sie sich in einer Mitbestimmungsangelegenheit nicht einig werden können, ist in § 87 Abs. 1 bereits erläutert worden. Zu beachten ist dabei, dass die Einigungsstelle nur dann zuständig ist, wenn es um das Zustandekommen einer konkreten Regelung **(Betriebsvereinbarung)** und ihrer einzelnen Bestimmungen geht. Streiten sich Arbeitgeber und BR hingegen zunächst darüber, ob der BR in einer bestimmten Angelegenheit überhaupt ein Mitbestimmungsrecht hat, muss darüber das **Arbeitsgericht** in einem **Beschlussverfahren** entscheiden.

Nr. 143

§ 88 – Freiwillige Betriebsvereinbarungen	Zu welchen Themen können bevorzugt freiwillige Betriebsvereinbarungen abgeschlossen werden?
Durch Betriebsvereinbarung können insbesondere geregelt werden 1. zusätzliche Maßnahmen zur Verhütung von Arbeitsunfällen und Gesundheitsschädigungen; 1a. Maßnahmen des betrieblichen Umweltschutzes; 2. die Errichtung von Sozialeinrichtungen, deren Wirkungsbereich auf den Betrieb, das Unternehmen oder den Konzern beschränkt ist; 3. Maßnahmen zur Förderung der Vermögensbildung; 4. Maßnahmen zur Integration ausländischer Arbeitnehmer sowie zur Bekämpfung von Rassismus und Fremdenfeindlichkeit im Betrieb.	**Normalfall: erzwingbare Mitbestimmung** Im Normalfall werden BR und Arbeitgeber nur dann eine Betriebsvereinbarung abschließen, wenn die Seite, die Interesse am Zustandekommen einer Regelung hat, diese Regelung notfalls auch erzwingen kann. Das ist immer dann der Fall, wenn dem BR bei einer bestimmten Maßnahme (siehe z. B. § 87) ein Mitbestimmungsrecht zusteht. **Möglich: freiwillige Betriebsvereinbarung** Wenn das nicht der Fall ist, können BR und Arbeitgeber Regelungen in Form freiwilliger Betriebsvereinbarungen verhandeln und festlegen. Dabei gelten dieselben »Spielregeln« wie bei einer erzwingbaren Betriebsvereinbarung (siehe § 77). Die im Gesetzestext (Nr. 1 bis 4) genannten Regelungsthemen sind dafür nur Beispiele. Solange BR und Arbeitgeber sich einig sind, können sie praktisch **alles** was sie wollen in Form freiwilliger Betriebsvereinbarungen regeln – sie müssen sich nur an den Vorrang gesetzlicher und tariflicher Regelungen halten (siehe § 87 Abs. 1). **Freiwillige Einigungsstelle** Wenn sich BR und Arbeitgeber dazu entschließen, können sie auch für den Fall einer freiwilligen Betriebsvereinbarung gemeinsam eine Einigungsstelle zusammenstellen und diese entscheiden lassen. Allerdings müssen sich dann beide Seiten vor Beginn des Einigungsstellenverfahrens verpflichten, den Spruch dieser Einigungsstelle zu akzeptieren (§ 76).

§ 89 – Arbeits- und betrieblicher Umweltschutz	Welche Rechte und Pflichten hat der Betriebsrat bezogen auf Arbeits- und Gesundheitsschutz und auf den betrieblichen Umweltschutz?
(1) Der Betriebsrat hat sich dafür einzusetzen, dass die Vorschriften über den Arbeitsschutz und die Unfallverhütung im Betrieb sowie über den betrieblichen Umweltschutz durchgeführt werden. Er hat bei der Bekämpfung von Unfall- und Gesundheitsgefahren die für den Arbeitsschutz zuständigen Behörden, die Träger der gesetzlichen Unfallversicherung und die sonstigen in Betracht kommenden Stellen durch Anregung, Beratung und Auskunft zu unterstützen.	**Besondere Aufgabe: Arbeits-/Gesundheitsschutz** Die Pflicht des BR, sich in besonderer Weise um den Arbeits- und Gesundheitsschutz und die Unfallverhütung zu kümmern, ist in mehreren Paragrafen des BetrVG festgehalten (§ 80 Abs. 1, § 87 Abs. 1 Nr. 7, § 88, § 90, § 91). Interessant sind hier deshalb vor allem die dem BR im § 89 noch **zusätzlich** übertragenen Rechte und Pflichten: **Gewerbeaufsicht, Berufsgenossenschaft usw.** Der BR hat mit der Gewerbeaufsicht, den Berufsgenossenschaften, der Unfallversicherung, dem TÜV und allen anderen mit dem Thema Arbeitsschutz befassten Behörden und Einrichtungen zusammenzuarbeiten. Konkret bedeutet das z. B., dass er betriebliche Kontrollen anregen kann, über Verstöße des Arbeitgebers gegen einschlägige Vorschriften informiert und für Auskünfte zur Verfügung stehen muss.
(2) Der Arbeitgeber und die in Absatz 1 Satz 2 genannten Stellen sind verpflichtet, den Betriebsrat oder die von ihm bestimmten Mitglieder des Betriebsrats bei allen im Zusammenhang mit dem Arbeitsschutz oder der Unfallverhütung stehenden Besichtigungen und Fragen und bei Unfalluntersuchungen hinzuzuziehen. Der Arbeitgeber hat dem Betriebs-	Umgekehrt ist der BR von diesen Behörden und Einrichtungen in alle Aktionen einzubeziehen, die diese im Betrieb durchführen (z. B. bei **Unfalluntersuchungen** und **Besichtigungen**). **Unaufgeforderte, rechtzeitige, umfassende Information** Der Arbeitgeber muss den BR zum Thema Arbeits-, Unfall- und Umweltschutz unaufgefordert umfassend und rechtzeitig (§ 80) informieren und ihm in alle einschlägigen Unterlagen Einblick geben (auch Berichte, Auflagen und Anordnungen der dafür zuständigen Stellen) oder sie aushändigen (§ 89 Abs. 5 und 6). Der BR ist auch zu **Ortsbesichtigungen**, **Zeugenvernehmungen** und **Sachverständigenanhörungen** hinzuzuziehen.

rat auch bei allen im Zusammenhang mit dem betrieblichen Umweltschutz stehenden Besichtigungen und Fragen hinzuzuziehen und ihm unverzüglich die den Arbeitsschutz, die Unfallverhütung und den betrieblichen Umweltschutz betreffenden Auflagen und Anordnungen der zuständigen Stellen mitzuteilen.	**Bestellung/Abberufung der Sicherheitsbeauftragten** Bei der Festlegung der Zahl der zu benennenden Sicherheitsbeauftragten, sowie ihrer Bestellung und Abberufung, ist der BR mindestens zu beteiligen (d.h. er muss informiert werden und kann seine Meinung dazu sagen).
(3) Als betrieblicher Umweltschutz im Sinne dieses Gesetzes sind alle personellen und organisatorischen Maßnahmen sowie alle die betrieblichen Bauten, Räume, technische Anlagen, Arbeitsverfahren, Arbeitsabläufe und Arbeitsplätze betreffenden Maßnahmen zu verstehen, die dem Umweltschutz dienen.	**Verantwortung für den Umweltschutz** Für den betrieblichen Umweltschutz ist der BR ebenfalls mitverantwortlich und verpflichtet, sich für die Einhaltung der entsprechenden Vorschriften einzusetzen (§ 89 Abs. 1). Wobei es nicht nur um Umweltschutzprobleme geht, die die Arbeitnehmer des Betriebs betreffen (könnten). Gemeint sind alle Umweltschutzprobleme, die vom Betrieb ausgehen. Einzusetzen hat sich der BR dabei für alle dem Umweltschutz dienenden personellen und organisatorischen Maßnahmen (z.B. die Benennung eines Immissionsschutzbeauftragten), aber auch für alle möglichen anderen Maßnahmen (z.B. Verwendung umweltschonender Produktionsverfahren, Energiespareinrichtungen, Umstieg auf umweltschonendere Energiequellen bis hin zu Aktionen zur Förderung des Fahrradfahrens auf dem Arbeitsweg). **Kein Mitbestimmungsrecht** Konkret durchsetzen kann der BR nur die Beachtung geltender Normen und Vorschriften, und auch das nur, indem er die zuständigen Behörden und Stellen einschaltet.

(4) An Besprechungen des Arbeitgebers mit den Sicherheitsbeauftragten im Rahmen des § 22 Abs. 2 des Siebten Buches Sozialgesetzbuch nehmen vom Betriebsrat beauftragte Betriebsratsmitglieder teil.	**Monatliche Sicherheitsbesprechungen** An den monatlich stattfindenden Besprechungen des Arbeitgebers mit den Sicherheitsbeauftragten des Betriebs (§ 22 Sozialgesetzbuch VII) kann und soll der BR teilnehmen und muss in jedem Fall die Protokolle dieser Besprechungen bekommen. **Protokolle und Durchschriften** Der Arbeitgeber muss dem BR die **Protokolle** (Niederschriften) über Besichtigungen und Unfalluntersuchungen (§ 89 Abs. 2) zukommen lassen – auch dann, wenn der BR daran nicht beteiligt war. Der BR muss die Anzeigen eines Versicherungsfalls nach § 193 Abs. 5 Sozialgesetzbuch VII mit zu unterzeichnen; diese Unfallanzeigen der Arbeitgeber muss **Durchschriften** der vom BR zu unterschreibenden **Unfallanzeigen** bekommen.
(5) Der Betriebsrat erhält vom Arbeitgeber die Niederschriften über Untersuchungen, Besichtigungen und Besprechungen, zu denen er nach den Absätzen 2 und 4 hinzuzuziehen ist.	
(6) Der Arbeitgeber hat dem Betriebsrat eine Durchschrift der nach § 193 Abs. 5 des Siebten Buches Sozialgesetzbuch vom Betriebsrat zu unterschreibenden Unfallanzeige auszuhändigen.	

Vierter Abschnitt
Gestaltung von Arbeitsplatz, Arbeitsablauf und Arbeitsumgebung

§ 90 – Unterrichtungs- und Beratungsrechte	**Welche Möglichkeit hat der Betriebsrat, sich über geplante Änderungen der Arbeitsbedingungen zu informieren und mit dem Arbeitgeber zu beraten?**
(1) Der Arbeitgeber hat den Betriebsrat über die Planung	**Planung künftiger Arbeitsbedingungen** Dies ist eins der in der Praxis wichtigsten Informations- und Beratungsrechte des BR, denn es geht um die Gestaltung der künftigen Arbeitsbedingungen. Einschränkend gilt allerdings, dass es nicht um

1. von Neu-, Um- und Erweiterungsbauten von Fabrikations-, Verwaltungs- und sonstigen betrieblichen Räumen,
2. von technischen Anlagen,
3. von Arbeitsverfahren und Arbeitsabläufen oder
4. der Arbeitsplätze

rechtzeitig unter Vorlage der erforderlichen Unterlagen zu unterrichten.

(2) Der Arbeitgeber hat mit dem Betriebsrat die vorgesehenen Maßnahmen und ihre Auswirkungen auf die Arbeitnehmer, insbesondere auf die Art ihrer Arbeit sowie die sich daraus ergebenden Anforderungen an die Arbeitnehmer so rechtzeitig zu beraten, dass Vorschläge und Bedenken des Betriebsrats bei der Planung berücksichtigt werden können. Arbeitgeber und Betriebsrat sollen dabei auch die gesicherten arbeitswissenschaftlichen Erkenntnisse über die menschengerechte Gestaltung der Arbeit berücksichtigen.

die **aktuell vorhandenen Arbeitsbedingungen** geht, mögen diese noch so schlecht sein (um sie zu verbessern, ist der BR auf seine Rechte z.B. aus § 87 Abs. 1 Nr. 7 und § 89 angewiesen).

Ziel der Beratungen zwischen BR und Arbeitgeber muss es sein, dass bei jeglicher Neuplanung von vornherein eine menschengerechte Gestaltung der Arbeitsbedingungen weitestgehend berücksichtigt wird (auf der Grundlage gesicherter arbeitswissenschaftlicher Erkenntnisse – siehe § 91).

Rechtzeitige Information im Anfangsstadium der Planung

Immer wenn der Arbeitgeber **Neuheiten** oder **Veränderungen** bei Bauten und Räumen, bei technischen Anlagen, Arbeitsverfahren und Arbeitsplätzen plant, muss er darüber den BR informieren, sowie mit den allerersten Planungen begonnen wurde.

In einem fortgeschrittenen Stadium der Planung käme die Information zu spät, weil der BR dann zwar immer noch seine Meinung zu den geplanten Maßnahmen sagen, diese aber nur noch zu einem Teil oder gar nicht mehr berücksichtigt werden könnte. Soll Mitwirkung nicht zur Farce werden, muss zumindest von der Möglichkeit ausgegangen werden, dass sich der Arbeitgeber von der Meinung des BR überzeugen lässt und eine eben begonnene Planung abbricht oder ihr eine ganz andere Richtung gibt.

Umfang des Informations-/Beratungsrechts

Im Einzelnen hat der Arbeitgeber den BR zu informieren über Planungen zu

1. Veränderungen an der Bausubstanz (Kantine, Sanitär-, Aufenthalts- und andere Sozialräume eingeschlossen), lediglich reine Reparatur- und Renovierungsarbeiten sind ausgenommen;

	2. Neuanschaffungen oder Veränderungen bei Maschinen und allen technischen Einrichtungen, die im Arbeitsablauf eingesetzt werden (das ist immer öfter auch der geplante Einsatz neuer oder erweiterter Informations- und Kommunikationstechnik – z. B. die Einführung einer neuen Buchhaltungssoftware); 3. neuen oder veränderten Arbeitsverfahren und -abläufen (z. B. Einführung von Telearbeit, Umstellung auf papierlose Sachbearbeitung und überhaupt jegliche Art von Rationalisierungsmaßnahmen); 4. jegliche gravierendere Änderung oder Neuplanung von Arbeitsplätzen (z. B. veränderte Aufstellung von Maschinen, Umstellung von Einzel- auf Großraumbüros). **Umfassende Information mit Unterlagen** Diese Information an den BR muss nicht nur rechtzeitig kommen, der Arbeitgeber muss auch von sich aus alle nötigen Planungsunterlagen mitliefern (z. B. Bau-/Konstruktionszeichnungen, Machbarkeitsstudien, Pflichtenhefte, Systembeschreibungen, Wirtschaftlichkeitsberechnungen).
§ 91 – Mitbestimmungsrecht	**Unter welchen Umständen steht dem Betriebsrat zur Gestaltung künftiger Arbeitsbedingungen ein Mitbestimmungsrecht zu?**
Werden die Arbeitnehmer durch Änderungen der Arbeitsplätze, des Arbeitsablaufs oder der Arbeitsumgebung, die den gesicherten arbeitswissenschaftlichen Erkenntnissen über die menschengerechte Gestaltung der Arbeit offensichtlich widersprechen, in besonderer Weise belastet, so kann	**Mitbestimmung zu künftigen Arbeitsbedingungen** Dem BR steht über das Beratungsrecht des § 90 hinaus auch ein Mitbestimmungsrecht zur Gestaltung der künftigen Arbeitsbedingungen zu – wenn auch nur ein eingeschränktes. Die **erste Einschränkung** ist, dass der BR nur dann ein Mitbestimmungsrecht bei Änderungen der Arbeitsplätze, des Arbeitsablaufs oder der Arbeitsumgebung hat, wenn diese Änderungen den gesicherten arbeitswissenschaftlichen Erkenntnissen über die Gestaltung der Arbeit offensichtlich widersprechen.

der Betriebsrat angemessene Maßnahmen zur Abwendung, Milderung oder zum Ausgleich der Belastung verlangen. Kommt eine Einigung nicht zustande, so entscheidet die Einigungsstelle. Der Spruch der Einigungsstelle ersetzt die Einigung zwischen Arbeitgeber und Betriebsrat.

Und die **zweite Einschränkung** ist darin zu sehen, dass der BR im Fall des Falles keine den aktuellen arbeitswissenschaftlichen Erkenntnissen hundertprozentig entsprechende Arbeitsgestaltung verlangen kann, sondern lediglich angemessene Maßnahmen zur Abwendung, Milderung oder zum Ausgleich der mit einem schlecht gestalteten Arbeitsplatz verbundenen Belastungen.

Will man daraus das Bestmögliche machen, muss man ins Detail gehen:

Offensichtlicher Widerspruch zu gesicherten arbeitswissenschaftlichen Erkenntnissen

- Gesicherte arbeitswissenschaftliche Erkenntnis ist nicht etwa nur das, was in einschlägigen **Normen** und **Vorschriften** festgeschrieben ist (wie Arbeitgeber gerne behaupten) – die einer Norm zugrundeliegenden arbeitswissenschaftlichen Erkenntnisse sind immerhin oft 10 oder 15 Jahre alt.
- Eine »gesicherte arbeitswissenschaftliche Erkenntnis« ist eine, die mit anerkannten wissenschaftlichen Methoden gewonnen wurde und von der internationalen Fachwelt mehrheitlich akzeptiert ist. Ein BR wird das nicht wissen und beurteilen können. Er wird sich im Zweifelsfall aus Fachzeitschriften und -büchern (§ 40 Abs. 2) informieren und fachkundige Beratung in Anspruch nehmen müssen.
- Auch der Begriff »offensichtlich« bezieht sich auf eine Beurteilung durch Fachleute: Ein Fachmann muss ohne größeren Forschungsaufwand erkennen können, dass durch die geplante Änderung z. B. eines Arbeitsplatzes eine arbeitswissenschaftliche Erkenntnis verletzt werden würde.
- Die im Gesetzestext ebenfalls genannte »besondere Belastung« kann ignoriert werden – denn: Wenn eine bestimmte Arbeitsbedingung den arbeitswissenschaftlichen Erkenntnissen offensichtlich widerspricht, dann bedeutet das auto-

matisch, dass es sich um eine besondere Belastung handelt.

Eine wichtige Rolle spielt in diesem Zusammenhang die sogenannte Gefährdungsbeurteilung (§ 5 Arbeitsschutzgesetz), also eine Arbeitsplatzanalyse aus arbeitswissenschaftlicher Sicht.

Angemessene Maßnahmen zur Abwendung, Milderung oder zum Ausgleich von Belastungen

Ist der Nachweis eines drohenden Verstoßes gegen eine arbeitswissenschaftliche Erkenntnis gelungen, kann der BR angemessene Maßnahmen zur Abwendung, Milderung oder zum Ausgleich verlangen:

- »angemessen« ist eine Maßnahme dann, wenn sie den bestmöglichen Schutz des Arbeitnehmers sichert und wirtschaftlich gerade noch vertretbar ist.
- »Abwendung« einer Belastung bedeutet, dass die ursprünglich zu erwartende Belastung nicht mehr vorhanden sein wird (z. B. Vermeidung gesundheitsschädlicher Stoffe oder Beseitigung von Staub oder Lärm an der Entstehungsquelle).
- Ist die Abwendung technisch unmöglich, muss nach Möglichkeiten gesucht werden, die Belastung zumindest »abzumildern« (z. B. durch Schutzbekleidung oder Beschränkung der Arbeitsgeschwindigkeit).
- Ein »Ausgleich« schließlich ändert an der Belastung nichts, sondern versucht, durch andere Maßnahmen die Situation zu entschärfen (z. B. durch Verkürzung der Arbeitszeit, zusätzliche bezahlte Pausen, Sonderurlaube). Finanzielle Zulagen (z. B. Lärmzulagen) verfehlen den Schutzzweck ganz und gar und sollten nicht in Frage kommen.

Mindestanforderungen sind immer einzuhalten

Es muss noch einmal deutlich gesagt werden: Die in Unfallverhütungs- und anderen Vorschriften fest-

	gelegten Mindestanforderungen an einen sicheren und nicht allzu gesundheitsgefährdenden Arbeitsplatz müssen immer erfüllt sein (§ 87 Abs. 1 Nr. 7). Das Mitbestimmungsrecht nach § 91 kommt dann zum Einsatz, wenn eine belastende Arbeitsplatzsituation zu erwarten ist, für die es (noch) keine klaren Schutzbestimmungen gibt. **Einigungsstelle entscheidet** Werden sich BR und Arbeitgeber über die in diesen Fällen nötigen und möglichen Maßnahmen nicht einig, entscheidet die Einigungsstelle endgültig und verbindlich (§ 76).

Fünfter Abschnitt
Personelle Angelegenheiten

Erster Unterabschnitt
Allgemeine personelle Angelegenheiten

§ 92 – Personalplanung	Welche Möglichkeiten hat der Betriebsrat, auf eine systematische und vorausschauende Personalpolitik hinzuwirken?
(1) Der Arbeitgeber hat den Betriebsrat über die Personalplanung, insbesondere über den gegenwärtigen und künftigen Personalbedarf sowie über die sich daraus ergebenden personellen Maßnahmen und Maßnahmen der Berufsbildung anhand von Unterlagen rechtzeitig und umfassend zu unterrichten. Er hat mit dem Betriebsrat über Art und Umfang der erforderlichen Maßnahmen	**Rechtzeitige, umfassende Information zur Personalplanung** Zu jeglicher Personalplanung eines Betriebs hat der BR ein Informations- und Beratungsrecht. Die Information an den BR muss rechtzeitig erfolgen, also nicht erst dann, wenn die Planung abgeschlossen ist, sondern zu einem Zeitpunkt, zu dem für den BR noch die Möglichkeit besteht, den Gang und die Ergebnisse der Planung zu beeinflussen (= im Anfangsstadium der Planung). Und der BR muss umfassend informiert werden, also mit allen wichtigen Fakten und allgemeinverständlichen **Unterlagen**. Dazu gehören auch die für die Personalplanung eingesetzten Methoden, vor allem dann, wenn dafür spezielle Datenverarbeitungsprogramme (heute oft »Human-Resources«-Software genannt) zum Einsatz kommen.

und über die Vermeidung von Härten zu beraten.

(2) Der Betriebsrat kann dem Arbeitgeber Vorschläge für die Einführung einer Personalplanung und ihre Durchführung machen.

(3) Die Absätze 1 und 2 gelten entsprechend für Maßnahmen im Sinne des 80 Abs. 1 Nr. 2a und 2b, insbesondere für die Aufstellung und Durchführung von Maßnahmen zur Förderung der Gleichstellung von Frauen und Männern.

Informationsrecht auch ohne Personalplanung

Der BR hat dieses Informationsrecht auch dann, wenn es im Betrieb/Unternehmen eine systematische, ausgearbeitete Personalplanung nicht gibt. Denn selbst wenn die vorausschauenden Überlegungen des Arbeitgebers zur Personalpolitik noch so kurzfristig und chaotisch sein sollten, so muss er sie doch dem BR mitteilen, sowie sie in seinem Kopf entstanden sind – so wäre es jedenfalls dem Gesetz entsprechend.

Aufbau der Personalplanung

Eine systematische Personalplanung umfasst üblicherweise die Bereiche Personalbedarf, Personalbeschaffung, Personalentwicklung (d. h. vor allem Qualifizierung), Personaleinsatz, Personalabbau – natürlich immer verbunden mit einem Blick auf die Personalkosten.

Angesichts dieser für den langfristigen Bestand eines Betriebs sehr wichtigen Fachbereiche wundert es etwas, dass es sie in der Betriebspraxis sehr viel seltener gibt als man meinen sollte. Das Recht des BR, die Einführung einer Personalplanung vorzuschlagen (§ 92 Abs. 2), hat also durchaus praktische Bedeutung.

Personalplanung im Interesse der Arbeitnehmer?

Es gibt gute Gründe, warum auch ein BR Interesse an einer systematischen Personalplanung haben sollte: Gibt es eine solche nicht, werden Personalentscheidungen oft nur aus kurzfristigen Überlegungen heraus gefällt (»Heuern und Feuern«), was in aller Regel (auch) zu Lasten der Arbeitnehmer geht. Eine langfristige Entwicklung der Personalqualifikationen findet nicht statt. Und selbst, wenn es um **Personalabbau** geht, ermöglicht eine längerfristige Perspektive die Entwicklung von Alternativen oder zumindest von sozialverträglicheren Formen des Personalabbaus.

	Dennoch gilt: Personalplanung ist immer eine Aufgabe des Arbeitgebers. Der BR plant also nicht selber mit! **Weitere Ziele der Personalplanung** Darüber hinaus soll sich der BR im Rahmen seines Beratungsrechts zur Personalplanung dafür einsetzen, dass auch bei der Personalplanung Maßnahmen, mit denen die Gleichstellung von Frauen und Männern (§ 80 Abs. 1 Nr. 2a) und die Vereinbarkeit von Familie und Beruf (§ 80 Abs. 1 Nr. 2b) gefördert werden können, in besonderer Weise berücksichtigt werden.
§ 92a – Beschäftigungssicherung	**Was kann der BR tun, um Arbeitsplätze und damit Beschäftigungsmöglichkeiten zu sichern?**
(1) Der Betriebsrat kann dem Arbeitgeber Vorschläge zur Sicherung und Förderung der Beschäftigung machen. Diese können insbesondere eine flexible Gestaltung der Arbeitszeit, die Förderung von Teilzeitarbeit und Altersteilzeit, neue Formen der Arbeitsorganisation, Änderungen der Arbeitsverfahren und Arbeitsabläufe, die Qualifizierung der Arbeitnehmer, Alternativen zur Ausgliederung von Arbeit oder ihrer Vergabe an andere Unternehmen sowie zum Produktions- und Investitionsprogramm zum Gegenstand haben.	**Arbeitsplatzsicherung und -schaffung** Die Sicherung vorhandener und – wenn möglich – die Schaffung neuer Arbeitsplätze zu fördern, wird schon bei der Personalplanung (§ 92) Leitmotiv des BR sein. In § 92a folgt eine Ergänzung durch ein spezielles Vorschlags- und Beratungsrecht. Die Liste der im Gesetzestext genannten Maßnahmen enthält nur Beispiele für mögliche Handlungsfelder. Der BR kann sie aufgreifen, kann aber auch völlig andere Wege gehen. Das zu wissen ist deshalb wichtig, weil sich die im Gesetzestext genannten Beispiele lesen wie ein Überblick zu aktuellen Methoden der Personalpolitik, die den Arbeitnehmerinteressen nicht unbedingt dienen. **Handlungsfelder mit Chancen und Risiken** So kann Flexibilisierung der Arbeitszeit mehr Freiräume bringen und z. B. die Vereinbarkeit von Familie und Beruf fördern, kann aber auch größere Belastungen (z. B. durch Arbeit auf Abruf) bringen. Altersteilzeit kann vorhandene Arbeitsplätze sichern, drängt aber Ältere aus dem Betrieb und »vernichtet« Fachwissen.

(2) Der Arbeitgeber hat die Vorschläge mit dem Betriebsrat zu beraten. Hält der Arbeitgeber die Vorschläge des Betriebsrats für ungeeignet, hat er dies zu begründen; in Betrieben mit mehr als 100 Arbeitnehmern erfolgt die Begründung schriftlich. Zu den Beratungen kann der Arbeitgeber oder der Betriebsrat einen Vertreter der Bundesagentur für Arbeit hinzuziehen.

Konzepte zur Beschäftigungssicherung zu entwickeln, ist also eine sehr anspruchsvolle Aufgabe für den BR. Sie dient einerseits dem Ziel, schon im Vorfeld umfassenderer Rationalisierungsvorhaben (§ 111) den damit verbunden Personalabbau möglichst weitgehend zu vermeiden. Sie erlaubt es aber auch, den Zukunftskonzepten des Arbeitgebers (soweit vorhanden) eigene Perspektiven entgegenzusetzen, in denen die Interessen der aktuellen Belegschaft verbunden werden mit dem Interesse an einem langfristigen Erhalt des Betriebs.

Beispiele: Erarbeitung einer neuen Arbeitsorganisation zur Erreichung größerer Kundenzufriedenheit, kombiniert mit einem Qualifizierungskonzept der Arbeitnehmer; Vorschlag einer Umstellung auf umweltfreundliche Produkte zusammen mit einem entsprechenden Investitionsprogramm und einem Qualifizierungskonzept.

Das Beratungsverfahren

Hat der BR Vorschläge dieser Art entwickelt, muss der Arbeitgeber sich diese z. B. im Rahmen einer gemeinsamen Sitzung anhören und sich damit auseinandersetzen. Hält er die Vorschläge des BR für ungeeignet, muss er dies begründen (in Betrieben mit mehr als 100 Arbeitnehmern schriftlich).

Zu diesen Beratungen zwischen BR und Arbeitgeber kann auch ein (regionaler) Vertreter der **Bundesagentur für Arbeit** hinzukommen, um z. B. Informationen über Fortbildungs- und Umschulungsmaßnahmen einzubringen. Dafür genügt es, wenn entweder der BR oder der Arbeitgeber dies wünschen. Sinnvoller ist ein solcher Einsatz aber selbstverständlich dann, wenn beide Seiten dies wollen.

§ 93 – Ausschreibung von Arbeitsplätzen

Was kann der Betriebsrat tun, um den innerbetrieblichen »Stellenmarkt« zu beeinflussen?

Der Betriebsrat kann verlangen, dass Arbeitsplätze, die besetzt werden sollen, allgemein

Innerbetriebliche Stellenausschreibung

Der BR wird in der Regel Interesse daran haben, dass neu entstehende oder frei gewordene Arbeitsplätze auch den aktuell im Betrieb Beschäftigten an-

oder für bestimmte Arten von Tätigkeiten vor ihrer Besetzung innerhalb des Betriebs ausgeschrieben werden.	geboten werden – sei es, weil diese sich verändern wollen, sei es, weil sie Sorge um ihren derzeitigen Arbeitsplatz haben. Deshalb hat der BR das Recht zu verlangen, dass alle Arbeitsplatzausschreibungen innerhalb des Betriebs angeboten werden. Das gilt auch für die dauerhafte Besetzung eines Arbeitsplatzes mit einem Leiharbeitnehmer (und sogar dann, wenn der Arbeitgeber die Stelle eigentlich mit einem Externen oder einem freien Mitarbeiter besetzen möchte). Hat der Arbeitgeber die innerbetriebliche Stellenausschreibung unterlassen, obwohl der BR sie gefordert hat, kann der BR einer daraus folgenden Einstellung seine Zustimmung verweigern (§ 99). **Freiwillige Betriebsvereinbarung zur Stellenausschreibung** Der BR kann eine innerbetriebliche Stellenausschreibung zwar auch für einen Einzelfall verlangen, sinnvoller ist es jedoch, dies grundsätzlich für jede neu zu besetzende Stelle zu tun (nur für die Stellen **leitender Angestellter** gilt dieses Recht nicht). BR und Arbeitgeber sollten dann in einer Betriebsvereinbarung regeln, wo (z. B. Informationsbrett, Betriebszeitung, Intranet), in welcher Form und wie lange eine solche Ausschreibung innerbetrieblich bekanntgegeben werden muss. Letzteres ist auch deshalb wichtig, weil der Arbeitgeber zwar zeitgleich auch außerhalb des Betriebs nach Stellenbewerbern suchen darf, aber erst dann jemanden einstellen kann, wenn die innerbetriebliche Stellenausschreibung beendet ist. Diese Betriebsvereinbarung kann nur eine freiwillige (§ 88) sein, liegt jedoch im Interesse beider Seiten.

§ 94 – Personalfragebogen, Beurteilungsgrundsätze	Welchen Einfluss hat der Betriebsrat auf die Erfassung persönlicher Arbeitnehmerdaten und auf die Festlegung von Beurteilungsgrundsätzen?
(1) Personalfragebogen bedürfen der Zustimmung des Betriebsrats. Kommt eine Einigung über ihren Inhalt nicht zustande, so entscheidet die Einigungsstelle. Der Spruch der Einigungsstelle ersetzt die Einigung zwischen Arbeitgeber und Betriebsrat.	**Standardisierte Erhebung von Arbeitnehmerdaten** Immer wenn in einer festen Form, also irgendwie standardisiert, persönliche Daten von Arbeitnehmern oder Stellenbewerbern erfragt werden, hat der BR dazu ein Mitbestimmungsrecht. Dies gilt sowohl für Fragebogen wie für standardisierte Einstellungsgespräche oder Abfragen mithilfe eines Computerprogramms. Ebenso aber auch für standardisierte Befragungen im Rahmen von Organisationsanalysen und Mitarbeitergesprächen oder für Checklisten, die im Rahmen eines Krankengesprächs abgefragt werden – auf die äußere Form oder Situation der Befragung kommt es also nicht an. **Inhalt und Verwendungszweck** Das Mitbestimmungsrecht richtet sich hauptsächlich, aber nicht nur auf den Inhalt der Fragen, es geht auch um den Verwendungszweck. Den Grundsätzen des Datenschutzes (Bundesdatenschutzgesetz) folgend, dürfen immer nur Fragen gestellt werden, die für einen bestimmten Zweck (beabsichtigte Einstellung, Organisationsanalyse, Eignungstest) auch tatsächlich gebraucht werden. Es kann also sein, dass dieselbe Frage in dem einen Zusammenhang akzeptabel wäre, in einem anderen aber nicht. In diesem Sinn muss der BR vor jeder standardisierten Befragung durch den Arbeitgeber informiert werden, damit er sie auf unzulässige oder unakzeptable Fragen prüfen und deren Streichung verlangen kann. **Zulässige und unzulässige Fragen** Generell unzulässig sind Fragen wie die nach ethnischer Herkunft, politischen Meinungen, Gewerkschaftszugehörigkeit oder Schwangerschaft. Fra-

gen nach bestimmten Krankheiten (z. B. Allergien) oder Vorstrafen können für manche Situationen zulässig sein (etwa wenn es um den Umgang mit allergieauslösenden Stoffen oder eine Stelle z. B. als Kassierer geht).

Fragen nach einer bestimmten Religions-, Gewerkschafts- oder Parteizugehörigkeit können allenfalls für sogenannte Tendenzbetriebe akzeptiert werden (§ 118), wenn und soweit sie mit deren politisch/ sozialen Zielen in Zusammenhang stehen (z. B. Gewerkschaftszugehörigkeit bei einem Gewerkschaftssekretär).

Datenschutzbestimmungen beachten

Da die Daten einer Arbeitnehmerbefragung heute in aller Regel digital erfasst, gespeichert und ausgewertet werden, muss der BR auch die Fragen des Datenschutzes beachten und regeln, wie z. B. die Dauer der Speicherung, die zulässigen Auswertungen, die Übertragung der Daten an andere (z. B. die Konzernzentrale) sowie eine eventuelle **Anonymisierung** (evtl. auch Pseudonymisierung) der Daten.

»Freiwillige« Teilnahme

Das Mitbestimmungsrecht wird auch nicht dadurch außer Kraft gesetzt, dass z. B. ein bestimmter Kreis von Arbeitnehmern an einer Befragung freiwillig teilnimmt oder sie sogar will. Es ist Aufgabe des BR aufzupassen, dass nicht durch standardisierte Befragungen unzulässig oder unnötig in den Persönlichkeitsbereich eines Arbeitnehmers oder Bewerbers eingegriffen wird – unabhängig von dem, was der einzelne Betroffene dazu meint.

Einigungsstelle entscheidet

Können sich BR und Arbeitgeber über den Inhalt von Personalfragebogen nicht einigen, entscheidet die Einigungsstelle (§ 76) endgültig und verbindlich.

(2) Absatz 1 gilt entsprechend für persönliche Angaben in schriftlichen Arbeitsverträgen, die allgemein für den Betrieb verwendet werden sollen, sowie für die Aufstellung allgemeiner Beurteilungsgrundsätze.	**Persönliche Angaben im Arbeitsvertrag** Auch in **Formulararbeitsverträgen** wird oft nach persönlichen Daten gefragt. Damit dies nicht genutzt wird, um das Mitbestimmungsrecht nach § 94 Abs. 1 zu umgehen, fallen auch diese Angaben unter die Mitbestimmung durch den BR. **Allgemeine Beurteilungsgrundsätze** Ein weiteres Mitbestimmungsrecht bezieht sich auf allgemeine Beurteilungsgrundsätze. Auch diese sind nicht immer auf den ersten Blick zu entdecken. Sie stecken in offiziellen Leitlinien und Kriterien für Beurteilungsgespräche und -verfahren ebenso wie in digitalen Personal-Informations-Systemen, falls diese Eignungsprofile erstellen können. Selbst Führungsrichtlinien, Konzepte für Personalauswahlveranstaltungen (Assessment-Center) oder Leistungstests können der standardisierten Beurteilung von Arbeitnehmern oder Bewerbern dienen und mitbestimmungspflichtige Beurteilungsgrundsätze enthalten. So wie bei Personalfragebogen auch, muss es Ziel des BR sein, dafür zu sorgen, dass nur die Kenntnisse, Fähigkeiten und Leistungen beurteilt werden, die für einen bestimmten Beurteilungszweck sachlich/fachlich erforderlich sind. **Einigungsstelle entscheidet** Können sich BR und Arbeitgeber über Beurteilungsgrundsätze nicht einigen, entscheidet die Einigungsstelle (§ 76) endgültig und verbindlich.
§ 95 – Auswahlrichtlinien	**Soll der Betriebsrat Richtlinien für Personalentscheidungen akzeptieren und worauf muss er dabei achten?**
(1) Richtlinien über die personelle Auswahl bei Einstellungen, Versetzungen, Umgruppierungen und Kündigungen	**Auswahlkriterien für Personalentscheidungen** Fast jede Personalentscheidung – ob Einstellung, Versetzung, Umgruppierung oder Kündigung – erfordert eine Auswahl. Diese Auswahl erfolgt immer auf der Grundlage von Kriterien (selbst wenn diese

bedürfen der Zustimmung des Betriebsrats. Kommt eine Einigung über die Richtlinien oder ihren Inhalt nicht zustande, so entscheidet auf Antrag des Arbeitgebers die Einigungsstelle. Der Spruch der Einigungsstelle ersetzt die Einigung zwischen Arbeitgeber und Betriebsrat.

(2) In Betrieben mit mehr als 500 Arbeitnehmern kann der Betriebsrat die Aufstellung von Richtlinien über die bei Maßnahmen des Absatzes 1 Satz 1 zu beachtenden fachlichen und persönlichen Voraussetzungen und sozialen Gesichtspunkte verlangen. Kommt eine Einigung über die Richtlinien oder ihren Inhalt nicht zustande, so entscheidet die Einigungsstelle. Der Spruch der Einigungsstelle ersetzt die Einigung zwischen Arbeitgeber und Betriebsrat.

nur »im Hinterkopf« vorhanden sind). Auswahlrichtlinien könnten auf den ersten Blick solche Kriterien klarer, objektiver und damit überprüfbar machen.

Auswahlrichtlinien – Fessel für den BR

Da das Mitbestimmungsrecht des BR zu Auswahlrichtlinien auch die Frage umfasst, ob es überhaupt solche Richtlinien geben soll, wird sich der BR diese Frage sehr sorgfältig überlegen. Denn Auswahlrichtlinien führen meist dazu, dass Personalentscheidungen nur nach »Schema F« getroffen werden und nicht mit der unbedingt nötigen Betrachtung jedes Einzelfalls.

In der Praxis würde sich der BR durch Auswahlrichtlinien also ausgerechnet in Bezug auf seine besonders wichtige Beteiligung an Personalentscheidungen enge Fesseln anlegen. So würde seine Zustimmung zu einer Versetzung (oder deren Ablehnung) nur noch davon abhängig sein, dass einige »objektive« Daten wie z.B. Betriebszugehörigkeit, Lebensalter oder Familienstand in Form von Punktzahlen exakt berücksichtigt wurden. Solche Faktoren sollen bei Personalentscheidungen natürlich auch eine Rolle spielen, sollen aber nicht die Berücksichtigung des Einzelschicksals unmöglich machen.

Wann kann/soll der BR Auswahlrichtlinien verlangen?

Aus den genannten Gründen ist es für überschaubare Betriebe mit bis zu 500 Arbeitnehmern gar nicht vorgesehen, dass der BR von sich aus Auswahlrichtlinien verlangen kann – aber er hat natürlich mitzubestimmen, wenn der Arbeitgeber die Einführung von Auswahlrichtlinien durchsetzen will.

In Betrieben mit über 500 Arbeitnehmern kann allerdings auch der BR die Einführung von Auswahlrichtlinien verlangen, sollte dies aber vermeiden (siehe oben). Kommt es irgendwann zu individuell

	nicht mehr zu bewältigenden **Massenentlassungen**, könnten Auswahlrichtlinien konkret für einen solchen Zweck immer noch vereinbart werden (z. B. im Rahmen eines Interessenausgleichs – § 112). **Versteckte Auswahlrichtlinien** Andererseits können Auswahlrichtlinien auch »versteckt« bereits vorhanden sein, z. B. in digital erstellten Eignungsprofilen, Personalauswahlveranstaltungen oder Leistungstests. Hier kann und soll der BR sein Mitbestimmungsrecht nutzen, um zu erreichen, dass diese Auswahlkriterien nicht missbraucht werden, um seine Mitbestimmungsrechte (und damit die Berücksichtigung des Einzelfalls) auszuhebeln. **Einigungsstelle entscheidet** Will der Arbeitgeber Auswahlrichtlinien durchsetzen, wird der BR deshalb versuchen, dies abzuwehren und er wird bei einem dann evtl. folgenden Einigungsstellenverfahren (§ 76) darauf hinwirken, dass die Möglichkeit erhalten bleibt, immer auch den Einzelfall zu berücksichtigen.
(3) Versetzung im Sinne dieses Gesetzes ist die Zuweisung eines anderen Arbeitsbereichs, die voraussichtlich die Dauer von einem Monat überschreitet, oder die mit einer erheblichen Änderung der Umstände verbunden ist, unter denen die Arbeit zu leisten ist. Werden Arbeitnehmer nach der Eigenart ihres Arbeitsverhältnisses üblicherweise nicht ständig an einem bestimmten Arbeitsplatz beschäftigt, so	**Versetzung – Definition** Hier beschreibt der Gesetzestext genau, was eine Versetzung eigentlich ist. Diese Definition wird z. B. gebraucht, wenn es um die Mitbestimmung des BR nach § 99 geht.

gilt die Bestimmung des jeweiligen Arbeitsplatzes nicht als Versetzung.	

Zweiter Unterabschnitt Berufsbildung

§ 96 – Förderung der Berufsbildung	Was kann und muss der BR tun, um die Berufsbildung im Betrieb zu fördern?
(1) Arbeitgeber und Betriebsrat haben im Rahmen der betrieblichen Personalplanung und in Zusammenarbeit mit den für die Berufsbildung und den für die Förderung der Berufsbildung zuständigen Stellen die Berufsbildung der Arbeitnehmer zu fördern. Der Arbeitgeber hat auf Verlangen des Betriebsrats den Berufsbildungsbedarf zu ermitteln und mit ihm Fragen der Berufsbildung der Arbeitnehmer des Betriebs zu beraten. Hierzu kann der Betriebsrat Vorschläge machen.	**Informations-, Beratungs-, Vorschlagsrecht** BR und Arbeitgeber müssen zusammen daran arbeiten, die Berufsbildung der Arbeitnehmer zu fördern. Der BR hat dazu ein Informations- und Beratungsrecht. Verbunden ist dies mit dem Recht, konkrete Vorschläge für die Durchführung von Bildungsmaßnahmen zu machen. Damit kann der BR den Arbeitgeber zwingen, mit ihm gemeinsam über ein betriebliches Bildungskonzept zu sprechen, selbst wenn der Arbeitgeber eigentlich nicht vorhat, auf diesem Gebiet aktiv zu werden. **Ermittlung des Berufsbildungsbedarfs** Der BR muss, um mitwirken zu können, den künftigen Berufsbildungsbedarf einschätzen können. Deshalb kann und soll er vom Arbeitgeber die Ermittlung des Berufsbildungsbedarfs verlangen – was ohnehin zentraler Bestandteil einer Personalplanung (§ 92) sein sollte. Dafür ist es nötig, den aktuellen Qualifizierungsstand im Betrieb zu erheben (Ist-Analyse) und ihn zu vergleichen mit den zukünftig zu erwartenden Anforderungen an die Qualifikation der Arbeitnehmer. Die Grundlagen dieser Soll-Analyse sind z. B. mittel- und langfristige Investitions- und Entwicklungspläne (siehe auch § 92 und § 92a). Verfügt der Arbeitgeber nicht über die für eine solche Analyse nötigen Daten, ist er verpflichtet, sie zu erheben oder zu beschaffen.
(2) Arbeitgeber und Betriebsrat haben darauf zu achten, dass unter Berücksichtigung der betrieblichen Notwendigkeiten den Arbeitnehmern die Teilnahme an betrieblichen oder außerbetrieblichen Maß-	

nahmen der Berufsbildung ermöglicht wird. Sie haben dabei auch die Belange älterer Arbeitnehmer, Teilzeitbeschäftigter und von Arbeitnehmern mit Familienpflichten zu berücksichtigen.	**Berufsausbildung, berufliche Weiterbildung, Umschulung** Mit Berufsbildung ist sowohl die Berufsausbildung (das Erlernen eines Berufs) gemeint wie auch alle Maßnahmen der beruflichen Weiter- und Fortbildung sowie der Umschulung. Die Verpflichtung zur Förderung gilt nicht nur für im Betrieb stattfindende oder vom Arbeitgeber angebotene Maßnahmen, sondern auch für Berufsbildungsmaßnahmen, die unabhängig vom Betrieb stattfinden. **Konkrete Förderungsmöglichkeiten** Förderung der Berufsbildung bedeutet, z.B. dafür zu sorgen, dass • Berufsausbildungsmöglichkeiten weiterhin, erweitert oder neu angeboten werden, • möglichst viele und qualifizierte Fortbildungsangebote entwickelt werden, • im Rahmen dieser Angebote nicht nur direkt für die betriebliche Arbeit verwertbare Kenntnisse und Fähigkeiten vermittelt werden, • besonders ältere teilzeitbeschäftigte und durch Familienpflichten eingeschränkte Arbeitnehmer gleichberechtigte Chancen zur Fort-/Weiterbildung bekommen, • die Teilnahme an externen Bildungsmaßnahmen (etwa durch Kostenbeteiligung oder Freistellung) unterstützt und nicht behindert wird. Zu Mitbestimmungsrechten bei Berufsbildungsfragen siehe § 97 Abs. 2 und § 98 Abs. 1 und 4.
§ 97 – Einrichtungen und Maßnahmen der Berufsbildung	**Welchen Einfluss hat der Betriebsrat auf die Planung betrieblicher Bildungsmaßnahmen und -einrichtungen? Was kann er tun, wenn sich Anforderungen an die Arbeitnehmer ändern?**
(1) Der Arbeitgeber hat mit dem Betriebsrat über die Errichtung und Ausstattung betrieblicher Einrichtungen zur	**Beratungsverpflichtung** Zusätzlich zu der in § 96 geregelten Verpflichtung für BR und Arbeitgeber, die Berufsbildung der Arbeitnehmer auf der Grundlage einer Bildungsbe-

Berufsbildung, die Einführung betrieblicher Berufsbildungsmaßnahmen und die Teilnahme an außerbetrieblichen Berufsbildungsmaßnahmen zu beraten.	darfsanalyse zu fördern und darüber zu beraten, hat der BR ein Beratungsrecht zu einigen konkreten Aspekten der betrieblichen Berufsbildung – und zwar zu folgenden Fragen: **Schaffung einer Einrichtung der Berufsbildung** Wird eine Einrichtung der Berufsbildung (z. B. Lehrwerkstatt, Bildungs- oder Umschulungszentrum, aber auch Beschäftigungs- oder Qualifizierungsgesellschaft) überhaupt geschaffen? Welche Sachausstattung soll sie bekommen (zur Personalausstattung siehe § 98)? Die Beratungsverpflichtung gilt auch für entsprechende Änderungen. **Angebote betrieblicher Berufsbildung** Wird eine betriebliche Berufsbildungsmaßnahme (z. B. ein Technikerkurs, eine Trainee-Ausbildung oder ein Seminar für einen »Computer-Führerschein«) angeboten? Soll dies innerhalb oder außerhalb der Arbeitszeit geschehen? Welchen Umfang soll das Angebot haben und wem wird es angeboten (siehe auch § 98 Abs. 3)? **Teilnahme an externen Berufsbildungsmaßnahmen** Wer soll an welchen außerhalb des Betriebs stattfindenden Berufsbildungsmaßnahmen (z. B. der Kammern, der Arbeitsämter oder privater Anbieter) teilnehmen? Zu welchen Themen und für welche Dauer werden solche Maßnahmen angeboten (zu Freistellung und Kosten siehe auch § 98)?
(2) Hat der Arbeitgeber Maßnahmen geplant oder durchgeführt, die dazu führen, dass sich die Tätigkeit der betroffenen Arbeitnehmer ändert und ihre beruflichen Kenntnisse und Fähigkeiten zur Erfüllen ihrer	**Qualifizierung bei betrieblichen Veränderungen** Der BR muss über alle in Planung befindliche Maßnahmen, die gravierende Änderungen für die Beschäftigten bedeuten, rechtzeitig und umfassend informiert werden (§ 80 Abs. 1, § 90, § 111), auch im Hinblick darauf, was das für die Qualifikationsanforderungen an die betroffenen Arbeitnehmer bedeutet (§ 96 Abs. 1).

Aufgaben nicht mehr ausreichen, so hat der Betriebsrat bei der Einführung von Maßnahmen der betrieblichen Berufsbildung mitzubestimmen. Kommt eine Einigung nicht zustande, so entscheidet die Einigungsstelle. Der Spruch der Einigungsstelle ersetzt die Einigung zwischen Arbeitgeber und Betriebsrat.	**Mitbestimmung bei Qualifizierungskonzept** Sobald bei solchen Veränderungsplanungen erkennbar wird, dass die bei den betroffenen Arbeitnehmern vorhandenen beruflichen Kenntnisse und Fähigkeiten wohl nicht ausreichen werden, um die neuen Anforderungen zu bewältigen, hat der BR bei der Einführung entsprechender Bildungsmaßnahmen mitzubestimmen. Dies kann entweder geschehen, indem er sich mit den vom Arbeitgeber bereits geplanten Bildungsmaßnahmen kritisch beschäftigt und ihnen, wenn nötig, eigene Konzepte entgegensetzt, oder – für den häufig vorkommenden Fall, dass der Arbeitgeber diesen Bereich vernachlässigt – indem er von sich aus Vorstellungen zu nötigen Bildungsmaßnahmen entwickelt und dem Arbeitgeber vorlegt. So lange die Auseinandersetzung über ein solches Qualifizierungskonzept nicht abgeschlossen ist, darf der Arbeitgeber übrigens keine **Kündigung** mit der Begründung aussprechen, der betreffende Arbeitnehmer sei für die anstehenden Veränderungen nicht ausreichend qualifiziert. **Einigungsstelle entscheidet** Der Arbeitgeber muss sich dann mit den Vorstellungen des BR beschäftigen und darüber in Verhandlungen eintreten. Werden BR und Arbeitgeber sich nicht einig, dann entscheidet die Einigungsstelle (§ 76) endgültig und verbindlich.
§ 98 – Durchführung betrieblicher Bildungsmaßnahmen	**Welche Mitbestimmungsrechte hat der BR bei der konkreten Umsetzung der betrieblichen Berufsbildung?**
(1) Der Betriebsrat hat bei der Durchführung von Maßnahmen der betrieblichen Berufsbildung mitzubestimmen.	**Mitbestimmung bei konkreten Bildungsmaßnahmen** Zusätzlich zu den in § 96 und § 97 enthaltenen Informations- und Beratungsrechten des BR bei der Planung von Berufsbildungsmaßnahmen gibt es ein Mitbestimmungsrecht bei der konkreten Durchfüh-

rung von Maßnahmen der betrieblichen Berufsbildung.

Hat der Arbeitgeber sich also für eine bestimmte Berufsbildungsmaßnahme entschieden (mit oder ohne Berücksichtigung der Vorschläge des BR), dann greift in jedem Fall das volle Mitbestimmungsrecht des BR.

Alle Maßnahmen der Aus- und Weiterbildung

Dies betrifft alle vom Arbeitgeber angebotenen Maßnahmen, durch die ein Arbeitnehmer (auch: Auszubildender) seine beruflichen Kenntnisse und Fähigkeiten erweitern kann. Und es schließt alle Maßnahmen der Berufsausbildung, Fortbildung und Umschulung ein (wobei in diesen Fällen gesetzliche Vorschriften das Mitbestimmungsrecht des BR eingrenzen können).

Mitbestimmung zu Art und Umständen der Bildungsmaßnahmen

Das Mitbestimmungsrecht bezieht sich darauf, wie eine Bildungsmaßnahme durchgeführt wird (z. B. Inhalt und Umfang des Lernstoffs, Dauer und Unterteilung der Bildungsmaßnahmen, angewendete Methoden der Wissensvermittlung, Einsatz von Computerprogrammen zur Lernunterstützung).

(2) Der Betriebsrat kann der Bestellung einer mit der Durchführung der betrieblichen Berufsbildung beauftragten Person widersprechen oder ihre Abberufung verlangen, wenn diese die persönliche oder fachliche, insbesondere die berufs- und arbeitspädagogische Eignung im Sinne des Berufsbil-

Widerspruch möglich gegen Ausbilder, Seminarleiter usw.

Der BR kann auch erreichen, dass bestimmte Personen Maßnahmen der betrieblichen Berufsbildung nicht vornehmen dürfen – und zwar dann, wenn der betreffenden Person die »persönliche oder fachliche Eignung« fehlt. Das kann z. B. der Fall sein, wenn einem Ausbilder die notwendigen Prüfungen (§ 30 Berufsbildungsgesetz) fehlen oder wenn er seine Aufgaben nachweislich vernachlässigt.

In der Praxis wird der BR von diesem Recht am ehesten Gebrauch machen, wenn es um die vom

dungsgesetzes nicht besitzt oder ihre Aufgaben vernachlässigt.	Arbeitgeber mit der Berufsausbildung beauftragten Personen (Ausbilder) geht. Prinzipiell gilt dieses Recht aber gegenüber jeder Person, die im Auftrag des Arbeitgebers Maßnahmen der beruflichen Bildung durchführt (§ 98 Abs. 1). **Zweifel an persönlicher/fachlicher Eignung** Gibt es einen konkreten Grund, die persönliche oder fachliche Eignung einer solchen Person zu bezweifeln, dann kann der BR je nach Lage der Dinge gegen die beabsichtigte Beauftragung Widerspruch einlegen oder verlangen, dass die betreffende Person wieder abberufen wird. Die letzte Entscheidung liegt in diesem Fall beim **Arbeitsgericht** (siehe § 98 Abs. 5). **Arbeitgeber als Ausbilder** Ist der Arbeitgeber selber der Ausbilder und hat der BR Zweifel an seiner persönlichen oder fachlichen Eignung, dann besteht die Möglichkeit, ihm nach § 27 Abs. 1 Berufsbildungsgesetz die Ausbildungserlaubnis entziehen zu lassen.
(3) Führt der Arbeitgeber betriebliche Maßnahmen der Berufsbildung durch oder stellt er für außerbetriebliche Maßnahmen der Berufsbildung Arbeitnehmer frei oder trägt er die durch die Teilnahme von Arbeitnehmern an solchen Maßnahmen entstehenden Kosten ganz oder teilweise, so kann der Betriebsrat Vorschläge für die Teilnahme von Arbeitnehmern oder Gruppen von Arbeitnehmern des Betriebs an	**Vorschlagsrecht zu Bildungsteilnehmern** Über das Mitbestimmungsrecht zum »Wie« einer betrieblichen Berufsbildungsmaßnahme (§ 98 Abs. 1) hinaus hat der BR auch das Recht, bestimmte Arbeitnehmer oder Arbeitnehmergruppen für die Teilnahme an solchen Maßnahmen vorzuschlagen. Damit soll der BR dafür sorgen, dass die Chancen für eine berufliche Fortbildung möglichst gerecht auf die in Frage kommenden Arbeitnehmer verteilt werden. Dieses Vorschlagsrecht gilt allerdings nur für Maßnahmen, die entweder vom Arbeitgeber direkt angeboten werden oder für die er zumindest teilweise die Kosten trägt. Obwohl es sich hier nur um ein Vorschlagsrecht des BR handelt, kann auch die Frage der gerechten Verteilung betrieblicher Bildungsmöglichkeiten durch

diesen Maßnahmen der beruflichen Bildung machen.	die **Einigungsstelle** entschieden werden (§ 98 Abs. 4).
(4) Kommt im Fall des Absatzes 1 oder über die nach Absatz 3 vom Betriebsrat vorgeschlagenen Teilnehmer eine Einigung nicht zustande, so entscheidet die Einigungsstelle. Der Spruch der Einigungsstelle ersetzt die Einigung zwischen Arbeitgeber und Betriebsrat.	**Einigungsstelle entscheidet zu § 98 Abs. 1 und 3** Geht es um das »Wie« einer betrieblichen Berufsbildungsmaßnahme (§ 98 Abs. 1) oder um die gerechte Verteilung betrieblicher Bildungsmöglichkeiten (§ 98 Abs. 3) kann der BR die Initiative zur Bildung einer Einigungsstelle ergreifen (§ 76), die dann endgültig und verbindlich entscheidet.
(5) Kommt im Fall des Absatzes 2 eine Einigung nicht zustande, so kann der Betriebsrat beim Arbeitsgericht beantragen, dem Arbeitgeber aufzugeben, die Bestellung zu unterlassen oder die Abberufung durchzuführen. Führt der Arbeitgeber die Bestellung einer rechtskräftigen gerichtlichen Entscheidung zuwider durch, so ist er auf Antrag des Betriebsrats vom Arbeitsgericht wegen der Bestellung nach vorheriger Androhung zu einem Ordnungsgeld zu verurteilen; das Höchstmaß des Ordnungsgeldes beträgt 10000 Euro. Führt der Arbeitgeber die Abbe-	**Arbeitsgericht zuständig für § 98 Abs. 2** Hat der BR Widerspruch dagegen eingelegt, dass eine bestimmte Person mit der Durchführung einer betrieblichen Berufsbildungsmaßnahme beauftragt wird oder hat er ihre Abberufung verlangt (§ 98 Abs. 2), dann entscheidet darüber das Arbeitsgericht. **Wenn der Arbeitgeber sich nicht …** … an die Vorgaben des Arbeitsgerichts hält, gibt es für den BR zwei Möglichkeiten dies zu erzwingen: • Wenn der Arbeitgeber jemanden mit einer beruflichen Bildungsmaßnahme beauftragt, obwohl ihm dies vorher (auf Antrag durch den BR) vom Arbeitsgericht verboten wurde, dann kann das Arbeitsgericht (wiederum auf Antrag des BR) den Arbeitgeber zu einem »Ordnungsgeld« bis zu 10000 Euro verurteilen. • Wenn der Arbeitgeber sich weigert, eine mit einer beruflichen Bildungsmaßnahme beauftragte Person wieder abzuberufen, obwohl er vom Arbeitsgericht dazu verpflichtet wurde, kann das Arbeitsgericht ihn (auf Antrag des BR) dazu durch ein »Zwangsgeld« von höchstens 250 Euro täglich zu zwingen versuchen.

rufung einer rechtskräftigen gerichtlichen Entscheidung zuwider nicht durch, so ist auf Antrag des Betriebsrats vom Arbeitsgericht zu erkennen, dass der Arbeitgeber zur Abberufung durch Zwangsgeld anzuhalten sei; das Höchstmaß des Zwangsgeldes beträgt für jeden Tag der Zuwiderhandlung 250 Euro. Die Vorschriften des Berufsbildungsgesetzes über die Ordnung der Berufsbildung bleiben unberührt.	**Vorschriften des Berufsbildungsgesetzes** Soweit es speziell für Ausbilder im Rahmen der Berufsausbildung entsprechende Vorschriften im Berufsbildungsgesetz (z. B. Aberkennung der Ausbildungsberechtigung nach § 27 Abs. 1 Berufsbildungsgesetz) gibt, können diese ebenfalls angewendet werden.
(6) Die Absätze 1 bis 5 gelten entsprechend, wenn der Arbeitgeber sonstige Bildungsmaßnahmen im Betrieb durchführt.	**Alle Rechte aus § 98 gelten für sämtliche Bildungsmaßnahmen** War bisher nur von Maßnahmen der betrieblichen Berufsbildung die Rede (§ 98 Abs. 1), wird hier klargestellt, dass sämtliche Rechte aus § 98 auch für alle möglichen anderen Bildungsmaßnahmen gelten, selbst wenn diese nicht der beruflichen Aus- und Fortbildung dienen. Voraussetzung ist allerdings, dass diese Bildungsmaßnahmen im Betrieb stattfinden. Das könnten z. B. Kurse zur **Allgemeinbildung** oder **Erste-Hilfe-Kurse** sein. Unterhaltungs- und Freizeitangebote (z. B. Betriebsfußball) zählen nicht dazu.

Dritter Unterabschnitt
Personelle Einzelmaßnahmen

§ 99 – Mitbestimmung bei personellen Einzelmaßnahmen	**Welche Rechte hat der Betriebsrat bei beabsichtigten Einstellungen, Eingruppierungen, Umgruppierungen und Versetzungen?**
(1) In Unternehmen mit in der Regel mehr als zwanzig wahlberechtigten Arbeitnehmern hat der Arbeitgeber den Betriebsrat vor jeder Einstellung, Eingruppierung, Umgruppierung und Versetzung zu unterrichten, ihm die erforderlichen Bewerbungsunterlagen vorzulegen und Auskunft über die Person der Beteiligten zu geben; er hat dem Betriebsrat unter Vorlage der erforderlichen Unterlagen Auskunft über die Auswirkungen der geplanten Maßnahme zu geben und die Zustimmung des Betriebsrats zu der geplanten Maßnahme einzuholen. Bei Einstellungen und Versetzungen hat der Arbeitgeber insbesondere den in Aussicht genommenen Arbeitsplatz und die vorgesehene Eingruppierung mitzuteilen. Die Mitglieder des Betriebsrats sind verpflichtet, über die ihnen im Rahmen der	**Zustimmungsverweigerungrecht** Bei sogenannten personellen Einzelmaßnahmen hat der BR ein (eingeschränktes) »Zustimmungsverweigerungsrecht«, wenn das **Unternehmen**, in dem er tätig ist, normalerweise mehr als 20 Arbeitnehmer beschäftigt. Dass hier das Unternehmen die Bezugsgröße ist und nicht der Betrieb, bedeutet praktisch, dass die Rechte nach § 99 einem mindestens 3-köpfigen BR in jedem Fall zustehen, einem 1-köpfigen BR aber nur dann, wenn dessen Betrieb zu einem Unternehmen mit mehreren Betrieben gehört und diesem zusammen mindestens 21 Arbeitnehmern angehören. Ob es in den anderen Betrieben des Unternehmens BR-Gremien (und damit einen GBR) gibt oder nicht, spielt dabei keine Rolle. Auch wenn es einen GBR gibt, bleiben die Rechte nach § 99 immer beim örtlichen BR. **Personelle Einzelmaßnahmen sind:** • **Einstellung** (z.B. auch: Auszubildende, Leiharbeitnehmer, Aushilfen, Weiterbeschäftigung nach Ausbildungsende, Zivildienstleistende oder Verlängerung eines befristeten Arbeitsverhältnisses); • **Eingruppierung** (meist verbunden mit Einstellung/Versetzung, gilt nicht nur für die Einordnung nach Tarifvertrag, sondern für jedes betrieblich geltende oder betriebsübliche Lohn-/Gehaltsgruppensystem); • **Umgruppierung** (Höher- oder Herabstufung, Anpassungen an ein geändertes Lohn-/Gehaltsgruppensystem mit oder ohne Änderung der Tätigkeit, »Hineinwachsen« in eine andere Entgeltgruppe);

personellen Maßnahmen nach den Sätzen 1 und 2 bekanntgewordenen persönlichen Verhältnisse und Angelegenheiten der Arbeitnehmer, die ihrer Bedeutung oder ihrem Inhalt nach einer vertraulichen Behandlung bedürfen, Stillschweigen zu bewahren; § 79 Abs. 1 Satz 2 bis 4 gilt entsprechend.	• **Versetzung** (Zuweisung eines anderen Arbeitsbereichs für entweder mehr als einen Monat oder verbunden mit erheblichen Änderungen der Arbeitsbedingungen – genaue Definition im Gesetzestext § 95 Abs. 3). **Information mit Unterlagen** In allen diesen Fällen muss der Arbeitgeber den BR unter Vorlage aller Bewerbungs- und sonstigen Unterlagen, die Grundlage der beabsichtigten Personalentscheidung sind, informieren – einschließlich aller Unterlagen über die zu erwartenden Konsequenzen der geplanten Maßnahme. Auch wenn ein Leiharbeitnehmer eingesetzt werden soll, ist der BR über Person, Einsatzort, Art der Tätigkeit, Zeitpunkt, Dauer und Auswirkungen des geplanten Einsatzes zu informieren (einschließlich ANÜ-Erlaubnis des Verleihers). Der BR muss sich dann entscheiden, ob er der Maßnahme zustimmen will oder nicht. Verweigern kann er seine Zustimmung allerdings nur aus ganz bestimmten Gründen (siehe § 99 Abs. 2). **Personalentscheidung ohne BR-Information** Führt der Arbeitgeber eine personelle Einzelmaßnahme durch, ohne den BR informiert zu haben oder ehe die dem BR zustehende Frist für eine Stellungnahme abgelaufen ist (siehe § 99 Abs. 3), dann droht ihm ein **Zwangsgeld** nach § 101. **Vertraulichkeit** Wie in jedem anderen Fall auch, muss der BR über alle sensiblen persönlichen Informationen, die er im Laufe dieses Verfahrens erhalten hat, Stillschweigen bewahren.
(2) Der Betriebsrat kann die Zustimmung verweigern, wenn	**Zustimmungsverweigerung nur in bestimmten Fällen** Der BR kann seine Zustimmung zu einer beabsichtigten personellen Einzelmaßnahme nur aus wenigen genau festgelegten Gründen verweigern (also

	z. B. nicht deshalb, weil er sie für sachlich falsch oder im Sinne einer vorausschauenden Personalplanung für unvernünftig hält). Er kann von diesem eingeschränkten Recht auf Zustimmungsverweigerung aber auch dann Gebrauch machen, wenn z. B. die Möglichkeit einer Versetzung bereits im Arbeitsvertrag vereinbart wurde oder wenn der betroffene Arbeitnehmer selber mit der Maßnahme einverstanden sein sollte (Ausnahme: § 99 Abs. 2 Nr. 4). Umgekehrt kann der Arbeitnehmer gegen eine personelle Einzelmaßnahme auch dann beim **Arbeitsgericht** klagen, wenn der BR seine Zustimmung gegeben haben sollte. **Zulässige Gründe für eine Zustimmungsverweigerung sind …**
1. die personelle Maßnahme gegen ein Gesetz, eine Verordnung, eine Unfallverhütungsvorschrift oder gegen eine Bestimmung in einem Tarifvertrag oder in einer Betriebsvereinbarung oder gegen eine gerichtliche Entscheidung oder eine behördliche Anordnung verstoßen würde,	**… Verstoß gegen Gesetze, Verordnungen usw.** Zustimmungsverweigerung ist möglich, weil die beabsichtigte Maßnahme gegen eine der im Gesetzestext genannten Regelungen verstößt. Dies kann z. B. der Fall sein, • wenn jemand für eine durch Betriebsvereinbarung nicht zugelassene Arbeitszeit eingestellt werden soll, • wenn bei einer vorgesehenen Ein- oder Umgruppierung der Tarifvertrag unterschritten würde oder • wenn allgemeine Rechtsgrundsätze (z. B. Diskriminierungsverbote) verletzt würden.
2. die personelle Maßnahme gegen eine Richtlinie nach § 95 verstoßen würde,	**… Verstoß gegen Auswahlrichtlinien** Zustimmungsverweigerung ist möglich, weil die beabsichtigte Maßnahme gegen eine nach § 95 zwischen BR und Arbeitgeber vereinbarte Auswahlrichtlinie verstößt.
3. die durch Tatsachen begründete Besorgnis besteht, dass infolge der personellen	**… drohende Kündigung oder andere Nachteile für Beschäftigte** Zustimmungsverweigerung ist möglich, weil die beabsichtigte Maßnahme zu Lasten eines bereits

Maßnahme im Betrieb beschäftigte Arbeitnehmer gekündigt werden oder sonstige Nachteile erleiden, ohne dass dies aus betrieblichen oder persönlichen Gründen gerechtfertigt ist; als Nachteil gilt bei unbefristeter Einstellung auch die Nichtberücksichtigung eines gleich geeigneten befristet Beschäftigten,	im Betrieb beschäftigten Arbeitnehmers geht. Das kann z. B. dann der Fall sein, wenn die Gefahr besteht, dass einem anderen Arbeitnehmer infolge einer beabsichtigten Neueinstellung gekündigt wird, oder wenn sich durch eine Versetzung die Arbeitsbedingungen oder -anforderungen für andere Arbeitnehmer verschlechtern, oder wenn in der Folge einer Versetzung die früheren Arbeitskollegen die Arbeit des Versetzten mit übernehmen müssen. Allerdings kann der Arbeitgeber behaupten, dass die drohenden Nachteile für die anderen Arbeitnehmer aus betrieblichen oder persönlichen Gründen gerechtfertigt und hinzunehmen sind. Der Arbeitgeber muss aber für die Stichhaltigkeit dieser Gründe Beweise vorlegen. So müsste er z. B. nachweisen, dass ein zu versetzender Arbeitnehmer aufgrund seiner Qualifikation für den jetzigen Arbeitsplatz nicht mehr in Frage kommt, sondern lediglich für den neuen.
4. der betroffene Arbeitnehmer durch die personelle Maßnahme benachteiligt wird, ohne dass dies aus betrieblichen oder in der Person des Arbeitnehmers liegenden Gründen gerechtfertigt ist,	**... Benachteiligung des Betroffenen ohne zwingenden Grund** Zustimmungsverweigerung ist möglich, weil die beabsichtigte Maßnahme den davon betroffenen Arbeitnehmer selber benachteiligt, ohne dass es dafür zwingende betriebliche oder persönliche Gründe gibt. Dieser Verweigerungsgrund kann bei Neueinstellungen nicht vorgebracht werden, weil z. B. das Argument, der Neueinzustellende werde nicht richtig eingruppiert und sei deshalb benachteiligt, auf andere Weise angegangen werden kann (nicht die Einstellung ist die Benachteiligung, sondern die daraus folgenden Arbeitsbedingungen). Dieser Zustimmungsverweigerungsgrund kommt vor allem zum Tragen, wenn mit einer Versetzung eine Schlechterstellung des zu Versetzenden verbunden ist.

5. eine nach § 93 erforderliche Ausschreibung im Betrieb unterblieben ist oder	**… keine Stellenausschreibung** Zustimmungsverweigerung ist möglich, weil die innerbetriebliche Ausschreibung der Stelle, auf die eine Neueinstellung oder Versetzung erfolgen soll, unterblieben ist (§ 93).
6. die durch Tatsachen begründete Besorgnis besteht, dass der für die personelle Maßnahme in Aussicht genommene Bewerber oder Arbeitnehmer den Betriebsfrieden durch gesetzwidriges Verhalten oder durch grobe Verletzung der in § 75 Abs. 1 enthaltenen Grundsätze, insbesondere durch rassistische oder fremdenfeindliche Betätigung, stören werde.	**… drohende Störung des Betriebsfriedens** Zustimmungsverweigerung ist möglich, weil die begründete Befürchtung besteht, dass ein Neueinzustellender (oder zu Versetzender) an seinem Arbeitsplatz den Betriebsfrieden stören könnte. Dies müsste der BR allerdings mit Tatsachen untermauern können – was deshalb besonders schwer ist, weil es hier ja um eine Bewertung zukünftig zu erwartender Verhaltensweisen geht. Auch ist es mehr als heikel, Verhaltensweisen der Vergangenheit (z. B. Straftaten) einfach auf die Zukunft zu übertragen. Hier muss der BR also äußerst bedächtig vorgehen.
(3) Verweigert der Betriebsrat seine Zustimmung, so hat er dies unter Angabe von Gründen innerhalb einer Woche nach Unterrichtung durch den Arbeitgeber diesem schriftlich mitzuteilen. Teilt der Betriebsrat dem Arbeitgeber die Verweigerung seiner Zustimmung nicht innerhalb der Frist schriftlich mit, so gilt die Zustimmung als erteilt.	**Zustimmungsverweigerung immer mit Begründung** Der BR muss für seine Zustimmungsverweigerung konkrete auf den Einzelfall bezogene Gründe nennen. Es genügt also nicht, einfach nur eine der im Gesetzestext vorgegebenen Möglichkeiten (§ 99 Abs. 2) aufzuführen. Andererseits sind auch keine zu strengen Maßstäbe anzulegen. Es genügt, wenn Tatsachen genannt werden, die das Zutreffen des aufgeführten Verweigerungsgrunds möglich und plausibel erscheinen lassen. **Frist und Form der Zustimmungsverweigerung** Will der BR zu einer beabsichtigten personellen Einzelmaßnahme seine Zustimmung verweigern, muss er dies innerhalb einer Woche nach Eingehen

	der Information durch den Arbeitgeber tun und zwar schriftlich. Ob das auch durch eine E-Mail geschehen kann, ist rechtlich noch umstritten. Hier sollte der BR kein Risiko eingehen – ein Stück Papier, persönlich beim Arbeitgeber abgeliefert, ist immer noch die sicherste Methode. **BR-Mitglied als Betroffener** Ist ein BR-Mitglied persönlich betroffen, darf es bei dem Beschluss über die Zustimmungsverweigerung nicht mit abstimmen, stattdessen ist ein Ersatzmitglied einzuladen.
(4) Verweigert der Betriebsrat seine Zustimmung, so kann der Arbeitgeber beim Arbeitsgericht beantragen, die Zustimmung zu ersetzen.	**Ersetzen der Zustimmung durch das Arbeitsgericht** Hat der BR seine Zustimmung zu einer personellen Einzelmaßnahme verweigert und will der Arbeitgeber sie trotzdem durchführen, so kann er sich in keinem Fall über die Zustimmungsverweigerung des BR hinwegsetzen (etwa mit der Behauptung, die Verweigerungsgründe seien unzureichend oder falsch). Immer muss er das Arbeitsgericht einschalten, um die Zustimmung des BR durch einen Beschluss des Gerichts ersetzen zu lassen. In diesem Verfahren muss der Arbeitgeber beweisen, dass die vom BR vorgebrachten Verweigerungsgründe nicht zutreffen.
§ 100 – Vorläufige personelle Maßnahme	**Was kann der Arbeitgeber tun, wenn der Betriebsrat seine Zustimmung zu einer personellen Einzelmaßnahme verweigert hat?**
(1) Der Arbeitgeber kann, wenn dies aus sachlichen Gründen dringend erforderlich ist, die personelle Maßnahme im Sinne des § 99 Abs. 1 Satz 1 vorläufig durchführen, bevor der Betriebsrat sich geäußert oder wenn er die Zustimmung verweigert	**Vorläufige personelle Einzelmaßnahme** Der Arbeitgeber hat die Möglichkeit, eine personelle Einzelmaßnahme (§ 99 Abs. 1) in **Eilfällen** auch vorläufig durchzuführen – und zwar sowohl für den Fall, dass die dem BR eigentlich zustehende Bearbeitungsfrist von einer Woche (§ 99 Abs. 3) noch nicht verstrichen ist, als auch für den Fall, dass der BR seine Zustimmung bereits (durch schriftliche Stellungnahme) verweigert hat.

hat. Der Arbeitgeber hat den Arbeitnehmer über die Sach- und Rechtslage aufzuklären.

(2) Der Arbeitgeber hat den Betriebsrat unverzüglich von der vorläufigen personellen Maßnahme zu unterrichten. Bestreitet der Betriebsrat, dass die Maßnahme aus sachlichen Gründen dringend erforderlich ist, so hat er dies dem Arbeitgeber unverzüglich mitzuteilen. In diesem Fall darf der Arbeitgeber die vorläufige personelle Maßnahme nur aufrechterhalten, wenn er innerhalb von drei Tagen beim Arbeitsgericht die Ersetzung der Zustimmung des Betriebsrats und die Feststellung beantragt, dass die Maßnahme aus sachlichen Gründen dringend erforderlich war.

(3) Lehnt das Gericht durch rechtskräftige Entscheidung die Ersetzung der Zustimmung des Betriebsrats ab oder stellt es rechtskräftig fest, dass offensichtlich die Maßnahme aus sachlichen Gründen nicht

Nur Einstellung/Versetzung können »unaufschiebbar« sein

Ein Eilfall kann nur dann vorliegen, wenn eine Einstellung oder Versetzung aus betrieblichen Gründen unaufschiebbar ist. Dies könnte z. B. der Fall sein, wenn in einer für die Gesamtproduktion wichtigen Abteilung ein gravierender personeller Engpass auftritt oder wenn nachweislich die Gefahr droht, dass ein dringend gebrauchter Experte sonst eine andere Stelle annimmt.

Eine Ein- oder Umgruppierung kann nie »unaufschiebbar« sein, weil auch das Verschieben einer solchen Maßnahme die Erledigung dringender Arbeiten nicht verhindert.

Information des Betroffenen

Führt der Arbeitgeber eine personelle Einzelmaßnahme vorläufig durch, muss er den betroffenen Bewerber oder Arbeitnehmer darüber informieren.

Verfahrensablauf für eine vorläufige personelle Einzelmaßnahme

Für die vorläufige Durchführung einer unaufschiebbaren personellen Einzelmaßnahme ist ein kompliziertes Verfahren nach dem Ping-Pong-Prinzip vorgeschrieben:

- Der Arbeitgeber muss den BR von seiner Absicht, die vorläufige Maßnahme durchzuführen, sofort informieren.
- Will der BR dies nicht akzeptieren, informiert er den Arbeitgeber ebenfalls unverzüglich.
- Der Arbeitgeber muss daraufhin die Maßnahme innerhalb von drei Tagen wieder rückgängig machen, es sei denn, er schaltet das Arbeitsgericht ein.
- Will er dies tun, muss er beim Arbeitsgericht ebenfalls innerhalb von drei Tagen zwei Anträge stellen: Erstens den Antrag, das Gericht möge die Zustimmung des BR zur personellen Maßnahme ersetzen, und zweitens den Antrag, das

dringend erforderlich war, so endet die vorläufige personelle Maßnahme mit Ablauf von zwei Wochen nach Rechtskraft der Entscheidung. Von diesem Zeitpunkt an darf die personelle Maßnahme nicht aufrechterhalten werden.	Gericht möge feststellen, dass die vorläufig durchgeführte Maßnahme tatsächlich unaufschiebbar war. • Daraufhin wird der BR dann ebenfalls zwei Anträge beim Arbeitsgericht stellen: Erstens den Antrag auf Aufhebung der vorläufigen personellen Maßnahme, und zweitens den Antrag, dass die Maßnahme nicht aus sachlichen Gründen dringend erforderlich war. • Gibt das Gericht dem BR Recht, dann muss die vorläufige personelle Maßnahme innerhalb von zwei Wochen nachdem die Entscheidung rechtskräftig geworden ist, beendet werden. Selbstverständlich kann ein BR dieses Verfahren nur mit **juristischer Unterstützung** (Gewerkschaft einschalten) führen.
§ 101 Zwangsgeld	**Was passiert, wenn der Arbeitgeber eine personelle Maßnahme ohne Zustimmung des BR durchführt oder gegen einen Gerichtsbeschluss handelt?**
Führt der Arbeitgeber eine personelle Maßnahme im Sinne des § 99 Abs. 1 Satz 1 ohne Zustimmung des Betriebsrats durch oder hält er eine vorläufige personelle Maßnahme entgegen § 100 Abs. 2 Satz 3 oder Abs. 3 aufrecht, so kann der Betriebsrat beim Arbeitsgericht beantragen, dem Arbeitgeber aufzugeben, die personelle Maßnahme aufzuheben. Hebt der Arbeitgeber entgegen einer rechtskräftigen gerichtlichen Entschei-	**BR erzwingt die Rücknahme einer Personalentscheidung** Es gibt mehrere Situationen, die dazu führen können, dass der Arbeitgeber durch ein vom **Arbeitsgericht** festgelegtes Zwangsgeld dazu gezwungen werden muss, eine personelle Einzelmaßnahme (Einstellung, Eingruppierung, Umgruppierung, Versetzung – § 99 Abs. 1) zurückzunehmen: • Der Arbeitgeber hat die Maßnahme durchgeführt, ohne den BR auch nur zu informieren. • Der Arbeitgeber führt die Maßnahme durch, bevor die Frist für die Zustimmung des BR abgelaufen ist. • Der Arbeitgeber führt die Maßnahme durch, obwohl der BR seine Zustimmung verweigert hat. • Der Arbeitgeber hat, obwohl der BR einer vorläufigen personellen Maßnahme widersprochen

dung die personelle Maßnahme nicht auf, so ist auf Antrag des Betriebsrats vom Arbeitsgericht zu erkennen, dass der Arbeitgeber zur Aufhebung der Maßnahme durch Zwangsgeld anzuhalten sei. Das Höchstmaß des Zwangsgeldes beträgt für jeden Tag der Zuwiderhandlung 250 Euro.

hat, die dann nötigen Anträge beim Arbeitsgericht (§ 100) nicht gestellt.

- Der Arbeitgeber nimmt eine vorläufige personelle Maßnahme nicht zurück, obwohl das Arbeitsgericht dies so beschlossen hat (§ 100).

Antrag beim Arbeitsgericht und Zwangsgeld

Liegt eine dieser Situationen vor, kann der BR beim Arbeitsgericht beantragen, (noch einmal) zu beschließen, dass der Arbeitgeber die personelle Maßnahme beenden muss. Folgt der Arbeitgeber diesem Beschluss nicht, dann wird der BR beantragen, dem Arbeitgeber für jeden Tag der Zuwiderhandlung ein Zwangsgeld aufzuerlegen. Dieses Zwangsgeld kann pro Tag bis zu 250 Euro betragen.

§ 102 – Mitbestimmung bei Kündigungen

Welche Möglichkeiten hat der Betriebsrat, wenn einem Arbeitnehmer gekündigt werden soll?

(1) Der Betriebsrat ist vor jeder Kündigung zu hören. Der Arbeitgeber hat ihm die Gründe für die Kündigung mitzuteilen. Eine ohne Anhörung des Betriebsrats ausgesprochene Kündigung ist unwirksam.

Mitbestimmung? Keine Mitbestimmung!

Im Fall dieses Paragrafen ist die Überschrift ein echter »Etikettenschwindel«, denn genau genommen handelt es sich beim § 102 nicht um ein Mitbestimmungsrecht. Der BR kann nämlich nur unter bestimmten Umständen einer beabsichtigten Kündigung **widersprechen** oder **Bedenken äußern**. Aber damit er das tun kann, ist er immerhin vor jeder Kündigung anzuhören.

Anhörung und Information vor Ausspruch der Kündigung

Dabei ist das Wort »Anhörung« im Gesetzestext nicht wörtlich zu nehmen. Zwar darf die Information an den BR durch den Arbeitgeber auch mündlich erfolgen, der BR jedoch muss seine Stellungnahme immer schriftlich abgeben (allenfalls als Telefax, nie als E-Mail).

Der Arbeitgeber muss den BR also in jedem denkbaren Fall vor dem Aussprechen einer Kündigung informieren und ihm die festgelegte Frist (§ 102 Abs. 2) für die Bearbeitung und das Erstellen einer

Stellungnahme einräumen. Ausnahmen gibt es auch für Eilfälle nicht – selbst eine »fristlose« Kündigung ist also nicht wirklich fristlos.

Jede ohne Anhörung des BR ausgesprochene Kündigung ist rechtlich unwirksam. Das Gleiche gilt für eine unvollständige oder fehlerhafte Information durch den Arbeitgeber.

Zu den unbedingt erforderlichen Informationen über eine beabsichtigte Kündigung gehören die Person, die Kündigungsart, der beabsichtigte Kündigungstermin und der konkrete Kündigungsgrund.

Die verschiedenen Arten einer Kündigung

Folgende Kündigungsarten sind zu unterscheiden:

- **außerordentliche Kündigung** (»fristlose« Kündigung, die nur aus wichtigem Grund, z. B. wegen einer nachgewiesenen Straftat, ausgesprochen werden darf) und
- **ordentliche Kündigung** (Kündigung unter Beachtung der gesetzlichen oder tarifvertraglichen Kündigungsfristen).

Bei der ordentlichen Kündigung sind wiederum mehrere Möglichkeiten zu unterscheiden:

- **betriebsbedingte Kündigung** (nur als ordentliche Kündigung möglich; der Grund liegt im Wegfall eines Arbeitsplatzes z. B. infolge einer Rationalisierungsmaßnahme);
- **personenbedingte Kündigung** (der Grund liegt in der Person selber, z. B. chronische Krankheit oder unzureichende Leistung/Qualifikation);
- **verhaltensbedingte Kündigung** (der Grund liegt im Verhalten einer bestimmten Person, z. B. schuldhafter Pflichtverstoß); setzt in der Regel eine Abmahnung voraus.

Gleiche Rechte bei Änderungskündigung

Die in § 102 festgelegten Rechte des BR gelten selbstverständlich auch für den Fall einer so ge-

	nannten Änderungskündigung, dann also, wenn einem Arbeitnehmer fristgemäß oder fristlos gekündigt, zugleich aber die Fortsetzung seines Arbeitsverhältnisses zu veränderten Vertragsbedingungen angeboten wird.
(2) Hat der Betriebsrat gegen eine ordentliche Kündigung Bedenken, so hat er diese unter Angabe der Gründe dem Arbeitgeber spätestens innerhalb einer Woche schriftlich mitzuteilen. Äußert er sich innerhalb dieser Frist nicht, gilt seine Zustimmung zur Kündigung als erteilt. Hat der Betriebsrat gegen eine außerordentliche Kündigung Bedenken, so hat er diese unter Angabe der Gründe dem Arbeitgeber unverzüglich, spätestens jedoch innerhalb von drei Tagen, schriftlich mitzuteilen. Der Betriebsrat soll, soweit dies erforderlich erscheint, vor seiner Stellungnahme den betroffenen Arbeitnehmer hören. § 99 Abs. 1 Satz 3 gilt entsprechend.	**Schriftliche Stellungnahme bei ordentlicher Kündigung** Im Fall einer beabsichtigten ordentlichen Kündigung hat der BR eine Woche Zeit, eine schriftliche Stellungnahme dazu abzugeben. Dafür hat er mehrere Reaktionsmöglichkeiten • er widerspricht der ordentlichen Kündigung (§ 102 Abs. 3) – das ist die wirksamste Möglichkeit; • er äußert Bedenken gegen die ordentliche Kündigung – das ist eine nur schwache Gegenwehr; • er lässt die Frist, die er für seine Stellungnahme zur ordentlichen Kündigung hat (also eine Woche), verstreichen, ohne etwas zu tun – das ist praktisch dasselbe wie eine Zustimmung. Eine **Zustimmung** des BR zu einer Kündigung sieht das Gesetz nicht vor, und es kann dafür auch keinen vernünftigen Grund geben. **Schriftliche Stellungnahme bei außerordentlicher Kündigung** Bei einer beabsichtigten außerordentlichen (fristlosen) Kündigung hat der BR nur drei Tage Zeit, sich schriftlich dazu zu äußern. Seine Möglichkeiten sind in diesem Fall noch begrenzter als bei der ordentlichen Kündigung: Er kann lediglich Bedenken äußern (wenn man von der nur in Ausnahmefällen akzeptablen Möglichkeit absieht, die Frist verstreichen zu lassen). **Bedenken äußern** Bedenken gegen eine beabsichtigte Kündigung zu äußern, ist deshalb ein nur schwaches Mittel, weil es keine Rechtsfolgen hat. Der Arbeitgeber kann die

Bedenken zur Kenntnis nehmen – die Kündigung dann aber rechtswirksam aussprechen.

Andererseits kann der BR beim Äußern von Bedenken jedes Argument vorbringen, das dem zur Kündigung vorgesehenen Arbeitnehmer helfen könnte. Deshalb ist es auch im Fall einer ordentlichen Kündigung sinnvoll, zusätzlich zum Widerspruch (§ 102 Abs. 3) noch Bedenken zu äußern.

Vor allem im Fall einer beabsichtigten außerordentlichen Kündigung kann an Bedenken jedes Argument vorgebracht werden, das für den von der Kündigung bedrohten Arbeitnehmer spricht (die soziale/familiäre Situation, erstmalige oder seltene Verfehlung, Anerkannt sein im Kollegenkreis, zufriedenstellende Arbeitsleistung, zu harte »Strafe« im Verhältnis zur Verfehlung usw.).

Anhörung des Betroffenen

Auch um Argumente für Widerspruch und Bedenken zu sammeln, ist es wichtig, dass der BR vor seiner Stellungnahme den betroffenen Arbeitnehmer in die BR-Sitzung einlädt und befragt. Das Befragen von Arbeitskollegen und Vorgesetzten kann ebenfalls sinnvoll sein. Über die Inhalte der Befragungen muss der BR **Stillschweigen** bewahren (§ 99 Abs. 1 Satz 3).

(3) Der Betriebsrat kann innerhalb der Frist des Absatzes 2 Satz 1 der ordentlichen Kündigung widersprechen, wenn

Widerspruch gegen eine ordentliche Kündigung

Im Fall einer beabsichtigten ordentlichen Kündigung kann der BR innerhalb einer Woche nach Information durch den Arbeitgeber der Kündigung widersprechen.

Nur ein solcher Widerspruch verbessert die rechtliche Situation des von der Kündigung bedrohten Arbeitnehmers, weil ein ordnungsgemäßer Widerspruch dazu führt, dass der Arbeitnehmer bis zum rechtskräftigen Abschluss des Kündigungsschutzprozesses weiterbeschäftigt werden muss (§ 102 Abs. 5).

	Ein Widerspruch gegen eine ordentliche Kündigung ist aus den folgenden Gründen möglich ...
1. der Arbeitgeber bei der Auswahl des zu kündigenden Arbeitnehmers soziale Gesichtspunkte nicht oder nicht ausreichend berücksichtigt hat,	**... wegen nicht berücksichtigter sozialer Auswahl** Das heißt: Im Fall einer geplanten betriebsbedingten Kündigung wurden soziale Gesichtspunkte nicht oder nicht ausreichend berücksichtigt. Kriterien, nach denen die soziale Wirkung einer Kündigung bewertet wird, sind Betriebszugehörigkeit, Familiensituation und Unterhaltsverpflichtungen, Lebensalter, Schwerbehinderung usw. Aber Achtung: Widerspricht der BR aus diesem Grund, geht es nicht um die Frage, ob jemandem gekündigt wird, sondern nur wem gekündigt werden soll! Das ist für den BR also keine angenehme Situation – obwohl er nicht verpflichtet ist, konkret jemand anderen zu nennen, den eine Kündigung sozial weniger hart treffen würde.
2. die Kündigung gegen eine Richtlinie nach § 95 verstößt,	**... wegen Verstoßes gegen Auswahlrichtlinien** Der Arbeitgeber hat bei der Auswahl eines zu Kündigenden die zwischen BR und ihm vereinbarten Auswahlrichtlinien (§ 95) – wenn es sie denn gibt – nicht ausreichend beachtet. **... wegen Weiterbeschäftigungsmöglichkeit** Die folgenden Widerspruchsgründe Nr. 3 bis 5 haben gegenüber den ersten beiden Möglichkeiten den großen Vorteil, dass es dabei nicht um die Auswahl, sondern um Weiterbeschäftigungsmöglichkeiten geht und damit eine **Kündigung** vielleicht ganz zu **vermeiden** ist. Diese Gründe lassen sich nicht nur bei betriebsbedingten Kündigungen, sondern auch im Fall von personen- und verhaltensbedingten ordentlichen Kündigungen nutzen. Beispiele: Ein wegen wiederholter Diebstähle auf die Abschussliste geratener Arbeitnehmer würde in einer anderen Umgebung weniger häufig in Versuchung geführt. Ein wegen weit überdurchschnittlicher Krankenzeiten und weiterhin schlechter Gesundheitsprognose zu Kün-

	digender würde an einem anderen Arbeitsplatz weniger belastet werden. Ein wegen beruflicher Überforderung zu entlassender Arbeitnehmer könnte nach einer Fortbildung am gleichen Arbeitsplatz weiter tätig sein. **Der BR wird sich also bei jeder Art von Kündigung besonders darum bemühen, einen der folgenden Widerspruchsgründe »auf Weiterbeschäftigung« zu finden …**
3. der zu kündigende Arbeitnehmer an einem anderen Arbeitsplatz im selben Betrieb oder in einem anderen Betrieb des Unternehmens weiterbeschäftigt werden kann,	**… Weiterbeschäftigung an einem anderen Arbeitsplatz** Der von der Kündigung bedrohte Arbeitnehmer könnte an einem anderen, etwa gleichwertigen Arbeitsplatz im Betrieb oder im Unternehmen weiterbeschäftigt werden (unter bestimmten Umständen – siehe Beispiele oben – ist auch eine Weiterbeschäftigung am gleichen Arbeitsplatz denkbar). Der andere Arbeitsplatz muss konkret benannt werden, eine pauschale Behauptung reicht nicht aus. Dabei kann auch auf in absehbarer Zeit neu zu schaffende Arbeitsplätze verwiesen werden.
4. die Weiterbeschäftigung des Arbeitnehmers nach zumutbaren Umschulungs- oder Fortbildungsmaßnahmen möglich ist oder	**… Weiterbeschäftigung nach Qualifizierung** Eine Weiterbeschäftigung ist nach Umschulungs- oder Fortbildungsmaßnahmen möglich. Auch hier muss der in Frage kommende Arbeitsplatz konkret benannt werden. Die Umschulungs-/Fortbildungsmaßnahme muss für den Arbeitgeber von der Dauer und den Kosten her zumutbar sein.
5. eine Weiterbeschäftigung des Arbeitnehmers unter geänderten Vertragsbedingungen möglich ist und der Arbeitnehmer sein Einverständnis hiermit erklärt hat.	**… Weiterbeschäftigung nach Vertragsänderung** Eine Weiterbeschäftigung wäre unter veränderten Vertragsbedingungen möglich. Das dürften in der Regel verschlechterte Bedingungen sein (müssen es aber nicht). Der betroffene Arbeitnehmer muss in diesem Fall dem BR gegenüber vorher erklären, dass er mit einer solchen Vertragsänderung einverstanden ist.
(4) Kündigt der Arbeitgeber, obwohl der Betriebsrat nach Absatz 3	**Kopie des Widerspruchs an den Gekündigten** Bleibt der Arbeitgeber trotz eines Widerspruchs durch den BR bei seiner Absicht und kündigt dem

der Kündigung widersprochen hat, so hat er dem Arbeitnehmer mit der Kündigung eine Abschrift der Stellungnahme des Betriebsrats zuzuleiten.	Arbeitnehmer, muss der Arbeitgeber diesem zugleich mit der Kündigung eine Kopie des Widerspruchsschreibens aushändigen. **Kündigungsschutzklage einreichen** Dies kann und soll dem Arbeitnehmer das Einreichen einer Kündigungsschutzklage erleichtern. Darüber hinaus wird der BR selbst den Arbeitnehmer über seinen Widerspruch informieren und auch darüber, dass der Arbeitnehmer innerhalb von drei Wochen nach Erhalt der Kündigung Kündigungsschutzklage einreichen muss (wenn er es denn will).
(5) Hat der Betriebsrat einer ordentlichen Kündigung frist- und ordnungsgemäß widersprochen, und hat der Arbeitnehmer nach dem Kündigungsschutzgesetz Klage auf Feststellung erhoben, dass das Arbeitsverhältnis durch die Kündigung nicht aufgelöst ist, so muss der Arbeitgeber auf Verlangen des Arbeitnehmers diesen nach Ablauf der Kündigungsfrist bis zum rechtskräftigen Abschluss des Rechtsstreits bei unveränderten Arbeitsbedingungen weiterbeschäftigen. Auf Antrag des Arbeitgebers kann das Gericht ihn durch einstweilige Verfügung von der Verpflichtung zur Weiterbeschäftigung nach Satz 1 entbinden, wenn	**Weiterbeschäftigung des Gekündigten bis Prozessende** Wenn der BR gegen eine ordentliche (fristgemäße) Kündigung Widerspruch eingelegt hat und wenn der Arbeitnehmer eine Kündigungsschutzklage eingereicht hat, dann muss der Arbeitgeber den Gekündigten so lange weiterbeschäftigen bis das Verfahren rechtskräftig abgeschlossen ist. **Weiterbeschäftigung verlangen** Der Arbeitnehmer muss seine Weiterbeschäftigung allerdings ausdrücklich beim Arbeitgeber verlangen (spätestens am ersten Tag nach Ablauf der Kündigungsfrist), sonst verliert er diesen Anspruch. Auch darüber wird ihn der BR informieren. **Befreiung von der Weiterbeschäftigungspflicht** Der Arbeitgeber kann lediglich versuchen, sich durch eine einstweilige Verfügung des Arbeitsgerichts von der Weiterbeschäftigungspflicht zu befreien. Das ist aber nur **ausnahmsweise** möglich, wenn der Arbeitgeber nachweisen kann, dass …

1. die Klage des Arbeitnehmers keine hinreichende Aussicht auf Erfolg bietet oder mutwillig erscheint oder	**... die Klage des Arbeitnehmers zu geringe Erfolgsaussichten** hat oder als mutwillig erscheint. Beides müsste aber schon sehr offensichtlich sein, wenn der Arbeitgeber damit beim Arbeitsgericht durchkommen wollte.
2. die Weiterbeschäftigung des Arbeitnehmers zu einer unzumutbaren wirtschaftlichen Belastung des Arbeitgebers führen würde oder	... eine Weiterbeschäftigung zu einer **unzumutbaren wirtschaftlichen Belastung des Arbeitgebers** führen würde. Auch hier ist die Messlatte vom Arbeitsgericht hoch anzulegen. Denn dass eine Weiterbeschäftigung für den Arbeitgeber eine wirtschaftliche Belastung darstellt, ist selbstverständlich. Das allein kann also kein ausreichender Grund sein. Die wirtschaftliche Belastung müsste schon existenzgefährdende Ausmaße annehmen, wollte der Arbeitgeber mit dieser Argumentation Erfolg haben.
3. der Widerspruch des Betriebsrats offensichtlich unbegründet war.	... der **Widerspruch** des BR **offensichtlich unbegründet** war. Auch hier müsste es schon regelrecht ins Auge springen, dass sich der BR irgendeine Begründung »aus den Fingern gesogen« hat, ehe das Arbeitsgericht den Arbeitgeber von seiner Weiterbeschäftigungspflicht entbindet.
(6) Arbeitgeber und Betriebsrat können vereinbaren, dass Kündigungen der Zustimmung des Betriebsrats bedürfen und dass bei Meinungsverschiedenheiten über die Berechtigung der Nichterteilung der Zustimmung die Einigungsstelle entscheidet.	**Echte Mitbestimmung als freiwillige Vereinbarung** BR und Arbeitgeber können sich darauf verständigen, dass Kündigungen nur mit Zustimmung des BR zulässig sind und dass bei Nichteinigung die Einigungsstelle (§ 76) entscheidet. Das wäre dann allerdings eine echte Mitbestimmung für den BR, was kaum ein Arbeitgeber auch nur überlegen dürfte. Dies schon deshalb nicht, weil selbst dann, wenn die Einigungsstelle eine Kündigung für zulässig erklären würde, der gekündigte Arbeitnehmer dennoch einen Kündigungsschutzprozess beginnen könnte. Aber möglich ist eine solche Vereinbarung – z. B. im Rahmen einer freiwilligen Betriebsvereinbarung (§ 88).

(7) Die Vorschriften über die Beteiligung des Betriebsrats nach dem Kündigungsschutzgesetz bleiben unberührt.	**Für den Fall einer Massenentlassung** Nach § 17 Kündigungsschutzgesetz ist der Arbeitgeber verpflichtet, eine beabsichtigte Massenentlassung (siehe § 111) rechtzeitig der Bundesagentur für Arbeit zu melden und auch den BR rechtzeitig vorher darüber (schriftlich) zu informieren.
§ 103 – Außerordentliche Kündigung und Versetzung in besonderen Fällen	**Was können Betriebsrat, Jugend- und Auszubildendenvertretung usw. tun, wenn eines ihrer Mitglieder von Kündigung oder Versetzung bedroht ist?**
(1) Die außerordentliche Kündigung von Mitgliedern des Betriebsrats, der Jugend- und Auszubildendenvertretung, der Bordvertretung und des Seebetriebsrats, des Wahlvorstands sowie von Wahlbewerbern bedarf der Zustimmung des Betriebsrats.	**Mitglieder des BR, der JAV, des Wahlvorstands sowie Kandidaten für BR oder JAV dürfen »ordentlich« nicht gekündigt werden!** Im Gesetzestext ist nur von der Möglichkeit einer »außerordentlichen Kündigung« die Rede. Das bedeutet praktisch, dass die genannten Personen »ordentlich« überhaupt nicht gekündigt werden dürfen. Dieser Schutz vor einer ordentlichen, also fristgemäßen Kündigung gilt • bei BR-/JAV-Mitgliedern für die Zeit der Kandidatur, für die gesamte Amtszeit und danach für ein weiteres Jahr; • bei BR-/JAV-Kandidaten für die Zeit von der Bekanntgabe der Wahlvorschläge bis zur Bekanntgabe des Wahlergebnisses und dann für den Fall der Nichtwahl noch für weitere sechs Monate; • bei Wahlvorstandsmitgliedern für die Zeit von der Benennung bis zur Bekanntgabe des Wahlergebnisses und dann noch für weitere sechs Monate. Auch eine ordentliche **Änderungskündigung** ist innerhalb dieser Zeiträume nicht möglich. **Allenfalls möglich: außerordentliche Kündigung** Mitgliedern des BR oder der JAV (auch Wahlvorstandsmitgliedern und BR-Kandidaten) kann also allenfalls außerordentlich (d. h. fristlos und aus »wichtigem Grund« – § 626 Bürgerliches Gesetzbuch) gekündigt werden. Und auch das nur dann,

	wenn der BR der beabsichtigten Kündigung durch **Beschluss zugestimmt** hat. Die zulässigen Gründe für die fristlose Kündigung z. B. eines BR-Mitglieds sind die gleichen wie bei einem »normalen« Arbeitnehmer. Der Grund muss also so schwerwiegend sein, dass dem Arbeitgeber eine weitere Beschäftigung nicht einmal für ein paar Tage zugemutet werden kann. Wenn überhaupt, dann ist die außerordentliche Kündigung z. B. eines BR-Mitglieds – wie bei jedem anderen Arbeitnehmer auch – nur wegen einer schwerwiegenden Verletzung seiner **arbeitsvertraglichen Pflichten** möglich. Eine Verletzung der **Amtspflichten als BR-Mitglied** kann höchstens zum Ausschluss aus dem BR führen (§ 23 Abs. 1). **Frist und Verfahren** Teilt der Arbeitgeber dem BR mit, dass z. B. einem BR-Mitglied fristlos gekündigt werden soll, hat der BR drei Tage Zeit, um einen Beschluss über eine Zustimmung zu fassen. Das betroffene BR-Mitglied darf an der Diskussion und Beschlussfassung nicht teilnehmen – das Ersatzmitglied ist einzuladen. Lässt der BR die Frist verstreichen, gilt das als **Zustimmungsverweigerung**.
(2) Verweigert der Betriebsrat seine Zustimmung, so kann das Arbeitsgericht sie auf Antrag des Arbeitgebers ersetzen, wenn die außerordentliche Kündigung unter Berücksichtigung aller Umstände gerechtfertigt ist. In dem Verfahren vor dem Arbeitsgericht ist der betroffene Arbeitnehmer Beteiligter.	**Wenn der BR seine Zustimmung verweigert** Hat der BR seine Zustimmung zur beabsichtigten fristlosen Kündigung verweigert, kann der Arbeitgeber nur noch versuchen, die Zustimmung des BR durch das **Arbeitsgericht** ersetzen zu lassen. Die Möglichkeit, dieses Verfahren durch eine einstweilige Verfügung zu beschleunigen, gibt es in diesem Fall aber nicht.

(3) Die Versetzung der in Absatz 1 genannten Personen, die zu einem Verlust des Amtes oder der Wählbarkeit führen würde, bedarf der Zustimmung des Betriebsrats; dies gilt nicht, wenn der betroffene Arbeitnehmer mit der Versetzung einverstanden ist. Absatz 2 gilt entsprechend mit der Maßgabe, dass das Arbeitsgericht die Zustimmung zu der Versetzung ersetzen kann, wenn diese auch unter Berücksichtigung der betriebsverfassungsrechtlichen Stellung des betroffenen Arbeitnehmers aus dringenden betrieblichen Gründen notwendig ist.	**Versetzung mit Verlust des Amts oder der Wählbarkeit** Das in § 102 Abs. 1 und 2 beschriebene Verfahren gilt auch für den Fall, dass ein BR- oder JAV-Mitglied (ebenso: Wahlvorstand und BR-Kandidaten) durch eine Versetzung sein Amt (seine Wählbarkeit für dieses Amt) verlieren würde, weil es nach der Versetzung aus seinem Gremium ausscheiden müsste. Das könnte z. B. dann der Fall sein, wenn ein BR-Mitglied an einen Arbeitsplatz in einem anderen Betrieb des Unternehmens versetzt werden würde. **Wenn der BR seine Zustimmung verweigert** Verweigert der BR seine Zustimmung zu der Versetzung und beantragt der Arbeitgeber die Zustimmungsersetzung beim **Arbeitsgericht** (§ 103 Abs. 2), kann das Arbeitsgericht die Zustimmung des BR auch für den Fall ersetzen, dass die beabsichtigte Versetzung aus dringenden betrieblichen Gründen erforderlich ist. Die dringenden betrieblichen Gründe allein reichen allerdings nicht aus: Der Arbeitgeber darf für diese Entscheidung keine Alternative haben – es darf also keinen anderen geeigneten Arbeitnehmer geben, der stattdessen versetzt werden könnte. Dies gilt selbstverständlich nicht, wenn der Betroffene mit der beabsichtigten Versetzung **einverstanden** ist.
§ 104 – Entfernung betriebsstörender Arbeitnehmer	**Was kann der Betriebsrat tun, wenn er in einem Extremfall dafür sorgen will, dass ein den Betriebsfrieden störender Arbeitnehmer entlassen oder versetzt wird?**
Hat ein Arbeitnehmer durch gesetzwidriges Verhalten oder durch grobe Verletzung der in § 75 Abs. 1 enthaltenen Grundsätze, insbesondere durch rassistische	**Entlassung verlangen – der absolute Ausnahmefall** Eigentlich ist es ja ganz und gar nicht die Aufgabe eines BR, sich für die Entlassung oder auch nur Versetzung von Arbeitnehmern einzusetzen – ganz im Gegenteil. Dennoch kann es einmal vorkommen, dass ein Arbeitnehmer den Betriebsfrieden durch

oder fremdenfeindliche Betätigungen, den Betriebsfrieden wiederholt ernstlich gestört, so kann der Betriebsrat vom Arbeitgeber die Entlassung oder Versetzung verlangen. Gibt das Arbeitsgericht einem Antrag des Betriebsrats statt, dem Arbeitgeber aufzugeben, die Entlassung oder Versetzung durchzuführen, und führt der Arbeitgeber die Entlassung oder Versetzung einer rechtskräftigen gerichtlichen Entscheidung zuwider nicht durch, so ist auf Antrag des Betriebsrats vom Arbeitsgericht zu erkennen, dass er zur Vornahme der Entlassung oder Versetzung durch Zwangsgeld anzuhalten sei. Das Höchstmaß des Zwangsgeldes beträgt für jeden Tag der Zuwiderhandlung 250 Euro.

sein Verhalten so massiv stört, dass der BR in dieser Hinsicht tätig werden muss.

Dies kann etwa dann der Fall sein, wenn sich ein Arbeitnehmer wiederholt und unbelehrbar ausländerfeindlich oder rassistisch betätigt. Möglich wäre das vielleicht auch, wenn ein Arbeitnehmer wiederholt Schlägereien anfängt oder andere Beschäftigte laufend und massiv beleidigt oder (sexuell) belästigt.

Suchen nach Alternativen

In jedem dieser Fälle wird der BR dennoch sehr genau überlegen, ob eine Entlassung wirklich die einzige und angemessene Möglichkeit ist, um auf die Verfehlungen des Arbeitnehmers zu reagieren. Eher wird schon einmal eine Versetzung in Frage kommen, etwa dann, wenn die Verfehlungen an einem anderen Arbeitsplatz nicht so leicht zu erwarten sind.

Es ist Aufgabe des BR, die Interessen jedes Arbeitnehmers zu vertreten, nicht aber dessen Verhalten moralisch zu bewerten!

Antrag auf Entlassung an den Arbeitgeber

Ist der BR sicher, aktiv werden zu müssen, wird er einen entsprechenden Antrag an den Arbeitgeber stellen. Folgt der Arbeitgeber diesem Antrag, kann er die Maßnahme logischerweise durchführen, ohne den BR nach § 99 oder § 102 noch einmal informieren und einschalten zu müssen.

Verfahren bei Ablehnung des Antrags

Wenn der Arbeitgeber sich weigert, die Maßnahme durchzuführen, kann der BR beim Arbeitsgericht beantragen, dass der Arbeitgeber dies tun muss. Tut der Arbeitgeber dies trotz einer rechtskräftigen Gerichtsentscheidung immer noch nicht, kann der BR wiederum beim **Arbeitsgericht** beantragen, den Arbeitgeber durch ein tägliches Zwangsgeld in Höhe von höchstens 250 Euro täglich zur Durchführung der geforderten Maßnahme zu zwingen.

§ 105 – Leitende Angestellte	Was hat der Betriebsrat mit der Einstellung, Versetzung oder Kündigung »echter« leitender Angestellter zu tun?
Eine beabsichtigte Einstellung oder personelle Veränderung eines in § 5 Abs. 3 genannten leitenden Angestellten ist dem Betriebsrat rechtzeitig mitzuteilen.	**Information über personelle Maßnahmen bei »Leitenden«** Der Arbeitgeber muss den BR über jede beabsichtigte Einstellung, Umgruppierung, Versetzung oder auch Kündigung von leitenden Angestellten informieren. Diese Informationspflicht gilt auch für den Fall, dass ein »normaler« Angestellter durch die Maßnahme erst zum leitenden Angestellten gemacht wird. Obwohl der BR in diesen Fällen – vorausgesetzt, es handelt sich um »echte« leitende Angestellte (§ 5 Abs. 3) – **keinerlei Mitwirkungs- oder Mitbestimmungsrechte** hat, muss diese Information doch rechtzeitig, also gleich zu Beginn der Planung dieser Maßnahme erfolgen, damit der BR vor Durchführung der Maßnahme zumindest seine Meinung dazu sagen und – wenn er das für richtig hält – die Beschäftigten darüber informieren kann.

Sechster Abschnitt
Wirtschaftliche Angelegenheiten

Erster Unterabschnitt
Unterrichtung in wirtschaftlichen Angelegenheiten

§ 106 – Wirtschaftsausschuss	Wann muss ein Wirtschaftsausschuss gebildet werden und welche Aufgaben hat er?
(1) In allen Unternehmen mit in der Regel mehr als einhundert ständig beschäftigten Arbeitnehmern ist ein Wirtschaftsausschuss zu bilden. Der Wirtschaftsausschuss hat die Auf	**WA – für das Unternehmen** Der Wirtschaftsausschuss (WA) ist ein Ausschuss des BR (zur Zusammensetzung siehe § 107), der sich auf die wirtschaftlichen Fragen des Unternehmens spezialisiert. Der WA wird immer fürs gesamte Unternehmen gebildet, was dann eine Rolle spielt, wenn das Unternehmen aus mehreren Betrieben besteht.

gabe, wirtschaftliche Angelegenheiten mit dem Unternehmer zu beraten und den Betriebsrat zu unterrichten.	**WA – vom GBR gebildet** Gibt es für das Unternehmen einen GBR, muss dieser den WA bilden. Gibt es nur in einem Betrieb dieses Unternehmens einen BR (und deshalb keinen GBR), muss der von diesem BR gebildete WA trotzdem die wirtschaftlichen Informationen (§ 106 Abs. 3) für das ganze Unternehmen bekommen, also auch für die betriebsratslosen Betriebe. **WA – mehr als 100 Arbeitnehmer im Unternehmen** Ein WA muss vom BR/GBR immer dann gebildet werden, wenn das Unternehmen im Normalfall mehr als 100 ständig beschäftigte Arbeitnehmer hat. Ein BR/GBR aus einem kleineren Unternehmen hat aber auch ohne WA die im Prinzip gleichen Informationsrechte wie sie ein WA hätte (§ 80, § 90, § 92, § 111). **WA – reiner Informationssammler** Der WA hat nur den Zweck, wirtschaftliche Informationen entgegenzunehmen, sich diese Informationen erläutern zu lassen, Nachfragen zu stellen und all das dann an den BR/GBR weiterzugeben. Die Bewertung dieser Informationen und erst recht die Erarbeitung und Verhandlung von Forderungen oder Aktionen ist allein Sache des BR/GBR.
(2) Der Unternehmer hat den Wirtschaftsausschuss rechtzeitig und umfassend über die wirtschaftlichen Angelegenheiten des Unternehmens unter Vorlage der erforderlichen Unterlagen zu unterrichten, soweit dadurch nicht die Betriebs- und Geschäftsgeheimnisse des Unternehmens gefährdet	**Rechtzeitige und umfassende Information** Der WA ist von der Unternehmensleitung über alle wirtschaftlichen Angelegenheiten (siehe auch § 106 Abs. 3) des Unternehmens rechtzeitig (also sowie eine Information »entstanden ist«), umfassend (im gleichen Umfang, in dem auch die Unternehmensleitung selber über solche Informationen verfügt) und unaufgefordert zu informieren. **»Vorlage« erforderlicher Unterlagen** Dem WA müssen auch die für ein Verständnis der wirtschaftlichen Lage nötigen **schriftlichen** Unterlagen vorgelegt werden.

werden, sowie die sich daraus ergebenden Auswirkungen auf die Personalplanung darzustellen. Zu den erforderlichen Unterlagen gehört in den Fällen des Absatzes 3 Nr. 9a insbesondere die Angabe über den potentiellen Erwerber und dessen Absichten im Hinblick auf die künftige Geschäftstätigkeit des Unternehmens sowie die sich daraus ergebenden Auswirkungen auf die Arbeitnehmer; Gleiches gilt, wenn im Vorfeld der Übernahme des Unternehmens ein Bieterverfahren durchgeführt wird.

Vorlegen heißt aber nicht aushändigen. Der WA hat also lediglich das Recht, die Unterlagen zu lesen und sich Notizen zu machen. Umfangreichere Unterlagen muss die Unternehmensleitung dem

WA allerdings in Kopie oder als Original vor der WA-Sitzung zur Verfügung stellen, könnte sie nach ihrer Behandlung aber wieder einsammeln (siehe auch § 108 Abs. 3).

Zu den vorzulegenden Unterlagen gehören z. B. abteilungsbezogene Ist- und Planzahlen, Jahresabschlüsse, Markt- und Bedarfsanalysen oder Personalplanungsunterlagen. Im Fall eines beabsichtigten Unternehmensverkaufs (ganz oder teilweise) müssen auch Unterlagen über jeden möglichen Erwerber und über dessen Pläne vorgelegt werden (siehe § 106 Abs. 3 Nr. 9a).

Betriebs-/Geschäftsgeheimnisse

Weil im Gesetzestext davon die Rede ist, dass Informationen nur fließen müssen, soweit Betriebs-/Geschäftsgeheimnisse dadurch nicht gefährdet werden, könnte die Unternehmensleitung auf die Idee kommen, immer dann, wenn es interessant oder heikel wird, Informationen mit dieser Begründung zurückzuhalten. Tatsächlich wäre dies aber nur in extremen Ausnahmefällen möglich – wenn überhaupt.

Denn erstens gibt es nicht sehr viele, den BR/WA interessierende Informationen, die tatsächlich Betriebs- und Geschäftsgeheimnisse sind (§ 79), und zweitens können dem WA diese auch nur dann vorenthalten werden, wenn die Unternehmensleitung außerdem noch einen konkreten nachweisbaren Grund hat anzunehmen, dass einzelne WA-Mitglieder dieses Geheimnis ausplaudern könnten.

Grundsätzlich kann das nur die WA-Mitglieder betreffen, die **nicht zugleich BR-Mitglieder** sind. Und selbst dann dürfte die Unternehmensleitung eine konkrete Gefährdung geheimer Informationen wohl kaum nachweisen können – ein bloßer Verdacht genügt jedenfalls nicht.

(3) Zu den wirtschaftlichen Angelegenheiten im Sinne dieser Vorschrift gehören insbesondere	**Der WA muss mindestens informiert werden über …** Die umfangreiche Liste wirtschaftlicher Angelegenheiten im Gesetzestext enthält nur **Beispiele** für die Themen, über die die Unternehmensleitung den WA regelmäßig (§ 108) informieren muss; sie ist also nicht abschließend.
1. die wirtschaftliche und finanzielle Lage des Unternehmens;	**… wirtschaftliche und finanzielle Lage des Unternehmens** Das sind z. B. alle Zahlen, die aus Bilanz und Gewinn- und Verlustrechnung abzuleiten sind, sowie die mittel- und langfristige Unternehmensplanung und die Bewertung des Unternehmens im Vergleich mit anderen (Rating);
2. die Produktions- und Absatzlage;	**… Produktions- und Absatzlage** Das sind z. B. produzierte Güter oder Dienstleistungen, Kapazitätsauslastungen und Maßnahmen zur Qualitätsverbesserung;
3. das Produktions- und Investitionsprogramm;	**… Produktions- und Investitionsprogramm** Das sind z. B. Pläne zu künftigen Angebotsumstellungen und Produktionserweiterungen, sowie die dafür nötigen Investitionen und deren Finanzierung;
4. Rationalisierungsvorhaben;	**… Rationalisierungsvorhaben** Das sind z. B. beabsichtigte Einführungen neuer Produktions- und Geschäftsmethoden, besonders, wenn es dabei um Automatisierung oder Umstellung auf Informations-/Kommunikationstechnik geht;
5. Fabrikations- und Arbeitsmethoden, insbesondere die Einführung neuer Arbeitsmethoden;	**… neue Fabrikations- und Arbeitsmethoden** Das sind z. B. Einsatz spezieller Fertigungsverfahren (Einzel- oder Serienfertigung, Just-in-Time-Produktion), neue Arbeitsorganisationsformen (papierlose Sachbearbeitung, teilautonome Arbeitsgruppen);

5a. Fragen des betrieblichen Umweltschutzes;	**... Umweltschutzthemen/-projekte** Das sind z. B. Auswirkungen der Betriebstätigkeit auf den Umweltschutz, Einführung eines Umwelt-Management-Systems;
6. die Einschränkung oder Stilllegung von Betrieben oder von Betriebsteilen;	**... Betriebsänderung** Das sind z. B. alle betrieblichen Veränderungen, die auch in § 111 (Betriebsänderung) genannt sind, aber ohne die dort vorgenommene Beschränkung auf Größe und Bedeutung der Maßnahmen;
7. die Verlegung von Betrieben oder Betriebsteilen;	
8. der Zusammenschluss oder die Spaltung von Unternehmen oder Betrieben;	**... Betriebszusammenschluss** Das sind z. B. Pläne zu Zusammenschluss oder Spaltung des Unternehmens bzw. eines oder mehrerer Betriebe;
9. die Änderung der Betriebsorganisation;	**... Änderung bei Betriebsorganisation oder Betriebszweck** Das sind z. B. Änderungen der Betriebsorganisation und des Betriebszwecks, ebenfalls wie in § 111 (Betriebsänderung) genannt, aber ohne die Beschränkung auf grundlegende Änderungen;
9a. die Übernahme des Unternehmens, wenn hiermit der Erwerb der Kontrolle verbunden ist, sowie	**... Inhaberwechsel im Unternehmen** Damit ist gemeint, dass der WA auch informiert werden muss, wenn ein Unternehmen ganz oder teilweise verkauft werden soll, und wenn der Verkauf zur Übernahme der Kontrolle über das ganze Unternehmen berechtigt. Der Begriff »potentieller Erwerber« in § 106 Abs. 2 macht deutlich, dass dieses Informationsrecht einsetzt, so bald ein interessierter Käufer auftaucht. Bei Kapitalgesellschaften dürfte das Informationsrecht allerdings schwer zu realisieren sein, weil bei Verkaufsverhandlungen die angestellte Unternehmensleitung (die für die Information des WA zuständig ist) oft außen vor bleibt.

10. sonstige Vorgänge und Vorhaben, welche die Interessen der Arbeitnehmer des Unternehmens wesentlich berühren können.	**… sonstige Vorgänge und Vorhaben** Das sind alle Informationen, die die wirtschaftliche und finanzielle Lage des Unternehmens betreffen, die nicht unter die Nr. 1 bis 9 fallen, aber doch die Interessen der im Unternehmen Beschäftigten nennenswert beeinflussen (z. B. wirtschaftliche Lage der Branche oder Auswirkungen der Steuerpolitik).
§ 107 – Bestellung und Zusammensetzung des Wirtschaftsausschusses	**Wie kann und sollte der Betriebsrat (oder Gesamtbetriebsrat) »seinen« Wirtschaftsausschuss zusammensetzen?**
(1) Der Wirtschaftsausschuss besteht aus mindestens drei und höchstens sieben Mitgliedern, die dem Unternehmen angehören müssen, darunter mindestens einem Betriebsratsmitglied. Zu Mitgliedern des Wirtschaftsausschusses können auch die in § 5 Abs. 3 genannten Angestellten bestimmt werden. Die Mitglieder sollen die zur Erfüllung ihrer Aufgaben erforderliche fachliche und persönliche Eignung besitzen.	**Zusammensetzung des WA** Der BR (oder evtl. GBR) hat bei der Besetzung des WA viel Spielraum, sowohl was die Größe als auch die personelle Zusammensetzung betrifft: • Die **Größe** des WA kann – unabhängig von der Größe des Unternehmens – zwischen drei und sieben Mitgliedern liegen. Wird der WA als Ausschuss des BR nur mit BR-Mitgliedern besetzt, kann er sogar noch größer sein (siehe § 107 Abs. 3). • Als **Mitglieder** des WA kommen BR-Mitglieder (mindestens ein BR-Mitglied) aber auch sachkundige Arbeitnehmer (sogar leitende Angestellte – § 5 Abs. 3) in Frage. Selbstverständlich ist die WA-Mitgliedschaft immer freiwillig. Der BR wird also sehr genau überlegen, wie er diese Möglichkeiten nutzt. **Empfehlung: WA nur aus BR-Mitgliedern** Der WA sollte nur oder fast nur aus BR-Mitgliedern bestehen. Denn bei Nicht-Mitgliedern stellt sich nicht nur die Vertrauensfrage, es ist auch besser, wenn alle oder ein möglichst großer Teil der BR-Mitglieder die wirtschaftlichen Informationen aus erster Hand bekommen. Aus dem gleichen Grund sollte der WA immer so groß wie irgend möglich sein (siehe § 107 Abs. 3).

(2) Die Mitglieder des Wirtschaftsausschusses werden vom Betriebsrat für die Dauer seiner Amtszeit bestimmt. Besteht ein Gesamtbetriebsrat, so bestimmt dieser die Mitglieder des Wirtschaftsausschusses; die Amtszeit der Mitglieder endet in diesem Fall in dem Zeitpunkt, in dem die Amtszeit der Mehrheit der Mitglieder des Gesamtbetriebsrats, die an der Bestimmung mitzuwirken berechtigt waren, abgelaufen ist. Die Mitglieder des Wirtschaftsausschusses können jederzeit abberufen werden; auf die Abberufung sind die Sätze 1 und 2 entsprechend anzuwenden.	**Wahl der WA-Mitglieder** Die Mitglieder des WA werden jeweils mit einfacher Stimmenmehrheit (Mehrheit der anwesenden BR-Mitglieder) gewählt. **Amtszeit und Abberufung** Eine feste Amtszeit hat der WA nicht, seine Mitglieder können jederzeit und ohne Angabe von Gründen abberufen und durch andere ersetzt werden. Wurde der WA durch den BR bestellt, endet die Amtszeit der WA-Mitglieder zusammen mit der des BR, der neu gewählte BR wird den WA dann neu zusammensetzen. Hat der **GBR** den WA bestellt, ist das Verfahren etwas komplizierter, weil die BR-Gremien, die die Mitglieder für den GBR delegieren, unterschiedliche Amtszeiten haben können. Deshalb muss der GBR den WA immer dann neu zusammensetzen (oder in der alten Zusammensetzung bestätigen), wenn für die Mehrheit der GBR-Mitglieder ihre Amtszeit als BR abgelaufen ist. Achtung: Dabei werden die Köpfe der GBR-Mitglieder gezählt und nicht wie sonst im GBR die Stimmen (§ 47 Abs. 7).
(3) Der Betriebsrat kann mit der Mehrheit der Stimmen seiner Mitglieder beschließen, die Aufgaben des Wirtschaftsausschusses einem Ausschuss des Betriebsrats zu übertragen. Die Zahl der Mitglieder des Ausschusses darf die Zahl der Mitglieder des Betriebsausschusses nicht überschreiten. Der Be-	**»Normaler« Ausschuss des BR/GBR statt WA** Ein BR mit mindestens neun Mitgliedern kann auch einem »normalen« BR-Ausschuss die Aufgaben eines WA übertragen (mit Mehrheit aller BR/GBR-Stimmen, nicht nur der Stimmen der anwesenden Mitglieder). Die Wahl dieser Ausschussmitglieder erfolgt immer durch **Persönlichkeitswahl** (es gibt also nur eine Liste für alle Kandidatenvorschläge, aus der die BR-Mitglieder auswählen können). **BR-Ausschuss = mehr Mitglieder** Da ein solcher Ausschuss die gleichen Aufgaben, Rechte und Pflichten hätte wie ein WA, stellt sich

triebsrat kann jedoch weitere Arbeitnehmer einschließlich der in § 5 Abs. 3 genannten leitenden Angestellten bis zur selben Zahl, wie der Ausschuss Mitglieder hat, in den Ausschuss berufen; für die Beschlussfassung gilt Satz 1. Für die Verschwiegenheitspflicht der in Satz 3 bezeichneten weiteren Arbeitnehmer gilt § 79 entsprechend. Für die Abänderung und den Widerruf der Beschlüsse nach den Sätzen 1 bis 3 sind die gleichen Stimmenmehrheiten erforderlich wie für die Beschlüsse nach den Sätzen 1 bis 3. Ist in einem Unternehmen ein Gesamtbetriebsrat errichtet, so beschließt dieser über die anderweitige Wahrnehmung der Aufgaben des Wirtschaftsausschusses; die Sätze 1 bis 5 gelten entsprechend.

die Frage, warum ein BR ihn statt eines regulären WA bilden sollte.

Antwort: Es hat dann einen Vorteil, wenn es dem BR darum geht, dass möglichst viele seiner Mitglieder wichtige wirtschaftliche Informationen direkt bekommen (§ 107 Abs. 1). Denn während ein kleinerer BR mit bis zu sieben Mitgliedern noch alle seine Mitglieder zu WA-Mitgliedern machen kann, ist das schon ab neun Mitgliedern nicht mehr möglich, weil der WA höchstens sieben Mitglieder haben darf (§ 107 Abs. 1).

Für einen BR-Ausschuss mit den Aufgaben eines WA (nennen wir ihn **»Ausschuss für Wirtschaftsfragen«**) gelten aber andere Regeln: Dieser Ausschuss darf ebenso viele Mitglieder haben wie der BA oder GBA und er darf dann noch einmal ebenso viele **weitere Mitglieder** haben (die sachkundige Arbeitnehmer sein können, aber auch BR-Mitglieder).

Beispiel: Ein 9-köpfiger BR hat einen 5-köpfigen BA. Er schickt zunächst diese fünf BR-Mitglieder in seinen »Ausschuss für Wirtschaftsfragen« und benennt die restlichen vier BR-Mitglieder dann als »weitere« Ausschussmitglieder und dazu noch das am häufigsten zum Einsatz kommende BR-Ersatzmitglied.

Auf diese Weise hat der BR einen 10-köpfigen »Ausschuss für Wirtschaftsfragen« zusammengesetzt, in dem **alle BR-Mitglieder** vertreten sind. Das funktioniert allerdings nicht jedes Mal so gut. Beispielsweise kann ein BR mit 19 Mitgliedern und einem 7-köpfigen Betriebsausschuss höchstens 14 Leute in einen »Ausschuss für Wirtschaftsfragen« schicken – aber das sind immerhin noch doppelt so viele, wie ein »echter« WA Mitglieder haben könnte.

§ 108 – Sitzungen	Wie oft soll der Wirtschaftsausschuss zusammenkommen und welche Rechte und Pflichten sind damit verbunden?
(1) Der Wirtschaftsausschuss soll monatlich einmal zusammentreten.	**WA-Sitzungen – viermal jährlich genügt** Der WA ist frei in seiner Entscheidung wie oft er mit der Unternehmensleitung (oder deren Stellvertretung) zusammenkommt. Dabei darf man – selbst für größere Unternehmen – Zweifel daran haben, dass die gesetzliche Empfehlung monatlicher Sitzungen wirklich sinnvoll ist. Viele der Zahlen, mit denen sich der WA beschäftigen muss, werden überhaupt nur vierteljährlich erhoben. Und deshalb ist es in der Regel – von Großunternehmen viel leicht einmal abgesehen – auch ausreichend, viermal im Jahr zu tagen (natürlich immer mit der Möglichkeit, aus aktuellem Anlass zusätzliche WA-Sitzungen »einzuschieben«). **WA-Sitzungen – in der Arbeitszeit** Die Sitzungen finden in der Arbeitszeit statt (auch für WA-Mitglieder, die nicht BR-Mitglieder sind, gilt hier § 37 Abs. 2 und 3). Etwaige Kosten für Raum, Material oder den zeitweisen Einsatz einer Bürokraft hat ebenfalls das Unternehmen zu tragen (§ 40 Abs. 2). **Geschäftsordnung für den WA** Fragen der Sitzungshäufigkeit, Einladung, Sitzungsleitung, Protokollierung usw. kann der WA in einer eigenen Geschäftsordnung regeln.
(2) An den Sitzungen des Wirtschaftsausschusses hat der Unternehmer oder sein Vertreter teilzunehmen. Er kann sachkundige Arbeitnehmer des Unternehmens einschließlich	**Einladung an die Unternehmensleitung** Die Unternehmensleitung ist verpflichtet, an allen WA-Sitzungen teilzunehmen, wenn und soweit sie dazu eingeladen wird. Sie kann auch eine Vertretung schicken, die aber entsprechend sachkundig sein und in der Unternehmenshierarchie direkt hinter der Unternehmensleitung rangieren muss.

der in § 5 Abs. 3 genannten Angestellten hinzuziehen. Für die Hinzuziehung und die Verschwiegenheitspflicht von Sachverständigen gilt § 80 Abs. 3 und 4 entsprechend.	**WA-Sitzungen ohne Unternehmensleitung** Der WA darf (und sollte) auch ohne die Unternehmensleitung tagen, z. B. um sich auf die eigentlichen WA-Sitzungen vorzubereiten. Um Sitzungstermine zu sparen, wäre dies z. B. möglich, indem sich der WA zwecks Vorbereitung zunächst ohne Unternehmensleitung trifft und diese dann zu einem späteren Zeitpunkt hinzukommt. **Information an den BR** Die ebenfalls notwendige Auswertung der WA-Sitzungsergebnisse kann verbunden werden mit der ohnehin nötigen Information des BR nach § 108 Abs. 4 (die dann entfallen kann, wenn alle BR-Mitglieder zugleich auch WA-Mitglieder sind – § 107). Dies ist schon deshalb sinnvoll, weil der WA nur die Aufgabe hat, wirtschaftliche Informationen zu beschaffen und an den BR/GBR weiterzuleiten, während die daraus abzuleitenden Schlussfolgerungen, Forderungen oder Aktionen immer Sache des BR/GBR sind. **Einladung an Sachkundige und Gewerkschaft** Der WA kann (ebenso wie die Unternehmensleitung) zusätzlich sachkundige Arbeitnehmer (auch Leitende) einladen, die dann auch verpflichtet sind, dem Folge zu leisten. Ebenfalls ist es möglich und zu empfehlen, dass der WA einen Gewerkschaftsbeauftragten (§ 31) einlädt – möglichst zu jeder WA-Sitzung. Auch die Einschaltung eines externen Sachverständigen kann in Frage kommen und vom WA beschlossen werden (§ 80 Abs. 3).
(3) Die Mitglieder des Wirtschaftsausschusses sind berechtigt, in die nach § 106 Abs. 2 vorzulegenden Unterlagen Einsicht zu nehmen.	**Informationen zur Vorbereitung auf WA-Sitzungen** Die Unternehmensleitung ist verpflichtet, ihre Informationen an den WA durch die nötigen und üblichen Unterlagen (z. B. Vierteljahresabschlüsse) zu untermauern (§ 106 Abs. 2 und 3). Unverständlicherweise muss sie diese Unterlagen nicht aushändigen (also zum weiteren Gebrauch überlassen), sondern nur »Einsicht« gewähren – das heißt: vor-

	legen und am Ende des Tagesordnungspunkts wieder einsammeln. Andererseits müssen die WA-Mitglieder die Möglichkeit haben, sich anhand von Unterlagen auf eine WA-Sitzung mit dem Arbeitgeber vorzubereiten. Sie können deshalb verlangen, einige Tage vor der Sitzung die Unterlagen zu bekommen, müssten sie dann aber – wenn der Arbeitgeber darauf besteht – am Ende der Sitzung wieder zurückgeben. Notizen dürfen jedoch gemacht werden. **Kennzahlen anfordern** Das Sinnvollste ist es jedoch ohnehin, zusätzlich zu den üblichen »kaufmännischen« Unterlagen gezielt und regelmäßig (vierteljährlich) bestimmte Zahlen abzufragen, die die wirtschaftliche Entwicklung des Unternehmens erkennen lassen (so genannte Kennzahlen).
(4) Der Wirtschaftsausschuss hat über jede Sitzung dem Betriebsrat unverzüglich und vollständig zu berichten.	**Berichtspflicht gegenüber BR** Der WA ist für den BR nur als Informationssammler tätig. Deshalb ist es seine wichtigste Aufgabe, alle von der Unternehmensleitung erhaltenen Informationen bei der nächsten sich bietenden Gelegenheit in einer BR-Sitzung zu erläutern. Dies kann man sich sparen, wenn es gelungen ist, alle BR-Mitglieder auch zu Mitgliedern des WA zu machen (§ 107).
(5) Der Jahresabschluss ist dem Wirtschaftsausschuss unter Beteiligung des Betriebsrats zu erläutern.	**Erläuterung des Jahresabschlusses** Der Jahresabschluss eines Unternehmens besteht aus der Bilanz und der Gewinn- und Verlustrechnung. Steht es an, diese im WA zu erörtern, dann sind zu dieser WA-Sitzung alle BR-Mitglieder einzuladen, die nicht ohnehin schon Mitglieder des WA sind. Zum Jahresabschluss gehören regelmäßig auch ein wirtschaftlicher Lagebericht und der Bericht des Wirtschaftsprüfers. Besonders hier wird es oft nötig sein, dass sich der WA sachkundige (auch externe) Unterstützung holt (§ 108 Abs. 2).

(6) Hat der Betriebsrat oder der Gesamtbetriebsrat eine anderweitige Wahrnehmung der Aufgaben des Wirtschaftsausschusses beschlossen, so gelten die Absätze 1 bis 5 entsprechend.	**Gleiche Rechte für speziellen BR-Ausschuss** Hat der BR von der Möglichkeit Gebrauch gemacht, die Aufgabe des WA auf einen BR-Ausschuss zu übertragen (§ 107), dann hat dieser »Ausschuss für Wirtschaftsfragen« genau die gleichen Rechte und Pflichten wie ein WA.
§ 109 – Beilegung von Meinungsverschiedenheiten	**Was kann der Wirtschaftsausschuss unternehmen, wenn der Arbeitgeber ihn unzureichend oder gar nicht informiert?**
Wird eine Auskunft über wirtschaftliche Angelegenheiten des Unternehmens im Sinn des § 106 entgegen dem Verlangen des Wirtschaftsausschusses nicht, nicht rechtzeitig oder nur ungenügend erteilt und kommt hierüber zwischen Unternehmer und Betriebsrat eine Einigung nicht zustande, so entscheidet die Einigungsstelle. Der Spruch der Einigungsstelle ersetzt die Einigung zwischen Arbeitgeber und Betriebsrat. Die Einigungsstelle kann, wenn dies für ihre Entscheidung erforderlich ist, Sachverständige anhören; § 80 Abs. 4 gilt entsprechend. Hat der Betriebsrat oder der Gesamtbetriebsrat eine anderweitige Wahrneh-	**Verfahren bei Informationsverweigerung** Wenn die Unternehmensleitung dem WA Informationen oder Unterlagen verweigert (z. B. bestimmte Kennzahlen – § 108 Abs. 3), kann dies in einem – allerdings ziemlich komplizierten – Verfahren durchgesetzt werden: • Der WA bekommt eine geforderte Information von der Unternehmensleitung nicht oder unvollständig; • der WA stellt dies durch protokollierten Beschluss fest und informiert den BR; • der BR fordert die Information noch einmal selber von der Unternehmensleitung; • verweigert die Unternehmensleitung die Information weiterhin, ergreift der BR die Initiative zur Bildung einer Einigungsstelle (§ 76); • die **Einigungsstelle** entscheidet, ob die Unternehmensleitung dem WA die geforderte Information geben muss oder nicht. **Einigungsstellenspruch durchsetzen** Hat die Einigungsstelle entschieden, dass der WA Anspruch auf eine Information hat und weigert sich die Unternehmensleitung immer noch, sie herauszurücken, kann der BR sie durch ein Beschlussverfahren beim Arbeitsgericht dazu zwingen.

mung der Aufgaben des Wirtschaftsausschusses beschlossen, so gilt Satz 1 entsprechend.	
§ 109a – Unternehmensübernahme	**Was passiert im Fall eines Inhaberwechsels, wenn es im Unternehmen keinen Wirtschaftsausschuss gibt?**
In Unternehmen, in denen kein Wirtschaftsausschuss besteht, ist im Fall des § 106 Abs. 3 Nr. 9a der Betriebsrat entsprechend § 106 Abs. 1 und 2 zu beteiligen; § 109 gilt entsprechend.	Laut § 106 Abs. 3 Nr. 9a muss der WA informiert werden, wenn ein Unternehmen ganz oder teilweise verkauft werden soll und wenn dieser Verkauf zur Übernahme der Kontrolle über das ganze Unternehmen führt. Dieses Informationsrecht geht an den BR über, wenn es im Unternehmen (aus welchem Grund auch immer) keinen WA gibt.
§ 110 – Unterrichtung der Arbeitnehmer	**Wie und über welche wirtschaftlichen Informationen muss die Unternehmensleitung die Arbeitnehmer direkt informieren?**
(1) In Unternehmen mit in der Regel mehr als 1000 ständig beschäftigten Arbeitnehmern hat der Unternehmer mindestens einmal in jedem Kalendervierteljahr nach vorheriger Abstimmung mit dem Wirtschaftsausschuss oder den in § 107 Abs. 3 genannten Stellen und dem Betriebsrat die Arbeitnehmer schriftlich über die wirtschaftliche Lage und Entwicklung des Unternehmens zu unterrichten.	**Wirtschaftliche Information an die Belegschaft** Die Unternehmensleitung ist verpflichtet, die Belegschaft des ganzen Unternehmens in jedem **Kalendervierteljahr** einmal über die wirtschaftliche Situation des Unternehmens zu informieren. **Absprache zwischen BR und Arbeitgeber** Welche Informationen weitergegeben werden sollen, muss die Unternehmensleitung mit dem WA (oder mit dem entsprechenden BR-Ausschuss) vorher besprechen. Gibt es in kleineren Unternehmen keinen WA, muss der BR diese Aufgabe übernehmen. **Vorschlagsrecht für den WA** Der WA (bzw. BR-Ausschuss für wirtschaftliche Fragen) kann dabei Vorschläge machen, welche Informationen dieser Bericht enthalten soll. Er wird sich dabei an der Aufstellung des § 106 Abs. 3 orientie-

(2) In Unternehmen, die die Voraussetzungen des Absatzes 1 nicht erfüllen, aber in der Regel mehr als zwanzig wahlberechtigte ständige Arbeitnehmer beschäftigen, gilt Absatz 1 mit der Maßgabe, dass die Unterrichtung der Arbeitnehmer mündlich erfolgen kann. Ist in diesen Unternehmen ein Wirtschaftsausschuss nicht zu errichten, so erfolgt die Unterrichtung nach vorheriger Abstimmung mit dem Betriebsrat.	ren. Echte Betriebs- und Geschäftsgeheimnisse (§ 79) können dabei ausgespart bleiben. **Schriftlicher Wirtschaftsbericht in größeren Unternehmen** Der vierteljährliche Wirtschaftsbericht muss in Unternehmen mit normalerweise mehr als 1000 Arbeitnehmern schriftlich erfolgen, in Unternehmen mit 21 bis 1000 Arbeitnehmern kann dies auch mündlich geschehen (z. B. auf den vierteljährlichen Betriebsversammlungen).

Zweiter Unterabschnitt Betriebsänderungen

§ 111 – Betriebsänderungen	**Welche Informations- und Beratungsrechte hat der Betriebsrat, wenn das Unternehmen umfangreiche betriebliche Veränderungen plant?**
In Unternehmen mit in der Regel mehr als zwanzig wahlberechtigten Arbeitnehmern hat der Unternehmer den Betriebsrat über geplante Betriebsänderungen, die wesentliche Nachteile für die Belegschaft oder erhebliche Teile der Belegschaft zur Folge haben können, rechtzeitig und umfassend zu unterrichten und die geplanten Be-	**Änderung im Betrieb …** Unter einer Betriebsänderung ist jede von der Unternehmensleitung geplante Veränderung in einem Betrieb zu verstehen, wenn sie »wesentliche Nachteile« für die betroffenen Arbeitnehmer zur Folge haben könnte. **… mit wesentlichen Nachteilen** Nicht nur drohende Entlassungen können ein »wesentlicher Nachteil« sein, sondern auch vorhersehbare Versetzungen, Arbeitserschwernisse, Qualifikationsverluste, Entgeltverringerungen oder – im Fall einer Betriebsverlegung – längere Wege zur Arbeit. Dass diese Nachteile tatsächlich eintreten werden, muss der BR nicht beweisen können, es

triebsänderungen mit dem Betriebsrat zu beraten. Der Betriebsrat kann in Unternehmen mit mehr als 300 Arbeitnehmern zu seiner Unterstützung einen Berater hinzuziehen; § 80 Abs. 4 gilt entsprechend; im Übrigen bleibt § 80 Abs. 3 unberührt. Als Betriebsänderungen im Sinne des Satzes 1 gelten:

genügt, dass sie mit einiger Wahrscheinlichkeit eintreten könnten.

… für mindestens einen erheblichen Teil der Belegschaft

Außerdem muss von diesen wesentlichen Nachteilen (voraussichtlich) mindestens ein »erheblicher Teil« der Belegschaft des Betriebs betroffen sein.

Bei der Frage, was ein erheblicher Teil ist, kann sich der BR an den Größenangaben des § 17 KSchG orientieren (wobei die dort genannten Grenzen nicht exakt eingehalten werden müssen):

- zwischen 21 und 60 Arbeitnehmern = fünf Arbeitnehmer;
- zwischen 61 und 499 Arbeitnehmern = 10 % (oder mehr als 25 Arbeitnehmer);
- ab 500 Arbeitnehmern = mindestens 30 Arbeitnehmer.

Bei **Kleinbetrieben** mit bis zu 20 Arbeitnehmern (die in § 17 KSchG nicht berücksichtigt sind) müsste mindestens ein Drittel der Arbeitnehmer betroffen sein.

Betriebsänderung in Unternehmen mit mehreren Betrieben

Wenn sich eine Betriebsänderung in einem Unternehmen mit mehreren Betrieben auf das gesamte Unternehmen bezieht, dann ist dafür der GBR zuständig. Betrifft die Betriebsänderung aber nur einen Betrieb, dann ist dies immer Sache des örtlichen BR (auch wenn es sich nur um einen 1-köpfigen BR handelt).

Information zu Beginn der Planung

Wenn es klar ist, dass es sich bei einer geplanten Maßnahme um eine Betriebsänderung handelt, muss die Unternehmensleitung den BR rechtzeitig (im Anfangsstadium der Planung, so dass Forderungen noch berücksichtigt werden könnten) und umfassend (mit den gleichen Informationen und

Unterlagen, die auch der Unternehmensleitung für ihre Planung zur Verfügung stehen) informieren.

Voraussetzung für einen Interessenausgleich

Die Festlegung, dass es sich bei einer geplanten Maßnahme um eine Betriebsänderung handelt, ist zugleich die Voraussetzung dafür, dass nach § 112 und § 112a ein Interessenausgleich und – wenn nötig – ein Sozialplan abgeschlossen werden können.

Die Einigungsstelle entscheidet

Bestreitet der Arbeitgeber, dass es sich bei einer geplanten Maßnahme um eine Betriebsänderung handelt, wird der BR die Initiative zur Bildung einer Einigungsstelle ergreifen, die dann nach § 112 über einen Interessenausgleich/Sozialplan entscheidet und damit zugleich auch über die Frage, ob eine Betriebsänderung vorliegt (oder nicht).

Externer Sachverständiger

Für die Bearbeitung einer geplanten Betriebsänderung kann der BR einen externen Berater seines Vertrauens hinzuziehen. Hat das Unternehmen mehr als 300 Arbeitnehmer, kann er dies sogar ohne vorherige Abstimmung mit dem Arbeitgeber tun. Er muss dabei auf die Kosten (vor allem auf die »marktüblichen« Preise) achten, ist aber nicht verpflichtet, die billigste Lösung zu wählen.

In kleineren Unternehmen muss er sich mit dem Arbeitgeber über Person und Kosten des Sachverständigen verständigen (§ 80 Abs. 3).

Gesetzlich definierte Betriebsänderungen

Bei den im Gesetzestext ausdrücklich aufgelisteten Maßnahmen muss der BR nicht extra nachweisen, dass die geplante Maßnahme wesentliche Nachteile für die betroffenen Arbeitnehmer mit sich bringen könnte.

Eine Betriebsänderung ist in jedem Fall ...

1. Einschränkung und Stilllegung des ganzen Betriebs oder von wesentlichen Betriebsteilen,	**... Auflösung eines Betriebs oder Betriebsteils** Die komplette und auf Dauer angelegte Auflösung ist eine Betriebsänderung, auch wenn »nur« ein Betriebsteil (z. B. eine Abteilung) aufgelöst wird – vorausgesetzt, er ist »wesentlich«. Das ist immer dann der Fall, wenn in ihm ein erheblicher Teil der Belegschaft beschäftigt ist (siehe oben) oder wenn er für den Gesamtbetrieb von besonderer wirtschaftlicher Bedeutung ist (was so gut wie immer der Fall ist);
2. Verlegung des ganzen Betriebs oder von wesentlichen Betriebsteilen,	**... Verlegung eines Betriebs oder Betriebsteils** Die dauerhafte Verlegung eines Betriebs oder Betriebsteils an einen anderen Ort ist eine Betriebsänderung. Dies gilt jedenfalls dann, wenn der Betrieb im Prinzip ortsgebunden arbeitet (was z. B. bei einer Baustelle nicht der Fall ist) und wenn sich der neue Standort nicht gerade auf der anderen Straßenseite befindet;
3. Zusammenschluss mit anderen Betrieben oder die Spaltung von Betrieben,	**... Zusammenlegung von Betrieben oder Aufspaltung eines Betriebs** Die Zusammenlegung von Betrieben oder die Aufspaltung eines Betriebs ist eine Betriebsänderung. Dabei kommt es nicht darauf an, ob die zusammengeschlossenen Betriebe ursprünglich mehreren Unternehmen gehört haben oder ob die aufgespaltenen Betriebe später mehreren Unternehmen gehören werden; es geht immer nur darum, dass sich die Betriebsorganisation und der Betriebszweck entsprechend verändern;
4. grundlegende Änderungen der Betriebsorganisation, des Betriebszwecks oder der Betriebsanlagen,	**... grundlegende Änderung von Betriebsorganisation/-zweck/-anlagen** Die grundlegende Änderung der Betriebsorganisation (z. B. Umstellung auf digitale Datenverarbeitung oder Fremdvergabe von Arbeiten), des Betriebszwecks (z. B. Umstellung der Produktion oder Wegfall von Tätigkeiten) oder der Betriebsanlagen (z. B. Einführung neuer Produktionsverfahren oder Umstellung von Formular- zur Bildschirmbearbeitung) ist eine Betriebsänderung.

5. Einführung grundlegend neuer Arbeitsmethoden und Fertigungsverfahren.	**… Einführung grundlegend neuer Arbeitsmethoden/Fertigungsverfahren** Die Einführung grundlegend neuer Arbeitsmethoden (z. B. Gruppenarbeit oder Wegfall einzelner Tätigkeiten) und Fertigungsverfahren (z. B. Umstellung auf computergestützte Konstruktion) ist eine Betriebsänderung. **Die Gesamtmaßnahme ist entscheidend** Die genannten Beispiele zeigen, dass sich die einzelnen Maßnahmen, die eine Betriebsänderung darstellen können, nicht immer klar voneinander abgrenzen lassen, was letztlich aber keine Rolle spielt. Entscheidend ist nur, ob die Änderungen jeweils »wesentlich« oder »grundlegend« sind. Und ob das der Fall ist, hängt ab von der Bedeutung der Maßnahme für den gesamten Betriebsablauf, von der Zahl der betroffenen Arbeitnehmer und von der Art der Nachteile, die für die Arbeitnehmer zu erwarten sind – was in jedem Einzelfall zu untersuchen und zu bewerten ist. In der Praxis kommt es jedenfalls sehr viel häufiger vor, dass eine Betriebsänderung als eine solche nicht erkannt wird, als umgekehrt.
§ 112 – Interessenausgleich über die Betriebsänderung, Sozialplan	**Was ist ein Interessenausgleich und was ist ein Sozialplan, welche Bedeutung haben sie und wie kommen sie zustande?**
(1) Kommt zwischen Unternehmer und Betriebsrat ein Interessenausgleich über die geplante Betriebsänderung zustande, so ist dieser schriftlich niederzulegen und vom Unternehmer und Betriebsrat zu unter-	**Verhandlung über Interessenausgleich zwingend** Wenn klar ist, dass es sich bei einer vom Unternehmen geplanten Maßnahme um eine Betriebsänderung (§ 111) handelt, dann müssen BR und Unternehmensleitung zunächst über einen Interessenausgleich verhandeln und danach – wenn die Betriebsänderung wirtschaftliche Nachteile für die betroffenen Arbeitnehmer zur Folge haben könnte – über einen Sozialplan.

Sozialplan = BV

schreiben. Das Gleiche gilt für eine Einigung über den Ausgleich oder die Milderung der wirtschaftlichen Nachteile, die den Arbeitnehmern infolge der geplanten Betriebsänderung entstehen (Sozialplan). Der Sozialplan hat die Wirkung einer Betriebsvereinbarung. § 77 Abs. 3 ist auf den Sozialplan nicht anzuwenden.

Dabei ist für die Verhandlungen über den Interessenausgleich und den Sozialplan der gleiche Ablauf vorgeschrieben. Am Ende allerdings (§ 112 Abs. 4) ist dann nur der Sozialplan über ein Einigungsstellenverfahren zu erzwingen.

Die Unternehmensleitung ist also lediglich verpflichtet, den Interessenausgleich mit dem BR zu **versuchen**. Misslingt dieser Versuch, kann die Unternehmensleitung die Betriebsänderung wie geplant vornehmen.

Der Interessenausgleich ...

... legt fest, ob eine geplante Betriebsänderung überhaupt vorgenommen wird. Haben sich BR und Unternehmensleitung darauf geeinigt (bzw. hat der BR die Betriebsänderung an sich nicht verhindern können oder wollen), wird verhandelt und festgelegt, welchen Umfang die Betriebsänderung haben soll, also aus welchen einzelnen Maßnahmen sie bestehen wird und welche Arbeitnehmer davon betroffen sein werden. Ebenfalls wird im Interessenausgleich geregelt, zu welchen Zeitpunkten die einzelnen Maßnahmen durchgeführt werden und über welchen Zeitraum sich die Umsetzung der Betriebsänderung insgesamt erstreckt.

Der Sozialplan ...

... regelt dann, wie die wirtschaftlichen Nachteile, die den betroffenen (bzw. im Interessenausgleich genannten) Arbeitnehmern infolge der Betriebsänderung entstehen könnten, ausgeglichen oder gemildert werden.

Wichtige Inhalte eines Sozialplans können z. B. sein: Abfindungen (gestaffelt nach Betriebszugehörigkeit), Ausgleiche für zusätzliche Belastungen (z. B. Wegekostenerstattung), Umgang mit betrieblichen Altersversorgungsansprüchen, Wiedereinstellungsvorbehalte, Zuschüsse zu Umzugskosten, Weiterbildungsmaßnahmen, Gründung einer Beschäftigungs-/Qualifizierungsgesellschaft, aber auch die Festlegung von Extrapausen oder Misch-

	arbeit als Ausgleich für eine Umstellung auf Bildschirmarbeit. **Interessenausgleichsverhandlung = aufschiebende Wirkung** Solange die Verhandlungen über den Interessenausgleich laufen, darf die Unternehmensleitung keine der im Rahmen der Betriebsänderung geplanten Maßnahmen durchführen (also z. B. keine Versetzungen oder Kündigungen aussprechen). Tut sie es doch, kann der BR sie daran durch eine beim Arbeitsgericht zu beantragende einstweilige Verfügung hindern. Eine solche aufschiebende Wirkung haben Verhandlungen über den **Sozialplan** nicht.
(2) Kommt ein Interessenausgleich über die geplante Betriebsänderung oder eine Einigung über den Sozialplan nicht zustande, so können der Unternehmer oder der Betriebsrat den Vorstand der Bundesagentur für Arbeit um Vermittlung ersuchen, der Vorstand kann die Aufgabe auf andere Bedienstete der Bundesagentur für Arbeit übertragen. Erfolgt kein Vermittlungsersuchen oder bleibt der Vermittlungsversuch ergebnislos, so können der Unternehmer oder der Betriebsrat die Einigungsstelle anrufen. Auf Ersuchen des Vorsitzenden der Einigungsstelle	**Sozialplan: gleiches Verfahren, aber zeitversetzt** Obwohl für Interessenausgleich und Sozialplan (mit Ausnahme des letzten Schritts, siehe § 112 Abs. 4) das gleiche Verhandlungs-/Vermittlungsverfahren vorgeschrieben ist, heißt das nicht, dass beide zeitlich parallel behandelt werden müssten. Im Gegenteil: Da der **Interessenausgleich** sowohl den Umfang wie auch den Zeitplan der Betriebsänderung festlegt, ist er die **Voraussetzung** für den Sozialplan, denn nur auf dieser Grundlage lassen sich z. B. die Kosten eines Sozialplans berechnen. Zumindest müssen also die ersten Schritte auf dem Weg zum Interessenausgleich erfolgt sein, ehe die Verhandlungen über den Sozialplan sinnvoll beginnen können. Ebenso ist es möglich, dass sich erst während der Umsetzung eines Interessenausgleichs herausstellt, dass damit wirtschaftliche Nachteile für die Arbeitnehmer verbunden sind. Dann wird entsprechend später mit den Sozialplanverhandlungen begonnen. Wie die beiden Verfahrenswege aufeinander abgestimmt werden, muss der BR also von Fall zu Fall entscheiden.

nimmt ein Mitglied des Vorstands der Bundesagentur für Arbeit oder ein vom Vorstand der Bundesagentur für Arbeit benannter Bediensteter der Bundesagentur für Arbeit an der Verhandlung teil.	**Verfahrensschritte für die Verhandlungen** • BR und Unternehmensleitung verhandeln zunächst über den Interessenausgleich (aufschiebende Wirkung!) und später dann über den Sozialplan. • Können sie sich nicht einigen, kann (muss aber nicht) der Vorstand der Bundesagentur für Arbeit zur Vermittlung eingeschaltet werden. • Wird auf diese Vermittlung verzichtet oder bleibt sie erfolglos, können BR oder Unternehmensleitung die Initiative zur Bildung einer Einigungsstelle ergreifen (§ 76). Die Einigungsstelle versucht dann, beide Seiten zu einer Einigung zu bringen. • Gelingt dies nicht, ist für den Interessenausgleich das »Ende der Fahnenstange« erreicht, jetzt kann nur noch über den Sozialplan verhandelt werden.
(3) Unternehmer und Betriebsrat sollen der Einigungsstelle Vorschläge zur Beilegung der Meinungsverschiedenheiten über den Interessenausgleich und den Sozialplan machen. Die Einigungsstelle hat eine Einigung der Parteien zu versuchen. Kommt eine Einigung zustande, so ist sie schriftlich niederzulegen und von den Parteien und vom Vorsitzenden zu unterschreiben.	
(4) Kommt eine Einigung über den Sozialplan nicht zustande, so entscheidet die Einigungsstelle über die Aufstellung eines Sozialplans. Der Spruch der Einigungsstelle ersetzt die Einigung zwischen Arbeitgeber und Betriebsrat.	**Die Einigungsstelle entscheidet** Trotz des gleichartigen Verfahrens zu Interessenausgleich und Sozialplan entscheidet die Einigungsstelle **nur über den Sozialplan** endgültig und verbindlich.
(5) Die Einigungsstelle hat bei ihrer Entscheidung nach Absatz 4 so	Für diese Entscheidung über einen Sozialplan werden der Einigungsstelle in Abs. 5 einige **Vorgaben** gemacht:

wohl die sozialen Belange der betroffenen Arbeitnehmer zu berücksichtigen als auch auf die wirtschaftliche Vertretbarkeit ihrer Entscheidung für das Unternehmen zu achten. Dabei hat die Einigungsstelle sich im Rahmen billigen Ermessens insbesondere von folgenden Grundsätzen leiten zu lassen:	
1. Sie soll beim Ausgleich oder bei der Milderung wirtschaftlicher Nachteile, insbesondere durch Einkommensminderung, Wegfall von Sonderleistungen oder Verlust von Anwartschaften auf betriebliche Altersversorgung, Umzugskosten oder erhöhte Fahrtkosten, Leistungen vorsehen, die in der Regel den Gegebenheiten des Einzelfalles Rechnung tragen.	**Einzelfälle berücksichtigen** Der Sozialplan darf (und muss wohl auch) **Pauschalregelungen** (z. B. Abfindungen nach Betriebszugehörigkeit) enthalten, soll aber doch die besonderen Umstände von Einzelfällen berücksichtigen (z. B. besondere soziale Situationen).
2. Sie hat die Aussichten der betroffenen Arbeitnehmer auf dem Arbeitsmarkt zu berücksichtigen. Sie soll Arbeitnehmer	**Chancen auf dem Arbeitsmarkt berücksichtigen** Die Einigungsstelle soll auch berücksichtigen, welche Chancen die betroffenen Arbeitnehmer auf dem Arbeitsmarkt haben werden. Da genauere Untersuchungen im Einzelfall nicht gefordert (und auch nicht möglich) sind, kann das nur für be-

von Leistungen ausschließen, die in einem zumutbaren Arbeitsverhältnis im selben Betrieb oder in einem anderen Betrieb des Unternehmens oder eines zum Konzern gehörenden Unternehmens weiterbeschäftigt werden können und die Weiterbeschäftigung ablehnen; die mögliche Weiterbeschäftigung an einem anderen Ort begründet für sich allein nicht die Unzumutbarkeit.	stimmte **Gruppen** geschehen (z. B. nach Alter, Qualifikation, Nationalität). Arbeitnehmer, die einen **angebotenen Arbeitsplatz ausschlagen**, sollen leer ausgehen, wenn dieser Arbeitsplatz zumutbar gewesen wäre. Das wäre z. B. der Fall, wenn der angebotene Arbeitsplatz der Vorbildung und Berufserfahrung entspricht und gleich eingruppiert ist wie der alte Arbeitsplatz. Dass ein angebotener Arbeitsplatz einen **Ortswechsel** verlangt, soll allein nicht zu einer Unzumutbarkeit führen (Faktoren wie Fahrtzeiten, Hauseigentum, schulpflichtige Kinder, Arbeitsplatz des Ehegatten sind zu berücksichtigen).
2a. Sie soll insbesondere die im Dritten Buch des Sozialgesetzbuches vorgesehenen Förderungsmöglichkeiten zur Vermeidung von Arbeitslosigkeit berücksichtigen.	**Fördermöglichkeiten berücksichtigen** Die Einigungsstelle soll auch die im Sozialgesetzbuch III vorgesehenen Fördermöglichkeiten berücksichtigen, mit dem Ziel, gekündigte Arbeitnehmer so schnell wie möglich wieder in Arbeit zu bekommen. Dazu gehören neben **Qualifizierungsmaßnahmen** z. B. auch so genannte **Beschäftigungsgesellschaften** oder Hilfen für die **Existenzgründung**.
3. Sie hat bei der Bemessung des Gesamtbetrages der Sozialplanleistungen darauf zu achten, dass der Fortbestand des Unternehmens oder die nach Durchführung der Betriebs-	**Weiterbestand des Unternehmens nicht gefährden** Die Sozialplanleistungen dürfen nicht so hoch sein, dass damit der Weiterbestand des (Rest-)Unternehmens gefährdet würde. Was selbstverständlich nur gilt, wenn nicht ohnehin der gesamt Betrieb aufgelöst werden soll. Dass ein Sozialplan aber eine wirtschaftlich schwerwiegende Belastung für das Unternehmen (bis an den Rand der Existenzgefährdung) darstellt, ist unvermeidbar.

änderung verbleibenden Arbeitsplätze nicht gefährdet werden.

§ 112a – Erzwingbarer Sozialplan bei Personalabbau, Neugründungen

Unter welchen Umständen (»reine« Entlassungsaktionen oder Neugründungen) hat der Betriebsrat nur eingeschränkte Möglichkeiten, einen Sozialplan zu erzwingen?

(1) Besteht eine geplante Betriebsänderung im Sinne des § 111 Satz 3 Nr. 1 allein in der Entlassung von Arbeitnehmern, so findet § 112 Abs. 4 und 5 nur Anwendung, wenn

1. in Betrieben mit in der Regel weniger als 60 Arbeitnehmern 20 vom Hundert der regelmäßig beschäftigten Arbeitnehmer, aber mindestens 6 Arbeitnehmer,
2. in Betrieben mit in der Regel mindestens 60 und weniger als 250 Arbeitnehmern 20 vom Hundert der regelmäßig beschäftigten Arbeitnehmer oder mindestens 37 Arbeitnehmer,
3. in Betrieben mit in der Regel mindestens 250 und weniger als 500 Arbeitnehmern 15 vom Hundert der regelmäßig beschäf-

Spezialfall: Entlassungen ohne betriebliche Veränderung

Dieser Paragraf geht davon aus, dass eine Betriebseinschränkung (§ 111 Satz 3 Nr. 1) allein darin bestehen kann, dass es zwar zu Entlassungen kommt, dass es sonst aber keinerlei Veränderungen z. B. bei der Betriebsorganisation, der technischen Ausstattung, bei den Arbeitsmethoden oder Fertigungsverfahren gibt – ein Fall, der höchst unwahrscheinlich ist.

Sozialplan nur erzwingbar, wenn …

Sollte er aber dennoch einmal vorkommen, kann der BR einen Sozialplan nur dann vor der Einigungsstelle erzwingen (§ 112 Abs. 4 und 5), wenn die Größenordnung der geplanten Entlassungen die Zahlen der folgenden Tabelle erreicht oder überschreitet:

Belegschaftsgröße von … bis …		Umfang des geplanten Arbeitsplatzabbaus
	59	20 % oder mindestens 6 Arbeitnehmer
60	249	20 % oder mindestens 37 Arbeitnehmer
250	499	15 % oder mindestens 60 Arbeitnehmer
ab 500		10 % oder mindestens 60 Arbeitnehmer

Bei der Belegschaftsgröße ist dabei von der Menge der »in der Regel« (also im längerfristigen Durch-

tigten Arbeitnehmer oder mindestens 60 Arbeitnehmer, 4. in Betrieben mit in der Regel mindestens 500 Arbeitnehmern 10 vom Hundert der regelmäßig beschäftigten Arbeitnehmer, aber mindestens 60 Arbeitnehmer aus betriebsbedingten Gründen entlassen werden sollen. Als Entlassung gilt auch das vom Arbeitgeber aus Gründen der Betriebsänderung veranlasste Ausscheiden von Arbeitnehmern auf Grund von Aufhebungsverträgen.	schnitt) beschäftigten Arbeitnehmer auszugehen. Bei den geplanten Entlassungen zählen nur die mit, die in der direkten Folge der Betriebsänderung ihren Arbeitsplatz verlieren. Zusätzlich werden allerdings die Arbeitnehmer mit berücksichtigt, die aufgrund eines Aufhebungsvertrags ausscheiden oder durch die geplante Maßnahme veranlasst worden sind selbst zu kündigen. **Versuch eines Interessenausgleichs ist immer Pflicht** Die Verhandlung über einen Interessenausgleich wäre auch in dem Spezialfall von »Entlassungen ohne betriebliche Veränderung« immer und in jedem Fall möglich und Pflicht für BR und Unternehmensleitung. Ebenso könnte und müsste dann über einen Sozialplan verhandelt werden (§ 112 Abs. 1 bis 3) – bis zu einer verbindlichen Entscheidung der Einigungsstelle (§ 112 Abs. 4 und 5) allerdings nur dann, wenn die oben genannten Größenordnungen erreicht werden.
(2) § 112 Abs. 4 und 5 findet keine Anwendung auf Betriebe eines Unternehmens in den ersten vier Jahren nach seiner Gründung. Dies gilt nicht für Neugründungen im Zusammenhang mit der rechtlichen Umstrukturierung von Unternehmen und Konzernen. Maßgebend für den Zeitpunkt der Gründung ist die Aufnahme einer Erwerbstätigkeit, die nach § 138 der Abgabenordnung dem Finanzamt mitzuteilen ist.	**Spezialfall: neu gegründete Unternehmen** Auch bei neu gegründeten Unternehmen hat der BR in den ersten vier Jahren des Bestehens zwar die Möglichkeit, im Fall einer Betriebsänderung über einen Sozialplan zu verhandeln (über einen Interessenausgleich sowieso), kann den Sozialplan aber nicht über das Einigungsstellenverfahren (§ 112 Abs. 1) erzwingen. **Neues Unternehmen, alter Betrieb, altes Unternehmen, neuer Betrieb** Wichtig ist hier die Unterscheidung von Unternehmen und Betrieb. Wenn ein bestehendes Unternehmen (mit einem oder mehreren Betrieben) einen neuen Betrieb gründet, lässt sich im Fall einer Betriebsänderung ein Sozialplan erzwingen. Gleiches gilt, wenn ein neu gegründetes Unternehmen einen Betrieb übernimmt, der bereits länger als vier Jahre besteht. Ebenso ist es, wenn der Betrieb eines neu

	gegründeten Unternehmens an ein älteres Unternehmen verkauft wird.
§ 113 – Nachteilsausgleich	**Was passiert, wenn eine Unternehmensleitung eine Betriebsänderung vornimmt, ohne die Herbeiführung eines Interessenausgleichs versucht zu haben, oder wenn sie sich nicht an einen vereinbarten Interessenausgleich hält?**
(1) Weicht der Unternehmer von einem Interessenausgleich über die geplante Betriebsänderung ohne zwingenden Grund ab, so können Arbeitnehmer, die infolge dieser Abweichung entlassen werden, beim Arbeitsgericht Klage erheben mit dem Antrag, den Arbeitgeber zur Zahlung von Abfindungen zu verurteilen; § 10 des Kündigungsschutzgesetzes gilt entsprechend.	**Abweichung vom Interessenausgleich** Wenn ein Unternehmen eine Betriebsänderung (§ 111) ohne Beteiligung des BR durchführt, hat der BR die Möglichkeit, dies über ein Beschlussverfahren (bzw. eine einstweilige Verfügung) beim **Arbeitsgericht** zu verhindern. Ebenso kann er ihn zur Einhaltung getroffener Vereinbarungen zwingen. Aber auch die Arbeitnehmer selber haben die Möglichkeit, Ansprüche im Zusammenhang mit einer Betriebsänderung einzuklagen, vor allem dann, wenn die Unternehmensleitung die Bestimmungen eines Sozialplans missachtet. **Abfindungen bei Nichtbeachtung des Interessenausgleichs** Dies ist in Form des **»Nachteilsausgleichs«** beispielsweise dann möglich, wenn die Unternehmensleitung sich an den – einem Sozialplan vorgeschalteten – Interessenausgleich nicht hält und z. B. mehr Arbeitnehmer entlässt, als im Interessenausgleich (§ 111) festgelegt wurde. In diesem Fall können die »überzählig« entlassenen Arbeitnehmer auf eine Abfindung klagen (vorausgesetzt, die Entlassungen haben die Betriebsänderung als Ursache und keinen anderen Grund). Richtschnur für die **Höhe** der zu zahlenden Abfindungen sind die Angaben in § 10 Kündigungsschutzgesetz. Etwas anderes gilt nur dann, wenn die Unternehmensleitung **zwingende Gründe** für ihr Verhalten hat. Dazu müsste sie allerdings nachweisen, dass

	die Zahlung entsprechender Abfindungen für das Unternehmen eine Existenzfrage ist.
(2) Erleiden Arbeitnehmer infolge einer Abweichung nach Absatz 1 andere wirtschaftliche Nachteile, so hat der Unternehmer diese Nachteile bis zu einem Zeitraum von zwölf Monaten auszugleichen.	**Ausgleich für wirtschaftliche Nachteile** Durch das Abweichen von einem vereinbarten Interessenausgleich können Arbeitnehmer nicht nur entlassen werden, sondern noch andere »wirtschaftliche Nachteile« erleiden (z. B. geringerer Verdienst infolge einer Versetzung). Auch in diesem Fall können betroffene Arbeitnehmer darauf klagen, dass die entstandenen Nachteile finanziell ausgeglichen werden. Die Laufzeit für diese Ausgleichszahlungen kann allerdings höchstens ein Jahr betragen.
(3) Die Absätze 1 und 2 gelten entsprechend, wenn der Unternehmer eine geplante Betriebsänderung nach § 111 durchführt, ohne über sie einen Interessenausgleich mit dem Betriebsrat versucht zu haben, und infolge der Maßnahme Arbeitnehmer entlassen werden oder andere wirtschaftliche Nachteile erleiden.	**Betriebsänderung ohne Interessenausgleichsverhandlung** Die Klagemöglichkeiten für Arbeitnehmer aus § 113 Abs. 1 und 2 bestehen nicht nur dann, wenn eine Unternehmensleitung von einem vereinbarten Interessenausgleich abweicht, sondern auch, wenn die Unternehmensleitung gar nicht versucht hat, zusammen mit dem BR einen Interessenausgleich herbeizuführen, die Betriebsänderung aber trotzdem realisiert. Diese Regelung ist für den BR ein zusätzliches **Druckmittel**, um zu verhindern, dass eine Unternehmensleitung eine Betriebsänderung einfach vornimmt, ohne den BR auch nur zu informieren (vorgeschaltet wäre in diesem Fall natürlich die Möglichkeit für den BR, die Unternehmensleitung durch ein **Beschlussverfahren** nebst **einstweiliger Verfügung** an der Durchführung der Maßnahmen zu hindern).

Fünfter Teil
Besondere Vorschriften für einzelne Betriebsarten

Erster und zweiter Abschnitt
Seeschifffahrt und Luftfahrt

§ 114 – § 117	**(Die Bestimmungen zur Interessenvertretung durch den Seebetriebsrat und für die Luftfahrt sind hier nicht enthalten.)**

Dritter Abschnitt
Tendenzbetriebe und Religionsgemeinschaften

§ 118 – Geltung für Tendenzbetriebe und Religionsgemeinschaften	**Welche Rechte gelten nicht für den Betriebsrat eines Tendenzbetriebs?**
(1) Auf Unternehmen und Betriebe, die unmittelbar und überwiegend 1. politischen, koalitionspolitischen, konfessionellen, karitativen, erzieherischen, wissenschaftlichen oder künstlerischen Bestimmungen oder 2. Zwecken der Berichterstattung oder Meinungsäußerung, auf die Artikel 5 Abs. 1 Satz 2 des Grundgesetzes Anwendung findet, dienen, finden die Vorschriften dieses Gesetzes keine Anwendung, soweit die Eigenart des Unternehmens oder des	**Was sind Tendenzbetriebe?** Zu den so genannten Tendenzbetrieben gehören alle Unternehmen und Betriebe, deren Arbeit den im Gesetzestext unter Nr. 1 und 2 genannten Aufgaben oder Zwecken dient. Dazu zählen z. B. Parteien, Gewerkschaften, Behindertenwerkstätten, Privatschulen und -universitäten, Buch- und Zeitungsverlage oder Fernsehsender. Ob ein Betrieb überhaupt als Tendenzbetrieb anzusehen ist, hängt davon ab, ob seine z. B. politisch-weltanschauliche Tendenz »unmittelbar und überwiegend« wirksam ist – beides muss gleichzeitig der Fall sein: • **unmittelbar** heißt, dass der Betriebszweck (der Existenzzweck des Betriebs) der jeweiligen »Tendenz« dienen muss. Anders ausgedrückt: Der Betrieb selbst muss die geistig-ideellen Zielsetzungen verwirklichen, die die Tendenz ausmachen. So mag z. B. ein Verlag Tendenzbetrieb sein, die zum Verlag gehörende Druckerei wäre es nicht. • **überwiegend** bedeutet, dass etwa die Hälfte der Tätigkeit eines Betriebs dieser »Tendenzverwirk-

Betriebs dem entgegensteht. Die §§ 106 bis 110 sind nicht, die §§ 111 bis 113 nur insoweit anzuwenden, als sie den Ausgleich oder die Milderung wirtschaftlicher Nachteile für die Arbeitnehmer infolge von Betriebsänderungen regeln.

lichung« dienen muss (z.B. ist ein Rundfunksender nur dann ein Tendenzbetrieb, wenn sein Programm nicht mehr als 40% reine Musiksendungen enthält).

Eingeschränkte BR-Rechte

Für solche Tendenzbetriebe sind die BR-Rechte erheblich eingeschränkt. So gelten die Beteiligungsrechte des BR in wirtschaftlichen Angelegenheiten (§ 106 bis § 110) aus unverständlichen Gründen überhaupt nicht und die Rechte bei Betriebsänderungen (§ 111 bis § 113) gelten nicht für die Frage, ob und wie solche Maßnahmen durchgeführt werden (= Interessenausgleich), sondern nur soweit es um die Regelung wirtschaftlicher Nachteile geht (= Sozialplan).

Darüber hinaus kann es sein, dass weitere Mitbestimmungsrechte in einem Tendenzbetrieb nicht gelten, und zwar dann, wenn die »Eigenart« des Unternehmens/Betriebs dem »entgegensteht« – was ja alles oder nichts heißen kann.

Es geht auch um den Einzelfall

Wann die »Eigenartklausel« greift, kann nur im konkreten Einzelfall überlegt und entschieden werden. Will der Arbeitgeber eines Tendenzbetriebs auf diesem Weg ein Mitbestimmungsrecht des BR (z.B. bei Einstellungen – § 99) einschränken oder außer Kraft setzen, müsste er belegen können, dass die Eigenart seines Betriebs eine Befugnis, in solchen Fragen allein entscheiden zu können, zwingend erfordert.

(2) Dieses Gesetz findet keine Anwendung auf Religionsgemeinschaften und ihre karitativen und erzieherischen Einrichtungen unbeschadet deren Rechtsform.

Religionsgemeinschaften ohne BR

Für Religionsgemeinschaften und ihre Wohltätigkeits- und Erziehungseinrichtungen gilt das BetrVG überhaupt nicht. Dort wird es also keinen BR geben können und folglich auch keine ihm zustehenden Rechte – was man übrigens mit einiger Berechtigung für verfassungswidrig halten kann.

	Zu den Religionsgemeinschaften gehören nicht nur Kirchen, sondern auch alle ähnlichen Glaubensgemeinschaften. **Was zählt mit zur Religionsgemeinschaft?** Streit kann es am ehesten darüber geben, ob eine einer Religionsgemeinschaft nahestehende Wohltätigkeits- oder Erziehungseinrichtung aus dem BetrVG herausfällt oder nicht. Dies ist in der Regel der Fall z. B. bei Priesterseminaren oder Missionsstationen, aber auch bei Kindergärten, Krankenhäusern, Altenheimen, Jugenddörfern oder Waisenhäusern – dann jedenfalls, wenn die Religionsgemeinschaft einen entscheidenden Einfluss auf die Arbeit dieser Einrichtungen hat. **Empfehlung:** Die Materie des § 118 ist rechtlich so kompliziert, dass jeder BR damit überfordert sein wird. Sollte ein Arbeitgeber also versuchen, sich grundsätzlich oder auch in einem Einzelfall auf den § 118 zu berufen, dann nicht lange überlegen und verhandeln, sondern sofort einen **juristischen Experten** hinzuziehen (Gewerkschaft einschalten).

Sechster Teil
Straf- und Bußgeldvorschriften

§ 119 – Straftaten gegen Betriebsverfassungsorgane und ihre Mitglieder	**Was passiert jemandem, der die Wahl oder die Arbeit des Betriebsrats oder anderer betriebsverfassungsrechtlicher Gremien behindert oder beeinflusst?**
(1) Mit Freiheitsstrafe bis zu einem Jahr oder mit Geldstrafe wird bestraft, wer 1. eine Wahl des Betriebsrats, der Jugend- und Auszubil-	**Straftaten gegen die Betriebsverfassung** Eine Straftat begeht, wer bezogen auf eines der im Gesetzestext genannten BetrVG-Gremien (BR, JAV, WA, Wahlvorstand usw.) 1. die Wahl eines BetrVG-Gremiums behindert oder beeinflusst;

dendenvertretung, der Bordvertretung, des Seebetriebsrats oder der in § 3 Abs. 1 Nr. 1 bis 3 oder 5 bezeichneten Vertretungen der Arbeitnehmer behindert oder durch Zufügung oder Androhung von Nachteilen oder durch Gewährung oder Versprechen von Vorteilen beeinflusst,

2. die Tätigkeit des Betriebsrats, des Gesamtbetriebsrats, des Konzernbetriebsrats, der Jugend- und Auszubildendenvertretung, der Gesamt-Jugend- und Auszubildendenvertretung, der Konzern-Jugend- und Auszubildendenvertretung, der Bordvertretung, des Seebetriebsrats, der in § 3 Abs. 1 bezeichneten Vertretungen der Arbeitnehmer, der Einigungsstelle, der in § 76 Abs. 8 bezeichneten tariflichen Schlichtungsstelle, der in § 86 bezeichneten betrieblichen Beschwerdestelle oder des Wirtschaftsausschusses be-

2. die Tätigkeit eines BetrVG-Gremiums behindert oder stört;
3. ein Mitglied/Ersatzmitglied eines BetrVG-Gremiums (oder einen, dem BR Auskunft gebenden Arbeitnehmer – § 80 Abs. 2 Satz 3) wegen dieser Tätigkeit benachteiligt oder begünstigt.

Diese Straftat wird mit bis zu einem Jahr Gefängnis (oder einer Geldstrafe) bestraft.

Behinderung

Eine Behinderung kann sowohl darin bestehen, dass jemand aktiv etwas unternimmt (z. B. den Versuch, BR-Kandidaten rauszuekeln oder die Teilnahme an einer BR-Sitzung zu verbieten). Oder sie besteht darin, dass jemand etwas unterlässt, wozu er eigentlich verpflichtet ist (z. B. Vorenthalten der für die BR-Wählerliste benötigten Daten oder Nicht-Übernahme von Kosten).

Benachteiligung

Ei ne Benachteiligung muss sich nicht unbedingt gegen die Mitglieder eines Gremiums direkt richten. Auch wenn z. B. wahlberechtigte Arbeitnehmer durch die Androhung von Nachteilen beeinflusst werden sollen, wäre das eine Straftat (z. B. öffentliches Drohen mit dem Wegfall von Sozialleistungen für den Fall, dass bestimmte BR-Mitglieder gewählt werden).

Begünstigung

Das im Prinzip Gleiche gilt für Begünstigungen (z. B. Zusagen einer besser bezahlten Arbeit, wenn auf die Kandidatur für den BR verzichtet wird).

hindert oder stört, oder 3. Ein Mitglied oder ein Ersatzmitglied des Betriebsrats, des Gesamtbetriebsrats, des Konzernbetriebsrats, der Jugend- und Auszubildendenvertretung, der Gesamt-Jugend- und Auszubildendenvertretung, der Konzern-Jugend- und Auszubildendenvertretung, der Bordvertretung, des Seebetriebsrats, der in § 3 Abs. 1 bezeichneten Vertretungen der Arbeitnehmer, der Einigungsstelle, der in § 76 Abs. 8 bezeichneten Schlichtungsstelle, der in § 86 bezeichneten betrieblichen Beschwerdestelle oder des Wirtschaftsausschusses um seiner Tätigkeit willen oder eine Auskunftsperson nach § 80 Abs. 2 Satz 3 um ihrer Tätigkeit willen benachteiligt oder begünstigt.	
(2) Die Tat wird nur auf Antrag des Betriebsrats, des Gesamtbetriebsrats, des Konzernbetriebsrats, der Bordvertretung,	**Antrag auf Strafverfolgung** Die Verfolgung der in § 119 Abs. 1 genannten Straftaten durch die **Staatsanwaltschaft** setzt nur dann ein, wenn ein betriebsverfassungsrechtliches Gremium (BR, JAV, Wahlvorstand usw.), der Arbeit-

des Seebetriebsrats, einer der in § 3 Abs. 1 bezeichneten Vertretungen der Arbeitnehmer, des Wahlvorstands, des Unternehmers oder einer im Betrieb vertretenen Gewerkschaft verfolgt.	geber oder eine mit mindestens einem Mitglied im Betrieb vertretene Gewerkschaft dies beantragt. Dass auch die Gewerkschaft das Recht hat, einen Strafverfolgungsantrag zu stellen, ist bei diesem heiklen Thema natürlich von besonderer Bedeutung.
§ 120 – Verletzung von Geheimnissen	**Was passiert jemandem, der gegen seine Geheimhaltungsverpflichtungen verstößt?**
(1) Wer unbefugt ein fremdes Betriebs- oder Geschäftsgeheimnis offenbart, das ihm in seiner Eigenschaft als 1. Mitglied oder Ersatzmitglied des Betriebsrats oder einer der in § 79 Abs. 2 bezeichneten Stellen, 2. Vertreter einer Gewerkschaft oder Arbeitgebervereinigung, 3. Sachverstän diger, der vom Betriebsrat nach § 80 Abs. 3 hinzugezogen oder von der Einigungsstelle nach § 109 Satz 3 angehört worden ist, 3a. Berater, der vom Betriebsrat nach § 111 Satz 2 hinzugezogen worden ist, 3b. Auskunftsperson, die dem Betriebsrat nach § 80 Abs. 2 Satz 3 zur	**Verstoß gegen Schweigepflichten = Straftat** Wer »von Amts wegen« (z. B. als Mitglied des BR, der JAV, des WA, als Gewerkschaftsvertreter oder Sachverständiger) ein Betriebs- oder Geschäftsgeheimnis erfahren hat und dies in irgendeiner Weise veröffentlicht oder weitergibt, hat damit eine begangen, die mit bis zu einem Jahr Gefängnis (oder einer Geldstrafe) bestraft wird. **Betriebs-/Geschäftsgeheimnisse sind selten** Um diese Bestimmung richtig einzuordnen, muss man sich zunächst noch einmal klar machen, dass »echte« Betriebs-/Geschäftsgeheimnisse eher selten sind (§ 79). So ist nicht jede Information, die der Arbeitgeber als geheimhaltungsbedürftig bezeichnet, tatsächlich ein Betriebs- und Geschäftsgeheimnis. • **Betriebsgeheimnisse** können z. B. sein: Patente, Konstruktionszeichnungen, Fertigungsverfahren oder Versuchsprotokolle. • **Geschäftsgeheimnisse** können z. B. sein: Kundenlisten, Kalkulationsunterlagen oder Daten zur Finanzkraft des Unternehmens. Schon diese Auflistung macht klar, dass Betriebs-/Geschäftsgeheimnisse nicht gerade zu den für eine Weitergabe an die Belegschaft interessanten Informationen gehören. Und selbst wenn z. B. eine Betriebsänderung, über die der BR unbedingt informieren will, ein geheim zu haltendes neues Pro-

Verfügung gestellt worden ist, oder 4. Arbeitnehmer, der vom Betriebsrat nach § 107 Abs. 3 Satz 3 oder vom Wirtschaftsausschuss nach § 108 Abs. 2 Satz 2 hinzugezogen worden ist, bekannt geworden und das vom Arbeitgeber ausdrücklich als geheimhaltungsbedürftig bezeichnet worden ist, wird mit Freiheitsstrafe bis zu einem Jahr oder mit Geldstrafe bestraft.	duktionsverfahren beinhalten sollte, wäre nur die Produktionsverfahren ein Betriebs-/Geschäftsgeheimnis, nicht aber die Durchführung der Betriebsänderung und die Konsequenzen für die Arbeitnehmer. Außerdem muss es sich immer um ein **echtes Geheimnis** handeln! Eine außerhalb der engeren Unternehmensleitung bereits bekannte Information kann kein Geheimnis mehr sein. Und schließlich muss die Geheimhaltung einen **Sinn** haben. Wenn z. B. das Bekanntwerden einer Information keine nennenswerten (wirtschaftlichen) Konsequenzen hätte, wäre auch ihre Geheimhaltung nicht nötig. Deshalb: Bange machen gilt nicht!
(2) Ebenso wird bestraft, wer unbefugt ein fremdes Geheimnis eines Arbeitnehmers, namentlich ein zu dessen persönlichen Lebensbereich gehörendes Geheimnis, offenbart, das ihm in seiner Eigenschaft als Mitglied oder Ersatzmitglied des Betriebsrats oder einer der in § 79 Abs. 2 bezeichneten Stellen bekannt geworden ist und über das nach den Vorschriften dieses Gesetzes Stillschweigen zu bewahren ist.	**Verbreitung/Verrat von Arbeitnehmergeheimnissen** »Geheimnisse« von Arbeitnehmern (z. B. Details aus einer Anhörung zu einer verhaltensbedingten Kündigung), dürfen BR-Mitglieder selbstverständlich nicht verbreiten. Dies gilt vor allem, aber nicht nur für die persönlichen Informationen, die nach BetrVG vertraulich zu behandeln sind (z. B. nach § 99 Abs. 1). Für jedes Geheimnis eines Arbeitnehmers besteht eine **Verschwiegenheitspflicht**, deren Verletzung eine Straftat darstellt. Über die Frage, was nun in diesem Sinne ein wirkliches Geheimnis ist und was nicht, ließe sich im Einzelfall vielleicht streiten, aber selbstverständlich sollte jedes BR-Mitglied mit allen persönlichen Informationen, die ihm aus seiner Arbeit bekannt werden, absolut diskret umgehen. Gleiches gilt für sämtliche in § 79 Abs. 2 genannten Personen (JAV, WA, Einigungsstelle, Sachverständige, Gewerkschaftsvertreter usw.).

(3) Handelt der Täter gegen Entgelt oder in der Absicht, sich oder einen anderen zu bereichern oder einen anderen zu schädigen, so ist die Strafe Freiheitsstrafe bis zu zwei Jahren oder Geldstrafe. Ebenso wird bestraft, wer unbefugt ein fremdes Geheimnis, namentlich ein Betriebs- oder Geschäftsgeheimnis, zu dessen Geheimhaltung er nach den Absätzen 1 oder 2 verpflichtet ist, verwertet.	**Geheimnisverrat aus niederen Motiven** Wenn ein Geheimnis nach § 120 Abs. 1 und 2 nicht aus gut gemeinten Motiven »verraten« wird, sondern um sich dadurch zu bereichern oder andere zu schädigen, dann liegt das dafür mögliche Strafmaß bei bis zu zwei Jahren Freiheitsstrafe oder einer entsprechenden Geldstrafe.
(4) Die Absätze 1 bis 3 sind auch anzuwenden, wenn der Täter das fremde Geheimnis nach dem Tode des Betroffenen unbefugt offenbart oder verwertet.	**Geheimnisverrat nach dem Tod des Betroffenen** Im Fall von Arbeitnehmergeheimnissen macht es für die Geheimhaltungsverpflichtung keinen Unterschied, wenn der Betroffene zum Zeitpunkt des Geheimnisverrats bereits tot ist.
(5) Die Tat wird nur auf Antrag des Verletzten verfolgt. Stirbt der Verletzte, so geht das Antragsrecht nach § 77 Abs. 2 des Strafgesetzbuches auf die Angehörigen über, wenn das Geheimnis zum persönlichen Lebensbereich des Verletzten gehört; in anderen Fällen geht es auf die Erben über. Offenbart der Täter das Geheimnis nach dem Tode des Betroffenen, so gilt Satz 2 sinngemäß.	**Antrag auf Strafverfolgung** Die Weitergabe eines Arbeitnehmergeheimnisses muss nur dann von der Staatsanwaltschaft aufgegriffen werden, wenn derjenige, dessen Recht auf Geheimhaltung verletzt wurde (»der Verletzte«), die Strafverfolgung selber beantragt. Sollte die Verletzung der Geheimhaltungspflicht erst nach dem Tod des Betroffenen stattfinden, dann geht das Recht, die Strafverfolgung zu beantragen, an die Angehörigen oder die Erben über.

<table>
<tr><th>§ 121 – Bußgeldvorschriften</th><th>Was passiert einem Arbeitgeber, wenn er seine Informationspflichten gegenüber dem Betriebsrat nicht erfüllt?</th></tr>
<tr><td>(1) Ordnungswidrig handelt, wer eine der in § 90 Abs. 1, 2 Satz 1, § 92 Abs. 1 Satz 1 auch in Verbindung mit Absatz 3, § 99 Abs. 1, § 106 Abs. 2, § 108 Abs. 5, § 110 oder § 111 bezeichneten Aufklärungs- oder Auskunftspflichten nicht, wahrheitswidrig, unvollständig oder verspätet erfüllt.

(2) Die Ordnungswidrigkeit kann mit einer Geldbuße bis zu zehntausend Euro geahndet werden.</td><td>Verletzung der Informationspflicht durch den Arbeitgeber

Dass Arbeitgeber ihre Informationspflichten dem BR (oder WA) gegenüber verletzen, ist in vielen Betrieben Alltag, obwohl es als Ordnungswidrigkeit verfolgt und bestraft werden kann. Ein Verstoß gegen die folgenden Informationsrechte kann eine Ordnungswidrigkeit sein:
• § 90 – geplante Änderungen bei der Arbeitsgestaltung;
• § 92 – Personalplanung (Personalbedarf, Personalabbau, Personalqualifizierung);
• § 99 – beabsichtigte personelle Einzelmaßnahmen (Einstellung, Eingruppierung, Umgruppierung, Versetzung);
• § 106 – wirtschaftliche Lage und Entwicklung, Veränderungspläne;
• § 108 – Jahresabschluss (Bilanz, Gewinn- und Verlustrechnung);
• § 110 – wirtschaftliche Informationen für die Arbeitnehmer;
• § 111 – geplante Betriebsänderungen.

Der Verstoß kann darin bestehen, dass der Arbeitgeber
• überhaupt nicht informiert,
• falsche Informationen gibt,
• Informationen zum Teil vorenthält oder
• Informationen erst zu spät (also nicht »rechtzeitig« – siehe z. B. § 80 Abs. 2) gibt.

Die höchstmögliche Geldbuße beträgt immerhin 10 000 Euro.

Zuständigkeit: oberste Arbeitsbehörde

Zuständig für das Ordnungswidrigkeitsverfahren ist übrigens nicht das Arbeitsgericht, sondern die</td></tr>
</table>

	oberste Arbeitsbehörde entweder in dem Bundesland, in dem sich der Betrieb befindet, oder in dem Bundesland, in dem der Informationspflichtige (der Arbeitgeber) wohnt. Ungeachtet der klaren Gesetzeslage kommt es in der Praxis nur sehr selten zu Ordnungswidrigkeitsverfahren und wenn es dazu kommt, werden die Verfahren von den zuständigen Behörden oft, schnell und gerne wieder eingestellt. Und in den seltenen Fällen, in denen ein Bußgeld verhängt worden ist, bewegt sich dies in wenig abschreckender Höhe. In Fällen hartnäckiger Verstöße gegen Informationsrechte sollte sich der BR dennoch nicht scheuen, ein Ordnungswidrigkeitsverfahren einzuleiten. Denn allein schon die Tatsache, dass er dies zu tun bereit ist, hat oft eine heilsame erzieherische Wirkung. **Anzeige durch »jedermann«** Eine Ordnungswidrigkeit kann übrigens von jedermann (also z. B. auch von der zuständigen Gewerkschaft) angezeigt werden.

Siebter und achter Teil
Änderung von Gesetzen, Übergangs- und Schlussvorschriften

§ 122 – § 132	**(Diese Bestimmungen sind hier nicht enthalten.)**

Stichwortverzeichnis